抽样调查技术

（第2版）

宋新民　李金良　编著

中国林业出版社

图书在版编目（CIP）数据

抽样调查技术/宋新民，李金良编著．—2 版．—北京：中国林业出版社，2007.2（2017.8 重印）

ISBN 978-7-5038-4750-9

Ⅰ．抽…　Ⅱ．①宋…②李…　Ⅲ．抽样调查　Ⅳ．C811

中国版本图书馆 CIP 数据核字（2007）第 023302 号

出版　中国林业出版社（100009　北京西城区刘海胡同 7 号）
网址　lycb. forestry. gov. cn
E-mail　forestbook@163. com　电话：（010）83143543
发行　中国林业出版社
印刷　三河市祥达印刷包装有限公司
版次　1995 年 10 月第 1 版
　　　2007 年 2 月第 2 版
印次　2007 年 2 月第 1 次
　　　2017 年 8 月第 5 次
开本　787mm×960mm　1/16
印张　17.5
字数　314 千字
印数　4001～7000 册
定价　35.00 元

作者简介

●宋新民，男，1935 年生，北京林业大学教授，享受政府特殊津贴。主讲过"森林计测学""数理统计""抽样技术"等课程，1987 年赴美国华盛顿大学进修。主要科学研究方向是森林资源监测理论与技术。有三项研究成果获省部级科技进步奖，1984 年被国家科学技术委员会、林业部等四部委授予"全国农林科技推广先进工作者"称号。主持完成的"森林经理学科建设和改造的三十年实践"研究项目，获国家级教学成果一等奖。发表论文20 多篇，主要著作有《抽样技术》等，是国家优秀教材《测树学》的作者之一。

●李金良，男，1974 年生，博士，北京林业大学教师。1994 年毕业于云南省林业学校林学专业，1998 年毕业于北京林业大学林学专业，同年留校任教。2001 年、2004 年分别获北京林业大学森林经营管理学科硕士、博士学位。2006 年 7 月前往波兰学习森林认证与可持续经营技术。主讲"抽样调查技术""森林资源与环境导论"等课程。主要研究方向有森林可持续经营管理、森林认证、林业碳汇、森林资源调查与评价。曾参加国家自然基金项目（重点）、国家科技攻关项目、948 项目、WWF 项目等 10 余项，发表论文 10 余篇，合作出版教材 1 部。

第 2 版前言

目前国内高等林业院校教学中使用的《抽样技术》一书，是 1995 年首次编写的试用教材。该教材简明易懂，实用性强，得到国内兄弟院校的好评。为我国林业院校"抽样调查技术"课程建设和抽样调查、统计人才培养作出了重要贡献。鉴于教材出版至今已有 11 年时间，随着教学改革的不断深入发展和社会需求的变化，以及新理论和新技术的不断涌现，教材也应充实提高，与时俱进。在广泛吸纳广大师生对试用教材改进建议的基础上，结合我们的教学实践，修订了《抽样技术》一书。为了便于国内外交流和理解，我们将书名改为《抽样调查技术》，英文名称仍用国际通用的 Sampling Techniques。

本书比较全面、系统地论述了常用抽样调查技术的理论和方法，包括抽样调查方法步骤、样本组织、基本估计原理与效率分析。在内容次序安排上大体分为两个层次，即：抽样方法、统计估计方法和算例等实用部分放在每章的前面；把估计原理、公式证明、效率分析评价放在后面。这样安排能突出重点，便于教学。使用时教师可根据教学对象差异、学时多少进行选择。书中凡涉及高等院校《数理统计》中已讲授的一些理论、公式，本书基本上直接应用，而对于新的概念、公式、难点，如比估计的有偏性、系统内与群内相关系数、两阶抽样、整群抽样、联合估计、不等概抽样等估计值及其方差公式的证明，除在书中做了一些必要的推证外，对那些难度较大，又不是本课程主要研究的问题，我们用注记的形式列于各章后面，供师生参考。此外，书中用了不少数学方法，但数学方法在这里只是工具，是为实际应用服务的，因此，对一些数学理论未作严格界定。

新版教材，内容排列次序基本上与前版相同。主要对前版中存在的错漏或不足之处进行了修改完善。在此基础上，书中新增加或改写了一些章节，主要有两部分：一部分是在不等概抽样部分，增加了不等概整群抽样、不等概两阶与不等概三阶抽样的方法与原理，同时删去了原书第 10 章点抽样（又称角规测树）及与其相关的点——3P 抽样等内容。在这里，精简的原因并非点抽样理论与技术受科学性质疑，而是考虑到"角规测树"的专业技术特点而决定的，有兴趣者可参考《森林计测学》或《测树学》。改写的另一部分是野外样地（本）点的定位与调查，近几年来，全球卫星定位系统（GPS）技术的发展，使抽样调查的外业定位工作更加便捷。遂之，各项调查内容及操作过程均有些改变。

本书是为林学、环境科学、森林资源保护、环境管理、统计学等专业本科生编写的教材。当然，其基本原理与方法可供相关专业研究生以及自然资源与社会经济调查工作者参考。

本书由北京林业大学宋新民和李金良修订，由贾乃光教授、董乃钧教授对修订后的全稿悉心作了审定。研究生孔令红参加了部分文字录入工作。在修订过程中，得到了北京林业大学教务处的大力支持，并得到了北京林业大学重点建设教材项目的资助。中国林业出版社对本教材的出版付出了大量辛勤的劳动。在此，一并表示深深的谢意。

新版教材问世，令人欣慰。由于作者水平有限，书中难免存在错漏之处，敬请读者批评指正。

编著者

2006 年 12 月于北京

第1版前言

本书是为全国高等林业院校林学专业编写的试用教材。随着我国教育体制和专业方向的不断改革，近几年许多林业院校都感到《测树学》中所讲授的抽样调查内容的不足，要求开设《抽样技术》这门课。为了满足教学的急需，受林学专业指导委员会的委托，我们编写了《抽样技术》一书。

本书比较全面、系统地论述了常用抽样方法的理论和方法，包括抽样调查方法步骤、样本组织、基本估计原理与效率分析。在内容次序安排上大体分为两个层次，抽样方法、统计估计方法和算例等实用部分排在每章的前面；把估计原理，公式证明、效率分析评价放在后面。这样做能突出重点，便于教学。使用时可根据教学对象不同，学时多少不同供教师选择。书中凡涉及到林业院校《数理统计》已讲过的一些方法、公式，本书基本上直接应用，对超出《数理统计》教学计划或未讲过的部分内容，比如：比估计有偏性、系统内与群内相关系数，两阶抽样、整群抽样、联合估计、不等概抽样等估计值及其方差公式的证明，难度较大，又不是本课程所要研究的主要问题，鉴于这方面的参考文献又很少，我们用注记的形式列于各章后面，供师生参考。此外，书中虽然应用不少数学方法，但数学方法在这里只是工具，是为实际应用服务的，因此，对一些数学理论未作严格证明。

本教材所讲授时间为 40～60 学时，各院校可根据具体情况对其内容自行取舍。课内实习可作 5～7 次，由教师给出图、表及调查资料，如能结合综合教学实习、生产实践及社会调查则更有利于提高教学效果。

在编写中，我们立足于实际应用，从实际出发，引进适合我国国情的国外抽样方法；同时，特别着重总结了我国广大林业调查工作者 30 多年来应用抽样技术的丰富经验，使这本书具有中国特色。可以说，这本《抽样技术》的出版是我国农林科技工作者、调查员集体智慧的结晶。

本书的主要内容是参考我校举办的历届森林调查进修班所用讲义编写成的，考虑到其他专业要求，增添了运用抽样方法进行农业估产、社会经济、森林病虫害等方面的调查内容。其中大部分内容曾在林学专业专科生、本科生及研究生中作为教材讲授，以后不断加以改进和充实。第十三章森林连续清查，采用《测树学》中的全部内容。

在编写过程中，得到符伍儒、周沛村、贾乃光、黄用廉等教授的帮助和鼓励，最后由贾乃光教授悉心对全书作了审定，在此，表示诚挚的谢意。

本书第一次作为教材出版，加之编者水平所限，错误和疏漏在所难免，敬希读者批评指正。

宋新民

1994 年 7 月于北京林业大学

目　录

第一章

绪论

第一节　抽样调查技术概述

　　抽样调查技术是一门应用广泛的学科，它是以概率论和数理统计为基础，专门研究抽样理论、抽样方法及其应用的学科。抽样调查技术是现代统计学的组成部分，它既是统计调查的方法又是统计分析的方法，并将两者结合起来，成为整个统计理论中不可或缺的而又成熟的一个分支，受到世界各国的重视。

　　典型调查、重点调查都属于有意抽样的一种形式，它是以调查者主观判断取样，即凭调查者对现象的了解和自己的判断能力，从总体中选取具有平均水平的典型单位作为调查对象。这种方法的优点在于可以发挥调查者的主观能动性，充分利用被调查对象已有的信息，避免发生很大的偏差。这种方法多应用于为某种特殊目的进行的专业调查，比如，林业上用标准地资料编制林分生长过程表、标准表等。但是由于这种方法受人为主观因素影响，不仅常常发生评价标准不同，意见不统一，而且难于避免因调查者的主观意图所造成的偏差。

　　统计方法作为认识事物的方法，经历了较长的发展时期。抽样调查方法则是 20 世纪才发展起来的。而它自身发展又经历了若干阶段，直至 1925 年在罗马举行的第 16 次国际统计学会上"抽样方法应用研究委员会"才从理论和实践上充分肯定了抽样方法的科学性。1940 年后，抽样方法被世界各国普遍采用。目前世界各国政府除了对基本国情国力调查采用全面调查和统计报表外，其他大量的社会经济调查、自然资源调查，则都采用抽样方法。例如，我国的农作物产量和种植面积，考察市场物价变化，社会公众的民意测验等，以及对自然环境的评估，森林生态效益的调查，苗圃苗木产量及质量调查，乃至于在实验室中所做的科学实验，工厂产品的检验等都离不开抽样调查方法。

　　抽样调查的基本内涵，是根据非全面调查资料，来推断（估计）全面的情况。抽样可以是有意抽样，也可以是概率抽样，即按规定方式进行的等概或不等概抽样。本书所讨论的抽样理论和方法是指概率抽样，从全部所研究对象之中，抽取一部分单位，进行实际调查，并依据所获得的资料，对全部研究对象的数量特征做出一定可靠性的估计和判断，以达到对现象总体的认识。

当前，抽样技术的应用范围还在不断扩大，它的抽样方法和抽样理论，已成为统计学中发展最快、最活跃的分支之一；抽样技术所提供的各种方法还构成其他应用科学的基础，如计量经济学、管理会计学等。

第二节　抽样调查方法的优点

抽样调查方法具有费用较低、速度快、精度高且有概率保证，抽样方法灵活，应用范围广等优点，因而得到各行各业的广泛应用。

1. 费用较低

抽样调查是非全面调查，是由部分推断整体的一种方法。它只对部分单位进行实际调查，但研究的目的是对全部对象的数量特征，如总体平均水平、总体规模、结构等做出估计。由于抽样调查既能省时省力又能达到认识总体的目的，表明它具有的科学价值。例如，根据百万分之五的城市居民家庭收入，可以推算全国上亿户城市居民的消费水平；根据不到万分之一的农作物收获面积的实际产量，来推算一个县，一个省乃至全国的农作物产量；用千分之几的森林面积，可以估计一个几十万公顷林场的森林蓄积量等。对于大范围的抽样调查，其经济效益更为明显。

2. 速度快

抽样调查成果的时效性是普查、统计报表不可比的。抽样调查的工作量小，组织专业队伍直接取样，减少中间环节，提高了时效，特别适宜于时间性要求很强的调查项目。以农作物产量调查而论，依靠全面报表制度，一个地区从收割、打晒到称重入仓要花很长时间。另外，像市场物价水平、自然灾害预测、民意测验等，抽样调查的时效性更是其他方法无法比拟的。

3. 精度高，有概率保证

由专业人员实施抽样调查，不仅便于组织，而且实地调查工作容易受到有关人员的指导和监督，能保证资料的准确。更重要的是取样可以按照随机原则，排除人为主观因素的影响，使样本有较好的代表性，可以计算抽样误差，并可通过抽样过程控制误差。对有经验的调查者，典型选样有可能达到非常准确的结果，但是它的精度及可靠性却无法给出。抽样方法则不仅能估计总体特征的数量指标，还能指出在不同概率保证下的误差限，这是其他调查方法无法做到的。

4. 抽样方法的灵活性

抽样调查的内容可多可少，调查范围可大可小。既适用于专项性质的研究，也适于经常性的调查，如政策评估、市场信息、环境监测等。只要需要随时都可因地制宜实施抽样调查。

5. 应用范围广

与全面调查相比，除了上述各项优点外，抽样方法还能解决那些无法全面调查或很难调查的问题。无法全面调查主要有以下几方面：

（1）无限总体。例如，气象因子调查、新材料、新设备、新工艺的检查等。

（2）包括未来时间序列的总体。如生产过程稳定性检查等。

（3）破坏性的产品质量检验。例如，灯泡寿命、木材抗折力检验、轮胎里程试验等。这些只能用抽样方法对总体做出判断。

还有一些很难全面调查的现象，有如下几方面：

（1）非常大的有限总体。虽然是有限总体，因数量范围太大，进行全面调查实际上不可能。如一个林场的林木总株数、水库的鱼苗数等。

（2）有些调查对象，根据调查任务要求，也没必要全面调查。如民意测验等。

（3）有些调查受时间和条件限制，不允许进行全面调查。

此外，随着抽样理论的发展，目前世界上许多国家还用抽样方法进行生产过程的质量控制，将事后的调查检验估计推广到生产过程的控制，用抽样方法提供有关信息，分析各种有利的因素，以便采取措施，使生产过程保持稳定运转。利用抽样结果进行风险预测，为人们的行为决策提供依据，是抽样方法的又一新的发展。用抽样方法对总体特征的某种假设进行检验，判断假设的真伪，人们可做出是接受假设还是拒绝这一假设，以期达到在最小的风险下取得最佳效果。例如，对某一种新药物是否推广，当然首先要取决于它的疗效是否显著，但疗效对每个人都受随机因素的影响，所以我们需要对药的疗效是否显著或不显著做出一定假设，然后根据试验结果及检验所做假设是否成立，从而对能否推广做出判断。

当然，抽样调查也存在不足之处，有抽样误差。我们研究的重要内容之一就是如何控制和估计这个误差。

第三节　抽样调查技术在我国推广应用概况

　　20 世纪三四十年代，我国数理统计领域最杰出的代表是北京大学许宝禄教授(1910~1970)，他发表了一系列论文：对样本协方差矩阵的分布，高斯-马尔科夫模型中方差的最优统计，一元线性假设似然检验等理论问题作出了独特的贡献，受到世人的关注。他的《抽样论》一书(北京大学出版社，1982)，精辟地论述了随机抽样法、分层抽样法、二阶抽样法、集团抽样法(即整群抽样)和系统抽样法的原理，为开展大规模抽样调查，如人口调查、能源调查、社会经济调查、草原和农田估产、昆虫数量估计等提供了方法和依据。为培养我国统计人才提供了宝贵的教材。1943~1944 年清华大学陈达教授在我国第一次运用抽样调查方法主持了云南省户籍示范人口普查，并按系统抽样方法抽取部分人口以核对普查结果。此后，在 1946 年上海工人生活状况调查中又运用了抽样调查方法，以更详细的项目来补充普查。但总的来说，在 1949 年以前我国抽样调查方法的应用还是很少的。

　　新中国成立后，为了适应大规模经济建设的需要，1952 年成立了国家统计局，根据计划经济体制的特点，建立了全面的统计报表制度。但面对全国人口众多，经济复杂的情况，1952 年全国财经统计会议上提出"中国经济情况复杂，统计的武器要多，只有一种武器是不高明的，也是不够用的。"其中就包括抽样方法的推广应用。

　　我国在最早范围内，按统一方案统一计划进行的抽样调查是 1955 年开始的农民家计抽样调查。1955 年 1 月在国家统计局颁发的《1955 年农民家计调查方案》中规定，以等距抽样方法抽取调查乡，再按类型比例与等距抽样相结合的方法抽取调查户，全国共抽取了 15 000~20 000 个农户。从 1957 年开始，在全国范围内建立了经常性的农民家庭调查。为此，1962 年国家统计局又制定了《农村人民公社社员收入调查方案》。

　　我国城镇职工家计调查是在 1956 年开始的。国家统计局制定了《全国职工家计调查方案》，采取了比例分层和等距抽样相结合的方法，全国共抽取职工 6 000 人。1957 年职工家计调查又扩大到商业、教育、机关、团体等部门。在抽样方法方面，又提出了双重抽样调查方法。

　　为了学习国外开展抽样调查的先进经验，1956 年 12 月，国家统计局派出代表团，到印度考察农作物产量的抽样调查工作。统计学界、高等学校和学术团体也逐步开展抽样调查的研究和学术交流，发表了许多论文。与此同时，前苏联和西方国家的抽样调查文献也相继引进到我国。

　　1963 年，经国务院批准，我国第一支集中统一的抽样调查队伍——全国农作物产量调查队成立。它由国家设总队，各省（自治区、直辖市）设分队。同年，国家统计局颁发了《农作物产量抽样调查方案》。规定在群众估产的基础上，利用分层排队，系统抽样。还采用了多阶抽样设计，即以省（自治区、直辖市）为总体，第一阶抽样单元为县，第二阶抽样单元是抽中县的大队，第三阶抽样单元是抽中大队的作物地块。并于当年在全国试点。1964 年按上述方案，对全国各省（自治区、直辖市）的主要农作物种植面积和产量进行了抽样调查，及时掌握了符合实际的农作物产量数据。

　　我国的抽样调查技术经过 20 世纪 50 年代到 60 年代初的 10 多年艰苦努力，在全国各地、各部门抽样理论和抽样方法得到了一定程度的普及和推广，出现了蓬勃发展的大好局面，积累了许多经验，也取得了很大成绩。但是，在十年动乱期间，抽样调查管理体制和抽样方法被横加批判，抽样调查工作被迫中断。

　　1978 年，党的十一届三中全会以后，全国的工作中心转移到社会主义经济建设轨道上来，我国政治、经济体制改革，对外开放以及与之相应的统计改革，不但对抽样调查有广泛的需求，而且为抽样调查技术的发展创造了良好的社会条件。

　　1981 年，国家统计局提出："今后布置新的统计任务，增加新的统计指标，凡是适合用抽样调查的就不用全面统计报表……"为了适应国民经济调查工作的需要，同年国家成立了城市和农村两支抽样调查队伍，1983 年这个队伍发展到 8 800 人，调查内容也不断拓展，这是我国抽样调查跨入新阶段的标志。从此，我国国民经济中，农作物种植面积和产量、农民和城市居民的收入、分配、积累、消费、住房、卫生保健、食品营养、精神文明建设以及人们日常关心的物价指数等，均采用抽样调查，基本上摆脱了陈旧的统计报表、典型调查等方法。

　　此外抽样调查方法在工业、商业、交通运输、自然资源调查等生产管理中也得到了广泛应用。例如，工业企业进行产品质量控制；商业企业的市场调查预测；交通部门的社会运营能力；矿产及森林资源的调查及其蕴藏量估计等都取得显著的效果。

　　我国森林资源调查是 1949 年后开始的，从 1953～1962 年完成了第一次全国森林资源调查，历时 10 年。当时，主要采用经验目测法，带状标准地估计林分（小班）的蓄积量，还有相当大部分森林采用航空目测调查和地面调查相结合的方法估计森林面积和蓄积量。抽样技术最早在我国林业上的应用是 1957 年角规测树（毕特利希，1948）的引入。虽然当时还未把角规调查技术提高到是一种点抽样方法，仅把它作为辅助工具，但不能不认为这种技术是一种典型的不等概抽样理论的应用。在全国学科学用科学的新形势下，广大林业科技工作者也积极探索用抽样方法调查森林资源。如1963年北京林学院在小兴安岭做了等距抽样和分层抽样研究，1964年林业部森林综合调查队在湖南省大坪林场进行了抽样调查和实测结果的验证研究，实测面积达64公顷。

1977~1981年，全国建立森林资源连续清查体系，1983年又在西北、华北平原少林地区建立了以调查"四旁"树和农田防护林等为主要对象的连续清查体系，全国共设了几十万个固定样地，每5年复查一次，及时准确地掌握各省（自治区、直辖市）及全国森林资源的现状和消长变化规律，成为国家森林资源监测的基础。

近20年来，国内关于抽样调查技术的研究与应用开展得如火如荼。如，交通部建立了统计抽样调查系统；国家统计局2004年全国群众安全感抽样调查；国务院2005年全国1%人口抽样调查；银行业监督管理委员会2006年全国非法集资案抽样调查。全国许多行业对本部门关心的问题进行抽样调查，不少部门就公众关注的热点问题开展公众调查，有的报刊还定期刊登公众调查的调查报告。我国20世纪90年代初成立了不少市场调查公司，经过几年的大浪淘沙，现在生存下来的公司经营状况良好。网上调查、电话调查在我国也健康发展。有关抽样调查的理论，如非抽样误差控制的研究也得到统计界的广泛重视。

第二章

抽样调查的基础知识

为了掌握各种抽样调查的理论和方法，本章将介绍抽样调查所用到的一些基础知识，主要包括∑的涵义及其运算规则、总体与样本、抽样误差理论、制定抽样调查方案的原则、抽样调查的步骤。这些知识是学好抽样调查技术的基础。

第一节　∑的涵义及其运算规则

我们在学习抽样调查过程中，经常遇到"∑"这个符号，它是逐项累计的意思。通常称它为"总和符号"或称为"总和"。这个符号下边注明开始一项的顺序号，上边表示终止项的顺序号。根据已有资料，我们把∑的涵义及运算规则整理如下，以供后续学习本书参考。

一、下列表达式的涵义

$$\sum_{i=1}^{m} x_i = x_1 + x_2 + x_3 + \cdots + x_m$$

$$\sum_{i=1}^{m} x_i^2 = x_1^2 + x_2^2 + x_3^2 + \cdots + x_m^2$$

$$\sum_{i=1}^{2} \sum_{j=1}^{4} x_{ij} = (x_{11} + x_{12} + x_{13} + x_{14}) + (x_{21} + x_{22} + x_{23} + x_{24})$$

$$\sum_{i=1}^{5} x_i y_i = x_1 y_1 + x_2 y_2 + x_3 y_3 + x_4 y_4 + x_5 y_5$$

$$\sum_{i=1}^{2} \sum_{j=1}^{3} x_i y_j = (x_1 y_1 + x_1 y_2 + x_1 y_3) + (x_2 y_1 + x_2 y_2 + x_2 y_3)$$

$$\sum_{i=1}^{5} x_{3i} = x_{31} + x_{32} + x_{33} + x_{34} + x_{35}$$

$$\sum_{i=1}^{3} x_{i4} = x_{14} + x_{24} + x_{34}$$

$$\left(\sum_{i=1}^{4} x_i\right)^3 = (x_1 + x_2 + x_3 + x_4)^3$$

$$\sum_{i=1}^{2}\left(\sum_{j=1}^{3} x_{ij}\right)^2 = (x_{11} + x_{12} + x_{13})^2 + (x_{21} + x_{22} + x_{23})^2$$

$$\sum_{i=1}^{n-1} x_i = x_1 + x_2 + x_3 + \cdots + x_{n-1}$$

$$\sum_{i=1}^{n-1} x_{i+1} = x_2 + x_3 + \cdots + x_n$$

$$\sum_{i=1}^{n-1} (x_i - x_{i+1})^2 = (x_1 - x_2)^2 + (x_2 - x_3)^2 + (x_3 - x_4)^2 + \cdots + (x_{n-1} - x_n)^2$$

$$\left(\sum_{i=1}^{2}\sum_{j=1}^{4} x_{ij}\right)^2 = \left[(x_{11} + x_{12} + x_{13} + x_{14}) + (x_{21} + x_{22} + x_{23} + x_{24}) \right]^2$$

$$\left(\sum_{i=1}^{4} x_i\right)\left(\sum_{j=1}^{3} y_j\right) = (x_1 + x_2 + x_3 + x_4) \cdot (y_1 + y_2 + y_3)$$

$$\sum_{i=1}^{n}\sum_{j=1}^{m} f_{ij}x_i y_j = f_{11}x_1 y_1 + f_{12}x_1 y_2 + f_{13}x_1 y_3 + \cdots + f_{1m}x_1 y_m +$$
$$f_{21}x_2 y_1 + f_{22}x_2 y_2 + f_{23}x_2 y_3 + \cdots + f_{2m}x_1 y_m + \cdots +$$
$$f_{n1}x_n y_1 + f_{n2}x_n y_2 + f_{n3}x_n y_3 + \cdots + f_{nm}x_n y_m$$

二、运算法则

$$\sum_{i=1}^{m} (x_i + y_i) = \sum_{i=1}^{m} x_i + \sum_{i=1}^{m} y_i$$

$$\sum_{i=1}^{m} (x_i - y_i) = \sum_{i=1}^{m} x_i - \sum_{i=1}^{m} y_i$$

$$\sum_{i=1}^{m} (x_i + a) = \sum_{i=1}^{m} x_i + ma \qquad (a \text{ 为常数})$$

$$\sum_{i=1}^{m} (x_i - a) = \sum_{i=1}^{m} x_i - ma \qquad (a \text{ 为常数})$$

$$\sum_{i=1}^{m} ax_i = a \cdot \sum_{i=1}^{m} x_i \qquad (a \text{ 为常数})$$

$$\sum_{i=1}^{m} \frac{x_i}{a} = \frac{1}{a}\sum_{i=1}^{m} x_i \qquad (a \text{ 为常数})$$

$$\sum_{i=1}^{m} \frac{a}{x_i} = a\sum_{i=1}^{m} \frac{1}{x_i} \qquad (a \text{ 为常数})$$

$$\left(\sum_{i=1}^{m} x_i \right)^2 = \sum_{i=1}^{m} x_i^2 + 2 \sum_{i<j}^{m} x_i x_j$$

$$\sum_{i=1}^{m} (x_i + y_i)^2 = \sum_{i=1}^{m} x_i^2 + 2 \sum_{i=1}^{m} x_i y_i + \sum_{i=1}^{m} y_i^2$$

$$\sum_{i=1}^{n-1} (x_i - x_{i+1}) = \left(\sum_{i=1}^{n} x_i - x_n \right) - \left(\sum_{i=1}^{n} x_i - x_1 \right) = x_1 - x_n$$

$$\sum_{i=1}^{n-1} (x_{i+1} - x_i) = \sum_{i=1}^{n-1} x_{i+1} - \sum_{i=1}^{n-1} x_i = \left(\sum_{i=1}^{n} x_i - x_1 \right) - \left(\sum_{i=1}^{n} x_i - x_n \right)$$

$$= x_n - x_1$$

$$\sum_{i=1}^{n-1} (x_{i+1} - x_i)^2 = 2 \sum_{i=1}^{n} x_i^2 - 2 \sum_{i=1}^{n-1} x_{i+1} \cdot x_i - (x_1^2 + x_n^2)$$

第二节　总体与样本

一、总体及其有关概念

1. 总体

我们把调查对象的全体称为总体。由于它是产生样本的基础故也称母体。组成总体的每个基本单位称总体单元。例如，若调查某地区的人口情况，该地区的全体居民构成了总体，该区的每个人便是总体单元；又如我们研究某林场的森林总蓄积量，则该林场全部立木的材积就构成总体。总体单元可以是自然单元，如林场内每一棵树，也可以是人为划分的单位，如以 600m^2 面积上的立木材积为单元。实际应用最多的是人为区划的单元，如村庄、街道、居委会等。

在抽样调查中，必须弄清楚目标总体和抽样总体两个既有区别又有联系的总体。目标总体是指研究对象的总体单元之集合。抽样总体是按某一标志排列，供抽取样本的那部分单元的集合。例如，研究对象是整个林场的蓄积量，而林场内有一些农田、荒山，如在有林地中抽样，所得到的森林蓄积量只适用于有林地总体；要想适合于全林场，必须有其他信息，如农田和荒山的面积，否则就会导致偏差。通常解决的办法是使目标总体单元和抽样总体单元一致。

总体单元既然可以是自然单元，也可以人为划分，于是总体就有有限总体与无限总体之分，我们把包含有限单元数的总体称为有限总体；包含无限单元数的总体称为无限总体。

2. 标志、标志值

为说明总体单元在某一方面的特征而采用的名称即为标志。如果总体单元的特征是用数量表示的，如收入、支出、年龄、树高、胸径、海拔高度等，称为数量标志。如果标志是用属性表示的，如品种、坡向、健康或不健康等，称为非数量标志或品质标志。每个总体单元在数量标志上所观察到的数值称为单元标志值，如月收入3000元，树高15m，胸径13cm等。对于品质标志也可以转换为数量标志，通常的做法是将具有某种品质标志的记为1，不具有该品质标志的记为0。如健康者记为1，不健康者取值为0。

3. 总体特征数

总体特征数是指描述总体所有单元在某标志上数量特征的数值。包括总体平均数、总体总量、总体成数、总体方差和标准差等，又称总体参数。显然对于一个总体来说，这些总体特征数是唯一的、确定的数值，而且这些总体特征数通常是未知的。进行抽样调查的目的在于通过抽取部分总体单元，对总体某些特征数作出估计。就是说，即使进行抽样调查和推断，也只能给出这些总体参数的估计值。

二、样本及其有关概念

1. 样本

从全部总体单元中，按照预先规定的方法抽取一部分单元，则被抽出的这部分单元之集合称为样本，又称子样。组成样本的每个单元称样本单元，样本单元数又称样本容量。通常总体单元数用 N 表示，样本单元数用 n 表示。

2. 样本的抽取

从含有 N 个单元的总体中抽取 n 个单元，抽样的方法有等概抽样和不等概抽样两种。如果抽样是按照随机原则，即能保证使每个总体单元都有同样的机会被抽中，称为等概抽样。这种抽样方法是最常用、最基本的方法。不等概抽样是指总体各单元被抽中的概率与各该单元大小成比例的抽样。本书将在第十二章专门介绍不等概抽样问题。

不论是等概抽样还是不等概抽样，都可以用重复抽样（有放回的抽样）和不重复抽样（不放回的抽样）两种方式进行。在应用中，一般常采用不重复抽样，这是因为通常总体单元数很大，即使是有限总体，抽样比 $f = n/N$ 也很小。又因为重复抽样中，后一次抽样不受前面抽样的影响，是相互独立的，在公式和计算上便于处理。所以常把不重复视为重复抽样，如在森林资源调查中，当 $f < 0.05$ 时，即按重复抽样对待，其结果会使抽样误差略大

一些。

3. 样本单元的形状和大小

样本单元是总体单元的一部分，因为我们实际调查观测的是样本单元，它的形状和大小直接影响着调查的工作量、质量和成本。这个问题在社会经济调查中似乎不是很重要，但是对于大面积自然资源调查却是十分重要的。下面简单介绍森林资源调查中有关这方面的一些技术问题。

从理论上讲，凡是按照随机原则去抽取样本，不论单元的形状和大小如何，都可以获得总体特征数的无偏估计值。在既定精度或总费用条件下，单元形状和面积大小，对抽样效率影响是显著的。

森林调查中，依单元形状可分为：①面积(样地、样方)抽样；②样点(角规点、成数点)抽样；③线段(截距)抽样；④样木(单株树)抽样。其中应用最多的是样地和样点两种。

(1)样地的形状：样地有带状、矩形、圆形和方形之分。

(2)样地的大小：样地面积越大，变动越小，单元大小与变动系数之间的关系是，变动系数随单元面积增大而减小，当增大到一定程度时，变动系数趋于稳定，当变动系数开始稳定时的面积，定为样本单元合适面积。尽管知道，当样本单元数相同时，面积大的样地估计精度高于面积小的样地。但是，面积大的样地耗费人力多，成本较高，因此，最优样地面积确定以变动系数开始稳定时的面积为宜。

在我国森林资源调查中，样地面积一般采用的经验数字为 $0.06 \sim 0.08$ hm^2，在林分变动较大的林区用 $0.1\ hm^2$，幼龄林用 $0.01\ hm^2$ 较适宜。

第三节　　抽样误差

一、误差的概念和种类

一般说待测物在每种标志上都有其固有值，这个值称真值。测定或估计的目的就是要了解这个真值。在实际中所得到的观察值和样本统计量都是测定值或估计值，用它们来代替真值不可避免地会产生误差，因此我们可定义误差为测定值或估计值与真值之差。即

$$误差 = 测定值或估计值 - 真值$$

抽样调查以样本统计量估计总体参数，中间要通过许多环节，从抽取样本、调查、测定、记录、统计计算至估计方法，都可能出现误差。这些误差有的可能相互抵消，有的会累积，但最终反映在估计值与真值(总体参数)

之差上。我们把从样本单元调查测定以及估计过程中产生的各种误差的综合量称为抽样总误差。

误差的分类可从各种角度划分。根据误差的性质和来源可把总误差分解为非抽样误差、偏差和抽样误差三类。弄清它们的意义、性质、排除措施以及它们之间的关系都是抽样估计中需要着重解决的问题。

二、非抽样误差

非抽样误差是指不是由于抽样和估计方法引起的误差。它不是抽样调查固有的，即使进行全面调查也会存在。其来源很多，例如，过失性错误，调查人员错测、错记、被调查者无回答、虚报瞒报等；又如，测量误差，任何仪器在无偏差的情况下，也不可能获得标志值的真值，不过这两种误差，前者可以通过做好调查人员的培训、教育、宣传、检查等措施来排除。测量误差也可视为随机误差，实际上无法避免，只是随着仪器的改进及样本单元数的增大，其误差值逐渐减小罢了。

在总误差中，一般不包括非抽样误差，但并非它不重要，而是因为这种误差的来源复杂无法用抽样理论去估计它的量。应认真研究非抽样误差可能的来源及量的大小，并注意采取预防措施使之减少到最低限度。

三、偏差

数学期望这一概念可用于由样本提供的估计值，如果 $\hat{\mu}$ 是由某个样本计算出的总体参数估计值，它的数学期望值等于相应的被估计的总体参数值 μ，即 $E(\hat{\mu}) = \mu$，则样本估计值是无偏的。

如果不是这样，则估计值 $\hat{\mu}$ 是有偏的，偏差（Bias）等于估计值的数学期望与总体参数实际值之差。

在有偏估计情况下：$E(\hat{\mu}) = m \neq \mu$，其偏差：$B = m - \mu$。图 2-1，说明总体为正态分布，总体平均数为 μ，在无偏估计时，样本平均数的分布以 μ 为中心。在发生偏差情况下，各样本平均数的分布以 m 为中心。其偏差 $B = m - \mu$。这时以有偏的样本平均数估计总体平均数，使估计误差限失去原来的意义，因为图

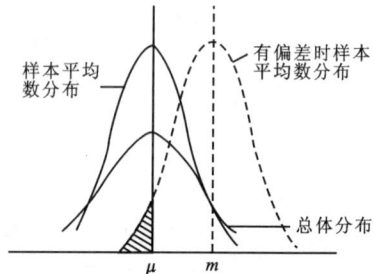

图 2-1　偏差对样本平均数分布的影响

2-1 中小于总体 μ 的概率只是斜线面积部分，而大部分估计值偏高。

偏差也称系统误差或恒定误差。其来源可归纳为下列三个方面：

（1）测量仪器。用没有校正或不合格的仪器测定样本单元，会带来方向一致的偏差。例如，用偏小的轮尺测定一株实际直径为 20cm 的林木，检尺结果为 21cm，所产生断面积偏大值 $B = 1.1025 - 1 = 0.1025$（即 10.25%）。除此之外，有时还会因使用经验数表、数据分组（直径整化）、观测者或航片判读者的视觉等因素引起一定偏差。

（2）抽样过程。如采用系统抽样，遇到总体周期性变动的影响；典型选样；沿交通方便地带多取样地代替不可及地带；通过电话号码簿抽取居民户进行收支调查等，也都会造成有偏估计。

不恰当的抽样过程会带来足以使抽样调查失败的偏差。一个著名的例子是美国《文学摘要》杂志对 1936 年美国总统选举的预测（樊鸿康，2002）。当时大多数观察家认为罗斯福会轻易取胜，而《文学摘要》根据自己抽样调查断定兰登与罗斯福的获胜率将为 57% 对 43%。然而事实却是罗斯福以 62% 对 38% 的巨大优势当选。这一与事实完全相悖的预测断送这家原本颇有名气的杂志的前程，不久就停刊，"关门大吉"了。

在实际的民意测验中，《文学摘要》发出了 1 000 万份问卷，这在抽样调查中是相当大的样本量。而它所收回的问卷数量也是极其可观的。花了那么大的精力，收集了那么多的数据，怎么会出那么大的错误呢？原来《文学摘要》是按电话本和俱乐部成员名单发出 1 000 万份问卷，选取的样本明显地排斥穷人，因为在当时，一般穷人很少拥有私人电话或属于哪个俱乐部。众所周知，经济地位在很大程度影响政治态度，穷人压倒多数地倾向罗斯福，而有钱人则倾向兰登。《文学摘要》的样本反映不出这个社会现实，从而犯了致命的错误。

（3）估计方法。采用有偏的估计方法，例如，对随机抽取的样本，用比估计方法估计总体参数，通常估计值是有偏的。不过这种偏差量是可以用数学理论估计的。

偏差的性质与随机误差不同，它具有确定的方向性，不能相互抵消，就是说，它不随着样本单元数的增加而减小，同样也不因量测次数多而减小。

为了研究偏差的存在如何影响概率，下面引用 W·G·科克伦著《抽样技术》中的计算结果（表 2-1），表中计算了估计值的误差大于 1.96σ 的真正概率，这个误差是与实际 μ 值相比较而计算的。

从表 2-1 中清楚地看到：干扰量完全取决于偏差对标准差的比值。对于大于 1.96σ 的全部概率，如果偏差小于 1/10 的标准差，那么偏差的影响就很小。当偏差等于标准差的 1/10 时，则总的概率是 0.0511，而不是我们原以为的 0.05。当偏差进一步增大时，干扰量变得更严重。当 $B = \sigma$ 时，总的误差的概率为 0.17，约大于原来假想的 0.05 的 3 倍。

表 2-1   偏差 B 对大于 1.96σ 的概率影响

B/σ	误差为下列数值时的概率		总 和
	$< -1.96\sigma$	$>1.96\sigma$	
0.02	0.0238	0.0262	0.0500
0.04	0.0228	0.0274	0.0502
0.06	0.0217	0.0287	0.0504
0.08	0.0207	0.0301	0.0508
0.10	0.0197	0.0314	0.0511
0.20	0.0154	0.0392	0.0546
0.40	0.0091	0.0594	0.0685
0.60	0.0052	0.0869	0.0921
0.80	0.0029	0.1230	0.1259
1.00	0.0015	0.1685	0.1700
1.50	0.0003	0.3228	0.3231

　　两端受到的影响是不同的。对一个正偏差(图 2-1)，当 $B = \sigma$ 时，低估值超过 1.96σ 的概率很快从预定的 0.025 缩小到 0.0015，这时相应的高估值的概率却稳步增大。在大多数的应用中，只注意总的误差，但偶尔会特别关注到一个方向上的误差。

　　在应用中，作为一条规则，若偏差小于估计值标准差的 1/10，则此偏差对估计值的准确度(accuracy)的影响可以略而不计。例如，在比估计中，当 $B/\sigma < 0.1$ 时，偏差就可忽略不计。应用这个结论时，要分清偏差的来源，在比估计方法中，可以从数学上找到比值 B/σ 的上限，当样本 n 足够大时，可以相信 B/σ 不会大于 0.1。相反，对来自其他方面的偏差，想找到一个小的 B/σ 的可靠上限，通常是不可能的。这样说并不意味着有偏估计方法完全不能用，在偏差比较小的情况下，有时比估计所给出的误差限比简单随机抽样估计值的误差限还小。

　　为了比较有偏估计量与无偏估计量，或比较两个偏差量大小不同的估计值，一个有用的比较标准是用均方误差(mean square error)，缩写为 MSE，它是与要估计的总体值相比较而计算得出的。用公式表示。

设 $E(\hat{\mu}) = m$，则

$$\begin{aligned}
\text{MSE} = E(\hat{\mu} - \mu)^2 &= E[(\hat{\mu} - m) + (m - \mu)]^2 \\
&= E(\hat{\mu} - m)^2 + (m - \mu)^2 \\
&= (\hat{\mu} \text{ 的方差}) + (偏差)^2
\end{aligned} \tag{2-1}$$

由于 $E(\hat{\mu} - m) = 0$，交叉乘积项为 0。

使用 MSE 作为估计值精度的标准，就是认为两个估计值有相同的 MSE。严格说来并不对，因为当两个估计值有大小不同的偏差时，大小不同的误差 $(\hat{\mu} - \mu)$ 的频率分布不会是一样的。然而汉森·赫维茨和麦多 (1953) 证明，当 B/σ 小于 0.5 时，对大小不同的绝对误差 $|\hat{\mu} - \mu|$，两个分布几乎相同，甚至当 $B/\sigma = 0.6$ 时，与 $B/\sigma = 0$ 时相比，概率的变化也很小。

四、抽样误差

通过上面的分析，在抽样过程中，即使完全排除了偏差的影响，以样本统计量(如平均数、总体总量)估计总体参数，不可避免地还会产生误差。这种由于只测样本单元而没有观测全部总体单元而产生的误差称抽样误差。

抽样的总误差与偏差和抽样误差三者的关系可表述如下：

$$（总误差）^2 = （抽样误差）^2 + （偏差）^2 \qquad (2\text{-}2)$$

要减少抽样估计的总误差，就必须同时考虑减少抽样误差和偏差这两个方面。

在无偏估计情况下：总误差 = 抽样误差。

抽样误差可以用抽样精度来表示。

为了说明上面两种情况，弄清准确度(accuracy)和精度(precision)这两个既相互联系又有区别的概念是有益的。准确度是指当有偏差干扰时，使样本平均数偏离总体平均数的概念。偏差越大准确度越小(见图 2-1)；精度是指各样本平均数以 m 为中心分布的变动程度，m 是反复使用同一抽样方法所获得的平均数。

由此可见，在抽样估计中，有时精度高但准确度低，不能认为是有效的估计结果。只有当精度高、无偏或精度高、准确度也很高的情况下，才能认为是有效的估计结果。

抽样误差是由抽样方法本身引起的误差。本书旨在介绍和讨论各种抽样方法，因而对各种方法所导致的抽样误差给予分别论述。下面用简单随机、重复抽样为例，就抽样误差的性质和理论计算方法作几点分析。

在数理统计中，把样本统计量(如平均数)的标准差称之为标准误。抽样误差是通过标准误的估计实现的，因此可以说标准误就是抽样误差的计量尺度。

总体标准误：
$$\sigma_{\bar{x}} = \frac{\sigma}{\sqrt{n}} \qquad (2\text{-}3)$$

用样本估计：
$$S_{\bar{x}} = \frac{S}{\sqrt{n}} \tag{2-4}$$

式中：$\bar{x}$ 和 S 分别是总体 $\overline{X}$ 和 σ 的无偏估计值。

（1）通常所说的抽样误差（标准误）是平均抽样误差。这是因为从含 N 个单元的总体中，随机地抽取 n 个样本单元，全部可能抽取的样本数为 C_N^n 的组合数。然而当 N 很大时，不可能列出所有样本平均数 $\bar{x}_i (i = 1, \cdots, C_N^n)$ 与总体平均数 $\overline{X}$ 的实际抽样误差，因而需要从理论上认识各 $\bar{x}_i$ 与 $\overline{X}$ 误差的平均水平，即以样本抽样误差来描述各样本平均数与总体平均数的实际抽样误差的平均状况。标准误 $\sigma_{\bar{x}}$ 与 $S_{\bar{x}}$ 就描述了全部可能样本的 $\bar{x}_i$ 与 $\overline{X}$ 的平均误差。

（2）标准误是一个确定的数值。尽管每个样本都有它的 $|\bar{x} - \overline{X}|$ 实际抽样误差，但对一个总体来说，每次抽取 n 个样本单元，样本个数总是有限多个，因而对这些样本平均数与 $\overline{X}$ 的离差可以求得平均值。根据抽样方差定义有：

$$\sigma_{\bar{x}}^2 = E (\bar{x}_i - \overline{X})^2 \tag{2-5}$$

$$\sigma_{\bar{x}} = \sqrt{\frac{1}{\Omega} \sum^{\Omega} (\bar{x}_i - \overline{X})^2} \tag{2-6}$$

式中：Ω 为总体中全部可能抽取的样本个数。

$\sigma_{\bar{x}}$ 值是唯一的，但在实际抽样估计中，人们通常是用样本的 S^2 代替 σ^2 来估计抽样误差。由于样本统计量 S^2 是随机变量，故用它计算出的抽样误差 $\sigma_{\bar{x}}$ 的估计值 $S_{\bar{x}}$ 也仍是随机变量。

（3）计算 $\sigma_{\bar{x}}$ 值的(2-6)式是抽样误差的理论公式。在实际中难以应用，这是因为使用(2-6)式，必须已知 $\overline{X}$。此外，还必须计算出总体中所有可能的样本组的平均数以及每个样本的实际抽样误差，这在通常情况下都是不可能的。因而，在实际应用中，只能用数理统计推导出的误差公式去估计。

五、影响抽样误差的因素

1. 总体的方差或标准差

总体方差 σ^2 或标准差描述了总体单元标志值的变动程度。如果总体变动小，那么，所抽取的样本统计量与总体参数之离差也会小，再求其平均值得到的抽样误差也相应小。因而，抽样误差大小取决于总体方差的大小。应注意，总体方差的大小与样本无关。

2. 样本单元数

如果样本单元数 n 愈小，那么，它对总体的代表性就愈差，这意味着抽样误差愈大。(2-3)式表明，抽样误差与 $\sqrt{n}$ 成反比，例如，当 $n=4$ 时，$\sigma_{\bar{x}}$ $=0.5\sigma$，当 $n=100$ 时，$\sigma_{\bar{x}}=0.1\sigma$，表明 n 增加了 24 倍，抽样误差只减少了 80%。这就提醒抽样设计者，在大样本情况下，哪怕是要想把精度提高百分之几，就有可能多付出几倍甚至几十倍的调查费用。

3. 抽样方法

在其他条件(如 σ^2，n)相同且为有限总体情况下，不重复抽样的抽样误差小于重复抽样的。因为不重复抽样中的有限总体改正值 $\sqrt{1-n/N}<1$，故抽样误差会小些。

4. 样本的组织形式

在总体方差、样本单元数相同时，不同的样本组织形式，有不同的抽样方法，其抽样误差也不同。例如，简单随机抽样与整群抽样，前者抽样误差一般小于后者。这是因为按不同组织形式所抽取的样本，对总体的代表性是不一样的，故它们的抽样误差也就不同。

六、估计值的误差限和估计精度

误差限又称误差最大限度。估计值的误差限是指样本特征数与总体特征数之间可能的绝对误差范围，仍以样本平均数 $\bar{x}$ 为例，标准误仅从理论上描述了样本平均数与总体平均数的平均偏离状况。还无法确定某一次实际抽样中这种误差范围，也不能回答某一次抽样估计总体平均数的可靠性大小。估计误差限给出了在一定概率保证下的误差范围。若以 $\Delta_{\bar{x}}$ 表示估计值 $\bar{x}$ 的误差限(绝对误差限)，根据误差限定义有：

$$P\{\,|\,\bar{x}-\overline{X}\,|\,\leqslant\Delta_{\bar{x}}\}=1-a \qquad (2\text{-}7)$$

或等价地改写为

$$P\{\,|\,\bar{x}-\overline{X}\,|\,>\Delta_{\bar{x}}\}=a \qquad (2\text{-}8)$$

$$或\ P\{\bar{x}-\Delta_{\bar{x}}\leqslant\overline{X}\leqslant\bar{x}+\Delta_{\bar{x}}\}=1-a \qquad (2\text{-}9)$$

概率保证 $P=1-a$ 称可靠性，a 称为危险率。

由上面定义式可作如下结论：

在(2-7)式中：$\bar{x}$ 为 $\overline{X}$ 的估计值，绝对误差限为 $\Delta_{\bar{x}}$，可靠性为 $1-a$(或危险率为 a)，这种估计称定点估计或定值估计。

在(2-9)式中：认为有 $1-\alpha$ 的概率保证，总体平均数 $\overline{X}$ 包含在 $[\bar{x}-\Delta_{\bar{x}}$，$\bar{x}+\Delta_{\bar{x}}]$ 随机区间内，称 $[\bar{x}-\Delta_{\bar{x}}$，$\bar{x}+\Delta_{\bar{x}}]$ 为 $\overline{X}$ 的区间估计。

这就不难看出，估计误差限对控制总体参数($\overline{X}$)是非常重要的。

其次，估计误差限不是唯一固定的，而是依据抽样调查的目的、人们希望控制总体参数的可靠性来确定的，如果要求的可靠性高，则误差限就大；若要求的误差限小，则可靠性也低。误差限与可靠性是相关联的。其估计式为

$$\Delta_{\bar{x}} = tS_{\bar{x}} \tag{2-10}$$

其中，t 值称可靠性指标。当总体遵从正态分布及大样本的条件下，给定可靠性(或 α)，可由正态分布双侧分位数表(附表 3)中查出 t 值；当给定 t 值，可由正态分布表(附表 2)中查出相应的概率。几个常用的 t 值见表 2-2。

表 2-2　几个常用的 t 值

t	1	1.44	1.64	1.96	2	2.58	3
可靠性(%)	68.3	85.0	90.0	95.0	95.5	99.0	99.7

根据一般经验，把样本单元数 $n \geq 50$(或 30)的称大样本，把 $n < 50$(或 30)称为小样本。根据中心极限定理，不论总体是否遵从正态分布，对于大样本都可以用表 2-2 所列 t 值；对于小样本则应查小样本 t 分布表(附表 4)来确定 t 值。

在抽样估计中，有些情况下，人们所关心的并不是平均数或区间估计的上限($\bar{x} + \Delta_{\bar{x}}$)，而更重视的是区间估计的下限。例如，当估计一个林区的每公顷可利用平均蓄积量时，我们更关心的是在一定可靠性下的最低蓄积量。当计算一座桥梁的载重量或使用年限时，同样应考虑采用最低的估计值。这个下限值叫做"最低可靠估计值"。如果我们要求的可靠性是 95%（$\alpha = 0.05$），在计算 $\Delta_{\bar{x}}$ 时，t 值应该用 1.645，而不是 1.96。

第四节　制定抽样调查方案的原则

制定抽样调查技术方案的工作称抽样设计。抽样设计包括内容很多，但无论采用哪种抽样方法，可概括为：样本组织和总体参数估计两个基本内容。前面讲过，供抽样选择的方法很多，一种抽样组织形式是不是优于另一种抽样形式，或者一种抽样方法是不是优于另一种抽样方法，在共同遵守随机原则，甚至共同符合优良估计标准(无偏性、一致性、有效性)的条件下，仍存在着估计效率的差异。抽样效率的概念是指以所规定的费用，对总体参数的估计达到误差最小。换言之，在给定误差条件下，费用最低。由此可见，一个最优的抽样方案设计，必须考虑抽样误差和调查费用这两个主要因

素。本节所要讨论的问题是：在诸多抽样方法中，如何在比较中选优，在比较中改进设计方案以及抽样设计中一般遵循的原则。

一、抽样误差最小原则

要比较不同抽样方法的效率，在无偏条件下通常有两种方案，一种是用比值比较，另一种是用差值比较。通常，比值比较采用了固定基础，从而给出抽样效率指标(η)，其表达式为：

$$\eta = \frac{\sigma^2(\bar{y}_1)}{\sigma^2(\bar{y}_0)} \tag{2-11}$$

式中：$\sigma^2(\bar{y}_0)$为固定比较的基础，一般用简单随机抽样的平均数方差。$\sigma^2(\bar{y}_1)$为另一种抽样方法的方差。如果抽样效率指标 $\eta < 1$，则表明另一种抽样方法的误差小于简单随机抽样，有较好的效果；反之，则表明另一种抽样方法的估计精度低于简单随机抽样。

差值比较用两种抽样的方差计算，其表达式为：

$$差值 = \sigma^2(\bar{y}_1) - \sigma^2(\bar{y}_2) \tag{2-12}$$

如果差值大于0，说明抽样方法1劣于方法2；反之，则表明抽样方法1优于方法2。

在样本单元数相同及估计值无偏条件下，除简单随机抽样外，都要考虑样本单元在总体中的分配问题。例如，分层抽样存在着从各层总体中抽取最适合样本单元数的问题；整群抽样有群内单元数及配置问题等。抽样误差大小虽然与各种样本组织形式的特殊条件有关，但是要从总体的各组中抽取样本为 n 的方法有很多种，这些不同的抽样方法有着不同的误差，而其中也就存在抽样误差最小的一种方法。

设总体单元数 N 划分为 K 组，使

$N = N_1 + N_2 + \cdots + N_K$，现从第 i 组 N_i 中抽取样本 n_i，使 $n = \sum\limits_{i}^{K} n_i$。我们知道，抽样方差 $\sigma^2(\bar{y})$ 是 n_i 的函数，即

$$\sigma^2(\bar{y}) = f(n_i) \tag{2-13}$$

我们的目的是寻找适宜的 n_i，使 $\sigma^2(\bar{y})$ 达到最小。这是一般的条件极值问题，即

目标函数：$\sigma^2(\bar{y}) = f(n_i) \rightarrow$ 最小

约束条件：$\sum n_i - n = 0$

引入拉格朗日乘数 λ，建立新的函数 Q：

$$Q = f(n_i) + \lambda(\sum n_i - n) \quad (i = 1, 2, \cdots, K) \tag{2-14}$$

则只需要对方程 Q 求极小值。在这个方程中，有 n_1，n_2，…，n_K 与 λ 共 $K+1$ 个变量，现在对 n_i 求偏导数，并令它等于零：

$$\frac{\partial Q}{\partial n_i} = \frac{\partial \sigma^2(\bar{y})}{\partial n_i} + \lambda = 0$$

由此得到 K 个方程，连同约束方程 $\sum n_i - n = 0$，共有 $K+1$ 个方程，求解联立方程得到 n_i 值。它满足目标函数和约束条件，即在相同 n 条件下求得各组样本单元数 n_i 的目的。

二、调查费用最低原则

费用最低原则是完成各项工作必须考虑的原则，前面讲过，不讲误差就谈不到抽样。同样如果不计工作成本也谈不到抽样方法。抽样调查的组织和实施，在很大程度上受经费的制约。因此，在其他条件相同下，经费支出最少的抽样方法可认为是最佳方案。经费支出可以分为两类：一类是固定费用，属于共同开支，与调查单元多少无关。如培训费、材料费、咨询费、办公费等。另一类是样本信息调查费，它是可变费用，不仅与样本 n 大小有关，而且与地理区域和交通条件，以及测定难易程度等因素有关。所以，总体各组的单元调查费用可能有差异。调查总费用 D 是各组单元 n_i 的函数：

$$D = g(n_i) \tag{2-15}$$

由此也存在这样的问题，即在相同的样本 n 下，如何抽取各组适宜的 n_i，使得总费用 D 达到最小，这也是条件极值问题。

目标函数：$D = g(n_i) \rightarrow$ 最小

约束条件：约束条件：$\sum n_i - n = 0$

引入拉格朗日乘数 β，建立新的函数 F

$$F = g(n_i) + \beta(\sum n_i - n) \tag{2-16}$$

对 F 求偏导数，并令它等于零，

$$\frac{\partial F}{\partial n_i} = g'(n_i) + \beta = 0 \qquad (i = 1, 2, \cdots, k)$$

求解联立方程得到适宜的 n_i，满足目标函数和约束条件，达到相同的样本 n 下使经费开支最少的目的。

三、抽样设计效率的综合评价

如果不考虑其他特殊要求，只从抽样误差和调查成本两方面出发，当然是估计精度高、费用最低的抽样设计是最佳方案。但是通常情况下，抽样误差最小的方案未必是费用支出最少的方案。也就是说，求得误差最小的 n_i，不一定是开支最少的 n_i，它们相等的情况是罕见的。在实际应用中，追求误差最小的目标和追求费用最低的目标往往是相互矛盾的。我们知道增加样本 n 一般可以降低抽样误差，但也因此会增加调查费。反之，可以节省调查费，但又会增大抽样误差。抽样误差随着样本 n 增大而降低，因而抽样误差是样本单元数的函数。样本单元数对这两者起着完全相反的作用。现在要把这两个函数加以综合考虑，得出一个协调抽样误差和调查费用之间矛盾的最优样本 n 设计，来综合评价抽样设计的效率。

解决这类问题的方法，其思路是：固定其中一个目标函数，求另一个目标函数的极值，即在相同的样本 n，且总费用给定条件下，求适宜的 n_i，使误差达到最小；或是在给定误差条件下，求适宜 n_i，使调查费用最省。例如，采取前一命题，则有

目标函数：$\sigma^2(\bar{y}) = f(n_i) \rightarrow$ 最小

约束条件：$\begin{cases} \sum n_i - n = 0 \\ \sum n_i D_i + A - D = 0 \end{cases}$

式中：A 为固定费用，D_i 为单元可变费用，D 为总经费。

引入拉格朗日乘数 λ、β，建立新的函数 M：

$$M = f(n_i) + \lambda\left(\sum n_i - n\right) + \beta \sum (n_i D_i - D) \tag{2-17}$$

显然，只需对函数 M 求偏导数和极值：

$$\frac{\partial M}{\partial n_i} = f'(n_i) + \lambda + \beta D_i = 0 \tag{2-18}$$

由此建立联立方程，求出适宜的 n_i 值，满足于目标函数和约束条件，达到综合评价设计方案的目的。

除上述原则外，国际林业研究联盟 1972 年对森林资源调查方案提出了如下评价指标，同样也适用于其他调查的抽样设计。

（1）可靠性。无论应用哪种调查方法，其调查成果都应有精度指标，也就是说，抽样误差应有概率保证。但是，在任何情况下，用 100% 的概率保证来表达抽样估计精度是没有意义的。

（2）有效性。误差应最小，成本低，速度快。

（3）灵活性。调查方法可塑性大，适用范围广，能做多种分析比较。

（4）连续性。调查要充分考虑未来的信息采集和分析，适合建立连续清查体系，这样，通过复查固定（永久性）样本，能够用较少的经费，获得森林资源生长、枯死、采伐等动态变化规律和现状。

第五节　抽样调查的主要工作步骤

由于调查总体的复杂程度和要求不同，制定一个抽样调查计划和实施的若干步骤是非常必要的。在人口稠密、交通方便、经济发达的地区进行调查，与在交通不便的深山老林、边远山区，甚至没有地形图的地区进行调查两者区别很大。同样的调查内容，在某个地区难以解决，而在另一地区可能很容易调查。

一次抽样调查主要步骤如下：

1. 明确调查目的、任务

调查目的与任务要求是制定计划的基础，主要应包括调查成果的要求、精度、详细程度、完成时间，这是各项调查不可缺少的。

2. 确定总体范围

划清总体的范围界限，如地域性的调查，应准备比例尺适宜的地形图、平面图、航空相片等资料。将总体界限勾绘在图上，并在图上求出所需的面积，为使目标总体和抽样总体一致起来，可将非抽样对象单独区划出来，这样做可以防止偏差又能提高工效。

3. 划分总体单元

单元数量越大总体变动越小，但从抽样效率来看，单元数量大，调查费用增加，比如要调查一个乡的四旁树株数要比调查几十户的四旁树株数困难得多。另外，测量一个 $1000m^2$ 的方形样地要比测量 5 个 $200m^2$ 的圆形样地费工。在抽样比相同的情况下，单元小，样本单元数多的抽样精度高，这个问题在抽样前应慎重考虑。

4. 收集资料

与本次调查有关的前人留下的历史资料都应尽量利用，如调查报告、文件，统计报表，专业报告及图面资料等。

5. 设计抽样调查方案

它主要体现在每次调查所制定的原则方案和抽样调查技术细则之中，内容包括调查目的任务、精度要求、经费预算、抽样方法、计量方法及标准等一系列调查人员必须遵守的统一规定。

6. 预先试验

当调查项目多，对象比较复杂的情况下，可制定不同抽样方案，先在小范围内进行试验，目的是依据试验结果，对不同方案的误差和成本进行评价，同时对方案的技术问题进行改进，选择最佳技术方案。

7. 制定抽样框，抽取样本

抽样前应编制总体单元清单——抽样框。要求抽样框中单元不应有遗缺或重复。依据规定的抽样方法和确定的样本单元数进行样本抽取。

从总体中如何抽取确定的样本单元数是组织样本的方法。抽样调查研究的是概率抽样问题。按照总体各单元被抽中的概率，抽样分为等概抽样和不等概抽样两种方法。我们可以把等概抽样看作是不等概抽样的一种特殊形式。不等概抽样组织样本的方法比较麻烦，统计分析、估计方法理论也较复杂，但在某种条件下，它的抽样效率比等概抽样高。等概抽样根据组织样本的方法不同，构成了许多种不同的抽样方法，如本书介绍的简单随机抽样、等距抽样、分层抽样、整群抽样、回归估计、比估计等抽样方法。这些抽样方法是常用的基本方法，组织样本及误差计算也都较简单，容易掌握。

在上述方法基础上，还可以组合成若干新的抽样方法和估计方法，如：分层回归、分层比估计、双重抽样，回归整群，分层两阶抽样等。

不等概抽样本书将讨论的有 PPS 抽样、PPP 抽样也都是根据样本的不同组织方法而形成的抽样方法。

组织样本时，要依据调查的目的要求，总体分布的特点，交通及地形地势等因素，采取适宜的抽样方法。

8. 实地调查工作的组织

包括调查队伍的组织、分工，人员技术培训、质量检查制度，后勤保障等。

9. 数据综合分析

首先是对外业调查数据、图面区划进行检查，弃舍和订正；待资料完整无误后进行统计分析，这些工作主要由计算机完成。

10. 调查文件的编写

调查成果应于调查完后迅速提供调查说明书或调查报告、专题报告。其主要内容是调查最终结果、数量和估计精度以及采用的主要技术方法。必要时还应有各种附件：如统计表、图件、实物相片等。

第三章

简单随机抽样

第一节　简单随机抽样的概念

简单随机抽样又称纯随机抽样，它是一种最简单而又最基本的抽样组织形式，应用非常广泛，尤其是适用于分布均匀的总体，即具有某种特征的总体单元均匀的分布于总体各部分。

从含有 N 个单元的总体中，随机、独立的抽取 n 个单元组成样本，称简单随机样本，这种方法叫简单随机抽样。通过对样本单元的观测计算样本指标(统计量)对总体相应的指标作出估计。

首先，在理论上应符合随机原则，抽样的随机性可有两种解释：一是指总体中每个单元被抽中的可能性相等，对重复抽样来说，即每个总体单元被抽中的概率皆为 $1/N$。另一种是对不重复抽样来说，总体中各个样本被抽中的概率相等。我们知道，从总体 N 个单元中抽取 n 个样本单元，可有 C_N^n 个不同的组合形式，那么，在一次抽样中，某个样本被抽中的概率为 $1/C_N^n$，这个概率对每个样本被抽中的可能性是相等的。简单随机抽样遵循这种等可能性的原则，为进行抽样估计、方差计算提供了重要的前提条件。

容易证明，现在我们来研究一个特定的样本，就是 n 个已确定的单元的组合。在第一次抽取时，n 个确定的单元中被抽中的概率是 n/N。第二次抽取时，剩下的 $n-1$ 个单元中某一个单元被抽中的概率是 $(n-1)/(N-1)$。以次类推。因此在 n 次抽取中，这 n 个确定的单元全部被抽中的概率为

$$\frac{n}{N} \cdot \frac{n-1}{N-1} \cdot \frac{n-2}{N-2} \cdots \frac{1}{N-n+1} = \frac{n! \ (N-n)!}{N!} = \frac{1}{C_N^n}$$

因为一个已被抽中的号码(单元)在以后的抽取中已从总体中排除了，这种方法也称不放回抽样。

假定总体含有 1，2，3，4，5 个单元，从中抽取 3 个组成样本。很明显，采用重复抽样时，则每个单元被抽种的概率均等于 1/5，即 $1/N = 1/5$。若用不重复抽样，从 5 个当中，每次抽取 3 个，则全部样本数 $C_5^3 =$

$\dfrac{5!}{3!\,(5-3)!}=10$，每组样本被抽中的概率是 1/10。

独立性是指第一次抽中某个单元，并不影响第二次抽样结果的概率。用重复抽样方式所抽取的样本单元显然是相互独立的。采用不重复抽样，只要总体 N 很大，或者抽样比 n/N 很小（<0.05），不重复抽样可视为重复抽样，不论是社会调查还是农林资源调查经常用到这个结论。

采用简单随机抽样，首先要将总体中全部单元无一遗漏的进行编码，然后按随机抽样方法抽取若干个号码，由抽中的号码单元组成样本。在实践中常用的抽取方法有以下几种：

1. 抽签法

这是人们熟悉的一种传统方法，首先将总体单元从 $1\sim N$ 逐个编号，然后用一般抽签法从中抽取 n 个号码，被抽中的单元即为样本单元。这种方法简便易行。但在社会经济调查中，由于调查的总体一般都相当大，编号做签很困难，所以通常不采用此方法。

2. 计算机模拟法

对于已编号的总体单元，按计算机产生的随机数字，确定相应的样本单元。对调查人员，能够熟练地掌握计算技术，应用计算机进行设计和资料的处理等是十分重要的。

3. 随机数表法

这是目前应用简便而广泛的方法。随机数字表（附表 7）是由 0，1，2，…，9，这 10 个数字组成的。每个数字出现的概率都等于 1/10，并且表上数字组成的各种多位数（如二位数，三位数，…）也都有相同的出现机会。

对已编好号码的总体单元，按 N 的号码最大位数确定使用随机数表的行（列）数字，然后从任意行（列）开始，向横向（或纵向）一次取数，遇到属于总体单元编号范围内的号码，就取定为样本单元。若抽到重复出现的数字，就弃去，按表中顺序继续取下去，这就属于不重复抽样。直至抽够所预定的 n 个单元为止。

4. 滚球法

这是一种常用来摇奖的方法。在一个圆球容器中装有 10 个小球，球上标有 0，1，2，…，9 十个数字，圆球容器每摇滚一次，滚出一个带某一数字的球，这样与摇出小球数字相应的总体单元号即作为样本单元。

第二节 简单随机抽样的估计方法

一、总体平均数的估计值

在抽样调查中，是以样本平均数作为总体平均数的估计值。

设总体 N 个单元的标志值为 Y_1，Y_2，$\cdots$，Y_N，样本 n 个单元相应的观测值为 y_1，y_2，$\cdots$，y_n。值得注意的是：样本并不是总体单元开头的那几个单元，因为那种情况是罕见的。y_1，y_2，$\cdots$，y_n 只是 Y_1，Y_2，$\cdots$，Y_N 中的某几个单元值。

另外，为方便起见，总体单元标志值和样本单元标志值都用小写的 y 表示。当然后者不是前者。从总体 N 个单元中随机的抽取 n 个样本单元，设样本单元的观测值为 $y_i(i=1，2，\cdots，n)$，则总体平均数的估计值($\hat{\bar{Y}}$)为样本平均数

$$\hat{\bar{Y}} = \bar{y} = \frac{1}{n}\sum_{i=1}^{n} y_i \tag{3-1}$$

可以证明，样本平均数 $\bar{y}$ 是总体平均数 $\bar{Y}$ 的无偏一致估计，而且也是 $\bar{Y}$ 的极大似然估计。

二、估计值的方差

设总体关于 y 的方差为 σ^2，先从总体 N 中随机抽取 n，则有

总体方差
$$\sigma^2 = \frac{1}{N}\sum_{i=1}^{N} (y_i - \bar{Y})^2 \tag{3-2}$$

σ^2 的无偏估计值为样本方差

$$S^2 = \frac{1}{n-1}\sum_{i=1}^{n} (y_i - \bar{y})^2 \tag{3-3}$$

而样本平均数的方差为：

1. 在重复抽样的条件下

总体方差：

$$\sigma_{\bar{y}}^2 = \frac{\sigma^2}{n} \tag{3-4}$$

其无偏估计值为

$$S_{\bar{y}}^2 = \frac{S^2}{n} \tag{3-5}$$

$$S_{\bar{y}} = \frac{S}{\sqrt{n}} \qquad (3-6)$$

$S_{\bar{y}}$ 叫标准误，亦称抽样误差，它是衡量抽样误差的尺度。

2. 在不重复抽样条件下

$$\sigma_{\bar{y}}^2 = \frac{\sigma^2}{n}\left(1 - \frac{n}{N}\right) \qquad (3-7)$$

$$S_{\bar{y}}^2 = \frac{S^2}{n}\left(1 - \frac{n}{N}\right) = \frac{S^2}{n}(1 - f) \qquad (3-8)$$

抽样误差　$S_{\bar{y}} = \sqrt{\frac{S^2}{n}\left(1 - \frac{n}{N}\right)} = \sqrt{\frac{S^2}{n}(1 - f)} \qquad (3-9)$

式(3-9)中$(1 - n/N)$称有限总体校正项，它表明抽样误差来自$(N - n)$个单元，抽中的 n 个单元已测定了，视为没有抽样误差。所以用$(N - n)/N$改正。当抽样 $n = N$ 时，等于全面调查，就不存在抽样误差。从公式中也可以看到，这时$S_{\bar{y}} = 0$，没有抽样误差。

许多抽样调查，尽管采用不重复抽样方式，因为通常抽样比$(f = n/N)$较小，有限总体修正项对抽样误差的影响就可以忽略不计。在农林业中当$n/N < 0.05$，不重复抽样就按重复抽样公式计算抽样误差 $S_{\bar{y}}$。这样做的结果会使抽样误差估计值增大一些。

三、估计误差限

在可靠性指标(又称概率保证)t 下，样本平均数的绝对误差限为：

$$\Delta = t_{\alpha(n-1)} S_{\bar{y}} \qquad (3-10)$$

式中：t 值，在大样本可据 α 查标准正态分布的双侧分位数表；当小样本时t 值可查 t 分布的双侧分位数表，其自由度为 $df = n - 1$。

相对误差为

$$E = \frac{\Delta}{\bar{y}} \times 100\% \qquad (3-11)$$

四、抽样估计精度

抽样估计精度用 P_c 表示，计算公式见 3-12 式。其值大小与抽样的相对误差密切相关。

$$P_C = 1 - E \qquad (3-12)$$

五、总体总量的估计

总体总量的估计值为，

$$\hat{y} = N\bar{y}$$

总量的估计区间为

$$(N\bar{y} - N\Delta) \sim (N\bar{y} + N\Delta) \tag{3-13}$$

例3-1　某林场有林地面积共135hm^2，划分成等大小的方形样地，样地面积为0.06hm^2，从中随机抽取13个样地组成随机样本，以95%的可靠性对总体(135 hm^2)蓄积量进行估计，调查结果见表3-1。

表3-1　简单随机抽样特征数计算表　　　　单位：m^3/0.06hm^2

样地号	1	2	3	4	5	6	7	8	9	10	11	12	13
蓄积 y_i	7.12	9.83	7.70	7.65	8.76	9.96	12.35	8.02	9.29	9.39	5.09	7.33	6.92
y_i^2	50.65	96.63	59.29	58.52	76.74	99.20	152.52	64.32	86.30	88.17	25.91	53.73	47.89

解： 由表3-1得到：

$$\sum y_i = 109.41, \sum y_i^2 = 959.92$$

（1）总体平均数估计值

$$\bar{y} = \frac{1}{n}\sum y_i = \frac{1}{13} \times 109.41 = 8.42\text{m}^3/0.06\text{hm}^2$$

（2）总体方差 σ^2 的估计值

$$S^2 = \frac{1}{n-1}\sum (y_i - \bar{y})^2 = \frac{1}{n-1}\Big[\sum y_i^2 - \frac{1}{n}\big(\sum y_i\big)^2\Big]$$

$$= \frac{1}{13-1}\Big[959.92 - \frac{1}{13} \times (109.41)^2\Big]$$

$$= 3.26$$

标准差 $S = \sqrt{3.26} = 1.81\text{m}^3/0.06\text{hm}^2$

（3）总体变动系数估计

$$C = \frac{S}{\bar{y}} \times 100\% = \frac{1.81}{8.42} \times 100\% = 21.5\%$$

（4）标准误（抽样误差）

$$S_{\bar{y}} = \frac{S}{\sqrt{n}} = \frac{1.81}{\sqrt{13}} = 0.50\text{m}^3/0.06\text{hm}^2$$

（5）估计误差限

绝对误差限　$\Delta = tS_{\bar{y}} = 2.18 \times 0.50 = 1.09\text{m}^3/0.06\text{hm}^2$

t 值用危险率 $\alpha = 0.05$，自由度　$df = n - 1 = 12$，查小样本 t 分布表（附表4）

相对误差限　$E = \dfrac{\Delta}{\bar{y}} \times 100\% = \dfrac{1.09}{8.42} \times 100\% = 12.9\%$

（6）估计精度

$$p_c = 1 - E = 1 - 12.9\% = 87.1\%$$

（7）林场有林地总蓄积量估计

$$\hat{y} = N\bar{y} = \frac{135}{0.06} \times 8.42 = 18945\mathrm{m}^3$$

估计区间：

$$N(\bar{y} \pm \Delta) = 2250 \times (8.42 \pm 1.09)$$
$$即\ 17390 \sim 21400\mathrm{m}^3$$

结论：该林场 135 hm^2 有林地，经采用简单随机抽样调查，平均每公顷森林蓄积量为 140.3m^3，总共有森林蓄积量 18945m^3，估计精度为 87.1%，做出上述估计的概率保证为 95%。

在实际工作中，有时生产中只关心总体总量的最高限或最低限。如本例，如果该林分属于过熟林，是可以采伐利用的对象，为保险起见，调查结果可用估计的下限值作为总体蓄积量或用单侧 t 来估计总体。

第三节　样本单元数的确定

样本单元数又称样本容量，它是抽样方案设计的重要问题。这是因为由样本计算的各种统计量（如平均数、方差及抽样误差）是进行抽样估计的基本依据，因而，样本单元的多少直接影响到抽样估计效果。从抽样理论来讲，n 越大，误差越小，但从经济上考虑，则相反，n 增大成本要增加。如果 n 过大，调查经费会造成不必要的浪费。

简单随机抽样样本大小的设计，主要从以下几个方面考虑：

（1）总体变异情况。一般的说，总体各单元标志值变动越大，即总体方差越大，则需样本单元数越多；反之则少些。总体方差 σ^2 与抽样及样本单元数 n 的大小无关，当 n 愈大，S^2 愈接近于 σ^2，故 S^2 的大小是由 σ^2 即总体变异的大小这一客观情况决定的。

（2）调查精度要求。允许误差范围，即误差限越小，抽样估计精度越高，则要求样本单元数越多，反之则少。因而样本单元数与允许误差限成反比关系。

（3）概率保证程度。即概率保证程度越大，可靠性指标 t 越大，则需要的样本单元数越多，反之则少。可见，样本 n 与所要求的可靠性成正比关系。

此外，还有抽样方法，重复抽样或不重复抽样对样本单元数的影响。

综上所述，设总体单元数为 N，总体方差为 σ^2，允许绝对误差限为 Δ，可靠性指标为 t，那么简单随机抽样的样本 n 计算式如下：

（1）在重复抽样条件下：

$$n = \left(\frac{t\sigma}{\Delta}\right)^2 \qquad\qquad (3\text{-}14)$$

如给定相对误差限 E，则

$$n = \left(\frac{tC}{E}\right)^2 \qquad\qquad (3\text{-}15)$$

式中：C 为总体变动系数。

（3-14）式推导如下：由重复抽样绝对误差限公式（3-10）得到

$$\Delta = t\sigma_{\bar{y}} = t\frac{\sigma}{\sqrt{n}}$$

所以，

$$n = \left(\frac{t\sigma}{\Delta}\right)^2$$

例 3-2　某林场拟用简单随机抽样调查有林地蓄积量，据以往资料分析单位面积蓄积变动系数为 0.60，现要求估计精度不低于 90%，概率保证为 95%，问需抽取多少个样本单元（样地）？

解：允许误差限 $E = 1 - 0.90 = 0.10$

可靠性指标 $t_{0.05} = 1.96$

则

$$n = \left(\frac{tC}{E}\right)^2 = \left(\frac{1.96 \times 0.60}{0.10}\right)^2 = 138$$

至少应抽取 138 个样本单元（样地）。

在实际调查中，总体 σ 及 C 是未知的，这时可以通过查阅资料，现地踏查或进行试抽样来估计 S 及 C 值。其方法是：

首先估计总体平均数 $\bar{y}$，估计 C 值的经验公式为

$$C = \frac{y_{max} - y_{min}}{6\bar{y}} \qquad\qquad (3\text{-}16)$$

式中：y_{max} 为总体单元中最大标志值，y_{min} 为总体单元中最小标志值。

由于样本 n 是预估值，通常在实施调查方案时，应加 10% ~ 15% 的样本数量，以保证达到规定的精度指标。

例 3-3　某林区为制定简单随机抽样调查方案，经实地踏查了解，有林

地最大蓄积量为 $42\text{m}^3/0.08\text{hm}^2$，最小值 $6\text{m}^3/0.08\text{hm}^2$，平均蓄积量约为 $15\text{m}^3/0.08\text{hm}^2$，现规定估计误差限不超过 10%，$t=2$，问需抽取多少个 0.08hm^2 的样地？

解： 总体单元变动系数　$C = \dfrac{42-6}{6 \times 15} = 0.40$

所以，$n = \left(\dfrac{tC}{E}\right)^2 = \left(\dfrac{2 \times 0.40}{0.10}\right)^2 = 64$

如果增加 10% 的样地作为保险系数，则

样地数应为

$$n' = n(1+0.10) = 64 \times 1.1 = 70$$

（2）在不重复抽样时：

将不重复抽样下的（3-9）式代入（3-10）式则有

$$\Delta = t\sigma_{\bar{y}} = t\frac{\sigma}{\sqrt{n}}\sqrt{\frac{N-n}{N}}$$

解上式得到

$$n = \frac{Nt^2S^2}{N\Delta^2 + t^2S^2} \tag{3-17}$$

分子分母同除以 $N\Delta^2$，则

$$n = \frac{n_0}{1 + \dfrac{n_0}{N}} \tag{3-18}$$

式中：$n_0 = \dfrac{t^2S^2}{\Delta^2}$ 即重复抽样样本单元数。

（3-18）式表明，不重复抽样所需样本单元数少于重复抽样。当 n_0/N 很小时，可用重复抽样样本单元数作为不重复抽样的样本单元数。

第四节　简单随机抽样的工作步骤

一、确定抽样调查总体

抽样调查目的是用样本估计总体。在调查开始前应明确划定抽样总体范围界限。如以县或乡为总体进行社会经济调查，就应首先弄清县或乡的范围，他们所辖的乡或村数。又如，对林区森林资源进行抽样调查，可利用地形图、航空相片、林相图、森林分布图等资料，对总体面积进行区划，求出

面积。当总体内(林场)有大片的农田、水地、荒山分布在内时，可事先将这些无林的面积单独区划出来，不列为抽样总体，使目标总体(林场)和抽样总体明确，这样既可缩小总体变动，减小样本容量又能提高估计效率。

从抽样理论看，总体大小与样本单元数无关，样本单元数的大小主要决定于总体的变异，即总体变动系数的大小和可靠性及精度要求。所以总体面积不宜太小，否则经济上又不划算。简单随机抽样较适合于总体单元标志值分布均匀的情况，如果总体不是这样则应考虑其他抽样方法，或者把总体划分成若干个小总体(副总体)实施随机抽样。

二、确定样本单元的形状与大小

样本来自总体，总体单元与样本单元是一致的。样本单元的大小直接影响到调查成本和估计精度，要于抽样调查之前认真分析研究。

总体单元可以是自然单位，如经济调查中可以用县、乡、村、户。通常社会经济调查中的总体单元容易划分，并且能够搜集到有关总体的辅助信息。相反，在林区、山区进行自然资源抽样调查中，常常是人为的把总体在图上划分成面积大小相等的单元。

(1)样地的形状。用面积做抽样单元时，单元的形状有正方形、矩形、圆形和带形等。带形也称样带，在调查中应用历史悠久，容易设置，穿越不同地段代表性强。但也有周边长，边界木多，容易产生取舍误差。方形、矩形样地容易测设，周界清晰。样圆具有周界最短，边界树误差少，只测半径，不用复杂仪器，面积没有闭合差，费用低，值得推广。

样本单元还有样点(角规点、成数点)，样线等形状。样线多用于调查线状分布的指标，如河旁林、路旁林及农田防护林。

(2)样地面积的大小。总体单元间变动与单元面积大小有密切关系，在既定的总体中，变动系数大小随样地面积增大而变小，当降低到某种程度变动系数趋于稳定。

据经验，幼龄林 $0.02 \sim 0.04 \text{hm}^2$，中龄林 $0.04 \sim 0.06 \text{hm}^2$，成过熟林地区 $0.08 \sim 0.10 \text{hm}^2$，以上是我国林区森林资源清查中常用的样地面积。至于平原农区的林木资源调查，一般不宜采用面积单元抽样。这是因为平原农区森林资源多呈零星片状、带状、团状、线状分布，农林用地交错等特点的影响较大。

三、样地单元数的确定

不论以什么单位做总体单元，都可以用本章第三节所述方法计算样本单元数。

四、样本抽取

如果进行社会经济调查，有许多信息可以从有关政府管理部门获得，如以户为单位进行农民收入调查，即可把县、乡、村的户名列单进行随机抽样。通常把编制的总体名单称为抽样框。抽样框必须包括总体全部单元，无一遗漏或重复。

当进行农业产量和森林资源调查时，编制总体抽样框就不那么容易。下面介绍在森林资源调查中的一些基本方法。

（1）布点。就是把确定的样本，按随机原则，从总体中抽取出来，并落实到现地，一般是用平面图或地形图，用预先设计好的网点板或透明方格纸，每个网格所代表的面积应与所用图的比例尺一致，使网格的面积与单元面积相等。总体全部网格就是抽样框，然后由 1 至 N 逐个编号，将网点板（或透明方格纸）盖在图上，用随机抽样法，抽取 n 个单元，把抽中的单元用针刺在图纸上，这些刺点即为单元的位置。当用航空相片调查时，可把各样点点位转刺到相片上去。

（2）样地定位与调查。把图上的点位落实到地面叫定位。如果样点附近在图上和现地有明显地物（如山头、测量三角点）可识别，便可用图在野外直接确定样点位置，这种方法称目视定位。在地势平缓，森林密布的地区，则采用引点法，即用仪器测量定位，这种方法准确。

其做法是首先从图上找出附近显著的地物标志，由图上量取该目标至样点的方位角 β（图 3-1）与距离，然后根据 β 角与距离从目标至样点用罗盘仪等向样点方向测设。样地调查，以确定的样点为中心，在地面设置与单元面积相同的样地。测量面积一定要准确，如用闭合导线法，一般闭合差不应超过 1/200。样地调查项目记录表格，各项测定精度都按事先要求统一记载。

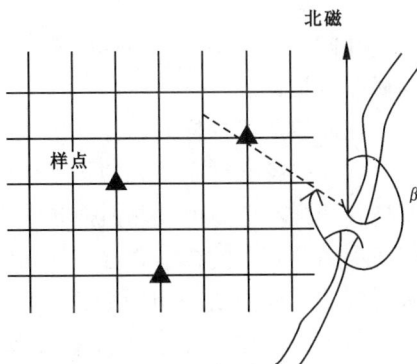

图 3-1　引点定位法示意图

随着全球定位系统（GPS）技术的发展，在抽样调查中可以用 GPS 确定野外地面点的位置。图上布点后，先在地图上查算出样点的地理坐标（X，Y），然后将坐标输入 GPS 中，应用 GPS 导航功能在野外查找样点，进行定位。在实际应用中，要注意根据具体 GPS 机型的使用说明书操作，才能达到理想的定位精度。这种方法的优点是方便快捷。

五、内业统计分析及调查文件编写

外业调查完成后，要进行数据的检验。待无误后，按调查任务书规定，进行各项指标的统计分析，最后编写调查成果说明书，各项统计表，必要时附以图或照片等。

第五节　简单随机抽样的应用

简单随机抽样的理论是基于总体为正态分布，如果对总体分布不清楚，一般用大样本估计。经验告诉人们，许多自然现象都服从或近似服从正态分布，如森林调查指标中单位面积蓄积量、株数等。也有些调查指标的分布不服从正态分布，如林区的野生动物、林木病株数、害虫的调查。当样本单元数不够大时，一般不宜用简单随机抽样方法去估计。

第六节　联合估计

一、联合估计的概念

在同一总体中随机地抽取两套或两套以上样本，对总体进行估计的方法叫做联合估计。

在简单随机抽样时，样本单元的大小要一致或与总体单元相一致。用于联合估计的各套样本单元的大小也应相同。如果两套样本单元大小不同，则要把各套样本单元的观测值换算同一水平的数量，才能进行估计。为了说明如何利用两套不同样本联合估计总体平均数及方差，我们利用林业调查中经常遇到的同样性质的问题来说明。如某个县在森林资源调查时，复查了 n_1 个 400m^2 的固定样地，为提高该县资源的调查的精度，同时增设了 n_2 个 100m^2 的临时样地。用这两套样本估计总体(县)的资源状况时，需要将 n_2 个 100m^2 样地的观测值扩大 4 倍。即，$4\bar{y}_2 = \bar{y}_1$ 及 $4^2 S_2^2 = S_1^2$，使两套样本各单元的数值具有同一水平的数量，方能对总体进行联合估计。

利用两套不同样本联合估计总体，目的是得到总体平均数的最优无偏估计值及提高估计精度。

二、两套样本的联合估计

1. 最优无偏估计值

$$\bar{y} = \frac{1}{\sigma^2(\bar{y}_1) + \sigma^2(\bar{y}_2)} [\bar{y}_1 \cdot \sigma^2(\bar{y}_2) + \bar{y}_2 \cdot \sigma^2(\bar{y}_1)]^{[注1]} \qquad (3-19)$$

式中：$\bar{y}_1$、$\bar{y}_2$ 为第一套和第二套样本平均数；

$\quad\sigma^2(\bar{y}_1)$、$\sigma^2(\bar{y}_2)$ 为第一套和第二套样本平均数的方差；

$\quad\bar{y}$ 为总体平均数最优无偏估计值。

从(3-19)式可看出：

(1)如果 $\sigma^2(\bar{y}_1) = 0$，则 $\bar{y} = \bar{y}_1$；$\sigma^2(\bar{y}_2) = 0$，则 $\bar{y} = \bar{y}_2$；若 $\sigma^2(\bar{y}_1) \neq 0$ 及 $\sigma^2(\bar{y}_2) \neq 0$，则 $\bar{y}$ 具有最小方差，所以 $\bar{y}$ 作为 $\overline{Y}$ 的估计值要比单独用 $\bar{y}_1$ 和 $\bar{y}_2$ 作为 $\overline{Y}$ 的估计值时，具有更好的估计效率。

(2)有两个估计值所组成的线性最优估计值，是两个估计值各用对方的方差进行加权的估计值。因此，这个估计值又叫做以方差进行反权的联合估计值。

如令 $w_1 = \dfrac{1}{\sigma^2(\bar{y}_1)}$，$w_2 = \dfrac{1}{\sigma^2(\bar{y}_2)}$

则(3-19)式可写成下列形式

$$\bar{y} = \frac{w_1\bar{y}_1 + w_2\bar{y}_2}{(w_1 + w_2)} \qquad (3-20)$$

有时把式(3-20)估计值 $\bar{y}$ 叫做以方差倒数进行加权的联合估计值。

从(3-19)式或(3-20)式都可以看出：实质上是把两个无偏估计值($\bar{y}_1$ 和 $\bar{y}_2$)联合起来估计总体平均数 $\overline{Y}$，联合的原则是方差大的估计值所占的权重小，方差小的估计值所占的权重大。也就是说，精度高的估计值，在联合估计值中占较大比重。

2. 最优估计值($\bar{y}$)的方差

$$\sigma^2(\bar{y}) = \frac{\sigma^2(\bar{y}_1) \cdot \sigma^2(\bar{y}_2)}{\sigma^2(\bar{y}_1) + \sigma^2(\bar{y}_2)}^{[注2]} \qquad (3-21)$$

如将 w_1 及 w_2 带入上式，便可得到联合估计值方差的另一种形式。

$$\sigma^2(\bar{y}) = \frac{1}{w_1 + w_2} \qquad (3-22)$$

三、联合估计方法的应用

在实践中，应用联合估计方法，由于各估计值的方差 $\sigma^2(\bar{y}_1)$ 及 $\sigma^2(\bar{y}_2)$

是未知的，因此，需用各自的样本方差 $S^2(\bar{y}_1)$ 及 $S^2(\bar{y}_2)$ 代替。

1. 联合估计的样本平均数

$$\bar{y} = \frac{1}{S^2(\bar{y}_1) + S^2(\bar{y}_2)}[S^2(\bar{y}_2)\cdot\bar{y}_1 + S^2(\bar{y}_1)\cdot\bar{y}_2] \qquad (3\text{-}23)$$

式中：$S^2(\bar{y}_1) = \dfrac{1}{n_1(n_1-1)}\sum\limits_{i=1}^{n_1}(y_{1i}-\bar{y}_1)^2$

$S^2(\bar{y}_2) = \dfrac{1}{n_2(n_2-1)}\sum\limits_{i=1}^{n_2}(y_{2i}-\bar{y}_2)^2$

2. 平均数 $\bar{y}$ 的方差

样本 n_1 的自由度 $k_1 = n_1 - 1$，样本 n_2 的自由度 $k_2 = n_2 - 1$，

$$S^2(\bar{y}) = \frac{S^2(\bar{y}_1)\cdot S^2(\bar{y}_2)}{S^2(\bar{y}_1)+S^2(\bar{y}_2)}\left[1+\frac{4S^2(\bar{y}_1)\cdot S^2(\bar{y}_2)}{[S^2(\bar{y}_1)+S^2(\bar{y}_2)]^2}\left(\frac{k_1+k_2}{k_1\cdot k_2}\right)\right] \quad (3\text{-}24)$$

3. 实例计算

例 3-3 设在某总体中，独立地抽取两套样本，第一套样本为 $n_1 = 47$ 个 $100\mathrm{m}^2$ 的样圆，第二套样本 $n_2 = 10$ 个 $400\mathrm{m}^2$ 的方形样地。

由样本 n_1 求得

$$\bar{y}_1 = 0.807\mathrm{m}^3/100\mathrm{m}^2$$

$$S^2(\bar{y}_1) = 0.003$$

由样本 n_2 求得

$$\bar{y}_2 = 3.210\mathrm{m}^3/400\mathrm{m}^2$$

$$S^2(\bar{y}_2) = 0.464$$

因为第二套样本 n_2 样地面积是第一套样本面积的 4 倍则应将 $\bar{y}_1$ 扩大 4 倍，换算为相同面积的数量。

于是，$\bar{y}_1 = 4 \times 0.807 = 3.228\mathrm{m}^3/400\mathrm{m}^2$

$S^2(\bar{y}_1) = 4^2 \times 0.003 = 0.048$

则两套样本联合估计的平均数及方差为：

（1）联合估计的平均数

$$\bar{y} = \frac{1}{S^2(\bar{y}_1)+S^2(\bar{y}_2)}[S^2(\bar{y}_2)\cdot\bar{y}_1 + S^2(\bar{y}_1)\cdot\bar{y}_2]$$

$$= \frac{0.464 \times 3.228 + 0.048 \times 3.210}{0.048 + 0.464} = 3.226\mathrm{m}^3/400\mathrm{m}^2$$

（2）平均数的方差，用（3-24）式计算

$$S^2(\bar{y}_2) = \frac{0.048 \times 0.464}{0.048 + 0.464} \times \left[1 + \frac{4 \times 0.048 \times 0.464}{(0.048 + 0.464)^2} \times \frac{9+46}{9 \times 46}\right]$$

$$= 0.0456$$

（3）联合估计值的误差限

根据自由度 $k_1 + k_2 = 46 + 9 = 55$，$t_{0.05} = 2.004$

$$\Delta(\bar{y}) = t \cdot S(\bar{y})$$

$$= 2.004 \times \sqrt{0.0456} = 0.427$$

（4）估计精度

$$p_c = 1 - E = 1 - \frac{0.427}{3.226} = 86.8\%$$

四、多个样本的联合估计方法

当抽取 m 套样本时，

（1）最优无偏估计值

$$\bar{y} = \frac{1}{\sum\limits_{i=1}^{m} w_i} (w_1 \bar{y}_1 + w_2 \bar{y}_2 + \cdots + w_m \bar{y}_m) \tag{3-25}$$

（2）联合估计值 $\bar{y}$ 的方差

$$S^2(\bar{y}) \approx \frac{1}{\sum\limits_{i=1}^{m} w_i} \left[1 + \frac{1}{(\sum\limits_{i=1}^{m} w_i)^2} \sum\limits_{i=1}^{m} \frac{w_i}{m_i} (\sum\limits_{i=1}^{m} w_i - w_i) \right] \tag{3-26}$$

式中：$w_1, w_2, \cdots, w_m$ 分别为 $w_1 = \dfrac{1}{S^2(\bar{y}_1)}, w_2 = \dfrac{1}{S^2(\bar{y}_2)}, \cdots, w_m = \dfrac{1}{S^2(\bar{y}_m)}$

本章注释：

[注1] 证明(3-19)式。

证明：假定 $\bar{y}_1$ 与 $\bar{y}_2$ 相互独立，并且都是总体平均数 $\bar{Y}$ 的无偏估计值。即

$$E(\bar{y}_1) = E(\bar{y}_2) = \bar{Y}$$

则 $\bar{Y}$ 的线性估计值为

$$\bar{y} = a_1 \bar{y}_1 + a_2 \bar{y}_2$$

如欲使 $\bar{y}$ 成为 $\bar{Y}$ 线性无偏估计值，则应有

$$E(\bar{y}) = E(a_1 \bar{y}_1 + a_2 \bar{y}_2) = (a_1 + a_2)\bar{Y} = \bar{Y}$$

因此，a_1 与 a_2 应满足：$a_1 + a_2 = 1$

$$a_2 = 1 - a_1$$

的条件。

所以 $\bar{Y}$ 的线性无偏估计值可以写作

$$\bar{y} = a_1 \bar{y}_1 + (1 - a_1) \bar{y}_2 \tag{3-19a}$$

$$0 \leqslant a_1 \leqslant 1$$

根据独立随机变量的方差定理，可以求出式(3-19a)线性无偏估计值的方差为：

$$\sigma^2(\bar{y}) = a_1^2 \sigma^2(\bar{y}_1) + (1 - a_1)^2 \sigma^2(\bar{y}_2) \tag{3-19b}$$

如欲使 $\sigma^2(\bar{y})$ 具有最小值，则 a_1 应满足必要条件

$$\frac{\mathrm{d}\sigma^2(\bar{y})}{\mathrm{d}a_1} = 0$$

由于 $\dfrac{\mathrm{d}\sigma^2(\bar{y})}{\mathrm{d}a_1} = 2a_1\sigma^2(\bar{y}_1) - 2(1 - a_1)\sigma^2(\bar{y}_2) = 0$

所以
$$2a_1\sigma^2(\bar{y}_1) - 2(1 - a_1)\sigma^2(\bar{y}_2) = 0$$
$$a_1\sigma^2(\bar{y}_1) - \sigma^2(\bar{y}_2) + a_1\sigma^2(\bar{y}_2) = 0$$
$$a_1[\sigma^2(\bar{y}_1) + \sigma^2(\bar{y}_2)] = \sigma^2(\bar{y}_2)$$
$$a_1 = \frac{\sigma^2(\bar{y}_2)}{[\sigma^2(\bar{y}_1) + \sigma^2(\bar{y}_2)]} \tag{3-19c}$$

将(3-19c)式代入(3-19a)式，便得到 $\bar{Y}$ 的最优无偏估计值。

$$\bar{y} = \frac{1}{\sigma^2(\bar{y}_1) + \sigma^2(\bar{y}_2)}[\sigma^2(\bar{y}_2) \cdot \bar{y}_1 + \sigma^2(\bar{y}_1) \cdot \bar{y}_2]$$

证毕。

[注2]证明(3-21)式

$$\sigma^2(\bar{y}) = \frac{\sigma^2(\bar{y}_1) \cdot \sigma^2(\bar{y}_2)}{\sigma^2(\bar{y}_1) + \sigma^2(\bar{y}_2)}$$

证明：将(3-19c)的结果带入(3-19b)式便得

$$\sigma^2(\bar{y}) = \left[\frac{\sigma^2(\bar{y}_2)}{\sigma^2(\bar{y}_1) + \sigma^2(\bar{y}_2)}\right]^2 \sigma^2(\bar{y}_1) + \left[1 - \frac{\sigma^2(\bar{y}_2)}{\sigma^2(\bar{y}_1) + \sigma^2(\bar{y}_2)}\right]^2 \sigma^2(\bar{y}_2)$$

$$= \frac{\sigma^2(\bar{y}_1) \cdot \sigma^2(\bar{y}_2) \cdot \sigma^2(\bar{y}_2)}{[\sigma^2(\bar{y}_1) + \sigma^2(\bar{y}_2)]^2} + \frac{\sigma^2(\bar{y}_1) \cdot \sigma^2(\bar{y}_1) \cdot \sigma^2(\bar{y}_2)}{[\sigma^2(\bar{y}_1) + \sigma^2(\bar{y}_2)]^2}$$

$$= \frac{\sigma^2(\bar{y}_1) \cdot \sigma^2(\bar{y}_2)}{[\sigma^2(\bar{y}_1) + \sigma^2(\bar{y}_2)]^2}[\sigma^2(\bar{y}_1) + \sigma^2(\bar{y}_2)]$$

所以 $\sigma^2(\bar{y}) = \dfrac{\sigma^2(\bar{y}_1) \cdot \sigma^2(\bar{y}_2)}{\sigma^2(\bar{y}_1) + \sigma^2(\bar{y}_2)}$

证毕。

第四章

等距抽样

第一节 等距抽样概述

等距抽样又称系统抽样或机械抽样，也是等概抽样方法之一，等距抽样的最大优点在于这种抽样方法组织样本简便，外业样本定位易于实施。在设计抽样方案和抽取样本时，只要具备所调查总体的基本资料，如总体单元的编号，名单，或某些标志值等，便可用来构造抽样框，在此总体抽样框中按预先规定的间隔距离抽取样本单元。目前我国在森林资源调查和社会经济调查、城市居民调查以及产品质量检验等方面广泛采用等距抽样方法代替简单随机抽样。

等距抽样能保证样本单元较均匀地分布在总体内，从而提高了样本对总体的代表性，有利于提高抽样效率。特别是在已知总体某些信息的条件下，例如，对农作物产量抽样调查中，如总体单元按前几年粮食产量由低到高顺序排队，从这样的总体抽样框中，等距地从总体中抽取样本单元，能取得良好的抽样估计效果。

从含有 N 个单元的总体中，随机地确定起点后，按照预先规定的间隔抽取 n 个单元组成样本，用以估计总体的方法称为等距抽样，亦称系统抽样。

等距抽样应用于野外地面抽样调查，优越性更加明显，例如，在大林区中，难以构造总体抽样框（通常 N 很大），这时可以根据样本 n 计算出各样本单元的间距，在已知比例尺的地图上布点，然后按规定间隔距离就可以把各样本单元定位。由于它有以上优点，长期以来被世界上许多国家所采用。挪威、芬兰、瑞典等国家的全国森林资源清查都采用了等距抽样方法。我国1977 年开始的全国森林资源连续清查体系，也采用了以地图上公里网交叉点为样地点位的等距抽样。尤其是在大的原始林区，通行困难的亚热带、热带雨林区的调查，采用等距抽样方法更为有利。

在实践中，等距抽样还存在着两个缺陷：一是抽样误差不能合理的计算；另一个是有可能受到周期性的影响，有时周期性影响可能导致较大偏差，使抽样结果失败。对上述两个缺陷的处理下面将分别论述。

虽然等距抽样有缺陷，由于这种方法可塑性较大，可以进行多种分析，同时可以结合单元间调查行走的路途，做些其他地面调查。如绘制总体各部分略图等，故适合于大面积的自然资源抽样调查。

第二节　等距抽样的模式

从总体 N 个单元中，等距地抽取 n 个单元组成样本，其典型方法是：

（1）将总体单元依次编成由 $1 \sim N$ 序号，并确定样本单元数 n。

（2）计算抽样间隔 K，令 $K = N/n$，为了等概地抽取 n，最好 K 为整数，则 N 可以被 n 整除。

（3）在上述 $1 \sim K$ 中，用随机抽样方法抽出一个随机单元号（起点） i （$1 \leqslant i \leqslant K$）。

（4）以抽中的第 i 号单元为始点，往后每隔 K 个单元抽出一个，组成样本，其观测值为

$$y_i, \ y_{i+k}, \ y_{i+2k}, \ \cdots, \ y_{i+(n-1)k}$$

当 K 为整数时，系统样本与总体关系见表4-1。

表4-1　等距抽样样本组成

样本单元号	样　　　　本				
	1	2	$\cdots$	i	k
1	y_1	y_2	$\cdots$	y_i	y_k
2	y_{1+k}	y_{2+k}	$\cdots$	y_{i+k}	y_{2k}
j	$y_{1+(j-1)k}$	$y_{2+(j-1)k}$	$\cdots$	$y_{i+(j-1)k}$	y_{jk}
n	$y_{1+(n-1)k}$	$y_{2+(n-1)k}$	$\cdots$	$y_{i+(n-1)k}$	y_{nk}
平均数	$\bar{y}_1$	$\bar{y}_2$	$\cdots$	$\bar{y}_i$	$\bar{y}_k$

由表4-1中 y_1 至 y_{nk} 的 N 个总体单元的排列中，可以看出，从1至 K 范围内抽出的随机起点，等于由总体 K 个样本（各包含 n 个单元）中抽取一个样本。随机起点 i，一旦确定，则相应的样本内各单元均被抽中。所以可以认为等距抽样是从总体 k 个样本中，只抽取一个样本的抽样。这是因为1至 K 中，每个单元具有相同的概率 $1/K$ 被抽中。当总体 N 不能被 n 整除时，即 $N = Kn + \varepsilon$。这里 ε 为余数，则破坏了等概抽取的性质。例如，当 $N = 23$，样本单元数为 $n = 5$ 时，总体单元可划分为五部分（表4-2）。

表 4-2　总体单元的划分

I	II	III	IV	V
1	2	3	4	5
6	7	8	9	10
11	12	13	14	15
16	17	18	19	20
21	22	23		

因 I 至 III 的单元数为 5，IV 和 V 两个样本的单元数为 4，各样本单元数不相等，会使估计值有偏。当 N 很大或 $n > 50$ 时，偏差很小。为了简单起见，在下面讨论中将不予考虑。甚至当 n 较小时，影响似乎也不大。

拉希里（1952）提出了另一种抽样方法，先从 $1 \sim N$ 间抽取一个随机数为起点，然后从两个方向（向前或向后）每隔 K 个单元抽取一个样本单元，直至抽够 n 个为止。上例，$N = 23$，$n = 5$，如随机起点是 19，我们就取 19、1、6、11 和 16 五个单元。可以证明，这种抽取方法每个单元也是等概的，而且可得到无偏估计值。如果 $N = 23$，$n = 4$ 的话，我们就取 $K = 6$。

上面所谈的等距抽样，完全是不考虑总体单元的标志值与调查的项目（指标）有无关系的总体抽样框。也就是说，总体 $1 \sim N$ 排序完全是随机的。如调查职工工资收入，按姓氏排名抽样，这种称无关标志排队的等距抽样。因而可视为一种简单随机抽样。在有些情况下，编制抽样框采用有关标志排队的方法，即排队的标志与调查项目（指标）有着一定的关系。例如，农作物产量调查中，用前三年粮食平均产量的指标进行排队，显然这个排列标志与所要调查的当年产量有较大的相关性。再如，调查大学生的成绩，如果按入学的成绩构造抽样框，再进行等距抽样会比按姓氏笔画排队抽样效果好得多。尤其是我国现行的统计报表制度可提供这方面的信息，这对于抽样方案设计、提高抽样估计效果很有益处。

第三节　等距抽样的估计方法

设总体单元数为 N，从总体中按相同的间隔 K 抽取样本 n。设 y_{ij} 为第 i 个样本内第 j 个单元的观测值。其总体平均数及其方差的估计值可按下面两种方法估计。

一、用简单随机抽样估计法

（1）总体平均数估计值

$$\bar{y}_i = \bar{y}_{sy} = \frac{1}{n} \sum_{j=1}^{n} y_{ij} \tag{4-1}$$

第 i 个样本的平均数($\bar{y}_i$)作为等距抽样的平均数($\bar{y}_{sy}$)。

容易证明，$\bar{y}_{sy}$ 是总体平均数 $\bar{Y}$ 的无偏估计值。

前面讲到，等距抽样是从总体所有可能的 K 个样本中，随机地抽出一个样本，其抽取的概率是相同的，即 $p_i = \frac{1}{K}$

根据数学期望定义

$$E(\bar{y}_{sy}) = \sum_{i=1}^{K} p_i \bar{y}_i = \sum_{i=1}^{K} \frac{1}{K} \bar{y}_i$$

$$= \frac{1}{K} \sum_{i=1}^{K} \bar{y}_i = \frac{1}{K} \sum_{i=1}^{K} \frac{1}{n} \sum_{j=1}^{n} y_{ij}$$

$$= \frac{1}{Kn} \sum_{i=1}^{K} \sum_{j=1}^{n} y_{ij} = \bar{Y}$$

（2）估计值的方差值

$$S^2(\bar{y}_{sy}) = \frac{1}{n(n-1)} \sum_{j=1}^{n} (y_{ij} - \bar{y}_i)^2 \left(1 - \frac{n}{N}\right) \tag{4-2}$$

（3）抽样误差（标准误）

$$S(\bar{y}_{sy}) = \sqrt{S^2(\bar{y}_{sy})} \tag{4-3}$$

二、用较差法进行估计法

较差法又称相邻两单元值之差估计法，它有两种形式。现将常用的方法介绍如下：

（1）总体平均数估计值，仍用简单随机抽样公式，即（4-1）式。

（2）较差法的方差估计值。前面曾经指出，等距抽样的误差至今尚未研究出合理的计算方法。较差法是一种估计方法。在样本单元在地域位置上等距配置情况下，能取得较好的效果。罗茨（F. Loetsch）等于 1964 年将此种方法应用于森林资源抽样调查中，实践表明，较差法能提高等距抽样的估计精度。

样本方差的估计方法如下：

$$S^2 = \frac{1}{2(n-1)} \sum_{j=1}^{n-1} (y_j - y_{j+1})^2 \text{[注1]}$$

例如，样本单元 y_1，y_2，y_3，y_4

则 $\displaystyle\sum_{j=1}^{4-1} (y_j - y_{j+1})^2 = (y_1 - y_2)^2 + (y_2 - y_3)^2 + (y_3 - y_4)^2$

样本平均数的方差为

$$S^2(\bar{y}_{sy}) = \frac{1}{2n(n-1)} \sum_{j=1}^{n-1} (y_j - y_{j+1})^2 \left(1 - \frac{n}{N}\right) \tag{4-4}$$

为了计算方便(4-4)式可改写为

$$S^2(\bar{y}_{sy}) = \frac{1}{n(n-1)} \left[\sum_{j=1}^{n} y_j^2 - \sum_{j=1}^{n-1} y_j \cdot y_{j+1} - \frac{1}{2}(y_1^2 + y_n^2) \right] \left(1 - \frac{n}{N}\right)^{[注2]} \tag{4-5}$$

(3)标准误

$$S(\bar{y}_{sy}) = \sqrt{S^2(\bar{y}_{sy})} \tag{4-6}$$

例 4-1 林地总面积 $A = 40\text{hm}^2$，单元面积 $a = 0.1\text{hm}^2$，$N = 400$，从中系统抽取样本 $n = 46$(图4-1)，各样地林木材积值列于表4-3中(方便起见，图和表中数据换算为每公顷值)，现用95%的可靠性对总体林木蓄积量进行估计并指出其估计精度。

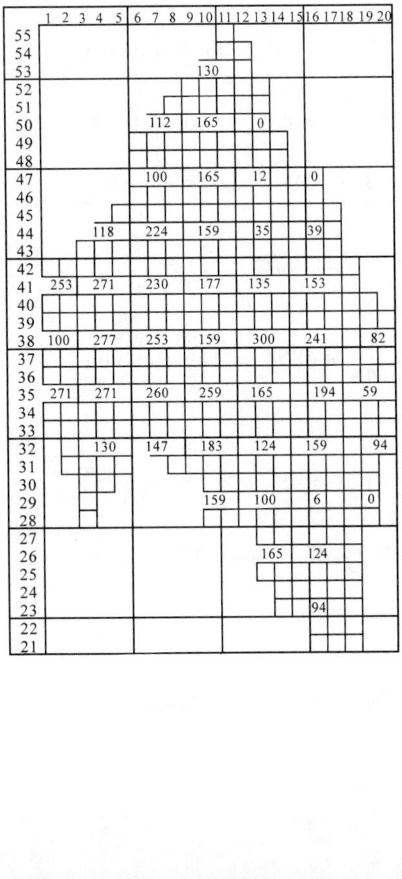

图 4-1 等距抽样示意图
单位：m^3/hm^2

表4-3   按相邻单元之差计算系统抽样误差

列号(i) 行号(j)	1	4	7	10	13	16	19	$\sum\limits_{i=1}^{M}$
53				130				
50			112	165	0			
47			100	165	12	0		
44		118	224	159	35	39		
41	253	271	230	177	135	153	82	
38	100	277	253	159	300	241	59	
35	271	271	260	259	165	194	94	
32		130	147	183	124	159	0	
29				159	100	6		
26				165	124			
23					94			
n_i	3	5	7	9	9	9	4	46
两种计算方法所需总和值								
$\sum\limits_{j=1}^{n_i} y_{ij}$	624	1067	1326	1556	1036	1010	235	6854
$\sum\limits_{j=1}^{n_i} y_{ij}^{2}$	147450	254435	278838	279092	189420	170176	19041	1338452
$\sum\limits_{j=1}^{n_i-1} y_{ij}y_{ij+1}$	52400	217342	247310	248871	144505	133794	10384	1054606
$(y_{i1}^{2}+y_{in}^{2})$	137450	30824	34153	42181	27225	8836	6724	287393

估计方法一：用简单随机抽样估计方法

（1）等距抽样平均数估计值

$$\bar{y}_{sy} = \frac{1}{n}\sum_{j=1}^{n} y_j = \frac{1}{46} \times 6854 = 149.0 \mathrm{m^3/hm^2}$$

（2）估计值 $\bar{y}_{sy}$ 的方差

$$S^2(\bar{y}_{sy}) = \frac{1}{n(n-1)}\sum_{j=1}^{n}(y_j-\bar{y}_{sy})^2 = \frac{1}{n(n-1)}\Big[\sum_{j=1}^{n} y_j^2 - n\bar{y}_{sy}^2\Big]$$

$$= \frac{1}{46\times45}\big[1338452 - 46\times(149.0)^2\big]$$

$$= 153.24$$

（3）标准误

$$S(\bar{y}_{sy}) = \sqrt{153.24} = 12.38 \mathrm{m^3/hm^2}$$

（4）估计误差限

$$\Delta(\bar{y}_{sy}) = t_{0.05(46-1)}S(\bar{y}_{sy}) = 2.02 \times 12.37 = 24.99 \mathrm{m}^3/\mathrm{hm}^2$$

$$E(\bar{y}_{sy}) = \frac{\Delta(\bar{y}_{sy})}{\bar{y}_{sy}} \times 100\% = \frac{24.99}{149.0} = 16.8\%$$

（5）估计精度。

$$p_c = 1 - E = 1 - 16.8\% = 83.2\%$$

（6）总体林木蓄积量区间估计。

$$y = A[\bar{y}_{sy} \pm \Delta(\bar{y}_{sy})]$$
$$= 40 \times (149.0 \pm 24.99)$$
$$= 5\ 960 \pm 999 \mathrm{m}^3$$

估计方法二：用较差法估计

（1）总体平均每公顷蓄积估计值。

$$\bar{y}_{sy} = \frac{1}{\sum\limits_{i=1}^{M} n_i} \sum_{i=1}^{M} \sum_{j=1}^{n_i} y_{ij}$$

其中，M 为样地纵向排列的列数（图 4-1）；n_i 为第 i 列上的样地数。

所以，$\bar{y}_{sy} = \dfrac{1}{46} \times 6\ 854 = 149.0 \mathrm{m}^3/\mathrm{hm}^2$

（2）估计值的方差。

对于 M 列（或行）的方差为

$$S^2(\bar{y}_{sy}) = \frac{1}{n(n-M)} \Big[\sum_{i=1}^{M} \sum_{j=1}^{n_i} y_{ij}^2 - \sum_{i=1}^{M} \sum_{j=1}^{n_i} (y_{ij})(y_{ij+1}) - \frac{1}{2} \sum_{i=1}^{M} (y_{i1}^2 + y_{in}^2) \Big]$$

对该例，将表 4-2 中相应数据代入上式，得到

$$S^2(\bar{y}_{sy}) = \frac{1}{46 \times (46-7)} \Big[1\ 338\ 452 - 1\ 054\ 606 - \frac{1}{2} \times (287\ 393) \Big]$$

$$= \frac{1}{1\ 794} \times [140\ 149.5] = 78.12$$

（3）标准误

$$S(\bar{y}_{sy}) = \sqrt{78.12} = 8.84 \mathrm{m}^3/\mathrm{hm}^2$$

（4）估计误差限

$$\Delta(\bar{y}_{sy}) = t_{0.05}S(\bar{y}_{sy}) = 2.02 \times 8.84 = 17.85 \mathrm{m}^3/\mathrm{hm}^2$$

$$E(\bar{y}_{sy}) = \frac{17.85}{149.0} = 12.0\%$$

（5）估计精度。

$$p_c = 1 - E = 1 - 12.0\% = 88.0\%$$

（6）总体林木蓄积量估计区间

$$A[\bar{y}_{sy} \pm \Delta(\bar{y}_{sy})] = 40 \times (149.0 \pm 17.85)$$
$$= 5\,960 \pm 714\text{m}^3$$

$t_{0.05}$ 值用自由度 $df = n - 7 = 39$ 查 t 分布表。

在此例中，较差法与简单随机抽样估计法比较，前者比后者估计精度高出 4.8%。

值得说明的是：本例两种估计方法的方差公式都是指不重复抽样，本例计算未考虑修正项，这是为计算方便，如乘以 $(1 - n/N)$，两种方法，估计精度还会高些。

另一点是，当采用有关总体单元标志值，制定抽样框时，(4-2) 和 (4-4) 两式的方差估计值是有偏的。在无关总体单元标志排列的情况下，两个方差公式才是总体方差 σ^2 的无偏估计值。

第四节 等距抽样的工作步骤

对于无关标志排列的随机总体抽样框，等距抽样的实施基本上同简单随机抽样的方法步骤。但对地域分布的总体与社会调查的等距抽样却有些不同，如对大面积农作物产量调查和森林资源调查，由于总体单元间有可能在地域上相邻，标志值之间会出现某种相关，导致等距抽样估计效果降低。下面用一个森林资源系统抽样的例子说明其做法。

例 4-2 某林区总体面积 $A = 6300 \text{ hm}^2$，根据以前资料分析，总蓄积量有 160 万 m^3，每公顷最大蓄积值为 1200m^3，最小蓄积(幼林)为 0 m^3，现欲用等距抽样的方法估计总体，可靠性要求 95%，精度为 90%。采用等距抽样调查的主要工作步骤如下：

(1)样本单元数的确定。用简单随机抽样公式计算：

平均每公顷蓄积量　　$\bar{y} = \dfrac{1\,600\,000}{6\,300} = 254\text{m}^3/\text{hm}^2$

变动系数估计　　　　$C = \dfrac{1\,200 - 0}{6 \times 254} = 0.79$

样本单元数　　　　　$n = \left(\dfrac{1.96 \times 79}{10}\right)^2 = 240$

增加保险系数 10% 的样本，则实际抽取样本单元数应为

$$n = 240 \times (1 + 0.10) = 264$$

(2)计算样本单元间距离。

① 两个样地之间的实际地面距离 L 应为

$$L = 100 \sqrt{\frac{A}{n}} \tag{4-7}$$

$$L = 100 \sqrt{\frac{6300}{264}} = 100 \times 4.88 = 488\text{m}$$

②把实地 L 换算成所用地图上的点间距（D），

则
$$D = \frac{100L}{m} \tag{4-8}$$

式中：m 为所采用的布点图的比例尺分母。

当所用图比例尺为 1：5 万时

$$D = \frac{100 \times 488}{50000} = 0.98\text{cm}$$

（3）制作网点板或透明方格纸。按计算出的 D 值制作抽样布点用的网点板（一般有备好的各种规格网点板可选用）。将网点板覆盖在图上，用针将网格交叉点刺于图纸上，即确定了各样本单元在图上的中心位置，至此布点完成。

（4）定位与调查。样点布在图上后，找出距地面显著地物标志最近的一个样点，从图上量测地物标志至该点的方位角 β 和距离，由地物标引点连测（如图4-2）。当 G 点定位后，则以 G 点为起点，向两个垂直方向，依次量测 L =488m，依此类推就可确定全部样点位置，由于网点板的随机性最终获得的 n，可能与预定的样本单元数略有出入。

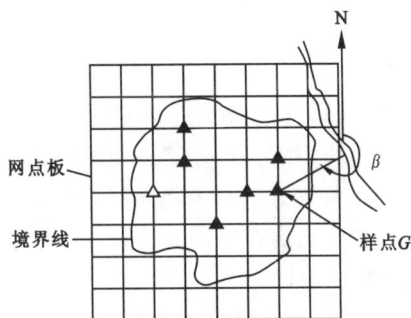

图4-2 等距抽样引点定位示意图

定位时，也可以采用 GPS 定位，确定样点位置。其样点确定后，以规定的单元面积大小，设置样地。在样地上进行调查记载。当样地面积跨越总体边界外时，应按预先调查技术规定处理。

第五节 周期性影响及其防止措施

一、周期性影响

周期性总体对等距抽样是很不利的，当用此法遇到周期性总体时，如不采取措施，会导致系统偏差，使估计结果失败。所谓周期性是指总体各单元标志值按一定规律的顺序排列，呈现周期性变动的情况。例如，一昼夜各小时的气温；商店每周内星期六和星期日销售量大于平时；某种设备，开工时产品质量较差，而后转入正常；还有，某些线性地物，如河流、高压线下，森林蓄积量很小或没有等情况。如果抽样是按一定时间间隔抽样，或按一定距离抽样；那么，抽取的样本与上述有规律的周期性变动相偶合，无疑样本的统计量不是偏大就是偏小。不能有效地估计总体。

图4-3说明了在森林抽样调查中经常遇到的周期性现象。如果样地 A_1，A_2，…，A_i 落在山地阳坡且该坡向多分布为疏林，则无疑调查结果森林蓄积量偏低，若恰恰落于相反的阴坡，则调查结果蓄积量偏高。

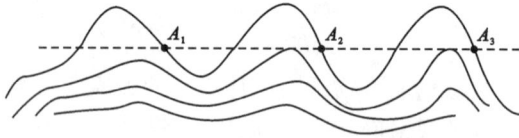

图 4-3   周期性对等距抽样的影响

如何防止周期性的影响，提高等距抽样估计效果，下面作些讨论。

二、防止周期性变动影响的方法

（1）注意线性地物的走向，旋转布点用的网点膜片。利用地形图进行地理区域抽样，首先了解总体内山脉、河流、农田林网、道路等的走向，为避免样本分布与上述线性地物一致。当利用网点膜片在地形图上抽取样本时，发现样本分布有周期性后，这时可将布点用的网点膜片适当旋转一个角度，另行抽取样本。

（2）两个方向等距抽样。在地域上用一个方向等距抽样不利于防止周期性影响，应在两个垂直方向等距抽样，如图4-1，即是两个垂直方向的等距抽样。

（3）采用多个随机起点。将样本单元 n 分成若干组，即 $n_1 = n_2 = \cdots = n_m = n/m$，$m$ 为随机起点个数。

用 n_m 作为单独的等距样本单元数，按(4-7)式计等点间距(L)。

$$L = 100 \sqrt{A/n_m}$$

从总体中随机抽取 m 个起点，配置 m 组等距样本。如图4-4，总体 $N = 64$，$n = 12$，$m = 3$，间隔为3。所抽取的12个单元在总体中分布规律不明显，可以防止线性地物的影响。

（4）采用对称等距抽样方法。前面提到，随机起点确定等距样本具有良好的性质，它符合等概原则。但是，在总体单元标志值呈现线性变动趋势，尤其是总体抽样框按有关标志值排队的情况下，这种方法存在一个严重弊端。如前面举的例子，按粮食亩产量排队和按学生入学成绩排队，这里线性变动趋势就相当明显。在这种情况下，由随机起点抽取的样本，在估计总体特征数时，难免就会出现偏高或偏低的系统性偏差，下面举一个简单例子，来说明这种情况。

图 4-4　多随机起点的等距抽样

例 4-3　设总体 $N = 40$，总体各单元标志值按由小至大排列（表 4-3），现从总体中抽取样本 $n = 4$。

表 4-3　总体单元标志值有序排列下的等距抽样表

样　本	1	2	3	4	5	6	7	8	9	10
各单元标志值	1	2	3	4	5	6	7	8	9	10
	11	12	13	14	15	16	17	18	19	20
	21	22	23	24	25	26	27	28	29	30
	31	32	33	34	35	36	37	38	39	40

假定从 K 个（$1 \sim 10$）之间随机抽中第 4 个单元为起点，则由第 4，14，24 和 34 四个单元构成样本。很显然，这 4 个单元的标志值都小于相应 K 范围内的平均数，样本平均数为（$4 + 14 + 24 + 34$）$\div 4 = 19$，而总体平均数为 20.5，存在偏小的偏差。可以推定，样本单元越偏于高（或低）端，这种系统偏差就越大。

为防止等距样本偏差，需要采取对称等距抽样方法。所谓对称等距抽样，就是在第一个 K 范围内随机抽中 i 单元；而在第二部分抽取 $2K - i + 1$ 单元，第三单元为 $2K + i$ 单元，第四个单元为 $4K - i + 1$，……。依此交替对称抽取，它可以概括为：在总体奇数 K 部分抽取 $uK + i$ 单元（$u = 0, 2, 4, \dots$）；在总体偶数 K 部分抽取第 $uK - i + 1$ 单元（这里 $u = 2, 4, \dots$）。对称等距抽样方法可用图表示，如图 4-5 所示。

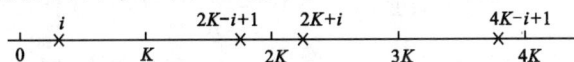

图 4-5　对称等距抽样示意图

对于上面按有关标志大小顺序排列的总体采用对称等距抽样，可视为总体部分（K 个）单元的标志值由小到大和由大到小交替的顺序排列，如总体奇数 K 部分由小到大排列，而总体偶数 K 部分由大到小排列。在此基础上，随机起点，而后按等间隔和固定的顺序等距抽样。仍用前面例子，第一个 K 部分单元标志值由小到大排列，第二个 K 部分由大到小排列，……。见表4-4。

表 4-4   按总体单元值大小排列的对称等距抽样表

样　本	1	2	3	4	5	6	7	8	9	10
	1	2	3	4	5	6	7	8	9	10
各单元标志值	20	19	18	17	16	15	14	13	12	11
	21	22	23	24	25	26	27	28	29	30
	40	39	38	37	36	35	34	33	32	31

假定随机起点仍为第 4 单元，按对称等距抽样规则，第二个样本单元为 $2K-i+1=2\times10-4+1=17$，第三个样本单元为 $2K+i=2\times10+4=24$，第四个样本单元为 $4K-i+1=4\times10-4+1=37$。全部对称等距样本由第 4，17，24 和 37 单元组成。这个样本平均数为 $(4+17+24+37)\div4=20.5$，恰等于总体平均数。这说明在周期性总体中，采用随机起点和对称等距抽样，可以缩小抽样估计误差，达到良好抽样估计效果。

（5）采用等距抽样后分层估计方法。当等距样本抽取后，发现有某种周期性时，可按照样本单元值分层估计（见第五章）。分层估计各相同类型的样本平均数，就会有效地减少偏差。但是采用分层估计方法，必须确知该层的总单元数才行，若是地理区域的抽样，必须具备相应的图面资料和航空相片才能实施。

第六节   等距抽样效率分析

一、如何降低等距抽样的误差

等距抽样的方差，根据方差定义，由(4-1)式可得：

$$\sigma^2(\bar{y}_{sy}) = E(\bar{y}_i - \bar{Y})^2 = \frac{1}{K}\sum_{i=1}^{K}(\bar{y}_i - \bar{Y})^2 \tag{4-9}$$

下面从总体方差分解入手，分析等距抽样方差和总体方差及等距样本内部方差之间的关系。设总体单元数为 N，等距样本为 n，间距为 K，那么，总体方差为：

$$\sigma_y^2 = \frac{1}{Kn}\sum_{i=1}^{K}\sum_{j=1}^{n}(y_{ij} - \bar{Y})^2$$

$$= \frac{1}{Kn} \sum_{i=1}^{K} \sum_{j=1}^{n} [(\bar{y}_{ij} - \bar{y}_i) + (\bar{y}_i - \overline{Y})]^2$$

$$= \frac{1}{Kn} \sum_{i=1}^{K} \sum_{j=1}^{n} (y_{ij} - \bar{y}_i)^2 + \frac{1}{Kn} \sum_{i=1}^{K} n (\bar{y}_i - \overline{Y})^2$$

$$= \frac{1}{Kn} \sum_{i=1}^{K} \sum_{j=1}^{n} (y_{ij} - \bar{y}_i)^2 + \frac{1}{K} \sum_{i=1}^{K} (\bar{y}_i - \overline{Y})^2 \qquad (4\text{-}10)$$

式中：$\overline{Y}$ 为总体平均数；$\bar{y}_i$ 为第 i 个样本平均数；乘积交叉项等于零。

式(4-10)表明，总体方差可分为两部分，右边第一项为等距样本内方差，右边第二项即为 $\sigma^2(\bar{y}_{sy})$。若令(4-10)式中，$\frac{1}{Kn} \sum_{i=1}^{K} \sum_{j=1}^{n} (y_{ij} - \bar{y}_i)^2 = \sigma^2_{\omega sy}$ 这个等距内方差是各个样本方差的平均值，它受各等距样本内部变异程度的影响，且(4-10)可化简为

$$\sigma^2_y = \sigma^2_{\omega sy} + \sigma^2(\bar{y}_{sy}) \qquad (4\text{-}11)$$

式(4-11)清楚表明，对任何总体其总体方差 σ^2_y 是唯一确定的值，它与抽样方式无关，因而要欲使等距抽样方差 $\sigma^2(\bar{y}_{sy})$ 减小，就必使 $\sigma^2_{\omega sy}$ 增大，即增大各样本内方差。也就是说，等距样本内方差越大，样本间方差越小，等距抽样误差越小。这样，在设计系统抽样方案时，注意尽可能地做到增大样本内部差异，从而有效地降低抽样误差。

下面再从系统样本观测值的相关性角度分析如何降低抽样误差。

设总体第 i 个样本含有 n 个单元，用不重复抽样方式抽取两个单元，其观测值为 y_{ij} 和 y_{iu}，我们把它们相对于总体均值的相关系数定义为

$$\rho_{\omega sy} = \frac{E(y_{ij} - \overline{Y})(y_{iu} - \overline{Y})}{E(y_{ij} - \overline{Y})^2}$$

$$= \frac{1}{\sigma^2_y} \cdot \frac{1}{K} \sum_{i=1}^{k} \frac{1}{C_n^2} \sum_{j<u}^{n-1} (y_{ij} - \overline{Y})(y_{iu} - \overline{Y})$$

$$= \frac{2}{Kn(n-1)\sigma^2_y} \sum_{i=1}^{K} \sum_{j<u}^{n-1} (y_{ij} - \overline{Y})(y_{iu} - \overline{Y}) \qquad (4\text{-}12)$$

或　　　$$Kn(n-1)\sigma^2_y \rho_{\omega sy} = 2 \sum_{i=1}^{K} \sum_{j<u}^{n-1} (y_{ij} - \overline{Y})(y_{iu} - \overline{Y}) \qquad (4\text{-}13)$$

$\rho_{\omega sy}$ 称为系统样本内相关系数，它描述了系统样本内两两单元间的相关程度。

现在来分析系统抽样方差与 $\rho_{\omega sy}$ 的关系，由(4-9)式

$$\sigma^2(\bar{y}_{sy}) = \frac{1}{K} \sum_{i=1}^{K} (\bar{y}_i - \overline{Y})^2$$

$$= \frac{1}{K} \sum_{i=1}^{K} \left[\frac{1}{n} \sum_{j=1}^{n} (y_{ij} - \overline{Y}) \right]^2$$

$$= \frac{1}{K} \sum_{i=1}^{K} \frac{1}{n^2} \left[\sum_{j=1}^{n} (y_{ij} - \overline{Y})^2 + 2 \sum_{j<u}^{n-1} (y_{ij} - \overline{Y})(y_{iu} - \overline{Y}) \right]$$

$$= \frac{1}{Kn^2} \sum_{i=1}^{K} \sum_{j=1}^{n} (y_{ij} - \overline{Y})^2 + \frac{1}{Kn^2} Kn(n-1) \sigma_y^2 \rho_{\omega sy}$$

所以
$$\sigma^2(\bar{y}_{sy}) = \frac{\sigma_y^2}{n} \left[1 + (n-1)\rho_{sy} \right] \tag{4-14}$$

二、与简单随机抽样比较

由(4-14)式得到以下结论：

(1)若系统样本内相关系数 $\rho_{\omega sy} = 0$，则有系统抽样方差与随机抽样方差相等，即 $\sigma^2(\bar{y}_{sy}) = \frac{\sigma_y^2}{n}$。

(2)如果 $\rho_{\omega sy} > 0$，系统抽样方差大于简单随机抽样，其抽样估计精度不如随机抽样高。

(3)当 $\rho_{\omega sy} = \frac{-1}{n-1}$ 时，系统抽样方差 $\sigma^2(\bar{y}_{sy}) = 0$，抽样效率达到最高。

即
$$\sigma^2(\bar{y}_{sy}) = \frac{1}{K} \sum_{i=1}^{K} (\bar{y}_i - \overline{Y})^2 = 0$$

说明 $\sum_{i=1}^{k} (\bar{y}_i - \overline{Y})^2 = 0$，必然是 $\bar{y}_i = \overline{Y}$，即 K 个可能样本的平均数都等于总体平均数。

总之，$\rho_{\omega sy}$ 越接近于 0，即等距样本内两两单元间的相关性越小，则抽样误差越小；反之，$\rho_{\omega sy}$ 越接近于 1，则抽样误差越大。而 $\rho_{\omega sy}$ 较小则意味着样本内的方差大，这也是为什么采用两个方向或对称等距抽样的原因所在。下面列举在各种 $\rho_{\omega sy}$ 值下，$\sigma^2(\bar{y}_{sy})$ 的变化情况，也可证明上面的结论。

设总体 $\sigma_y^2 = 100$，$n = 10$，$\rho_{\omega sy}$ 分别取 0.01，0.05，0.1，0.2，0.4，0.6，0.8 和 1.0，这时 $\sigma^2(\bar{y}_{sy})$ 变化见表4-5。

表4-5　系统样本内相关系数与抽样方差的关系

$\rho_{\omega sy}$	0.01	0.05	0.10	0.20	0.40	0.60	0.80	1.00
$\sigma^2(\bar{y}_{sy})$	10.9	14.5	19.0	28.0	46.0	64.0	82.0	100

以上从理论上分析了等距抽样估计值的方差，以及如何降低该方差提高估计精度的方法。不过根据(4-9)式，在实际工作中难以应用。因为实际中只在 K 个可能的样本中随机抽取一个，而 $\frac{1}{K} \sum_{i=1}^{K} (\bar{y}_i - \overline{Y})^2$ 中，总体 $\overline{Y}$ 又不可

能知道，所以 $\sigma^2(\bar{y}_{sy})$ 的值无法计算。换句话说，要使用(4-9)式，则必须调查总体全部单元，才能获得 K 个样本的 $\bar{y}_i$，这就失去了抽样的意义。因此说，等距抽样真正的抽样误差至今尚无合理的公式计算，只能用简单随机或其他方法进行近似估计。

本章注释：

[注1] 求证：$S^2 = \dfrac{1}{2(n-1)} \sum^{n-1} (y_j - y_{j+1})^2$

证明：设系统样本单元依次观测值为 y_1，y_2，y_3，$\cdots y_n$。其相邻两单元间离差平方和为 Q，则

$$Q = \sum_{j=1}^{n-1} (y_j - y_{j+1})^2$$

求等式的数学期望

$$
\begin{aligned}
E(Q) &= E \sum_{j=1}^{n} (y_j - y_{j+1})^2 \\
&= E \sum_{j=1}^{n-1} [(y_j - \overline{Y}) - (y_{j+1} - \overline{Y})]^2 \\
&= E \sum_{j=1}^{n-1} [(y_j - \overline{Y})^2 + (y_{j+1} - \overline{Y})^2] \\
&= \sum_{j=1}^{n-1} E(y_j - \overline{Y})^2 + \sum_{j=1}^{n-1} E(y_{j+1} - \overline{Y})^2 \\
&= (n-1)E(y_j - \overline{Y})^2 + (n-1)E(y_{j+1} - \overline{Y})^2 \\
&= (n-1)\sigma_j^2 + (n-1)\sigma_{j+1}^2 \\
&= 2(n-1)\sigma^2 \qquad (\text{因为 } \sigma_j^2 = \sigma_{j+1}^2 = \sigma^2)
\end{aligned}
$$

$\therefore \quad \sigma^2 = \dfrac{1}{2(n-1)} \sum_{j=1}^{n-1} (y_j - y_{j+1})^2$

系统抽样的样本方差估计值 $S^2 = \dfrac{1}{2(n-1)} \sum_{j=1}^{n-1} (y_j - y_{j+1})^2$

证毕。

[注2] 平均数 $\bar{y}_{sy}$ 的方差估计值为

$$S^2(\bar{y}_{sy}) = \frac{S^2}{n} = \frac{\sum^{n-1} (y_j - y_{j+1})^2}{2n(n-1)}$$

将上展开 $S^2(\bar{y}_{sy}) = \dfrac{1}{2n(n-1)} \left[\sum^{n-1} y_j^2 - 2 \sum^{n-1} (y_j \cdot y_{j+1}) + \sum^{n-1} y_{j+1}^2 \right]$

因为有：$\displaystyle\sum_{}^{n-1} y_j^2 = \sum_{}^{n} y_j^2 - y_n^2$

$\displaystyle\sum_{}^{n-1} y_{j+1}^2 = y_2^2 + y_3^2 + \cdots + y_n^2 = \sum_{}^{n} y_j^2 - y_1^2$

代入前式

$$S^2(\bar{y}_{sy}) = \frac{1}{2n(n-1)}\left[\sum_{}^{n} y_j^2 - 2\sum_{}^{n-1}(y_j \cdot y_{j+1}) + \sum_{}^{n} y_j^2 - (y_1^2 + y_n^2) \right]$$

$$= \frac{1}{n(n-1)}\left[\sum_{}^{n} y_j^2 - \sum_{}^{n-1}(y_j \cdot y_{j+1}) - \frac{1}{2}(y_1^2 + y_n^2) \right]$$

证毕。

第五章

分层抽样

第一节　分层抽样的概述

一、分层抽样的概念

从简单随机抽样的误差公式 $\sigma_{\bar{y}} = \sigma/\sqrt{n}$ 中，我们可以看到，要想降低抽样误差 $\sigma_{\bar{y}}$，一种途径是设法减小总体变动 σ，另一种是增大样本单元数 n。后者是调查者不愿选择的。那么，怎样减少总体变动 σ 呢? 人们设计了分层抽样的调查方法可以达到此目的。如调查工人的平均工资水平，显然工人的工资收入与技术级别或工龄长短有关。又如，调查森林单位面积蓄积量，这个目的指标随着林分的年龄、树种、树高、密度、立地质量等因素而变化。假若按照总体单元调查标志值或与这个标志值有关的影响因素把总体单元分类，无疑同一类的工人，或同一类林分其内部变动会变小。因此在不增加样本单元数 n 的条件下，会减少抽样误差，提高估计精度。

按照总体各部分的特征，把总体划分成若干个层(或类型)，然后在各层中进行简单随机抽样，借以估计总体的方法称分层随机抽样，又称分层抽样或分类抽样。

总体分层后，每一个层就成为一个独立的抽样总体，所以层又可称副总体。分层抽样的模式如图5-1。

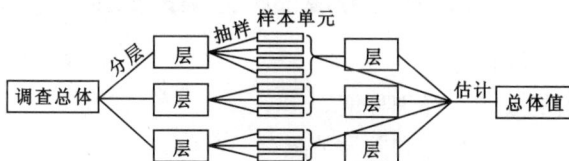

图5-1　分层抽样示意图

二、分层抽样必须具备的条件

设总体含 N 个单元，将总体划分为 L 层，第 h 层总体单元数为 $N_h(h =$

1，2，…，L），则有

$$N = N_1 + N_2 + \cdots + N_L = \sum_{h=1}^{L} N_h \qquad (5\text{-}1)$$

分层抽样总体样本单元数为 n，第 h 层的样本单元数为 n_h，则有

$$n = n_1 + n_2 + \cdots + n_L = \sum_{h=1}^{L} n_h \qquad (5\text{-}2)$$

综上所述，分层抽样应满足 3 个条件：

（1）各层总体单元数应该确知，或者各层的层权重是已知的，即 $W_h = \dfrac{N_h}{N}$。

（2）总体划分层后，各层间任何总体单元不允许有重叠和遗漏。

（3）在各层中的抽样应该保持独立、随机。

上述表明，分层抽样的特点，一是对总体事先有一定认识，有供分层使用的某些资料。如前面例子，调查工人的工资收入水平，不仅知道总体工人数，还必须掌握各技术级工人的数量。农作物产量调查也必须掌握播种总面积和各种作物种植面积方可。同样，利用分层抽样调查森林蓄积，就必须对森林分布、树种、林龄等不同类型的面积有清楚的了解。如果上述资料各级行政管理部门有现成的统计报表和档案可查，便可用作划分层的依据，否则，就得在实施分层抽样之前重新调查。在森林调查中，常用近期的二类调查成果和航空遥感图像资料达到分层抽样的目的。二是合理地分层，分层的结果应使同一层内单元值保持差异不大，这就要掌握某些影响抽样结果的主要因素，一般来讲，分层因素越多，层划分亦越多，抽样误差就越小。但相应的工作量调查费用也会增加。

在总体单元标志值变动较大的情况下，运用分层抽样比简单随机抽样可以得到更准确的结果。

三、制定分层抽样方案的原则

应从以下几方面考虑：

（1）调查目的要求、详细程度。

（2）总体内各部分特征和差异情况。

（3）缩小层内方差，扩大层间方差。就是说分层后，层内单元标志值愈一致愈好，各层的平均数之间差别愈大愈好。

（4）所搜集到的资料和采用的图面资料及遥感相片比例尺大小。

第二节 分层抽样的估计方法

一、各层特征数的估计

分层抽样是在各层内独立、随机地进行抽样，所以可视层为副总体，按简单随机抽样方法计算各层的特征数。

设第 h 层第 i 个单元的观测值为 y_{hi}，并且，第 h 层总体单元 N_h，占总体 N 的比重（层权重）为 W_h。则

1. 层样本平均数

$$\bar{y}_h = \frac{1}{n_h} \sum_{i=1}^{n_h} y_{hi} \tag{5-3}$$

式中：$\bar{y}_h$ 为第 h 层平均数估计值。

2. 层估计值的方差

$$S^2(\bar{y}_h) = \frac{1}{n_h(n_h - 1)} \sum_{i=1}^{n_h} (y_{hi} - \bar{y}_h)^2 \tag{5-4}$$

3. 层总量的估计值($\hat{y}_h$)

$$\hat{y}_h = N_h \bar{y}_h \tag{5-5}$$

二、分层抽样总体特征数的计算

1. 分层抽样总体平均数的估计值

$$\bar{y}_{st} = \frac{1}{N} \sum_{h=1}^{L} \hat{y}_h = \frac{1}{N} \sum_{h=1}^{L} N_h \bar{y}_h = \sum_{h=1}^{L} W_h \bar{y}_h \tag{5-6}$$

式中：$\bar{y}_{st}$ 为分层抽样总体平均数估计值。

当总体各层是按比例抽取样本时，即 $\frac{n_h}{n} = \frac{N_h}{N}$，分层抽样样本平均数为

$$\bar{y}_{st} = \frac{1}{n} \sum_{h=1}^{L} n_h \bar{y}_h = \sum_{h=1}^{L} w_h \bar{y}_h \tag{5-7}$$

可见(5-6)式与(5-7)式是等价的。

可以证明，$\bar{y}_{st}$ 是总体 $\bar{Y}$ 的无偏估计值：

证明：

$$E(\bar{y}_{st}) = E(\sum_{h=1}^{L} W_h \bar{y}_h) = \sum_{h=1}^{L} W_h E(\bar{y}_h)$$

$$= \sum_{h=1}^{L} W_h \bar{Y}_h = \bar{Y}$$

2. 总体平均数估计值的方差

设第 h 层的总体方差为 σ_h^2，据(5-6)式有

$$\sigma^2 (\bar{y}_{st}) = \sum_{h=1}^{L} W_h^2 \sigma^2 (\bar{y}_h) \tag{5-8}$$

标准误

$$\sigma(\bar{y}_h) = \sqrt{\sum_{h=1}^{L} W_h^2 \sigma^2 (\bar{y}_h)} \tag{5-9}$$

(5-8)式的证明，是按方差定理，W_h 是已知的常量，各层样本是独立抽取的性质推出的。

下面对(5-8)式作几点说明：

第一，各层抽样方差 $\sigma^2(\bar{y}_h)$，由于各层内抽样是随机地，且抽样方式又可分重复和不重复两种情况：

在重复抽样下：

$$\sigma^2 (\bar{y}_h) = \frac{\sigma_h^2}{n_h} \tag{5-10}$$

在不重复抽样下：

$$\sigma^2 (\bar{y}_h) = \frac{\sigma_h^2}{n_h} \left(1 - \frac{n_h}{N_h} \right) \tag{5-11}$$

第二，将(5-10)和(5-11)两式分别代入(5-8)式，便得到分层抽样方差。

在重复抽样下：
$$\sigma^2 (\bar{y}_{st}) = \sum_{h=1}^{L} W_h^2 \frac{\sigma_h^2}{n_h} \tag{5-12}$$

在不重复抽样下：
$$\sigma^2 (\bar{y}_{st}) = \sum_{h=1}^{L} W_h^2 \frac{\sigma_h^2}{n_h} (1 - \frac{n_h}{N_h}) \tag{5-13}$$

$$= \sum_{h=1}^{L} \frac{W_h^2 \sigma_h^2}{n_h} - \sum_{h=1}^{L} \frac{W_h \sigma_h^2}{N} \tag{5-14}$$

$$= \frac{1}{N^2} \sum_{h=1}^{L} N_h (N_h - n_h) \frac{\sigma_h^2}{n_h} \tag{5-15}$$

第三，当总体各层按比例抽样时，即

$$\frac{n_h}{n} = \frac{N_h}{N}$$

则(5-12)式可改写为：

$$\sigma^2 (\bar{y}_{st}) = \sum_{h=1}^{L} \left(\frac{N_h}{N} \right)^2 \cdot \frac{\sigma_h^2}{n_h} = \sum_{h=1}^{L} \left(\frac{n_h}{n} \right)^2 \cdot \frac{\sigma_h^2}{n_h}$$

$$\sigma^2(\bar{y}_{st}) = \frac{1}{n}\sum_{h=1}^{L} w_h \sigma_h^2 = \frac{1}{n}\bar{\sigma}^2 \tag{5-16}$$

其中，$\bar{\sigma}^2$ 为各层方差 σ_h^2 的加权平均值，称平均层内方差。式（5-16）是按比例分层抽样方差公式，它与简单随机抽样方差计算只有一个差别，就是以平均层内方差 $\bar{\sigma}^2$ 代替总体方差 σ^2。并且在实际应用中常用样本平均方差 $\bar{S}^2$ 代替总体 $\bar{\sigma}^2$ 值，用 S_h^2、$S^2(\bar{y}_h)$ 分别代替 σ_h^2、$\sigma^2(\bar{y}_h)$。

三、分层抽样小样本估计方法

当用 $\Delta(\bar{y}_{st}) = tS(\bar{y}_{st})$ 估计分层抽样误差限时，是假定总体平均数估计值 $\bar{y}_{st}$ 的分布为正态或近似正态分布，并且 $S^2(\bar{y}_{st}) \approx \sigma^2(\bar{y}_{st})$ 条件下才能成立。其中 t 为遵从标准正态分布的可靠性指标。如果要使 $\bar{y}_{st}$ 服从正态分布，就必须有各层内 y_{hi} 都服从正态分布，或者各层的 n_h 充分大，使各层 $\bar{y}_h$ 服从或近似正态分布才行。此外，要使 $S^2(\bar{y}_{st}) \approx \sigma^2(\bar{y}_{st})$ 也必须要求各层 n_h 充分大。

如上述条件不能满足，则 $\Delta(\bar{y}_{st})$ 计算比较复杂。实践中常有下列情况，即各层的 y_{hi} 分布近似正态，而各层的 n_h 却较小，因此不能认为 $S^2(\bar{y}_{st})$ 近似服从正态分布，即 $S^2(\bar{y}_{st}) \neq \sigma^2(\bar{y}_{st})$。这时，如果各层采用的是按比例分层抽样，即 $n_h = nw_h$，并且各层总体的方差 σ_h^2 相等，用各层样本方差的加权平均数作为总体方差 σ^2 的估计值，即以

$$\bar{S}^2 = \frac{1}{n}\sum_{h=1}^{L} n_h S_h^2 \tag{5-17}$$

作为 σ^2 的估计值，其误差限用式（5-18）计算

$$\Delta(\bar{y}_{st}) = t \cdot \frac{\bar{S}}{\sqrt{n-L}} \tag{5-18}$$

即，
$$\Delta(\bar{y}_{st}) = t\sqrt{\frac{1}{n(n-L)}\sum_{h=1}^{L} n_h S_h^2} \tag{5-19}$$

式中：t 值根据自由度 $df = n - L$ 查"小样本 t 分布表"。

$$S_h^2 = \frac{1}{n_h - 1}\sum(y_{hi} - \bar{y}_h)^2$$

下面给出一个例子，说明分层抽样的估计方法。

例 5-1　某林区有林地面积 $A = 40\text{hm}^2$，根据不同年龄将总体分为三层，Ⅰ层面积 $A_1 = 13.2\text{hm}^2$，Ⅱ层 $A_2 = 14.5\text{hm}^2$，Ⅲ层 $A_3 = 12.3\text{hm}^2$，用 0.1hm^2 的样地，按比例分层抽样共抽取样地 $n = 22$，各样地林木蓄积量测定结果列于表 5-1，试以 95% 的可靠性估计总体蓄积量并指出其估计精度。

表 5-1　分层抽样样地蓄积调查表　　　单位：$m^3/0.1hm^2$

m^3 No. 层号	1	2	3	4	5	6	7	8	Σ
I	3.5	8.8	3.0	9.4	4.1	10.5	7.1		46.4
II	18.8	15.9	17.7	15.3	11.2	8.2	14.1	11.8	113.0
III	18.3	27.1	17.7	30.0	22.4	20.0	21.8		157.3

解：（1）各层特征数估计。在重复抽样条件下，以第 I 层为例。

第 I 层平均数估计值

$$\bar{y}_1 = \frac{1}{n_1} \sum_{i=1}^{n_1} y_{1i} = \frac{1}{7} \times 46.4 = 6.629 \ m^3/0.1hm^2$$

第 I 层平均数估计值的方差

$$S^2(\bar{y}_1) = \frac{1}{n_1(n_1-1)} \sum_{i=1}^{n_1} (y_{1i} - \bar{y}_1)^2 = \frac{1}{n_1(n_1-1)} \left(\sum_{i-1}^{n_1} y_{1i}^2 - n_1\bar{y}_1^2 \right)$$

$$= \frac{1}{7 \times 6} (364.52 - 7 \times 6.629^2)$$

$$= 1.356$$

第 I 层总蓄积量估计

$$\hat{y}_1 = N_1\bar{y}_1 = 132 \times 6.629 = 875.028 m^3$$

类似地计算其他层的特征值，结果见表 5-2。

表 5-2　分层抽样总体特征数计算

层代号	A_h	N_h	n_h	$\bar{y}_h$	$S^2(\bar{y}_h)$	$N_h\bar{y}_h$	$N_h^2 S^2(\bar{y}_h)$
I	13.2	132	7	6.629	1.356	875.028	23626.944
II	14.5	145	8	14.125	1.575	2048.125	33114.375
III	12.3	123	7	22.471	2.972	2763.333	44963.388
Σ	40.0	400	22	/	/	5687.086	101704.707

（2）分层抽样总体特征数估计。

①总体平均数估计值

$$\bar{y}_{st} = \frac{1}{N} \sum_{h=1}^{L} N_h\bar{y}_h = \frac{1}{400} \times 5687.086 = 14.22 m^3/0.1hm^2$$

②总体平均数估计值的方差

$$S^2(\bar{y}_{st}) = \frac{1}{N^2} \sum_{h=1}^{L} N_h^2 S^2(\bar{y}_h)$$

$$= \frac{1}{400^2} \times 101704.707 = 0.6356$$

③标准误 $S(\bar{y}_{st}) = \sqrt{0.6356} = 0.797 \ \text{m}^3/0.1\text{hm}^2$

④抽样误差限，t 值用自由度 $df = n - L$ 查表。

绝对误差限 $\quad \Delta(\bar{y}_{st}) = tS(\bar{y}_{st}) = 2.093 \times 0.797 = 1.669 \text{m}^3/0.1\text{hm}^2$

相对误差限 $\quad E = \dfrac{\Delta(\bar{y}_{st})}{\bar{y}_{st}} = \dfrac{1.669}{14.22} = 0.117 = 11.7\%$

⑤估计精度 $\quad P_c = 1 - E = 1 - 0.117 = 88.3\%$

⑥总体蓄积量估计值

$$\hat{y} = \sum_{h=1}^{L} N_h \bar{y}_h = 5687.1 \text{m}^3$$

(3)用小样本估计法估计(表5-3)。

表5-3 分层抽样小样本误差估计

层代号	n_h	S_h^2	$n_h S_h^2$
I	7	9.4923	66.4461
II	8	12.6050	100.8400
III	7	20.8057	145.6399
$\sum$	22	—	312.926

由于本例是小样本，各层 n_h 均小于10，故应用前面介绍的小样本分层抽样估计法。

总体方差 σ^2 估计由(5-17)式得。

①各层样本方差的加权平均数

$$\bar{S}^2 = \frac{1}{n} \sum n_h S_h^2 = \frac{1}{22} \times 321.926 = 14.224$$

②估计误差限

绝对误差限 $\Delta(\bar{y}_{st}) = t\sqrt{\dfrac{\bar{S}^2}{n-L}} = 2.093 \times \sqrt{\dfrac{14.224}{22-3}} = 1.811 \text{m}^3/0.1\text{hm}^2$

相对误差限

$$E = \frac{\Delta(\bar{y}_{st})}{\bar{y}_{st}} = \frac{1.811}{14.22} = 12.7\%$$

③估计精度

$$P_c = 1 - E = 1 - 0.127 = 87.3\%$$

比较两种估计方法结果，小样本方法精度稍低，但用小样本估计较合理。

第三节 样本单元数设计

分层抽样，层的划分是按各总体单元的某种标志值或与目的标志有关因素进行的，因此，各层的单元数不同，各层的变异程度不一，各层的抽样调查费用也不相同，在设计抽取样本时不得不考虑这些因素，对于同样的样本 n，可以有三种不同的分配方法。

一、比例分配法

比例分配是按各层总体单元数（或 w_h）大小成比例的分配样本单元，w_h 大的层应多取样，反之就少取样，即保持下面关系：

$$\frac{n_1}{N_1} = \frac{n_2}{N_2} = \cdots = \frac{n_L}{N_L} = \frac{n}{N}$$

所以各层样本单元数应为：

$$n_h = n \cdot \frac{N_h}{N} = nw_h \quad (h = 1, 2, \cdots, L) \tag{5-20}$$

按比例分层抽样是经常采用的抽样方法，它简单易行；尤其是利用地形图进行分层抽样时，只要将网点板盖在图纸上，基本可以达到面积大的层落点多，面积小的层落点少，近似成比例抽样。

总体样本单元数，可用式（5-21）确定

$$n = \frac{t^2 \sum w_h \sigma_h^2}{E^2 \left(\sum w_h \bar{y}_h\right)^2} \tag{5-21}$$

证明：

由（5-16）式得

$$\sigma^2(\bar{y}_{st}) = \frac{1}{n} \sum w_h \sigma_h^2$$

$$\Delta^2(\bar{y}_{st}) = t^2 \frac{1}{n} \sum w_h \sigma_h^2$$

所以

$$n = \frac{t^2 \sum w_h \sigma_h^2}{\Delta^2(\bar{y}_{st})} \tag{5-22}$$

或

$$n = \frac{t^2 \sum w_h \sigma_h^2}{E^2 \left(\sum w_h \bar{y}_h\right)^2} \tag{5-23}$$

式中：t 与 E 值是根据要求给定的，w_h 是已知的，而 σ_h 和 $\bar{y}_h$ 是未知的，它们可通过以往调查资料或预先抽样来估计。

例 5-2 某总体面积 $A = 200\text{hm}^2$，分三层，各层特征数估计结果列于表 5-4 中，现要求抽样精度 85%，$t = 2$，采用 0.1hm^2 样地，按比例分层法抽样，所需样地数和各层分配的样地数见表 5-4。

表 5-4 比例分层抽样样本计算与分配

层代号	A_h	w_h	$\bar{y}_h$	S_h^2	$w_h S_h^2$	$\sum w_h \bar{y}_h$	$n_h = nw_h$
I	40	0.2	10.0	25	5.0	2.0	6
II	80	0.4	12.0	9	3.6	4.8	12
III	80	0.4	7.0	16	6.4	2.8	12
$\sum$	200	1.0	—	—	15.0	9.6	30

解： 分层抽样总体样本单元数

$$n = \frac{t^2 \sum w_h S_h^2}{E^2 \left(\sum w_h \bar{y}_h \right)^2} = \frac{2^2 \times 15.0}{(0.15)^2 \times 9.6^2} = 29$$

各层分配结果 $n_1 = 6$，$n_2 = 12$，$n_3 = 12$。本例中抽样比 $f = \dfrac{n}{N} = \dfrac{30}{2000} < 0.05$，故不重复抽样样本单元数可不必计算。

二、最优分配法

比例分配法只考虑到层的权重，未考虑各层变动大小。最优分配则兼顾了这两方面，它的基本要求是在给定 n 的条件下，合理分配各层样本单元数 n_h，并使误差达到最小，即在约束条件为 $\sum n_h - n = 0$ 下，使

$$\sigma^2(\bar{y}_{st}) = \sum_{h=1}^{L} \left(\frac{N_h}{N} \right)^2 \cdot \frac{\sigma_h^2}{n_h} = \min$$

这是条件极值问题，引入拉格朗日乘数 λ，设立函数方程：

$$Q = \sum_{h=1}^{L} \left(\frac{N_h}{N} \right)^2 \cdot \frac{\sigma_h^2}{n_h} + \lambda \left(\sum_{h=1}^{L} n_h - n \right)$$

对 Q 求关于 n_h 的偏导数和极值，得到

$$\frac{\partial Q}{\partial n_h} = -\frac{N_h^2}{N^2} \cdot \frac{\sigma_h^2}{n_h^2} + \lambda = 0$$

所以

$$n_h = \frac{N_h \sigma_h}{N \sqrt{\lambda}}$$

由于 $\sum n_h = \sum \dfrac{N_h \sigma_h}{N \sqrt{\lambda}} = n$

则 $\sqrt{\lambda} = \dfrac{\sum N_h \sigma_h}{nN}$

故 $n_h = \dfrac{N_h \sigma_h}{N \dfrac{\sum N_h \sigma_h}{nN}} = n \cdot \dfrac{N_h \sigma_h}{\sum N_h \sigma_h}$ （5-24）

这就得到最优分配法样本单元数分配的计算公式。

最优分配法总体样本单元数计算公式用

$$n = \dfrac{t^2 \left(\sum w_h \sigma_h\right)^2}{E^2 \left(\sum w_h y_h\right)^2}$$ （5-25）

现推导如下：

在重复抽样下，由（5-12）式

$$\sigma^2(\bar{y}_{st}) = \sum w_h^2 \dfrac{\sigma_h^2}{n_h}$$

将（5-24）式中 n_h，代入上式，并化简得到

$$\sigma^2(\bar{y}_{st}) = \dfrac{1}{n}\left(\sum w_h \sigma_h\right)^2$$

又因为

$$E^2 = \dfrac{t^2 \sigma^2(\bar{y}_{st})}{\bar{y}_{st}^2} = \dfrac{t^2 \cdot \dfrac{1}{n}\left(\sum w_h \sigma_h\right)^2}{\left(\sum w_h \bar{y}_h\right)^2}$$

所以

$$n = \dfrac{t^2 \left(\sum w_h \sigma_h\right)^2}{E^2 \left(\sum w_h \bar{y}_h\right)^2}$$

当用不重复抽样且抽样比 $\dfrac{n}{N} > 0.05$ 时，最优分配法总体样本单元数为

$$n = \dfrac{n_0}{1 + \dfrac{n_0}{N}}$$ （5-26）

式中：n_0 为重复抽样的样本，由（5-25）式计算。

仍以例 5-2 为例，说明其计算分配方法。

表 5-5 最优分配法样本单元数的计算

层代号	N_h	w_h	$\bar{y}_h$	S_h	$w_h S_h$	$w_h \bar{y}_h$	$N_h S_h$	$\dfrac{N_h S_h}{\sum N_h S_h}$	n_h
I	400	0.2	10	5	1.0	2.0	2000	0.25	7
II	800	0.4	12	2	1.2	4.8	2400	0.32	9
III	800	0.4	7	4	1.6	2.8	3200	0.43	12
$\sum$	2000	1.0	—	—	3.8	9.6	7600	1.00	28

最优分配总体样本单元数计算，代入(5-25)式

$$n = \frac{t^2 \left(\sum w_h S_h \right)^2}{E^2 \left(\sum w_h \bar{y}_h \right)^2} = \frac{2^2 \times 3.8^2}{(0.15)^2 \times 9.6^2} = 28$$

各层样本单元数分配

$$n_1 = n \times 0.25 = 28 \times 0.25 = 7$$
$$n_2 = n \times 0.3 = 28 \times 0.32 = 9$$
$$n_3 = n \times 0.43 = 28 \times 0.43 = 12$$

最优分配结果与比例分配不同，第 II、III 层虽然权重相同，由于第 III 层的 $S_3^2 = 16$，大于 II 层的方差 $S_2^2 = 9$，所以分配样本单元多 3 个，体现了变动大的层应多抽取样本单元，变动小的层应少抽取，这样才能使总体抽样误差达到最小。

不论用哪种分配方法，当层内分配 $n_h < 5$ 时，应将该层合并到相近似的层中去，这样有利于提高总体的估计精度。

三、经济分配法

前面两种分配法，考虑了层权重和方差，却没有考虑层的调查费用，经济分配法注意到了这一因素，对于成本高的层，相对来说就应取样少些，而成本低的层则可多取一些样。设 D_1，D_2，$\cdots$，D_L 代表各层每个单元的调查费用，由于样本单元数与费用的平方根成反比关系，应该使下面比例关系保持相等，达到在规定费用下抽样误差最小，或者在规定抽样误差情况下调查费用最少。即

$$\frac{n_1}{N_1 \sigma_1 / \sqrt{D_1}} = \frac{n_2}{N_2 \sigma_2 / \sqrt{D_2}} = \cdots = \frac{n}{\sum N_h \sigma_h / \sqrt{D_h}}$$

这就导出了经济分配法计算各层样本单元数公式

$$n_h = n \cdot \frac{N_h \sigma_h / \sqrt{D_h}}{\sum N_h \sigma_h / \sqrt{D_h}} \tag{5-27}$$

那么，总体分层抽样所需样本 n 的计算，按上面经济分配法，在给定调查费用或抽样误差下，可以进一步推导出求 n 公式。

在给定调查总费用条件下，分层抽样总费用关系式为

$$D = n_1 D_1 + n_2 D_2 + \cdots + n_L D_L = \sum_{h=1}^{L} n_h D_h \tag{5-28}$$

将(5-27)式 n_h 代入上式，用 w_h 表示，

则
$$D = \sum D_h n \frac{w_h \sigma_h / \sqrt{D_h}}{\sum w_h \sigma_h / \sqrt{D_h}}$$

所以
$$n = \frac{D \sum w_h \sigma_h / \sqrt{D_h}}{\sum D_h w_h \sigma_h / \sqrt{D_h}} \tag{5-29}$$

当给定抽样误差条件下，由分层抽样方差公式(5-14)

$$
\begin{aligned}
\sigma^2(\bar{y}_{st}) &= \sum \frac{w_h^2 \sigma_h^2}{n_h} - \sum \frac{w_h \sigma_h^2}{N} \\
&= \sum \left(\frac{w_h^2 \sigma_h^2}{n} \cdot \frac{\sum w_h \sigma_h / \sqrt{D_h}}{w_h \sigma_h / \sqrt{D_h}} \right) - \sum \frac{w_h \sigma_h^2}{N} \\
&= \frac{1}{n} (w_h \sigma_h \sqrt{D_h})(\sum w_h \sigma_h / \sqrt{D_h}) - \sum \frac{w_h \sigma_h^2}{N}
\end{aligned}
$$

所以

$$n = \frac{(\sum w_h \sigma_h \sqrt{D_h})(\sum w_h \sigma_h / \sqrt{D_h})}{\sigma^2(\bar{y}_{st}) + \sum \frac{w_h \sigma_h^2}{N}} \tag{5-30}$$

下面把经济分配与其他两种分配法作一分析，如果各层的单元调查费用 D_h 都相近或相同，即 $D_1 = D_2 = \cdots = D_h$（这种情况在社会经济调查中经常出现，而在野外调查如森林调查则不同），这时经济分配法公式与最优分配法公式相同。由(5-27)式得

$$\frac{n_h}{n} = \frac{N_h \sigma_h / \sqrt{D_h}}{\sum N_h \sigma_h / \sqrt{D_h}} = \frac{N_h \sigma_h}{\sum N_h \sigma_h}$$

假如不考虑各层内部变动影响，或各层的 $\sigma_1 = \sigma_2 = \cdots = \sigma_h = \sigma_L$，这时最优分配法就与比例分配无差别。即

$$\frac{n_h}{n} = \frac{N_h \sigma_h}{\sum N_h \sigma_h} = \frac{N_h}{N}$$

例5-3 用分层抽样调查某地区居民收入水平，总体共有274500户，现将居民户划分为城镇和乡村两层，调查要求抽样误差不超过0.5。按表5-6有关资料，确定总体样本 n，并分别用比例法、最优法和经济法分配各层抽取的样本单元数。

解： 按题意，抽样误差为0.5，即抽样方差 $\sigma^2(\bar{y}_{st}) = 0.25$，首先由表5-6计算下列各项。

表5-6　分层抽样调查数据统计表

层代号	户数 N_h	户月收入 σ_h(元)	平均户调查费(元)D_h
1. 城镇	172500	11	1
2. 乡村	102000	32	1.5
$\sum$	274500	—	—

表5-7　分层抽样样本单元数计算

层代号	w_h	$N_h \sigma_h$	$w_h \sigma_h$	$w_h \sigma_h \sqrt{D_h}$	$w_h \sigma_h / \sqrt{D_h}$	$w_h \sigma_h^2$	$w_h^2 \sigma_h^2$
1	0.63	1897500	6.93	6.93	6.93	76.23	48.02
2	0.37	3264000	11.84	14.50	9.67	378.88	140.18
$\sum$	1.00	5161500	18.77	21.43	16.60	455.11	188.20

由(5-30)式得到

$$n = \frac{21.43 \times 16.60}{0.25 + 455.11 \div 274500} = \frac{355.738}{0.2516} = 1414$$

应从该地区总户中抽取1414户，约占总体0.52%，再将1826户在两层中分配，设两层样本分别为 n_1 和 n_2。

(1)按比例分配

$$n_1 = n w_1 = 1414 \times 0.63 = 891(户)$$
$$n_2 = n w_2 = 1414 \times 0.37 = 523(户)$$

所需调查费用：$891 \times 1 + 523 \times 1.5 = 1676(元)$

抽样误差：

$$S(\bar{y}_{st}) = \sqrt{\sum w_h^2 \sigma_h^2 / n_h}$$
$$= \sqrt{\frac{48.02}{891} + \frac{140.18}{523}} = 0.567$$

（2）按最优分配法

$$n_1 = n\frac{N_1\sigma_1}{\sum N_h\sigma_h} = 1414 \times \frac{6.93}{18.77} = 522(户)$$

$$n_2 = 1414 \times \frac{11.84}{18.77} = 892(户)$$

所需调查费用：$522 \times 1 + 892 \times 1.5 = 1860(元)$

抽样误差：

$$S(\bar{y}_{st}) = \sqrt{\frac{48.02}{522} + \frac{140.18}{892}} = 0.499$$

（3）按经济分配法。用（5-27）式

$$n_1 = 1414 \times \frac{1897500/\sqrt{1}}{1897500/\sqrt{1} + 3264000/\sqrt{1.5}} = 588(户)$$

$$n_2 = 826(户)$$

共需调查费用：$588 \times 1 + 826 \times 1.5 = 1827(元)$

抽样误差：

$$S(\bar{y}_{st}) = \sqrt{\frac{48.02}{588} + \frac{140.18}{826}} = 0.501$$

将上述计算结果汇入表5-8。

表5-8　分层抽样三种样本单元数分配法的比较表

方法	n_1	n_2	n	抽样误差	总费用
比例法	891	523	1414	0.567	1676
最优法	522	892	1414	0.499	1860
经济法	588	826	1414	0.501	1827

由表5-8可以看到按比例分配法的费用最低，最优分配法的误差最小，而经济分配法是一种相对较好的分配方式。

第四节　分层抽样的效率分析

抽样效率是指抽样精度与成本最优，就是在既定费用条件下达到抽样精度最高。现在来研究为何分层抽样能提高效率？在分层抽样中最优分层是否比按比例分层估计效果好？

一、分层抽样与简单随机抽样比较

为了简便，分析重复抽样的按比例分层抽样形式，根据(5-8)及(5-16)式有

$$\sigma^2(\bar{y}_{st}) = \sum_{h=1}^{L} w_h^2 \sigma^2(\bar{y}_h) = \frac{1}{n} \sum_{h=1}^{L} w_h \sigma_h^2$$

简单随机抽样的方差为：$\sigma_{\bar{y}}^2 = \frac{1}{n}\sigma^2$

在总体划分为 L 层后，总体方差 σ^2 分解式：

$$\sigma^2 = \frac{1}{N} \sum_{h=1}^{L} \sum_{i=1}^{N_h} (y_{hi} - \bar{Y})^2$$

$$= \frac{1}{N} \sum_{h=1}^{L} \sum_{i=1}^{N_h} [(y_{hi} - \bar{Y}_h) + (\bar{Y}_h - \bar{Y})]^2$$

$$= \frac{1}{N} \sum_{h=1}^{L} \sum_{i=1}^{N_h} (y_{hi} - \bar{Y}_h)^2 + \frac{1}{N} \sum_{h=1}^{L} \sum_{i=1}^{N_h} (\bar{Y}_h - \bar{Y}^2)$$

$$= \sum_{h=1}^{L} w_h \sigma_h^2 + \sum_{h=1}^{L} w_h (\bar{Y}_h - \bar{Y})^2 \text{（交叉乘积项等于 0）}$$

等式两边同除以 n，得到

$$\frac{1}{n}\sigma^2 = \frac{1}{n} \sum_{h=1}^{L} w_h \sigma_h^2 + \frac{1}{n} \sum_{h=1}^{L} w_h (\bar{Y}_h - \bar{Y})^2$$

即

$$\sigma_{\bar{y}}^2 = \sigma^2(\bar{y}_{st}) + \frac{1}{n} \sum_{h=1}^{L} w_h (\bar{Y}_h - \bar{Y})^2 \tag{5-31}$$

对(5-31)式做如下分析：

(1)因为 $\sum_{h=1}^{L} w_h(\bar{Y}_h - \bar{Y})^2 \geq 0$，则有 $\sigma_{\bar{y}}^2 \geq \sigma^2(\bar{y}_{st})$。表明分层抽样效率优于简单随机抽样。当 $\bar{Y}_h = \bar{Y}$ 时，上述层间方差项等于 0，说明分层与随机抽样效果相同。

(2)只要各层 $\bar{Y}_h$ 不相等，分层就有利，且层间平均数差别越大越有利。因此，在设计抽样调查方案时，要尽量扩大层间差别，缩小层内差别，这一条是分层抽样最基本、最关键的条件。

(3)式(5-31)右端第二项是层(组)间方差，通俗地说，通过分层，使层内方差减小扩大层间方差，所以在同样的样本单元数情况下，能够提高总体的抽样精度。

不同抽样方案效率的比较，可以用相对抽样效率来表示，令 η 为相对

抽样效率(精度)。B 种方案效率

$$\eta = \frac{B \text{ 种方案方差} \times B \text{ 种费用}}{A \text{ 种方案方差} \times A \text{ 种费用}} \quad (5\text{-}32)$$

如前例,以比例分配法为基础,分别与最优法和经济法比较,由表 5-8 计算得到:

最优法 $\eta = \dfrac{0.499^2 \times 1860}{0.567^2 \times 1676} = \dfrac{463.14}{538.82} = 0.860$

经济法 $\eta = \dfrac{0.501^2 \times 1827}{0.567^2 \times 1676} = \dfrac{458.58}{538.82} = 0.851$

上述结果表明,最优分配方案较按比例分配方案提高抽样效率 14.0%,经济分配方案较较按比例分配方案提高效率 14.9%。因此说经济分配法是最佳方案。

二、比例分层与最优分层的比较

在重复抽样下,比例分层的方差为

$$\sigma^2(\bar{y}_{st}) = \sum_{h=1}^{L} w_h^2 \frac{\sigma_h^2}{n_h}$$

将最优分层样本 n_h 代入上式,即得到最优分层的方差。把(5-24)式中

$$n_h = n \cdot \frac{N_h \sigma_h}{\sum N_h \sigma_h}$$

代入前式,即得最优分层的方差

$$\sigma^2(\bar{y}_{opt}) = \frac{1}{n} \left(\sum w_h \sigma_h \right)^2 \quad (5\text{-}33)$$

又据(5-16)式,$\sigma^2(\bar{y}_{st}) = \dfrac{1}{n} \sum w_h \sigma_h^2$

用(5-16)式减去(5-33)式,得:

$$\sigma^2(\bar{y}_{st}) - \sigma^2(\bar{y}_{opt}) = \frac{1}{n} \sum w_h \sigma_h^2 - \frac{1}{n} \sum (w_h \sigma_h)^2$$

$$= \frac{1}{n} \left[\sum w_h (\sigma_h - \bar{\sigma})^2 \right]$$

由于 $\sum w_h (\sigma_h - \bar{\sigma})^2 \geqslant 0$,所以有 $\sigma^2(\bar{y}_{st}) \geqslant \sigma^2(\bar{y}_{opt})$,这表明最优分配的分层抽样精度高于按比例分层抽样。

如果将最优分层和比例分层抽样方差与简单随机抽样方差相比较,则有

$$\sigma_{\bar{y}}^2 = \sigma^2(\bar{y}_{st}) + \frac{1}{n} \sum w_h (\bar{y}_h - \bar{Y})^2$$

$$= \sigma^2(\bar{y}_{opt}) + \frac{1}{n} \sum w_h (\sigma_h - \bar{\sigma})^2 + \frac{1}{n} \sum w_h (\bar{y}_h - \bar{Y})^2$$

这个结果清楚表明，最优分层抽样的估计效果不仅优于比例分层抽样，更优于简单随机抽样。因为它考虑到各层平均数的差异影响，也考虑到各层方差的不同。

第五节　先抽样后分层

先抽样后分层又称事后分层或抽样后分层。顾名思义，它是对一个总体先进行简单随机抽样或系统抽样，抽取一个样本 n，在调查完后，再按一定分层的因子将 n 个单元划分为若干个层，并进行分层抽样估计。

之所以采用后分层抽样，是因为在一些调查中事先无法掌握总体各层的单元数或权重，有的事先难以对总体各部分按一定分层标志分层。比如，调查某省劳动力的有关职业情况，如果事先不知道各种职业层次的劳动力人数，就难以实施分层抽样调查。再如，大面积的森林资源调查，如果没有较完整的有关树种、林龄、疏密度等资料或它们的面积统计，就很难事先分层。为解决这类问题，需要采用后分层抽样技术。

后分层抽样操作简便、成本低，在总体信息不全的情况下可以应用。国际上一些国家广泛采用后分层抽样方法调查人口、资源、收入、卫生健康等社会经济情况。在我国森林资源调查中，后分层抽样用得也很多，在缺乏森林分布图、林相图和适合的航空相片等资料时，就只好从总体中随机地(系统更好)抽取 n 个样地，在外业调查样本的同时，要对总体各地块林分进行区划，分类。在内业中，按分层方案，把 n 个样地分层，由于这种抽样把分层和调查样本单元合并在一次外业，可节省大量费用，又能提高抽样效果。但是这种自然资源的分层抽样，通常抽样比很小，不像社会经济调查中用样本确定层权重容易，尤其是层数太多，各层样本单元数少，对层权重容易引起较大误差，影响抽样结果。

可以说，先抽样后分层是简单随机抽样和分层抽样的有机结合，在一般情况下其估计效率比先分层抽样差些，但又会比简单随机抽样好些。

由于事后分层抽样方法，总体只有一次抽样，而不能满足使各层独立随机抽取，同时也不能保证样本按比例分配，所以其方差估计与比例分层抽样不同。

令第 h 层的权重 $w_h = n_h/n$(也可以利用总体有关信息确定)，事后分层抽样的平均数为：

$$\bar{y}_{pst} = \sum_{h=1}^{L} w_h \bar{y}_h \qquad (5\text{-}34)$$

样本平均数的方差为

$$\sigma^2(\bar{y}_{pst}) = \frac{1-f}{n} \sum_{h=1}^{L} w_h \sigma_h^2 + \frac{1}{n^2} \sum_{h=1}^{L} (1-w_h)\sigma_h^2 \qquad (5\text{-}35)$$

式中：$f = \dfrac{n}{N}$ 为抽样比。

式(5-35)中，右端第一项是比例分层的方差，第二项表示总体仅有一次抽样，n_h 并未按实际权重分配而引起的方差。假如，各层方差 σ_h^2 相差不大，n 又充分大，则事后分层抽样可用比例分层抽样方差估计，即

$$\sigma^2(\bar{y}_{pst}) = \frac{1}{n} \sum w_h \sigma_h^2 = \sum w_h^2 \frac{\sigma_h^2}{n_h} = \sum w_h^2 \sigma^2(\bar{y}_h) \qquad (5\text{-}36)$$

1. 先抽样后分层与简单随机抽样的比较

简单随机抽样的方差，在重复条件下为

$$\sigma_{\bar{y}}^2 = \frac{1}{n} \sigma^2$$

与(5-36)式比较，按总体方差分解式，有总体方差大于等于各层方差平均值，即 $\sigma^2 \geqslant \sum w_h \sigma_h^2$，这样就有 $\sigma_{\bar{y}}^2 \geqslant \sigma^2(\bar{y}_{pst})$，即先抽样后分层的精度一般高于简单随机抽样。

2. 先抽样后分层与比例分层抽样的比较

由(5-35)式分析，右端第一项是比例分层抽样方差，即

$$\sigma^2(\bar{y}_{st}) = \frac{1-f}{n} \sum w_h \sigma_h^2$$

第二项 $\dfrac{1}{n^2} \sum (1-w_h)\sigma_h^2 \geqslant 0$，故总有

$$\sigma^2(\bar{y}_{pst}) \geqslant \sigma^2(\bar{y}_{st})$$

就是说先抽样后分层的方差一般大于比例分层抽样的方差。也证明前者误差大的原因主要是由层权重 w_h 引起的。

3. 层权重偏差对估计结果的影响

层权重 w_h 是指各层总体单元数 N_h 占总体单元数 N 的比重，必须使 $\sum w_h = 1$。在分层抽样中，层权重是一个很关键的因素，无论是抽样方案设计和样本单元分配，还是抽样目的指标计算和抽样推断，都要受权重的影响。然而，在实际运用分层抽样中，有时各层的 N_h（或面积）是未知的，故真实的层权重 w_h 也未知。为了解决这个问题，人们在设计和实施分层抽样中，经常采用某些方法，比如，利用样本信息，试抽样资料或以往统计报表

资料，来估计各层的权重 $\hat{\omega}_h$，并以估计权重 $\hat{\omega}_h$ 代替真实的层权重 w_h，于是就会产生一定偏差，即 $(w_h - \hat{\omega}_h)$。若以 $\hat{\omega}_h$ 值代替 w_h 时，难免会导致抽样估计(平均数、方差、总量)的偏差。

当以估计层权重 $\hat{\omega}_h$ 代替实际的层权重 w_h 时，那么，总体平均数的估计值 $(\hat{\bar{y}}_{st})$ 为：

$$\hat{\bar{y}}_{st} = \sum_{h=1}^{k} \hat{\omega}_h \bar{y}_h \qquad (5\text{-}37)$$

估计值 $(\hat{\bar{y}}_{st})$ 是总体平均数 $\bar{Y}$ 的有偏估计，其偏差为 $\sum (\hat{\omega}_h - w_h) \bar{y}_h$。

在重复抽样下，估计值 $(\hat{\bar{y}}_{st})$ 的抽样方差为：

$$\sigma^2(\hat{\bar{y}}_{st}) = \sum_{h=1}^{k} \frac{\hat{\omega}_h^2 \sigma_h^2}{n_h} + \left[\sum_{h=1}^{k} (\hat{\omega}_h - w_h) \bar{y}_h \right]^2 \qquad (5\text{-}38)$$

下面用一个简单的例子说明层权重偏差对抽样估计效果的影响。

例 5-4　有一个总体，设总体方差 $\sigma^2 = 1$，划分为两层，其真实层权重分别为 $w_1 = 0.9$，$w_2 = 0.1$，并假定各层内方差相等，即 $\sigma_1^2 = \sigma_2^2 = \sigma_w^2$。

解： 按总体方差分解式，有

$$\sigma^2 = \frac{1}{N} \sum_{h}^{L} \sum_{i}^{N_h} (y_{hi} - \bar{Y}_h)^2 + \frac{1}{N} \sum_{h}^{L} \sum_{i}^{N_h} (\bar{Y}_h - \bar{Y})^2$$

$$= \sum_h w_h \sigma_h^2 + \sum_h w_h (\bar{Y}_h - \bar{Y})^2$$

把例中给定的条件代入此分解式，得到

$$\sigma^2 = \sigma_\omega^2 + w_1 w_2 (\bar{Y}_1 - \bar{Y}_2)^2$$

$$1 = \sigma_\omega^2 + 0.09 (\bar{Y}_1 - \bar{Y}_2)^2$$

当 $\bar{Y}_1 - \bar{Y}_2 = 1$ 时，层内方差 $\sigma_\omega^2 = 0.91$，即分层抽样方差比简单随机抽样方差少9%。

当 $\bar{Y}_1 - \bar{Y}_2 = 3$ 时，$\sigma_\omega^2 = 0.19$，抽样方差减少81%，估计效果很显著。

然而，若采用估计的权重 $\hat{\omega}_1 = 0.92$，$\hat{\omega}_2 = 0.08$，此时偏差值表达为：

$$\sum_{h=1}^{L} (\hat{\omega}_h - w_h) \bar{Y}_h = (\hat{\omega}_1 - w_1) \bar{Y}_1 + (\hat{\omega}_2 - w_2) \bar{Y}_2$$

$$= (\hat{\omega}_1 - w_1)(\bar{Y}_1 - \bar{Y}_2)$$

于是，当 $\bar{Y}_1 - \bar{Y}_2 = 1$ 时，平均数偏差为 0.02，抽样方差为 $\frac{1}{n}(0.91) + 0.0004$。当 $\bar{Y}_1 - \bar{Y}_2 = 3$ 时，平均数偏差为 0.06，抽样方差为 $\frac{1}{n}(0.19) + 0.0036$。

上面结果表明，存在层权重偏差下所估计的总体平均数的方差都会发生一定偏差。按理说，随着层间差异增大，抽样误差应显著地减小。但存在层权重偏差时，各层差异增大，而估计值和方差也增大。如上例中，$\bar{Y}_1 - \bar{Y}_2$ 从 1 增到 3，平均数偏差从 0.02 增大到 0.06，抽样方差的增加量由 0.0004 增到 0.0036。

下面再进一步分析在样本 n 增大时，存在层权重偏差的分层抽样与简单随机抽样的抽样方差的变化情况，按上例条件，$\sigma^2 = 1$，$\sigma_1^2 = \sigma_2^2 = \sigma_\omega^2$，有偏层权重 $\hat{\omega}_1 = 0.92$，$\hat{\omega}_2 = 0.08$，那么，简单随机抽样方差应为：

$$\sigma_{\bar{y}}^2 = \frac{1}{n}\sigma^2 = \frac{1}{n}$$

分层抽样方差：

（1）当 $\bar{Y}_1 - \bar{Y}_2 = 1$ 时，$\sigma^2(\bar{y}_{st}) = \frac{1}{n}(0.91) + 0.0004$

（2）当 $\bar{Y}_1 - \bar{Y}_2 = 3$ 时，$\sigma^2(\bar{y}_{st}) = \frac{1}{n}(0.19) + 0.0036$

将不同样本 n 的简单随机抽样与以上（1）和（2）两种分层抽样的方差比较结果列于表 5-9。

表 5-9　权重偏差对分层抽样结果的影响

n	简单随机抽样 $\sigma_{\bar{y}}^2$	分层抽样	
		（1）$\sigma^2(\bar{y}_{st})$	（2）$\sigma^2(\bar{y}_{st})$
50	0.0200	0.0186	0.0074
100	0.0100	0.0095	0.0055
200	0.0050	0.0049	0.0045
300	0.0030	0.0034	0.0042
400	0.0025	0.0027	0.0041
1000	0.0010	0.0013	0.0038

从表 5-9 看出，当样本 $n \geq 300$ 时，有偏层权重的分层抽样方差均大于简单随机抽样，并且在（2）的条件下，各层差异较大，其抽样方差明显地大于简单随机抽样。

由此可见，层权重偏差的影响是分层抽样中值得重视的问题。在应用分层抽样时，若各层权重未知，或意识到因资料不准确层权重可能会有较大偏差，则必须采取适合的方法去估计层权重，必要时应做事先调查。解决层权重的方法通常是采用双重分层抽样方法去估计层权重，这将在第十一章加以讨论。

第六节　分层抽样的应用

分层抽样是一种比较简便、容易掌握的抽样技术，抽样效率高，尤其是双重分层抽样曾被国际林业研究联合会誉为最佳的森林资源调查方法。从20世纪60年代起，我国许多部门开始推广分层抽样技术，为此本章作了较详细的论述。现将分层抽样中的一些特点总结如下：

第一，分层抽样的基础是掌握总体各部分、总体单元的标志值或与其有密切关系的其他因素，并能利用这些信息编制总体各层抽样框。

第二，分层抽样不仅能提供总体的平均数、精度和总量，同时也可以对各类型(层)的相应估计指标作出推断。但应明确，如要求层的估计精度达到某一水平，则应相应增加样本单元数才能满足各层调查成果的要求。

第三，分层抽样的思路是把一个大总体划分成若干个小总体，在各小总体内单元值比较一致，各小总体之间差别越显著越好。因此总体单元值变动小的情况下，不宜用此抽样方法，除非另有其他调查目的、要求。

第四，分层抽样与其他抽样方法一样，总体的估计效果不仅取决于样本单元调查、测定，更重要的是各层权重的准确性，尤其是在大面积的农作物、森林资源调查中，常因各层面积不准确，使估计结果归于失败。采用新的图面资料和遥感相片、可以大大提高分层抽样工效，降低成本，并能获取更多的信息，在调查地域性资源中应尽量收集这方面资料。

第五，先抽样后分层方案，尽管存在有偏差的可能性，在实际工作中仍不失为一种好方法。特别是用于森林资源、山区土地资源的调查中，在没有森林分布图、林相图和航空相片情况下，凭着已有地形图，可以先在图上系统抽取 n 个样点(地)，于外业调查样地的同时，对森林各林分区划，各种地类区划，得到林分或地类小班的分布图和面积，这样一次外业调查就可以获得分层所需的面积和权重。这是我国不少地区经常采用的行之有效的分层抽样方法，其好处是既提高了抽样估计精度，又为生产部门提供了总体各林分、地类的分布图，降低了调查成本。

第六章
整群抽样

第一节 利用整群抽样的理由

在前面几章中，简单随机抽样是依据增大样本单元数 n 来提高估计精度，分层抽样则主要是通过合理地分层，使层内方差减小，层间方差增大来提高估计效率。两者都是以抽取单个样本单元为对象。这种单一单元的调查往往很不经济。比如，调查家庭收入或支出情况，常常为了调查一户需要跑很远的路才能找到对象，而用于调查访问的时间却很短。又如，在交通不便，林内通行困难的山区，样本单元间相距达几百米甚至几千米，样地面积测量时间长，而调查样地内有关标志值相对很少。为了提高工作效率，可以采用整群抽样方法。

整群抽样又称成群抽样或群团抽样，它是把总体单元按照规定的形式划分成若干部分，每一部分称为一个群；然后从总体 N 个群中随机地抽取 n 个群组成样本，对抽中的群内所有单元进行全部调查。这种抽样调查方法，称为整群抽样。

整群抽样对总体划分群的基本要求是：群与群之间不能有重叠，总体中的任一单元只能属于某个群；全部总体单元不能有遗漏，即总体内的任一单元必属于某个群。总体中各群内所含的单元数可以是相同的，也可以是不同的。

整群抽样划分群的目的与分层抽样划分层的目的有显著的区别：分层的目的是缩小总体，将总体单元标志相近的单元划归一层（类），达到减小层内变动的目的。分层抽样抽取的单元是总体单元。例如，某城市进行居民户调查，在各层内调查的仍是居民户。而成群抽样划分群的目的是扩大总体"单元"，抽取的单元不是一个单元，而是总体内"群单元"，也就是抽取的不是总体内一户居民，可能是总体中的居民委员会、街道等群单元。对抽中的这些群中的全部居民户进行调查。

整群抽样的主要优点是：

(1)节省人力、物力和时间。由于整群抽样的调查单元相对集中在若干个样本群内，在外业调查时，调查人员可节省大量往返时间和费用。就是说，在单位时间内能取得较多的信息，例如，在某大城市中随机抽取1 000户居民，调查者调查这分散的1 000户，需要寻查和往返的时间及费用是很大的。如果采用整群抽样将这1 000户居民相对集中于若干个群(如街道)则节省不少时间和费用。最显著的例子是，在森林资源清查中，等距布设的样地之间常常相距在几百米，为了寻找样点，测量引点需要的时间比样地调查所用时间大许多倍。如果在样地处不是调查一个样地，而是在样点附近(如隔30~50m)多调查三四个样地，这样总体内可以少调查一些样点，从而也能达到预定的抽样精度。

(2)在经费增加不多的条件下，提高总体估计效果。仍以社会经济调查为例，如按系统地抽取1 000户居民，当调查这些样本户时，同样还可以顺便调查该户的一二户邻居，这样调查结果就不是1 000户居民而实际是1 000群户，其抽样估计结果无疑会提高，经费并不会比1 000户居民调查增加多少。林业上常用这种方法调查农村四旁树的株数及林木蓄积量。

(3)设计和组织抽样比较方便。在没有总体清单或者编制这样一份抽样框费用太高时，可以采用整群抽样，如前例，调查城市的居民住户，不必要列出全部居民的抽样框，而可以利用现成的行政区划(如街道、居民委员会、门牌号)将居民划分为自然群，这给设计抽样带来极大方便。尤其是对那些事先掌握全部单元的总体，采用整群抽样十分适宜。

(4)总体单元标志值变动大的总体，宜采用成群抽样。一个群含几个单元，以群为统计单元，会使群间变动缩小，提高估计精度。比如，以3户为一群调查四旁树，一般情况下，群的株数不会为0株(单一户会有这样的机会)，群与群之间的株数变动会减小，用群估计总体就会提高精度。因此，当总体单元(或地类)分布不均匀，地类插花、交错越严重，用整群抽样就越有利。

整群抽样与简单随机抽样相比较，在抽样比相同的情况下，前者抽样误差较后者大一些，这是因为整群抽样的调查单元相对集中，在总体中分布不均匀，对总体的代表性差一些，因此会增大抽样误差。但是由于这种抽样组织形式可以节省调查费用和时间，故可以适当地增加样本单元数，以达到减少抽样误差，实现抽样估计的目的。因而，在实际工作中整群抽样方法被广泛采用。

第二节 整群抽样的种类及模式

根据群内所含单元数的不同，整群抽样可分为三种类型。

1. 等群抽样

等群抽样是指总体单元划分成若干群后，各群含的单元数相同。这种组织样本的方法和分析计算都很方便。它主要适用于总体单元已知，可以人为划分为等单元群的情况，尤其是在地理区域性调查中，可以利用总体图将总体面积划分为等大小的地块，然后决定由几个地块组成一群，从总体 N 群中随机地抽取 n 群组成样本(图 6-1)。

在森林调查中，群内单元往往互不相接，具有一定间距，这样配置，会更好地提高成群抽样的估计效率(图 6-2)。

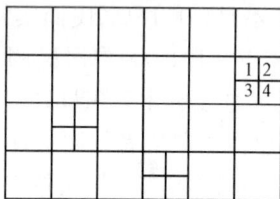

图 6-1　等群抽样示意图

总体群数 $N=24$，群内单元数 $M=4$，总体单元数 $NM=24\times4=96$，样本群数 $n=3$，样本单元数 $nM=3\times4=12$

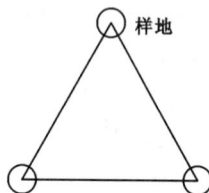

图 6-2　$M=3$ 的配置示意图

对成群抽样模式可作如下理解，样本单元面积越大，总体变动越小，对抽样估计越有利。以图 6-2 为例，假如最适宜样地面积为 600m^2，我们把 600m^2 样地，分解成 3 个小样圆，每个样圆面积为 200m^2(半径 7.98m)，外业调查这 3 个样圆的时间、费用，要比量测 600m^2 的圆形样地或方形样地节省的多，何况这 3 个样圆在地域上不相邻，代表性要比一个 600m^2 的样圆或方形样地好。当然，分解后的群内单元间距离要适当，否则量测群内单元之间距离的费用又会增加，这个问题在设计抽样方案中应注意考虑。

2. 不等群抽样

在实际调查中，多利用自然(行政区划)单位为群的抽样，例如，城市居民住户调查，以居民委员会、街区为群单位。这时居民委员会、街区(群)所含的居民户数一般都不相等。再如，森林资源调查，以林班为单元抽取，各林班内所含小班数量也不完全相同，这种不等群的抽样，组织样本的方法比等群的方便，不需确知各群内单元数，只要掌握总体单元和群数即可。但是其估计方法比等群抽样复杂。

3. 与群内单元数大小成比例的抽样

这种组织样本的方法是，总体划分成群后，群内单元数不等，抽取样本群之后，不是全部调查这些群内的单元，而是按一定比例从样群中抽取单元数，即群内单元数多的就多抽取，少的就少抽取。实质上这是一种不等概抽样，在国民经济调查中广泛应用。这是一种高效率的抽样方法，本章暂不论述，将在十二章讨论。下面重点介绍前两种类型的有关技术问题。

第三节　等群抽样的估计方法

在群内单元数相等条件下，从含 N 群的总体中抽取 n 群作样本，可以用随机抽样，也可以用等距抽样，可以是重复抽样，也可以是不重复抽样。

设总体含有 N 个群，每个群含有 M 个总体单元，随机地从 N 群中抽取 n 个群作样本，第 i 群中第 j 个单元的观察值为 y_{ij}，则有：

第 i 群总量 $y_i = \sum_{j=1}^{M} y_{ij}$

第 i 群的平均数 $\bar{y}_i = \dfrac{1}{M}\sum_{j=1}^{M} y_{ij} = \dfrac{1}{M} y_i$

样群平均数为：

$$\bar{y}_{cl} = \frac{1}{n}\sum_{i=1}^{n}\bar{y}_i = \frac{1}{Mn}\sum_{i=1}^{n}\sum_{j=1}^{M} y_{ij} \tag{6-1}$$

总体平均数为：

$$\overline{Y} = \frac{1}{N}\sum_{i=1}^{N}\bar{y}_i = \frac{1}{NM}\sum_{i=1}^{N}\sum_{j=1}^{M} y_{ij} \tag{6-2}$$

1. 等群抽样的总体平均数估计值

$$\bar{y}_{cl} = \frac{1}{n}\sum_{i=1}^{n}\bar{y}_i$$

或

$$\bar{y}_{cl} = \frac{1}{nM}\sum_{i=1}^{n}\sum_{j=1}^{M} y_{ij}$$

式中：$\bar{y}_{cl}$ 为等群抽样总体平均数估计值。

由于

$$E(\bar{y}_{cl}) = E\left(\frac{1}{nM}\sum_{i=1}^{n}\sum_{j=1}^{M} y_{ij}\right) = \frac{1}{nM}\sum_{i=1}^{n}\sum_{j=1}^{M} E(y_{ij})$$

$$= \frac{1}{nM}\cdot n\cdot M\,\overline{Y} = \overline{Y}$$

证明样本平均数 $\bar{y}_{cl}$ 是总体平均数 $\bar{Y}$ 的无偏估计值。

2. 估计值的方差

若用 $S_B{}^2$ 表示样本群间方差，即 n 个平均数 $\bar{y}_i(i=1,2,\cdots,n)$ 关于样群 $\bar{y}_{cl}$ 的方差为

$$S_B^2 = \frac{1}{n-1}\sum_{i=1}^{n}(\bar{y}_i - \bar{y}_{cl})^2 \tag{6-3}$$

前面讲过，成群抽样实质上是以群单元代替总体单元，以群平均数 $\bar{y}_i$ 代替总体单元的标志值 $\bar{Y}_i$，用群间方差 σ_B^2 的估计值 S_B^2 代替总体方差 σ^2，根据简单随机抽样的方差公式，不难得出成群抽样平均数的方差公式，为

$$S^2(\bar{y}_{cl}) = \frac{S_B^2}{n} = \frac{1}{n(n-1)}\sum_{i=1}^{n}(\bar{y}_i - \bar{y}_{cl})^2 \tag{6-4}$$

$$S^2(\bar{y}_{cl}) = \frac{1}{n(n-1)}\sum_{i=1}^{n}(\bar{y}_i - \bar{y}_{cl})^2\left(1 - \frac{n}{N}\right) \tag{6-5}$$

又因为 $S_B^2 = \dfrac{1}{n-1}\sum_{i=1}^{n}(\bar{y}_i - \bar{y}_{cl})^2$

$$= \frac{1}{M^2(n-1)}\left[\sum_{i=1}^{n}y_i^2 - \frac{1}{n}\left(\sum_{i=1}^{n}y_i\right)^2\right] \tag{6-6}$$

所以在实际计算时，为方便起见，可以不必求出各群 $\bar{y}_i$ 值，而只需计算各群总量 y_i 及 $\sum\limits_{i=1}^{n}y_i$，即可用 (6-6) 及 (6-4) 两式计算成群抽样的方差。

$$S^2(\bar{y}_{cl}) = \frac{1}{n(n-1)M^2}\left[\sum_{i=1}^{n}y_i^2 - \frac{1}{n}\left(\sum_{i=1}^{n}y_i\right)^2\right] \tag{6-7}$$

标准误：$S(\bar{y}_{cl}) = \sqrt{S^2(\bar{y}_{cl})}$ $\tag{6-8}$

估计误差限：$\Delta(\bar{y}_{cl}) = t_{\alpha(n-1)}S(\bar{y}_{cl})$ $\tag{6-9}$

成群抽样关于总体平均数的估计区间为：

$$\bar{Y} = \bar{y}_{cl} \pm \Delta(\bar{y}_{cl}) \tag{6-10}$$

例 6-1 湖南大坪林场实测总体，$N=1600$，总体单元面积为 0.04hm^2，采用等群抽样，$n=20$，$M=3$，各样本群蓄积量调查结果列入表 6-1。试以 95% 的可靠性对总体作出估计。

解： 由表 6-1 统计得到：样本单元数 $nM = 20 \times 3 = 60$

$$\sum_{i=1}^{n}\bar{y}_i = 116.653, \quad \sum_{i=1}^{n}\bar{y}_i^2 = 810.880$$

$$S_B^2 = \frac{1}{n-1}\sum_{i=1}^{n}(\bar{y}_i - \bar{y}_{cl})^2 = 6.394$$

$$1 - f = 1 - 60/1600 = 1 - 0.0375 = 0.9625$$

表 6-1　成群抽样的样本观测值 $M = 3$

群号	样地	y_{ij}	群号	样地	y_{ij}	群号	样地	y_{ij}	群号	样地	y_{ij}
	1	10.451		1	8.742		1	5.114		1	0
	2	9.916		2	0.586		2	14.319		2	14.280
1	3	7.420	6	3	7.413	11	3	10.245	16	3	0.983
	$\sum$	27.878		$\sum$	16.723		$\sum$	29.678		$\sum$	15.263
	$\bar{y}_1$	9.262		$\bar{y}_6$	5.574		$\bar{y}_{11}$	9.892		$\bar{y}_{16}$	5.087
	1	0		1	1.659		1	3.685		1	0
	2	0		2	6.284		2	0		2	5.739
2	3	8.092	7	3	8.847	12	3	2.112	17	3	3.378
	$\sum$	8.092		$\sum$	16.796		$\sum$	5.797		$\sum$	9.171
	$\bar{y}_2$	2.697		$\bar{y}_7$	5.596		$\bar{y}_{12}$	1.932		$\bar{y}_{17}$	3.057
	1	5.448		1	6.073		1	2.020		1	4.630
	2	1.343		2	4.730		2	12.652		2	11.148
3	3	9.308	8	3	0.328	13	3	6.586	18	3	9.732
	$\sum$	16.139		$\sum$	11.131		$\sum$	21.258		$\sum$	25.510
	$\bar{y}_3$	5.380		$\bar{y}_8$	3.710		$\bar{y}_{13}$	7.085		$\bar{y}_{18}$	8.502
	1	5.514		1	1.591		1	5.416		1	2.685
	2	14.589		2	2.763		2	10.668		2	0.130
4	3	2.222	9	3	8.604	14	3	7.316	19	3	1.058
	$\sum$	22.325		$\sum$	16.958		$\sum$	23.406		$\sum$	4.873
	$\bar{y}_4$	7.441		$\bar{y}_9$	5.652		$\bar{y}_{14}$	7.801		$\bar{y}_{19}$	1.624
	1	7.774		1	2.439		1	3.950		1	11.974
	2	5.693		2	5.488		2	0.028		2	4.742
5	3	17.681	10	3	6.743	15	3	11.231	20	3	1.347
	$\sum$	31.148		$\sum$	14.670		$\sum$	15.209		$\sum$	18.063
	$\bar{y}_5$	10.382		$\bar{y}_{10}$	4.890		$\bar{y}_{15}$	5.069		$\bar{y}_{20}$	6.020

（1）总体平均数估计值

$$\bar{y}_{cl} = \frac{1}{n}\sum_{i=1}^{n}\bar{y}_i = \frac{1}{20} \times 116.653 = 5.833\mathrm{m}^3/0.04\mathrm{hm}^2$$

（2）估计值的方差

$$S^2(\bar{y}_{cl}) = \frac{1}{n(n-1)}\sum_{i=1}^{n}(\bar{y}_i - \bar{y}_{cl})^2(1-f)$$

$$= \frac{S_B^2}{n} \times (1-f) = 6.394/20 \times 0.9625$$

$$= 0.3077$$

（3）标准误　　$S(\bar{y}_{cl}) = \sqrt{0.3077} = 0.555 \text{ m}^3/0.04\text{hm}^2$

（4）估计误差限

绝对误差限 $\Delta = t_{\alpha(n-1)} S(\bar{y}_{cl})$

$$= 2.093 \times 0.555 = 1.162\text{m}^3/0.04\text{hm}^2$$

相对误差限 $E = \Delta/\bar{y}_{cl} = 1.162/5.833 = 0.199$

（5）估计精度

$$P_c = 1 - E = 1 - 0.199 = 80.1\%$$

（6）总体蓄积量估计值

$$\hat{y} = N\bar{y}_{cl} = 1600 \times 5.833 = 9333\text{m}^3$$

结论：湖南大坪林场实测总体，总面积 64hm^2，经采用等群抽样调查（抽样比 3.75%），总体平均数估计值为 $5.833 \text{ m}^3/0.04\text{hm}^2$，总体的森林蓄积量为 9333 m^3，抽样调查精度为 80.1%，作出估计的可靠性为 95%。

第四节　不等群抽样的方法

不等群抽样可以用不等概抽样方法估计，也可用随机等概抽样方法估计。现介绍等概整群抽样的估计方法。主要有三种估计方法：不等群加权平均法、不等群简单平均法和不等群比估计法。

一、不等群加权平均法

设总体分为 N 群，每群含有 M_i 个单元，从中随机抽取 n 群进行调查，第 i 个样群内第 j 个单元的观察值为 y_{ij}（$i = 1, 2, \cdots, n; j = 1, 2, \cdots, M_i$），令第 i 群的总量 y_i，则，

$$y_i = \sum_{j=1}^{M_i} y_{ij}$$

第 i 群群内单元平均数 $\bar{y}_i$ 为，

$$\bar{y}_i = \frac{y_i}{M_i} = \frac{1}{M_i} \sum_{j=1}^{M_i} y_{ij}$$

令总体单元数为 $M_0 = \sum_{i=1}^{N} M_i = N\bar{M}$

其中，$\bar{M}$ 为总体群内平均单元数。

（1）总体平均数估计值

$$\bar{y}_{cl} = \frac{1}{n} \sum_{i=1}^{n} (y_i / \bar{M}) \tag{6-11}$$

这个估计值是无偏的,因为 $\frac{1}{n}\sum\limits_{i=1}^{n} y_i$ 是总体 $\frac{1}{N}\sum\limits_{i=1}^{N} y_i$ 的无偏估计。

(2)估计值的方差。由方差定理,(6-11)式的方差为

$$S^2(\bar{y}_{cl}) = \frac{N^2}{M_0^2 n(n-1)}\sum_{i=1}^{n}\left(y_i - \frac{1}{n}\sum_{i=1}^{n} y_i\right)^2(1-f)$$

$$= \frac{1}{\bar{M}^2 n(n-1)}\sum_{i=1}^{n}\left(y_i - \frac{1}{n}\sum_{i=1}^{n} y_i\right)^2(1-f) \qquad (6\text{-}12)$$

或简写为, $S^2(\bar{y}_{cl}) = \frac{1}{n(n-1)}\sum\limits_{i=1}^{n}(y_i/\bar{M} - \bar{y}_{cl})^2(1-f) = \frac{S_B^2}{n}(1-f)$

$$(6\text{-}13)$$

其中,群间方差 $S_B^2 = \frac{1}{n-1}\sum\limits_{i=1}^{n}(y_i/\bar{M} - \bar{y}_{cl})^2$, $\bar{y}_{cl} = \frac{1}{n}\sum\limits_{i=1}^{n}(y_i/\bar{M})$

(3)标准误

$$S(\bar{y}_{cl}) = \sqrt{S^2(\bar{y}_{cl})} \qquad (6\text{-}14)$$

(4)估计误差限

绝对误差限 $\Delta = t_{\alpha(n-1)}S(\bar{y}_{cl})$ \qquad\qquad\qquad\qquad\qquad\qquad (6-15)

相对误差限 $E = \Delta/\bar{y}_{cl}$ \qquad\qquad\qquad\qquad\qquad\qquad\qquad\quad (6-16)

其他指标的估计方法同简单随机抽样。

例6-2 某地区有村庄 2072 个,划分成 53 乡,各乡(群)所含村数不相

等,并已知各村的土地面积为 x_i 和地区总面积 $X = \sum\limits_{i=1}^{N} x_i = 63407$。现从总

体群(乡)中随机的抽取 14 群,调查各样群(乡)的养牛头数和平均头数,结

果见表6-2,试以 95% 的可靠性估计总体每个村平均养牛数和抽样精度。

解: 总体群(乡)平均村数为: $\bar{M} = M_0/N = 2072/53 = 39.09$ 村/群

抽样比 $f = n/N = 14/53 = 0.264 = 26.4\%$

(1)样群养牛平均头数,由(6-11)式得

$$\bar{y}_{cl} = \frac{1}{n}\sum_{i=1}^{n} y_i/\bar{M} = \frac{1}{14} \times 189.08 = 13.51 \text{ 头／村}$$

(2)估计值的方差,由(6-13)式得

$$S^2(\bar{y}_{cl}) = \frac{1}{n(n-1)}\sum_{i=1}^{n}(y_i/\bar{M} - \bar{y}_{cl})^2(1-f)$$

$$= \frac{S_B^2}{n}(1-f) = \frac{34.810}{14}(1-0.264) = 1.830$$

(3)标准误 $S(\bar{y}_{cl}) = \sqrt{1.830} = 1.353$ 头/村

表 6-2　样群调查表

样本群 i	村数 M_i	养牛数 y_i	养牛平均数 $\bar{y}_i = y_i/M_i$	养牛加权平均数 $\bar{y}_i = y_i/\bar{M}$
1	32	351	10.97	8.98
2	83	906	10.92	23.18
3	18	316	17.56	8.08
4	30	287	9.57	7.34
5	55	914	16.62	23.38
6	24	284	11.83	7.27
7	66	598	9.06	15.30
8	48	359	7.48	9.18
9	64	784	12.25	20.06
10	30	393	13.10	10.05
11	40	489	12.23	12.51
12	70	516	7.37	13.20
13	48	793	16.52	20.29
14	25	401	16.04	10.26
$\sum$	633	7391	171.52	189.08

（4）估计误差限

绝对误差限 $\Delta(\bar{y}_{cl}) = t_{\alpha(n-1)}S(\bar{y}_{cl}) = 2.160 \times 1.353 = 2.922$ 头/村

相对误差限 $E = \Delta(\bar{y}_{cl})/\bar{y}_{cl} = 2.922/13.51 = 0.216 = 21.6\%$

（5）精度 $P_c = 1 - E = 1 - 21.6\% = 78.4\%$

（6）总体养牛头数 $\hat{y} = N \cdot \bar{M} \cdot \bar{y}_{cl} = 2072 \times 13.51 = 27993$ 头

结论：该地区共有村 2072 个，共分为 53 个乡（群），经采用不等群抽样调查，加权估计方法估计，该地区共养牛 27933 头，平均每个村养牛 13.51 头，估计精度为 78.4%，作出估计的可靠性为 95%。

二、不等群简单平均法

（1）总体平均数估计值

$$\bar{y}_{cl} = \frac{1}{n}\sum_{i=1}^{n}\frac{y_i}{M_i} = \frac{1}{n}\sum_{i=1}^{n}\bar{y}_i \tag{6-17}$$

（2）估计值的方差，按简单随机抽样计算

$$S^2(\bar{y}_{cl}) = \frac{1}{n(n-1)}\sum_{i=1}^{n}(\bar{y}_i - \bar{y}_{cl})^2(1-f) = \frac{S_B^2}{n}(1-f) \tag{6-18}$$

其中, $S_B^2 = \dfrac{1}{n-1} \sum\limits_{i=1}^{n} (y_i / M_i - \bar{y}_{cl})^2$

其余指标估计方法同前。

仍以表6-2资料为例,用简单平均法估计。

①样群养牛平均头数 $\quad \bar{y}_{cl} = \dfrac{1}{n} \sum\limits_{i=1}^{n} \bar{y}_i = \dfrac{1}{14} \times 171.52 = 12.25$ 头／村

②估计值的方差。由(6-18)式得

$$S^2(\bar{y}_{cl}) = \dfrac{1}{14} \times 11.394 \times (1-0.264) = 0.814 \times 0.736 = 0.599$$

③标准误 $\quad S(\bar{y}_{cl}) = \sqrt{0.599} = 0.774$ 头/村

④估计误差限

绝对误差限 $\quad \Delta(\bar{y}_{cl}) = t_{\alpha(n-1)} S(\bar{y}_{cl}) = 2.160 \times 0.774 = 1.672$ 头/村

相对误差限 $\quad E = \Delta(\bar{y}_{cl}) / \bar{y}_{cl} = 1.672/12.25 = 13.6\%$

⑤精度 $\quad P_c = 1 - E = 1 - 13.6\% = 86.4\%$

⑥总体养牛头数 $\quad \hat{y}_{cl} = N \cdot \bar{M} \cdot \bar{y}_{cl} = 2\,072 \times 12.25 = 25\,382$ 头

结论:该地区共有村2 072个,共分为53个乡(群),经采用不等群抽样调查,简单平均法估计,该地区共养牛25 382头,平均每个村养牛12.25头,估计精度为86.4%,作出估计的可靠性为95%。

比较以上两种方法可以看出,按简单平均法(方法二)计算的抽样误差(0.774)小于加权平均法(方法一)计算的抽样误差(1.352)。只有当各群的 M_i 与平均数 $\bar{y}_i$ 的乘积,即 $M_i y_i$ 为常数时,两种方法才会得到相同的结果。应该注意方法二是按简单随机平均法计算的,而没有考虑到各群的 M_i 不相等这个权重,各群的 M_i 相差越大,这种方法计算的结果偏差越大。尽管加权平均法计算麻烦些,但这种方法是无偏的,而简单平均方法估计误差小,但它是有偏的。只有当简单平均方法的有偏性影响很小时才可采用此法。

测算方法二的估计偏差,可以利用样本资料进行计算,一种简单的方法是:利用方法一的估计值与方法二的估计值进行比较,本例中方法二的偏差为 | 13.51 - 12.25 | = 1.26。

三、不等群比估计法

设总体含 N 个群,各群单元数为 $M_i(i=1, 2, \cdots, N)$,从总体中随机抽取 n 群调查,各样本群的观测值总和为 y_i,那么,样本群的比估计方法为:

(1)样群平均数估计值

$$\bar{y}_{cl} = \sum_{i=1}^{n} y_i \Big/ \sum_{i=1}^{n} M_i \tag{6-19}$$

（2）估计值的方差

$$S^2(\bar{y}_{cl}) = \frac{1-f}{n(n-1)} \sum_{i=1}^{n} \frac{M_i^2}{\bar{M}^2} (\bar{y}_i - \bar{y}_{cl})^2 = \frac{1-f}{n(n-1)\bar{M}^2} \sum_{i=1}^{n} (y_i - M_i\bar{y}_{cl})^2 \tag{6-20}$$

其余指标估计方法同前。

仍采用前例表 6-2 数据，估计总体每个村平均养牛头数和抽样精度及总养牛头数。

（1）样本群平均养牛头数

$$\bar{y}_{cl} = \frac{\sum\limits_{n} y_i}{\sum\limits_{n} M_i} = \frac{7391}{633} = 11.68 \text{ 头／村}$$

（2）估计值的方差，由（6-20）式得

$$\begin{aligned}
S^2(\bar{y}_{cl}) &= \frac{1-f}{n(n-1)\bar{M}^2} \sum_{i=1}^{n} (y_i - M_i\bar{y}_{cl})^2 \\
&= \frac{1-0.264}{14 \times 13 \times 39.09^2} \big[(351 - 32 \times 11.68)^2 + \cdots + (401 - 25 \times 11.68)^2 \big] \\
&= 0.858
\end{aligned}$$

（3）标准误 $S(\bar{y}_{cl}) = \sqrt{0.858} = 0.926$ 头/村

（4）估计误差限

绝对误差限 $\Delta = t_{\alpha(n-1)} S(\bar{y}_{cl}) = 2.160 \times 0.926 = 2.00$ 头/村

相对误差限 $E = \Delta/\bar{y}_{cl} = 2.00/11.68 = 17.1\%$

（5）精度 $P_c = 1 - E = 1 - 17.1\% = 82.9\%$

（6）总体养牛头数 $\hat{y} = N\bar{y}_{cl} = 2072 \times 11.68 = 24200$ 头

对不等群比估计法（方法三）的评价：

方法三中，由（6-19）式计算的平均数是总体平均数 $\bar{Y}$ 的有偏估计值。

方法三产生的偏差，随着样本群数增大而减小，采用这种方法必须满足大样本。

方法三中的抽样偏差，除受样群数 n 影响外，主要还受到下面几个因素的影响：

一是 $\bar{M}$ 的影响，即 $\bar{M}$ 越大误差越小；二是 $M_i/\bar{M}$ 的比值影响，若此比值差异越小，则抽样误差越小。换言之，若总体各群的 M_i 比较接近时，采用方法三的抽样估计就不会产生较大误差。

第五节 用整群抽样估计总体成数

在许多调查中，单元的标志值是属性表示的，如人口调查中男女比例、各类森林面积所占总体的百分率、病害木所占比例等。这些调查均属成数抽样估计问题，用整群抽样不仅可以得到某种属性特征的百分数，也可以估计出具有该属性的总体单元数。

（1）总体成数（比例、百分数）的估计值。如果从总体 N 个群中随机抽取 n 个样本群，每个群中含有 M 个单元，具有某种特征的单元数为 y_i，则第 i 群的成数（比例）为

$$P_i = \frac{y_i}{M} = \frac{1}{M} \sum y_{ij}$$

根据二项分布的性质，群内单元值 y_{ij}，当具有某种特征时，y_{ij} 取值为 1，否则为 0，于是 $y_i = \sum\limits^{M} y_{ij}$，$y_i$ 的可能取值为 0，1，2，…，M。总体成数估计值为

$$p = \frac{1}{n} \sum_{i=1}^{n} p_i = \frac{1}{nM} \sum_{i=1}^{n} \sum_{j=1}^{M} y_{ij} \tag{6-21}$$

（2）成数 P 的方差估计值

$$S_p^2 = \frac{1-f}{n(n-1)} \sum_{i=1}^{n} (p_i - p)^2 \tag{6-22}$$

标准误为 $\qquad\qquad S_p = \sqrt{S_p^2}$

（3）抽样误差限

$$\Delta_p = t_{\alpha(n-1)} S_p, \quad E = \Delta / p \tag{6-23}$$

例 6-3 对生长于不同条件下的 61 群染病果树进行药物喷洒，观察药效，10 周后，发现有 153 株治好。每群有 6 株，问该药品有效率多少，估计误差限是多大？

解： 这是个对比试验的例子，而不是调查，但它可以说明用成群抽样估计与一般二项分布计算方法的不同。

各群治愈株数 y_i 如表 6-3，如果 p_i 用百分数表示，亦即：$p_i = 100y_i/6$。

（1）药效率（%） $\quad p = \bar{y} = \frac{1}{nM} \sum_{i=1}^{n} f_i y_i = \frac{1}{61 \times 6} \times 153 = 41.8\%$

（2）估计值的方差

$$S_{\bar{y}}^2 = \frac{\sum f_i (y_i - \bar{y})^2}{n(n-1)} = \frac{\sum f_i y_i^2 - \frac{1}{n}(\sum f_i y_i)^2}{n(n-1)}$$

$$= \frac{669 - 153^2/61}{61 \times 60} = 0.0779$$

表 6-3　药物使用后治好株数统计表

$y_i = 6p_i$	0	1	2	3	4	5	6	Σ
群数 f_i	17	11	4	4	7	14	4]	61
$f_i y_i$	0	11	8	12	28	70	24	153
$f_i y_i^2$	0	11	16	36	112	350	144	669

（3）标准误

$$S_{\bar{y}} = \sqrt{0.0779} = 0.279$$

因此，$S_p = S_{\bar{y}}/6 = 0.279/6 = 4.65\%$

如果我们将（6-2）、（6-4）两式与（6-21）、（6-22）加以对比，不难看出，$\bar{y}_i = p_i$，$\bar{y} = p$，说明成数抽样估计只是简单随机抽样的一个特例。

在群内单元不相等的条件下，用成群抽样估计总体成数，其方法与不等群总体平均数估计方法类似。即总体成数估计公式可用

$$p = \frac{N \sum\limits_{i=1}^{n} y_i}{M_0 n} = \frac{N \sum\limits_{i=1}^{n} M_i p_i}{M_0 n} = \frac{1}{n} \sum\limits_{i=1}^{n} M_i p_i / \overline{M} \qquad (6\text{-}24)$$

式中：y_i 为第 i 个样群内具有某种特征的单元数；p_i 为第 i 群的成数。

值得指出的是：在不等群抽样估计中，不宜用 $\bar{y} = \dfrac{1}{n} \sum \bar{y}_i$ 或 $p = \dfrac{1}{n} \sum p_i$ 来估计总体平均数 $\overline{Y}$ 或 P。因为群内单元数 M_i 是个变量，所估计的结果是有偏的。可以看到，$\dfrac{1}{n} \sum\limits_{i=1}^{n} \bar{y}_i$ 是 $\dfrac{1}{N} \sum\limits_{i=1}^{N} \overline{Y}$ 的无偏估计，但是，$\dfrac{1}{N} \sum\limits_{i=1}^{N} \overline{Y}_i$ 是各个 $\overline{Y}_i$ 的未加权平均数，并不等于总体 $\overline{Y}$。所以在不等群条件下，用加权平均法或不等概抽样估计法才是无偏的。

第六节　样本群数的确定

整群抽样是以群代替总体单元，故确定整群抽样的样本"单元"就是确定样本群数。如果总体各群内含有的单元数都为 M 个，则要调查 n 群时，实际应调查 nM 个总体单元；如果各群内包含的单元数不相同，各群为 M_i（$i = 1, 2, \cdots, n$），那么，所要调查的单元数即为 $\sum\limits_{i=1}^{n} M_i$。

1. 给定误差限下确定样群数

（1）群内单元数相等时，

根据
$$\Delta = t \cdot \sigma(\bar{y}_{cl}) = t \sqrt{\frac{\sigma_B^2}{n}\left(1 - \frac{n}{N}\right)}$$

所以
$$n = \frac{t^2 \sigma_B^2 N}{t^2 \sigma_B^2 + N\Delta^2} \tag{6-25}$$

式（6-25）实际上是简单随机抽样确定样本式，只是用群间方差 σ_B^2 代替了总体方差 σ^2。

（2）当群体内单元不相等时，

样本群数：
$$n = \frac{(t^2 \sigma_e^2)/(\overline{M}^2 \Delta^2)}{1 - \frac{1}{N} + \left(\frac{t^2 \sigma_e^2}{N\overline{M}^2 \Delta^2}\right)} \tag{6-26}$$

式中：$\sigma_e^2 = \dfrac{1}{N} \displaystyle\sum_{i=1}^{N} (y_i - \overline{Y})^2$，即各群总量之方差，$\overline{Y} = \dfrac{1}{N} \displaystyle\sum_{i=1}^{N} y_i$。

例 6-4　某林区共划分为 1 000 群，各群面积相等。据初步调查，林木蓄积量的群间方差 $S_B^2 = 8.08$，现允许绝对误差 $\Delta = 1 \text{ m}^3$，$t = 2$，问需抽取多少群？

解：样本群数：
$$n = \frac{t^2 S_B^2 N}{t^2 S_B^2 + N\Delta^2}$$

$$n = \frac{2^2 \times 8.08 \times 1000}{2^2 \times 8.08 + 1000 \times 1^2} = 31 \text{ 群}$$

例 6-5　某市居民户有 20 000 个家庭（群），总人口有 80 000 人，调查该市人口中男性比例，家庭中男性总群体间标准差约为 1.2。现规定调查误差限为 $\Delta = 0.01$，概率保证为 95.5%，问所需调查户数。

解：由 $N = 20\,000$，$M_0 = 80\,000$，$\overline{M} = 4$，$t = 2$，$\Delta = 0.01$，$S_B = 1.2$
按（6-26）式得到：

$$n = \frac{(2^2 \times 1.2^2)/(4^2 \times 0.01^2)}{1 - \dfrac{1}{20\,000} + (2^2 \times 1.2^2)/(20\,000 \times 4^2 \times 0.01^2)} = 3\,051 \text{ 户}$$

可见，至少要抽取 3 051 户进行调查。

2. 在给定误差和费用的条件下确定样群数

整群抽样中，调查费用主要考虑下面两部分：一是群内各单元调查费用。设群内单元数为 M，每个单元平均费用为 D_1，则总体调查费用为 $D_1 Mn$。二是群间的旅途费和其他费用。由于总体一般很大，群间旅途距离远应考虑此费用。但旅途费又不是与调查样群成简单正比例关系，因为在某一区域面积中调查若干群，可以寻找群间最佳路线，有时还可以在一条路线上连续调查几个群，据经验，这种费用总额大体为 $D_2 \cdot \sqrt{n}$，这里 D_2 为各群间平均旅途费。这里整群抽样的总费用为：

$$D = D_1 M n + D_2 \sqrt{n} \tag{6-27}$$

用拉格朗日乘数求解得到，

样本群　$n = 2N - \dfrac{D}{D_1 M}$ (6-28)

这样，在给定总费用 D 和单元调查费用 D_1，总体群数 N 及群内单元数 M 时，就可以计算出最优样本群数。

群内单元数　$M = \dfrac{D_2 \sqrt{n}}{2 D_1 (N - n)}$ (6-29)

(6-29)式表明，群内单元数主要取决于三个因素：第一是 D_2 的影响，若群间费用大，就要求各群内单元数增多，使得调查同样多的单元时，减少群间旅途费用。第二，D_1 的大小，若 D_1 大则应减少 M 个数。第三是群数，在总体 N 群下，随 N 增大 M 也增大，这样可以减少旅途费用 D_2。

第七节　整群抽样的效率分析

整群抽样仿照分层抽样总体方差分析的方法，也可以将总体方差分解为群内方差和群间方差两部分。

1. 总体方差分析

通过总体方差分解，分析如何减小整群抽样误差、提高估计精度。

设总体含 N 群，每群含 M 个单元，则总体方差为：

$$\sigma^2 = \frac{1}{NM} \sum_{i=1}^{N} \sum_{j=1}^{M} (y_{ij} - \bar{Y})^2$$

$$= \frac{1}{NM} \sum_{i=1}^{N} \sum_{j=1}^{M} [(y_{ij} - \bar{Y}_i) + (\bar{Y}_i - \bar{Y})]^2$$

$$= \frac{1}{NM} \sum_{i=1}^{N} \sum_{j=1}^{M} (y_{ij} - \bar{Y}_i)^2 + \frac{1}{N} \sum_{i=1}^{N} (\bar{Y}_i - \bar{Y})^2 \tag{6-30}$$

式中：交叉项 $2 \sum \sum (y_{ij} - \bar{Y}_i)(\bar{Y}_i - \bar{Y}) = 0$。

令右端第一项为群内方差，用 σ_w^2 表示，右端第二项为群间方差，用 σ_B^2 表示，于是(6-30)式可写为：

$$\sigma^2 = \sigma_w^2 + \sigma_B^2 \tag{6-31}$$

对于一个既定总体，其 σ^2 是唯一确定值，因而当群内方差 σ_w^2 较大时，群间方差 σ_B^2 就会较小。当用样本估计时，(6-3)式中的 S_B^2 正是总体 σ_B^2 的无偏估计值。于是我们得到，要想降低成群抽样误差，则要求群间方差小，或者说，要求群内方差 σ_w^2 增大。与分层抽样比较，二者正相反。因为分层抽样的误差是用层内方差估计的，而整群抽样的误差是由群间方差估计的。这就告诉人们，设计成群抽样方案时，为提高估计精度，在群的划分过程中，注意尽可能使各群内单元之间差异大些，而使各群之间差异小些。弄懂前面这个结论是至关重要的。

以上结论也可以通过群内单元间的相关性来论证。若群内各单元间差异大，则意味着他们之间相关不紧密。

设 y_{ij} 和 y_{iu} 分别为第 i 个群中第 j 和第 u 两两单元的标志值，定义群内相关系数 ρ_w 为

$$\rho_w = \frac{E(y_{ij} - \bar{Y})(y_{iu} - \bar{Y})}{E(y_{ij} - \bar{Y})^2}$$

$$= \frac{1}{\sigma^2} \cdot \frac{1}{N} \sum_{i=1}^{N} \frac{1}{C_M^2} \sum_{j<u}^{M} (y_{ij} - \bar{Y})(y_{iu} - \bar{Y})$$

$$= \frac{2}{NM(M-1)\sigma^2} \sum_{i=1}^{N} \sum_{j<u}^{M-1} (y_{ij} - \bar{Y})(y_{iu} - \bar{Y}) \tag{6-32}$$

而群间方差公式为

$$\sigma_B^2 = \frac{1}{N} \sum_{i=1}^{N} (\bar{Y}_i - \bar{Y})^2$$

$$= \frac{1}{N} \sum_{i=1}^{N} \left[\frac{1}{M} \sum_{j=1}^{M} (y_{ij} - \bar{Y}) \right]^2$$

$$= \frac{1}{NM^2} \sum_{i=1}^{N} \left[\sum_{j=1}^{M} (y_{ij} - \bar{Y}) \right]^2$$

$$= \frac{1}{NM^2} \sum_{i=1}^{N} \left[\sum_{j=1}^{M} (y_{ij} - \bar{Y})^2 + 2 \sum_{j<u}^{M-1} (y_{ij} - \bar{Y})(y_{iu} - \bar{Y}) \right]$$

由(6-32)式

$$2 \sum_{i=1}^{N} \sum_{j<u}^{M-1} (y_{ij} - \bar{Y})(y_{iu} - \bar{Y}) = NM(M-1)\sigma^2 \rho_w$$

所以

$$\sigma_B^2 = \frac{\sigma^2}{M} \left[1 + (M-1)\rho_w \right] \tag{6-33}$$

由(6-33)式得到：

群内相关系数：$\rho_w = \dfrac{M\sigma_B^2 - \sigma^2}{(M-1)\sigma^2}$ $\tag{6-34}$

及 $\dfrac{-1}{M-1} \leqslant \rho_w \leqslant 1$

结论：

（1）如果 $\rho_w = \dfrac{-1}{M-1}$，则成群抽样方差 $\sigma_B^2 = 0$，即 $\sum (y_i - Y)^2 = 0$，成群抽样估计效率达到最高。

（2）当群内相关系数 $\rho_w = 1$ 时，群间方差与总方差相等，成群抽样效率最低。

（3）当 $\rho_\omega = 0$ 时，成群抽样与简单随机抽样效果相同。实际上是 ρ_w 越小越好。

2. 整群抽样与简单随机抽样比较

由（6-5）式，整群抽样估计值方差为

$$\sigma^2(\bar{y}_{cl}) = \frac{\sigma_B^2}{n}\left(\frac{N-n}{N}\right)$$

简单随机抽样方差（相同抽样比）为

$$\sigma_{\bar{y}}^2 = \frac{\sigma^2}{nM}\left(\frac{NM - nM}{NM}\right) = \frac{\sigma^2}{Mn}\left(\frac{N-n}{N}\right)$$

取　$\sigma^2(\bar{y}_{cl})/\sigma_{\bar{y}}^2 = M\sigma_B^2/\sigma^2$　　　　　　　　　（6-35）

由总体方差分解公式得到 $\sigma_B^2 = \sigma^2 - \sigma_w^2$

故　　　$\dfrac{\sigma^2(\bar{y}_{cl})}{\sigma_{\bar{y}}^2} = \dfrac{(\sigma^2 - \sigma_w^2)M}{\sigma^2} = \left(1 - \dfrac{\sigma_w^2}{\sigma^2}\right)M$

在通常情况下，总有 $\sigma^2 > \sigma_w^2$，且 M 又较大，故有 $\sigma^2(\bar{y}_{cl})/\sigma_y^2 \geqslant 1$，这表明，在一般情况下成群抽样的误差大于简单随机抽样。因为在相同抽样比下，群内单元相对集中，不如随机样本分布均匀，代表性强。

由（6-35）式分析得到，成群抽样的效果取决于 M 和 σ_B^2 两个因素，尽管成群抽样效率随着 M 和 σ_B^2 的增大而降低，但关键是缩小 σ_B^2，因为 M 值是成群抽样中减少外业调查费和扩大群内方差 σ_w^2 的手段，若 M 个数太少，如 $M = 1$ 时，就失去了成群抽样的意义。

以上结论可以通过例6-1中表6-1数据计算得到验证。例6-1中计算结果列于表6-4。

$$抽样效率 \ \eta = \frac{成群}{随机} = \frac{19.1808}{15.3208} = 1.25$$

表 6-4　整群抽样方差分析

变差来源	自由度	离差平方和	均方
群间	$n-1=19$	364.435	$MS_B^2=19.1808$
群内	$n(M-1)=40$	539.492	$S_w^2=13.487$
总体	$nM-1=59$	903.927	$S^2=15.3208$

　　这说明成群抽样方差比简单随机抽样大 25%，欲使成群抽样方差等于随机抽样的方差，样本群数还需增加 $n\times0.25=5$ 群，即总样群数为 25 群（样本单元总数 $3\times25=75$ 个）。如果从外业调查费用、时间来考虑，很明显，即使调查 25 群也会比调查 60 个随机样本单元划算。所以说，该抽样方案比较有效。

　　上述结论从总体的群内相关关系数 ρ_w 的大小也可以得到印证。

　　根据(6-34)式，计算本例的群内相关关系，

$$\rho_\omega=\frac{MS_B^2-S^2}{(M-1)S^2}=\frac{19.1808-15.3208}{(3-1)\times15.3208}=0.126$$

　　由于该总体群内单元间相关系数很小，说明采用 $M=3$ 的整群抽样调查方案是适宜的。

第七章

二阶与多阶抽样

第一节　概述

二阶抽样是将总体划分为若干部分称一阶单元，而每个一阶单元又都包括许多单元称二阶单元。二阶抽样是从总体中抽取若干个一阶单元，再从抽中的各一阶单元中抽取若干个二阶单元，进行调查观测和抽样估计总体特征数。所以，二阶抽样又称两阶段抽样或两级抽样。

如果抽样是按三阶段进行，那么，可以从抽中的二阶样本单元中再抽取三阶样本单元。再从抽中的各三阶样本单元中抽取四阶样本单元……以后各阶单元作为样本的基本单元，这就形成了多阶抽样。这里举出两个实例，说明分阶抽样的过程。

第一个例子是我国 1984 年曾用多阶抽样，调查全国农作物产量。全国以省为总体，省下属的县为第一阶单元，县内的乡为第二阶单元，乡里的村为第三阶单元，村里的各地块为第四阶单元，地块中的各样方为第五阶单元，对抽中样方的产量进行实际调查，用以估计总体。

第二个例子是 1980 年我国对全国职工家庭的收入所做的抽样调查。第一阶单元是从全国总体中抽取了 152 个市（县），第二阶是从抽中的样本市（县）中抽取了 20 万户职工家庭。

三阶以上的抽样称多阶抽样，多阶抽样各阶段单元中所含有的次一阶单元数，可以相同，也可以不同；而各阶样本单元的抽取方法，可以采用随机等概的，也可以是不等概的；可以用简单随机抽样，也可以用系统抽样或 PPS 抽样。本章着重介绍二阶抽样和三阶抽样的一些抽样方式和估计方法。

二阶抽样有类似于分层抽样和整群抽样的一面，即都是将总体首先划分成若干部分，我们分别称第一阶段划分的部分为一阶、层和群。但二阶抽样又明显地不同于分层抽样，后者是从每个层中进行简单随机抽样，而二阶抽样只是抽取部分一阶单元，从抽中的一阶单元内再进行随机抽样。整群抽样是从总体各群中进行随机抽样，对抽中的群内所有单元进行全面实测调查。

可见，二阶抽样在技术上是分层抽样与整群抽样的综合，它们的异同点见表7-1。

表7-1 分层、整群和两阶抽样方式的异同

抽样方法	第一阶段	第二阶段	抽样次数	抽样效率
分层抽样	为层：抽全部	层内单元抽取一部分	1	高
整群抽样	为群：抽部分	群内单元抽取全部	1	低
二阶抽样	为一阶：抽部分	一阶内单元抽取一部分	2	中

当然上述三种抽样方法的特点还不只是这些，还可以从它们的适用条件、调查成本等方面综合比较，读者通过比较、评价后更有利于对这些抽样方法学习和运用。

二阶及多阶抽样的主要优点是：

（1）有利于抽样调查的组织与实施。二阶与多阶抽样方法，广泛用于总体单元可按区域划分的场合，如人口、农作物产量、森林蓄积量、农村居民户等调查。因而对散布在大区域或按地理区域或行政管辖系统中的总体单元，将它们划分成若干阶，采用二阶或多阶抽样，是比较合适的。它与分层不同，地域上不连接的单元(层)可以划分为同一层，而分阶则受到限制。所以多阶抽样适合于一阶间差异较小的总体。例如，在面积辽阔、森林树种分布相同的林区，由于交通不便，采用多阶抽样能克服随机或系统抽样带来的许多困难。又如要从全省农户中，抽取若干农户调查，若采用简单随机抽样或系统抽样，编制总体农户清单显然是很麻烦的，而采用多阶抽样则能避免这套手续。

（2）有利于降低调查成本，提高估计效率。采用多阶抽样其主要目的之一是降低成本，这在原始林区更为突出。在既定的抽样精度和抽样强度条件下，多阶抽样能使样本单元集中、少跑路多测定样本单元。就样本分布来看，它比整群抽样的样本在总体中分布的要均匀些，具有更大的代表性。另一方面，应用多阶抽样灵活性较大，对于方差较大的阶，样本单元数可多些，对方差较小的阶可少抽一些，这也有利于提高估计效果。

（3）有利于满足各阶对调查资料的需求。在我国，各级行政领导、管理部门都很关心本地区、本部门的社会发展状况、资源结构及数量，希望抽样调查能同时满足上一级和本地区的需求，因而，采用多阶抽样，可以根据某阶段对调查成果的要求，在该阶抽样中增加所需的样本单元数，以获取所需抽样调查资料。

（4）产品检验。大批量的生产产品，一般难以对每件产品编号，有些产品(如化肥)根本无法按单元编号，故不能对总体抽样。而采用多阶抽样，可将总体(大批产品)划分为若干部分，对这些部分再细划分为若干部分，于是就有可能用多阶抽样进行检验。

第二节   二阶抽样

1. 二阶抽样的概念

把总体首先划分为 N 个单元，叫做一阶单元或初级单元。在每个一阶单元内再划分为 M 个单元，叫二阶单元或次级单元。从 N 个一阶单元中随机地抽取 n 个，作为一阶样本单元，再从被抽中的各一阶单元中随机地抽取 m 个二阶样本单元，组成二阶样本，这种用二阶样本估计总体的方法叫做二阶抽样。因为一阶样本只是抽样单位，不是调查单元，它既是样本单元又是二阶抽样的副总体，所以二阶抽样又称副次抽样(图 7-1)。

图 7-1 为二阶抽样的一个模式。总体单元 $N=30$，从中抽出样本 $n=4$，每个一阶单元又划分为 16 个二阶单元($M=16$)。从每个被抽中的一阶单元内抽取 2 个二阶单元($m=2$)作为样本。

总体二阶单元数为 $NM=30\times16=480$ 个，二阶样本单元数为 $nm=4\times2=8$。

二阶抽样的样本单元，不是均匀地或随机地分布在总体内，而是相对集中在 $n=4$ 个一阶单元内。这样便于调查，省工提高效率。一般适用于面积大，交通不便的总体。

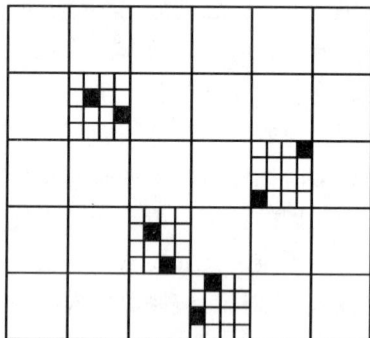

图 7-1   二阶抽样模式

图 7-1 是一个一阶单元大小相等的二阶抽样模式，构成均匀复合体。如果一阶单元大小不同，每个一阶单元内所含二阶单元数不等(M_i)，则称为一阶单元大小不等的总体。总体的结构不同，二阶抽样的样本组织方法及估计方法也不同。下面将分别加以介绍。

2. 二阶抽样所用的符号和定义

"非均匀复合体"的二阶抽样，在实际调查中屡见不鲜，如前面所举的县所辖的乡数，乡下属的村数，村内的户数都是各不相等的。因此一阶单元大小不等的二阶抽样对大多数调查者来说更有实际意义。鉴于均匀复合体的二阶抽样便于理解，所以先讨论这种形式的估计方法。为了便于学习和参考，将均匀复合体二阶抽样所用符号和定义整理于表7-2中。

表7-2 二阶抽样所用符号和定义

项 目	总 体	样 本
一阶单元数	N	n
一阶内二阶单元数	M	m
第 i 个一阶单元值	Y_i	y_i
总体总量	Y	$\hat{y}$
第 i 个一阶单元内二阶单元平均数	$\overline{Y}_i = \dfrac{Y_i}{M} = \dfrac{1}{M} \sum\limits_{j=1}^{M} y_{ij}$	$\bar{y}_i = \dfrac{y_i}{m} = \dfrac{1}{m} \sum\limits_{j=1}^{m} y_{ij}$
二阶单元平均数	$\overline{\overline{Y}} = \dfrac{1}{NM} \sum\limits_{i=1}^{N} \sum\limits_{j=1}^{M} y_{ij}$	$\bar{\bar{y}} = \dfrac{1}{nm} \sum\limits_{i=1}^{n} \sum\limits_{j=1}^{m} y_{ij}$
一阶间方差	$\sigma_1^2 = \dfrac{1}{N} \sum\limits_{i=1}^{N} (\overline{Y}_i - \overline{\overline{Y}})^2$	$S_1^2 = \dfrac{1}{n-1} \sum\limits_{i=1}^{n} (\bar{y}_i - \bar{\bar{y}})^2$
一阶内二阶单元间的方差	$\sigma_{2i}^2 = \dfrac{1}{M} \sum\limits_{j=1}^{M} (y_{ij} - \overline{Y}_i)^2$	$S_{2i}^2 = \dfrac{1}{m-1} \sum\limits_{j=1}^{m} (y_{ij} - \bar{y}_i)^2$
二阶单元数	$M_0 = NM$	$m_0 = nm$
平均二阶单元数	$\overline{M} = \dfrac{1}{N} \sum\limits_{i=1}^{N} M_i$	$\bar{m} = \dfrac{1}{n} \sum\limits_{i=1}^{n} m_i$

3. 一阶单元大小相同的二阶抽样

从含有 NM 个二阶单元的总体中，随机地抽取 n 个一阶样本单元，又从各一阶样本单元中随机抽取 m 个二阶样本单元。以 y_{ij} 表示第 i 个一阶单元中第 j 个二阶单元的标志值。

（1）总体平均数的估计值

$$\bar{y}_i = \frac{1}{m} \sum_{j=1}^{m} y_{ij}$$

$$\bar{\bar{y}} = \frac{1}{n} \sum_{i=1}^{n} \bar{y}_i = \frac{1}{nm} \sum_{i=1}^{n} \sum_{j=1}^{m} y_{ij} \quad ^{[注1]} \qquad (7-1)$$

式中：$\bar{\bar{y}}$ 为总体平均数估计值，等于二阶样本单元平均数。

（2）估计值 $\bar{\bar{y}}$ 的方差。像整群抽样那样，二阶抽样的总体方差也可以分解为两部分，即一阶间方差和一阶内二阶间方差。当用样本估计时，

如果令

$$S_1^2 = \frac{1}{n-1} \sum_{i=1}^{n} (\bar{y}_i - \bar{\bar{y}})^2$$

为一阶间方差

$$S_2^2 = \frac{1}{n(m-1)} \sum_{i=1}^{n} \sum_{j=1}^{m} (y_{ij} - \bar{y}_i)^2 = \frac{1}{n} \sum_{i=1}^{n} S_{2i}^2$$

为一阶内二阶间平均方差

$$f_1 = \frac{n}{N} \qquad f_2 = \frac{m}{M}$$

分别为一阶和二阶单元抽样比，则

$$S^2(\bar{\bar{y}}) = \frac{S_1^2}{n}(1 - f_1) + \frac{S_2^2}{nm}f_1(1 - f_2)^{[注2]} \qquad (7\text{-}2)$$

为

$$\sigma^2(\bar{\bar{y}}) = \frac{\sigma_1^2}{n}(1 - f_1) + \frac{\sigma_2^2}{nm}(1 - f_2) \qquad (7\text{-}3)$$

的无偏估计式。

在(7-3)式中，当 $m = M$，即 $f_2 = 1$ 时，则二阶抽样相当于简单随机抽样或整群抽样。如果 $n = N$，则这个公式就是比例分层抽样的方差公式。因为在此种情况下，可以视一阶单元为层，对所有层进行抽样。就这方面来说，二阶抽样可以理解为一种不完全的分层抽样。

（3）估计误差限。在 $\bar{\bar{y}}$ 服从或近似服从正态分布的条件下

$$\Delta(\bar{\bar{y}}) = t_{\alpha(nm-1)}S(\bar{\bar{y}})$$

例 7-1 1972 年在河北省围场县龙头山林场进行的二阶抽样调查试点，总体面积为 636.3 hm²，一阶单元面积为 2hm²。总体 $N = 317$，二阶单元面积为 0.04 hm²，一阶单元内二阶单元数 $M = 50$，一阶抽样比 $f_1 = 0.025$，二阶 $f_2 = 0.08$，共抽取一阶样本 $n = 8$，二阶样本单元 $nm = 4 \times 8 = 32$，二阶样本单元实测蓄积 y_{ij} 列入表 7-3 中。

解：（1）总体平均数的估计值（二阶样本单元平均值）

$$\bar{\bar{y}} = \frac{1}{nm} \sum_{i=1}^{n} \sum_{j=1}^{m} y_{ij}$$

$$= \frac{1}{8 \times 4} \times 61.43 = 1.92 \text{m}^3/0.04\text{hm}^2$$

（2）估计值的方差

$$S^2(\bar{\bar{y}}) = \frac{S_1^2}{n}(1 - f_1) + \frac{S_2^2}{nm}f_1(1 - f_2)$$

先计算，一阶间方差 $S_1^2 = \dfrac{1}{n-1} \sum\limits_{i=1}^{n} (\bar{y}_i - \bar{\bar{y}})^2$

$$= \frac{1}{n-1} \left[\frac{1}{m^2} \sum^{n} \left(\sum^{m} y_{ij} \right)^2 - \frac{1}{nm^2} \left(\sum^{n} \sum^{m} y_{ij} \right)^2 \right]$$

$$= \frac{1}{7} \left[\frac{1}{4^2} \times (476.9181) - \frac{1}{8 \times 4^2} \times (61.43)^2 \right]$$

$$= 0.0465$$

表7-3　二阶抽样内业计算表

一阶单元	二阶单元	y_{ij}	y_{ij}^2	$\sum\limits_{j=1}^{4} y_{ij}$	$\left(\sum\limits_{j=1}^{4} y_{ij}\right)^2$
18	1 2 3 4	1.40 1.55 2.14 2.45	1.9600 2.4025 4.5796 6.0025	7.54	56.8516
26	1 2 3 4	1.80 1.75 3.30 0.24	3.2400 3.0625 10.8900 0.0576	7.09	50.2681
65	1 2 3 4	1.41 1.23 1.84 3.02	1.9881 1.5129 3.3856 9.1204	7.50	56.2500
152	1 2 3 4	1.59 1.62 2.16 2.24	2.5281 2.6244 4.6656 5.0176	7.61	57.9121
166	1 2 3 4	1.30 1.86 3.22 2.57	1.6900 3.4596 10.3686 6.6049	8.95	80.1025
176	1 2 3 4	1.87 2.28 2.31 1.45	3.4969 5.1984 5.3361 2.1025	7.91	62.5681
214	1 2 3 4	1.27 1.37 1.50 2.05	1.6129 1.8769 2.2500 4.2025	6.19	38.3161
284	1 2 3 4	1.52 2.89 2.47 1.76	2.3104 8.3521 6.1009 3.0976	8.64	74.6496
合　计	32	61.43	131.0975	61.43	476.9181

一阶内二阶间平均方差

$$S_2^2 = \frac{1}{n}\sum_{i=1}^{n} S_{2i}^2 = \frac{1}{n(m-1)}\sum_{i=1}^{n}\sum_{j=1}^{m}(y_{ij} - \bar{y}_i)^2$$

$$= \frac{1}{n(m-1)}\left[\sum^{n}\sum^{m} y_{ij}^2 - \frac{1}{m}\sum^{n}\left(\sum^{m} y_{ij}\right)^2\right]$$

$$= \frac{1}{n(m-1)} \left(131.0975 - \frac{1}{4} \times 476.9181 \right)$$

$$= 0.4945$$

所以

$$S^2(\bar{\bar{y}}) = \frac{0.0465}{8} \times \left(1 - \frac{8}{317} \right) + \frac{0.4945}{8 \times 4} \times \frac{8}{317} \times \left(1 - \frac{4}{50} \right)$$

$$= 0.00566 + 0.00039$$

$$= 0.0060$$

（3）标准误

$$S(\bar{\bar{y}}) = \sqrt{0.0060} = 0.078 \text{m}^3 / 0.04 \text{hm}^2$$

（4）估计误差限

$$\Delta(\bar{\bar{y}}) = tS(\bar{\bar{y}}) = 2.04 \times 0.078 = 0.160 \text{m}^3 / 0.04 \text{hm}^2$$

t 值按自由度 $df = nm - 1$，查 t 分布表

$$E = \frac{\Delta(\bar{\bar{y}})}{\bar{\bar{y}}} = \frac{0.160}{1.92} = 0.083 = 8.3\%$$

（5）估计精度

$$p_c = 1 - E = 1 - 0.083 = 91.7\%$$

（6）总体蓄积量估计值

$$\hat{y} = N\bar{\bar{y}} = \frac{636.3}{0.04} \times 1.92 = 30542 \text{m}^3$$

从（7-2）式得到的 $S^2(\bar{\bar{y}}) = 0.0060$ 中，S_1^2 约占 94.3%，S_2^2 约占 5.7%，说明二阶抽样的方差主要来源于一阶间的方差，欲想提高二阶抽样精度，必须在划分一阶单元时使之差异缩小。在这方面二阶抽样与整群抽样中群的划分思路相同，而与分层抽样中层的划分原则恰相反。

4. 二阶抽样样本单元数的确定

二阶抽样的误差，从（7-3）式可以看到总体方差不仅受一阶方差 σ_1^2 和二阶方差 σ_2^2 的影响，同时还取决于 n 和 m 的个数。当考虑抽样方差和调查成本两方面因素时，如何配置一阶和二阶样本单元数，以保证达到最优。

令 D_1 与 D_2 分别表示调查一个一阶单元和一个二阶样本单元所需的平均成本。S_1^2 与 S_2^2 分别为 σ_1^2 与 σ_2^2 的样本方差代替值。

（1）二阶样本单元数 m 为

$$m = \frac{S_2}{\sqrt{S_1^2 - \frac{1}{M}S_2^2}} \sqrt{\frac{D_1}{D_2}}^{[注3]} \tag{7-4}$$

或

$$m = \frac{C_2}{\sqrt{C_1^2 - \frac{1}{M}C_2^2}}\sqrt{\frac{D_1}{D_2}} \tag{7-5}$$

式中：C_1 与 C_2 分别为一、二阶间变动系数。

（2）一阶样本单元数 n 为

$$n = \frac{t^2\left(S_1^2 - \frac{S_2^2}{M} + \frac{S_2^2}{m}\right)^{[注4]}}{\Delta^2(\bar{\bar{y}}) + t^2\frac{S_1^2}{N}} \tag{7-6}$$

或

$$n = \frac{t^2\left(C_1^2 - \frac{C_2^2}{M} + \frac{C_2^2}{m}\right)}{E^2(\bar{\bar{y}}) + \frac{1}{N}t^2 C_1^2} \tag{7-7}$$

当给定总调查费用 D 时，则

$$n = \frac{D}{D_1 + \frac{\sigma_2}{\sqrt{\sigma_1^2 - \sigma_2^2/M}}\sqrt{D_1 D_2}} \tag{7-8}$$

例 7-2 某总体面积 200 hm² 预估一阶变动系数 $C_1 = 0.60$，二阶 $C_2 = 0.50$，一阶与二阶样本单元调查成本之比 $D_1/D_2 = 25$。要求估计精度为 80%，可靠性为 95%，试预估一、二阶应至少抽取的样本单元数。已知一阶单元面积为 3.12 hm²，二阶单元面积为 0.04 hm²。

解： 总体一阶单元数 $N = 200 \div 3.12 = 64$

每个一阶单元内包含二阶单元数 $M = 3.12 \div 0.04 = 78$

二阶样本单元数为

$$m = \frac{C_2}{\sqrt{C_1^2 - \frac{C_2^2}{M}}}\sqrt{\frac{D_1}{D_2}} = \frac{0.50}{\sqrt{0.6^2 - \frac{0.50^2}{78}}}\sqrt{25} = 4$$

一阶样本单元数

$$n = \frac{t^2\left(C_1^2 - \frac{C_2^2}{M} + \frac{C_2^2}{m}\right)}{E^2(\bar{\bar{y}}) + \frac{1}{N}t^2 C_1^2} = \frac{1.96^2 \times \left(0.6^2 - \frac{0.5^2}{78} + \frac{0.5^2}{4}\right)}{0.20^2 + \frac{1}{64} \times 0.6^2 \times 1.96^2} = \frac{1.61}{0.06} \approx 27$$

第三节　一阶单元大小不等的二阶抽样

在第二节我们讨论了一阶单元中含有相同的二阶单元数的二阶抽样的有关问题。然而现实社会经济生活中，更多的情况是一阶单元大小不相等的情况。例如，以林场为一阶单元，林班为二阶单元时，通常林场所辖林班个数不等。又如，农作物产量调查，以县为一阶单元，乡为二阶单元，一般县所辖乡数不相同，且面积也相差甚大。利用上述现有单元进行二阶抽样就构成了二阶单元数不相等的二阶抽样，组织样本的方法有许多种，各种方法有其不同的优缺点及适用条件。下面介绍等概率的二阶抽样估计方法。

1. 第一、二阶均为等概抽取的两阶抽样

设总体有 N 个一阶单元，各一阶单元含有二阶单元数为 $M_i(i=1, 2, \cdots, N)$。首先从 $1 \sim N$ 中随机抽取 n 个一阶样本单元，再从被抽中的各一阶单元中随机抽取 m_i 个二阶样本单元，其标志值为 $y_{ij}(i=1, 2, \cdots, n; j=1, 2, \cdots, m_i)$，采用加权方法估计，则，

（1）两阶样本平均数

$$\bar{\bar{y}} = \frac{N}{nM_0} \sum_{i=1}^{n} M_i \bar{y}_i \tag{7-9}$$

或

$$\bar{\bar{y}} = \frac{1}{n\bar{M}} \sum_{i=1}^{n} M_i \bar{y}_i = \frac{1}{n} \sum_{i=1}^{n} \bar{y}_i \cdot M_i / \bar{M} \tag{7-10}$$

式中：$\bar{M} = \dfrac{1}{N} \sum_{i=1}^{N} M_i$，$\bar{y}_i = \dfrac{1}{m_i} \sum_{i=1}^{m_i} y_{ij}$。

（2）估计值的方差

$$S^2(\bar{\bar{y}}) = \left(\frac{1}{n} - \frac{1}{N}\right) S_1^2 + \frac{1}{nN} \sum_{i=1}^{n} \frac{M_i^2}{\bar{M}^2} \left(\frac{1}{m_i} - \frac{1}{M_i}\right) S_{2i}^2$$

$$或 S^2(\bar{\bar{y}}) = \frac{S_1^2}{n}(1 - f_1) + \frac{1}{nN} \sum_{i=1}^{n} \frac{M_i^2}{\bar{M}^2} \frac{S_{2i}^2}{m_i}(1 - f_{2i}) \tag{7-11}$$

式中：$S_1^2 = \dfrac{1}{n-1} \sum_{i=1}^{n} \left(\dfrac{M_i \bar{y}_i}{\bar{M}} - \bar{\bar{y}}\right)^2$

$$= \frac{1}{n-1} \sum_{i=1}^{n} \left(\frac{M_i^2}{\bar{M}^2} \bar{y}_i^2 - n\bar{\bar{y}}^2\right) \tag{7-12}$$

$$S_{2i}^2 = \frac{1}{m_i - 1} \sum^{m_i} (y_{ij} - \bar{y}_i)^2 \tag{7-13}$$

$$f_1 = n/N,\ f_{2i} = m_i/M_i$$

例7-3 总体有53个乡，各乡含有的村庄数是不相等的，$\overline{M} = 39.09$。现从总体中随机抽取14个样本乡，又在这些样本乡中按1/4的抽样比例抽取样本村，共抽取151个村，调查其各村养牛头数，结果如表7-4。试估计总体各村的平均养牛头数和抽样误差。

表7-4　两阶抽样误差计算表

一阶样本单元 n(乡)	村庄数 M_i (村)	二阶样本 m_i (村)	养牛总数 $\overset{m_i}{\sum} y_{ij}$	平均数 $\bar{y}_i$	方差 S_{2i}^2
1	46	11	88	8.00	13.80
2	39	10	114	11.40	78.89
3	25	6	96	16.00	198.40
4	23	5	82	16.40	224.25
5	32	8	83	10.37	86.57
6	31	8	207	25.87	1435.86
7	60	15	208	13.87	160.14
8	28	7	73	10.43	87.33
9	59	14	195	13.93	190.69
10	24	6	73	12.17	125.80
11	84	21	191	9.10	72.30
12	30	7	79	11.29	63.00
13	64	16	226	14.13	75.47
14	66	17	166	9.76	144.69
$\sum$	611	151	1881	182.71	

解： 由题意知

$N = 53$，$\overline{M} = 39.09$，$n = 14$，$f_1 = n/N = 14/53 = 0.264$

（1）总体平均村养牛头数

$$\bar{\bar{y}} = \frac{1}{n\overline{M}} \sum_{i=1}^{n} M_i \bar{y}_i$$

$$= \frac{1}{14 \times 39.09} (46 \times 8.00 + 39 \times 11.40 + \cdots + 66 \times 9.76)$$

$$= 13.91 \text{ 头 / 村}$$

（2）估计值的方差。先计算一阶样本方差：

$$S_1^2 = \frac{1}{\overline{M}^2 (n-1)} \left(\sum_{i=1}^{n} M_i^2 \bar{y}_i^2 - n \overline{M}^2 \bar{\bar{y}}^2 \right)$$

$$= \frac{1}{39.09^2 \times (14-1)} \left[(46 \times 8.00)^2 + (39 \times 11.40)^2 + \cdots + \right.$$

$$(66 \times 9.76)^2 - 14 \times (39.09)^2 \times (13.91)^2]$$
$$= 36.1572$$

代入(7-11) 式

$$S^2 (\bar{\bar{y}}) = \frac{S_1^2}{n}(1 - f_1) + \frac{1}{nN} \sum_{i=1}^{n} \frac{M_i^2}{\overline{M}^2} \frac{S_{2i}^2}{m_i}(1 - f_{2i})$$

$$= \frac{36.157^2}{14}(1 - 0.264) + \frac{1}{14 \times 53 \times 39.09^2} \times \left[46^2 \times \frac{13.80}{11} \times \right.$$

$$\left(1 - \frac{11}{46} \right) + 39^2 \times \frac{78.89}{10} \times \left(1 - \frac{10}{39} \right) + \cdots + 66^2 \times \frac{144.69}{17} \times$$

$$\left(1 - \frac{17}{66} \right) \Big]$$

$$= 1.9008 + 0.2905 = 2.1913$$

(3) 标准误(抽样误差)

$$S(\bar{\bar{y}}) = \sqrt{2.1913} = 1.48 \text{ 头 } / \text{ 村}$$

下面介绍另一种估计方法 —— 一阶按比例的估计方法。

仍以例 7-3 材料为例,一阶按比例估计时

(1) 总体二阶平均数估计值

$$\bar{\bar{y}} = \sum_{i=1}^{n} \left(\frac{M_i}{\sum\limits_{i=1}^{n} M_i} \right) \bar{y}_i = \sum_{i=1}^{n} w_i \bar{y}_i \tag{7-14}$$

式中: $w_i = \dfrac{M_i}{\sum\limits_{i}^{n} M_i}$

(2) 估计值的方差

$$S^2(\bar{\bar{y}}) = \left(\frac{1}{n} - \frac{1}{N} \right) S_1^2 + \frac{1}{nN} \sum_{i=1}^{n} \frac{M_i^2}{\overline{M}^2} \left(\frac{1}{m_i} - \frac{1}{M_i} \right) S_{2i}^2 \tag{7-15}$$

或 $S^2(\bar{\bar{y}}) = \dfrac{S_1^2}{n}(1 - f_1) + \dfrac{1}{nN} \sum_{i}^{n} \dfrac{M_i^2}{\overline{M}^2} \cdot \dfrac{S_{2i}^2}{m_i}(1 - f_{2i})$

注意这里: $S_1^2 = \dfrac{1}{n - 1} \sum_{i=1}^{n} \dfrac{M_i^2}{\overline{M}^2} (\bar{y}_i - \bar{\bar{y}})^2 \tag{7-16}$

$$S_{2i}^2 = \frac{1}{m_i - 1} \sum^{m_i} (y_{ij} - \bar{y}_i)^2 \tag{7-17}$$

仍用例 7-3 资料, 把表(7-4) 中的数据代入(7-14) 式

(1) 总体村平均养牛头数为:

$$\bar{\bar{y}} = \sum_{i=1}^{n} \left(\frac{M_i}{\sum\limits_{i=1}^{n} M_i} \right) \bar{y}_i = \frac{1}{611}(46 \times 8.00 + 39 \times 11.40 + \cdots + 66 \times 9.76)$$

$$= 12.46 \ \text{头／村}$$

（2）总体估计值方差。计算一阶样本方差，由（7-16）式

$$S_1^2 = \frac{1}{n-1} \sum_{i=1}^{n} \frac{M_i^2}{\bar{M}^2} (\bar{y}_i - \bar{\bar{y}})^2 = \frac{1}{(n-1)\bar{M}^2} \sum_{i}^{n} M_i^2 (\bar{y}_i - \bar{\bar{y}})^2$$

$$= \frac{1}{(14-1) \times (39.09)^2} \left[46^2 \times (8.00 - 12.46)^2 + \cdots + 66^2 \times (9.76 - 12.46)^2 \right]$$

$$= 19.09$$

将 $S_1^2 = 19.09$ 及（7-15）式右边第二项结果（此结果在前种方法已计算出来为 0.2905）代入（7-15）方差公式，得到

$$S^2(\bar{\bar{y}}) = \left(\frac{1}{n} - \frac{1}{N} \right) S_1^2 + \frac{1}{nN} \sum_{i=1}^{n} \frac{M_i^2}{\bar{M}^2} \left(\frac{1}{m_i} - \frac{1}{M_i} \right) S_{2i}^2$$

$$= \left(\frac{1}{14} - \frac{1}{53} \right) \times 19.09 + 0.2905$$

$$= 1.004 + 0.2905 = 1.2945$$

（3）抽样误差（标准误）

$$S(\bar{\bar{y}}) = \sqrt{1.2944} = 1.14 \ \text{头／村}$$

对这两种二阶抽样估计方法作几点评价：

第一，同一资料，（7-9）式估计值为 $\bar{y}_1 = 13.91$ 头／村，而（7-14）式得 $\bar{y}_2 = 12.46$ 头／村。（7-9）式是加权平均数，是无偏估计值，而（7-14）式实质是比估计方法，是有偏的。前面讲过，当 n 充分大时，估计值的偏差会减小。

第二，这两种方法所作估计的抽样方差前者 $S^2(\bar{y}_1) = 2.1913$，后者 $S^2(\bar{y}_2) = 1.2945$，这是因为在考虑 M_i 占 $\sum M_i$ 的比例下，$M_i \bar{y}_i$ 与 M_i 之间存在着较紧密的相关关系所致。

第三，两阶抽样，其误差主要来源于一阶间变动，上面例子说明这点。因此要想提高二阶抽样效率必须设法减小 S_1^2。无论采用哪种估计方法，一般都不如采用一阶单元按 M_i 大小成比例的不等概抽样（不等概抽样见第十二章）效率高。

2. 一阶单元大小不等的二阶样本单元数的确定

一阶单元内所含二阶单元数不等，当用相同的抽样比抽取二阶样本单元 m_i 时，只能先确定二阶样本单元数的平均数，后据 $\bar{m}$ 计算一阶样本 n，最后按权重分配二阶样本单元。

（1）二阶样本单元平均数确定

$$\bar{m} = \sqrt{\frac{S_2^2}{S_1^2 - \frac{1}{\bar{M}}S_2^2} \times \frac{D_1}{D_2}} \qquad (7\text{-}18)$$

式中：$S_2^2 = \sum_{i=1}^{n} \frac{M_i}{\bar{M}} S_{2i}^2$

$S_1^2 = \frac{1}{\bar{M}^2(n-1)} \sum_{i=1}^{n} M_i^2 (\bar{y}_i - \bar{\bar{y}})^2$

（2）一阶样本单元数的确定

$$n = \frac{t^2 \left(S_1^2 - \frac{S_2^2}{M} + \frac{S_2^2}{\bar{m}} \right)}{\Delta^2(\bar{\bar{y}}) + \frac{1}{N}S_1^2 t^2} \qquad (7\text{-}19)$$

当一阶样本 n 抽取后，根据各一阶单元的大小（M_i）和二阶样本单元数总和（$\sum_{i=1}^{n} m_i$）按式（7-20）分配

$$m_i = \frac{M_i}{\sum_{i}^{n} M_i} \sum_{i}^{n} m_i \qquad (7\text{-}20)$$

例7-4　已知总体由 $N = 50$ 个小班组成，每个小班内包括二阶单元面积为 0.06hm^2，总体单元数 $M_0 = \sum_{i=1}^{N} M_i = 6050$，$\bar{M} = 6050/50 = 121$。据以往资料得知 $S_1^2 = 1.09$，$S_2^2 = 7.62$，成本 $D_1/D_2 = 4$。要求估计误差限 $\triangle = 1.22$，可靠性为 95%。求样本单元数。

　　解：
$$\bar{m} = \sqrt{\frac{7.62}{1.09 - \frac{7.62}{121}} \times 4} = 5.44 \approx 6$$

$$n = \frac{1.96^2 \times \left(1.09 - \frac{7.62}{121} + \frac{7.62}{6} \right)}{1.22^2 + \frac{1}{50} \times 1.96^2 \times 1.09} = 5.6 \approx 6$$

总体二阶样本单元数为 $nm = 6 \times 6 = 36$，按一阶样本单元大小（M_i）成比例分配，计算结果见表7-5。

表7-5　一阶单元大小不等的二阶样本分配

一阶样本单元 i	M_i	$w_i = M_i / \sum\limits_{i=1}^{n} M_i$	$m_i = 36 w_i$	分配结果 m_i
18	196	0.151	5.4	5
20	280	0.216	7.8	8
29	116	0.089	3.2	3
33	256	0.197	7.1	7
39	137	0.106	8.8	4
47	312	0.241	8.7	9
$\sum$	1297	1.000	—	36

第四节　二阶成数抽样

在第六章中，我们曾讨论了总体成数的整群抽样估计法。同样，用二阶抽样估计成数与整群抽样有许多相似之处。可以用通常的方法，即当二阶样本单元具有某种特征或属于某一类时，其观测值定义为 $y_{ij} = 1$，否则 $y_{ij} = 0$，于是 $y_i = \sum\limits_{j=1}^{m} y_{ij}$，$y_i$ 可能取值为 0，1，2，$\cdots$，m。

设 $p_i = \dfrac{y_i}{m} = \dfrac{1}{m} \sum\limits_{j=1}^{m} y_{ij}$ 是第 i 个一阶单元内二阶样本单元中具有某种特征的比例。

（1）总体成数的估计值

$$p = \frac{1}{n} \sum_{i=1}^{n} p_i \tag{7-21}$$

（2）估计值方差

$$S_p^2 = \frac{1 - f_1}{n(n-1)} \sum_{i=1}^{n} (p_i - p)^2 + \frac{f_1(1 - f_2)}{n^2(m-1)} \sum_{i=1}^{n} p_i(1 - p_i) \tag{7-22}$$

其中令

$$S_1^2 = \frac{1}{n-1} \sum_{i=1}^{n} (p_i - p)^2$$

$$S_2^2 = \frac{m}{n(m-1)} \sum_{i=1}^{n} p_i(1 - p_i)$$

将 S_1^2 及 S_2^2 代入（7-2）式即得（7-22）式。

下面引用《抽样技术》中一例，说明估计方法。

例7-5　在植物病害的一项研究中，植物生长在 160 个样方上，每个样方上有 9 株植物。随机抽取了 40 个样方，再从每个抽中的样方中随机抽取 3 株，观察它们是否有病害。结果发现 22 个样方上没有抽到有病害植物，11 个样方各有 1 株病株，4 个样方上各有 2 株病株，3 个样方上各有 3 个病株。现估计有病植株所占比例及其抽样误差。

解： 由题已知：$N = 160$，$M = 9$，$n = 40$，$m = 3$

设 ϕ 为频数，分别为 22，11，4，3。

为计算 S_1^2 和 S_2^2，首先计算有病植株（$3P_i$）和无病害植株（$3q_i$）较为方便。计算过程见表 7-6。

表 7-6   二阶抽样成数估计计算

$3P_i$	ϕ_i	$9p_i(1-p_i)$	$9\phi_ip_i(1-p_i)$	$3\phi_ip_i$	$9\phi_ip_i^2$
0	22	0	0	0	0
1	11	2	22	11	11
2	4	2	8	8	16
3	3	0	0	9	27
$\sum$	40		30	28	54

（1）有病害植株所占成数

$$p = \frac{3\sum \phi_ip_i}{3\sum \phi_i} = \frac{28}{120} = 0.233$$

（2）估计值的方差计算

$$\sum \phi_i(p_i - p)^2 = \sum \phi_ip_i^2 - \frac{1}{n}(\sum \phi_ip_i)^2$$

$$= \frac{1}{9}\left[\sum \phi_i9p_i^2 - \frac{1}{n}(\sum \phi_i3p_i)^2\right]$$

将表 7-6 中结果代入上式,则,

$$\sum \phi_i(p_i - p)^2 = \frac{1}{9}\left(54 - \frac{1}{40}\times 28^2\right) = 3.822$$

又因，$\sum \phi_ip_i(1-p_i) = \frac{1}{9}\sum \phi_i3p_i3q_i = \frac{1}{9}\sum q\phi_ip_i(1-p_i)$

$$\therefore \quad \sum_{i=1}^{n}\phi_ip_i(1-p_i) = \frac{30}{9} = 3.333$$

因此，据（7-22）式得

$$S_p^2 = \frac{3.822}{40\times 39}(1 - 40/160) + \frac{3.333\times 40/160\times (1-3/9)}{40^2\times 2}$$

$$= 0.00184 + 0.000175 = 0.00201$$

（3）标准误

$$S_p = \sqrt{0.00201} = 0.045$$

有病害植株占 23.3%，抽样误差为 4.5%。在总方差（0.00201）中，$S_1^2 = 0.00184$，而 $S_2^2 = 0.000175$，只占总和的 8.7%，再一次说明，二阶抽样的误差主要来自一阶间变动。

第五节　二阶抽样的方案设计

1. 二阶抽样的效率

为清楚地说明两阶抽样的特点，适用条件等，现将二阶抽样与简单随机抽样，整群抽样的精度作如下分析比较。

与整群抽样效率分析方法相似，可以应用"一阶内相关系数"来分析二阶抽样的估计效率。我们把"一阶内相关系数"定义为

$$\rho_2 = \frac{E(y_{ij} - \bar{\bar{Y}})(y_{iu} - \bar{\bar{Y}})}{E(y_{ij} - \bar{\bar{Y}})^2} \tag{7-23}$$

一阶内相关系数 ρ_2 表示一阶单元内两个二阶单元之间的相关紧密程度。

二阶抽样估计值的总体方差可表示为

$$\sigma^2(\bar{\bar{y}}) = \frac{\sigma_y^2}{nm}\Big[1 + \frac{N-n}{N-1}(m-1)\rho_2\Big] \tag{7-24}$$

同一总体在相同样本单元数为 nm 个时，简单随机抽样估计值的总体方差为

$$\sigma_{\bar{y}}^2 = \frac{\sigma_y^2}{nm}\Big(1 - \frac{nm}{NM}\Big) \tag{7-25}$$

如果 $\dfrac{N-n}{N-1} \approx 1$，而 $\dfrac{nm}{NM}$ 可忽略不计，则

抽样效率　$\eta = \dfrac{\sigma^2(\bar{\bar{y}})}{\sigma_{\bar{y}}^2} \approx 1 + (m-1)\rho_2 \tag{7-26}$

从（7-26）式分析得出几点结论：

（1）当 $\rho_2 = 1$ 时，$\eta > 1$，说明二阶抽样精度低于简单随机抽样。

（2）当 $\rho_2 = 0$ 时，$\eta = 1$，说明两种抽样的精度相同。一般情况下，$\rho_2 > 0$。即在抽取同样样本单元条件下，二阶抽样不如简单随机抽样精度高。除非在一阶间方差 $S_1^2 < \dfrac{1}{M}S_2^2$ 时，才会有二阶抽样精度高于随机抽样。就是

说一阶单元间平均数差别很小，而二阶间差别大时，才是理想的二阶抽样方案。

(3)$\rho_2 < 0$ 时，$\eta < 1$。此种情况下，二阶抽样精度高于简单随机抽样，实际上很罕见。

二阶抽样与整群抽样、分层抽样比较。一般情况下，二阶抽样精度高于整群抽样。这是由于同样的样本单元数，二阶抽样中样本分布比整群抽样分散的更均匀些，对总体代表性更强些。

与分层抽样相比，如果有 $n = N$，即 $f_1 = 1$，那么，(7-3)式右边只剩下第二项即对总体进行按比例分层抽样的方差。但在二阶抽样中都不会有 f_1 和 f_2 等于 1 的情况。故其抽样精度都会低于分层抽样。

2. 提高二阶抽样估计精度的途径

二阶抽样的精度，主要取决于一阶单元间的变动。所以，设计二阶抽样方案的关键是如何划分一阶单元或缩小一阶单元间的变动。从理论上讲，方法有以下几种：

(1)合理划分一阶单元。根据调查总体的特点，恰当地划分一阶单元，即尽量使各一阶单元包含各种不同情况，令一阶单元平均数差别不大。二阶抽样中与整群抽样方案指导思想基本一致。而与分层抽样方案设计原则恰恰相反。然而二阶方案不如分层中层的划分灵活，因为一阶单元必须在地域上相连(而层则不受此限制)否则就要提高调查成本。

(2)增加一阶单元的大小。扩大一阶单元范围，无疑会减少一阶单元数，也能缩小一阶间变动。理论可以证明，在一阶单元加大而一阶内相关系数 ρ_2 随之减小的条件下，可以提高两阶抽样效率。

(3)采用分层二阶抽样。二阶抽样要求一阶单元间变动愈小愈好，如将总体先分层，同一层内比较一致，再在层内进行两阶抽样，其估计精度必然会有所提高。

(4)在样本单元数一定时，适当增加一阶样本单元数 n，相应减少二阶样本单元数 m，可以提高抽样精度。

利用二阶抽样方法进行森林资源调查，在我国大小兴安岭林区，特别是在高山峻岭、人烟稀少、交通困难的西南地区，有着广阔的前途。近 20 年来，东南亚和非洲一些发展中国家，广泛地采用二阶或多阶抽样进行热带森林调查取得了良好的效果。

第六节 多阶抽样

1. 三阶或多阶抽样的概念

按照二阶抽样的模式，抽样过程可以进行到三、四阶甚至更多阶次。一般把三阶以上的分阶抽样称多阶抽样。

设总体划分为 N 个一阶单元，每个一阶单元含有 M 个二阶单元，每个二阶单元又含 G 个三阶单元。三阶抽样是从总体中随机抽取 n 个一阶样本单元，在抽中的各一阶单元的 M 个二阶单元中随机抽取 m 个二阶样本单元，再从抽中的各二阶单元的 G 个三阶单元中随机抽取 g 个三阶样本单元。这种用三阶样本特征数估计总体特征数的抽样方法，称为三阶抽样。

如各阶次单元间大小都相等，就构成三阶均匀复合体抽样。

如果一阶单元内二阶单元数不等，二阶单元内三阶单元数也不等，就构成三阶非均匀复合体抽样。

正如二阶抽样中曾论述过的，实际应用中完全均匀复合体的总体难以实现。经常遇到的是后者。例如，估计农作物产量的三阶抽样中，一个县内自然村数是已知的，村便是方便的一阶抽样单元，在村内，只有生长该作物的一些田块被抽取出来(二阶样本)，当某一田块被抽中以后，再从田块中抽取一定面积的样方，并将样方的作物收割称重，才能计算单位面积(亩)的产量。这种例子还很多，当用三阶抽样调查林木病虫害时，可以采用样树、一级侧枝、二级侧枝的抽样方法来估计总体虫口密度和受害株数比例。

在三阶抽样中，一阶、二阶样本单元是抽样单位，三阶样本单元才是调查实测单元。因此各阶单元的大小(个数)应该是确知的。

2. 三阶均匀复合体的抽样估计方法

三阶抽样关系比较复杂，其证明过程是二阶抽样原理的推广，可参照二阶抽样平均数和方差的定理去理解。这里只给出结果。

设 y_{iju} 表示总体中第 i 个一阶样本单元中第 j 个二阶样本单元内的第 u 个三阶样本单元的标志值。在各阶等概抽样条件下，各阶相应的样本平均数如下：

第 i 个一阶单元内第 j 个二阶样本单元中的第三阶样本单元平均数为

$$\bar{y}_{ij} = \frac{1}{g} \sum_{u=1}^{g} y_{iju} \qquad (7\text{-}27)$$

第 i 个一阶单元第 j 个二阶样本单元平均数为

$$\bar{\bar{y}}_i = \frac{1}{m} \sum_{j=1}^{m} \bar{y}_{ij} = \frac{1}{mg} \sum_{j=1}^{m} \sum_{u=1}^{g} y_{iju} \qquad (7\text{-}28)$$

（1）总体三阶单元平均数估计值（三阶样本单元平均数）

$$\bar{\bar{y}} = \frac{1}{n}\sum_{i=1}^{n}\bar{\bar{y}}_i = \frac{1}{nmg}\sum_{i=1}^{n}\sum_{j=1}^{m}\sum_{u=1}^{g}y_{iju} \tag{7-29}$$

显然，$\bar{\bar{y}}$ 是总体 $\bar{\bar{Y}}$ 的无偏估计值。

（2）估计值的方差。三阶抽样总体方差分解为三个部分，根据（7-3）式，可以推广到三阶抽样的总体方差为

$$\sigma^2(\bar{\bar{y}}) = \frac{\sigma_1^2}{n} + \frac{\sigma_2^2}{nm} + \frac{\sigma_3^2}{nmg} \tag{7-30}$$

各阶抽样比，$f_1 = \dfrac{n}{N}$，$f_2 = \dfrac{m}{M}$，$f_3 = \dfrac{g}{G}$

$$\sigma^2(\bar{\bar{y}}) = \frac{1-f_1}{n}\sigma_1^2 + \frac{1-f_2}{nm}\sigma_2^2 + \frac{1-f_3}{nmg}\sigma_3^2 \tag{7-31}$$

用样本估计时，仿照（7-2）式，则

$$S^2(\bar{\bar{y}}) = \frac{1-f_1}{n}S_1^2 + \frac{f_1(1-f_2)}{nm}S_2^2 + \frac{f_1 f_2(1-f_3)}{nmg}S_3^3 \tag{7-32}$$

式中：$S_1^2 = \dfrac{1}{n-1}\sum_{i=1}^{n}(\bar{\bar{y}}_i - \bar{\bar{y}})^2$

$$S_2^2 = \frac{1}{n(m-1)}\sum_{i=1}^{n}\sum_{j=1}^{m}(\bar{y}_{ij} - \bar{\bar{y}}_i)^2$$

$$S_3^2 = \frac{1}{nm(g-1)}\sum_{i=1}^{n}\sum_{j=1}^{m}\sum_{u=1}^{g}(y_{iju} - \bar{y}_{ij})^2$$

3. 三阶抽样样本单元数确定

三阶抽样各阶样本单元数确定比较复杂，现将均匀复合体的三阶抽样样本单元数设计介绍如下。

设第一、二和三阶的样本单元数分别为 n、m、g，第一、二和三阶样本的平均每个单元调查成本分别为 D_1、D_2 和 D_3，那么，三阶抽样的总成本额为：

$$\begin{aligned} D &= D_1 n + D_2 nm + D_3 nmg \\ &= D_1 n + D_2 K + D_3 L \end{aligned} \tag{7-33}$$

其中，$K = nm$，$L = nmg$。

三阶抽样方差公式（7-31）式为

$$\begin{aligned} \sigma^2(\bar{\bar{y}}) &= \frac{1-f_1}{n}\sigma_1^2 + \frac{1-f_2}{nm}\sigma_2^2 + \frac{1-f_3}{nmg}\sigma_3^2 \\ &\approx \frac{1}{n}\sigma_1^2 + \frac{1}{K}\sigma_2^2 + \frac{1}{L}\sigma_3^2 \end{aligned} \tag{7-34}$$

由(7-33)和(7-34)两式构造函数:

$$Q = \frac{1}{n}\sigma_1^2 + \frac{1}{K}\sigma_2^2 + \frac{1}{L}\sigma_3^2 + \lambda(D_1 n + D_2 K + D_3 L - D)$$

求 Q 关于 n, K 和 L 的偏导数和极值:

$$\frac{\partial Q}{\partial n} = -\frac{1}{n^2}\sigma_1^2 + \lambda D_1 = 0$$

即
$$n = \frac{\sigma_1}{\sqrt{\lambda D_1}} \tag{7-35}$$

$$\frac{\partial Q}{\partial K} = -\frac{1}{K^2}\sigma_2^2 + \lambda D_2 = 0$$

即
$$K = nm = \frac{\sigma_2}{\sqrt{\lambda D_2}} \tag{7-36}$$

$$\frac{\partial Q}{\partial L} = -\frac{1}{L^2}\sigma_3^2 + \lambda D_3 = 0$$

即
$$L = nmg = \frac{\sigma_3}{\sqrt{\lambda D_3}} \tag{7-37}$$

由(7-37)式除以(7-36)式,得到三阶样本单元数:

$$g = \frac{\sigma_3}{\sigma_2}\sqrt{\frac{D_2}{D_3}} \tag{7-38}$$

由(7-36)除以(7-35)式,得

$$m = \frac{\sigma_2}{\sigma_1}\sqrt{\frac{D_1}{D_2}} \tag{7-39}$$

这里得到的 n、m 与 g,主要决定于本阶的标准差和调查成本,若本阶方差愈大,则该阶的样本单元数就多;如果本阶单元成本高则该阶样本单元数相对少些。其次,对 m 与 g 来说还要考虑上一阶的方差和成本的影响。例如,(7-38)式中,决定三阶的 g,如果二阶方差 σ_2^2 较大,或者二阶的 D_2 较小,则相对于 g 应取较小值。

当考虑抽样比 f_2 和 f_3 时,那么,第三阶、第二阶的样本单元数应为:

$$g = \frac{\sigma_3}{\sqrt{\sigma_2^2 - \sigma_3^2/G}} \cdot \sqrt{\frac{D_2}{D_3}} \tag{7-40}$$

$$m = \sqrt{\frac{\sigma_2^2 - \sigma_3^2/G}{\sigma_1^2 - \sigma_2^2/M}} \cdot \sqrt{\frac{D_1}{D_2}} \tag{7-41}$$

将求得的 m 和 g,代入(7-33)式,便可得到一阶样本单元数

$$n = \frac{D}{D_1 + mD_2 + mgD_3} \tag{7-42}$$

由(7-40)、(7-41)和(7-42)式计算的 g、m 和 n，就能得到在规定的调查费用下，使三阶抽样误差达到最小。各式中 σ_1、σ_2 及 σ_3 在实际应用中都应用 S_1、S_2 及 S_3 样本值代替。

本章注释：

[注1] 求证(7-1)式。

证明：在二阶抽样中，包括两个阶段，因而在求一个估计值的平均数与方差时，必须把二阶抽样过程中所有可能的样本加以平均。计算这个平均数的一种方法是：首先把抽取的固定的一组 n 个单元中可能抽出的所有二阶样本的估计值加以平均 E_2，然后再把所有可能抽出的一阶样本加以平均 E_1，对于一个估计值 $\hat{\theta}$，其数学期望可以表示为

$$E(\hat{\theta}) = E_1 \left[E_2(\hat{\theta}) \right] \tag{7-1a}$$

其中，E 表示所有样本的数学期望或平均值。

根据(7-1)式

二阶样本平均数 　　　　　$\bar{\bar{y}} = \dfrac{1}{n} \sum\limits_{i=1}^{n} \bar{y}_i$

当二阶都采用简单随机抽样时，由(7-1a)式

$$E(\bar{\bar{y}}) = E_1 \left[E_2(\hat{\theta}) \right] = E_1 \left[E_2 \left(\frac{1}{n} \sum_{i=1}^{n} \bar{y}_i \right) \right]$$

$$= E_1 \left[\frac{1}{n} \sum_{i=1}^{n} \bar{Y}_i \right] = \frac{1}{N} \sum_{i=1}^{N} \bar{Y}_i = \bar{\bar{Y}} \tag{7-1b}$$

所以 $\bar{\bar{y}}$ 是总体 $\bar{\bar{Y}}$ 的无偏估计值。

[注2] 求证(7-2)式。

证明：对于估计值($\hat{\theta}$)的方差，按照方差定义，这种方法给出以下容易记忆的结果：

$$\sigma^2(\hat{\theta}) = E(\hat{\theta} - \theta)^2 = E_1 E_2(\hat{\theta} - \theta)^2 \tag{7-2a}$$

由于 　　　　$E_2(\hat{\theta} - \theta)^2 = E_2(\hat{\theta}^2) + \theta^2 - 2\theta E_2(\hat{\theta}) \tag{7-2b}$

$$E_2(\hat{\theta} - \theta)^2 = \left[E_2(\hat{\theta}) \right]^2 + \sigma_2^2(\hat{\theta}) + \theta^2 - 2\theta E_2(\hat{\theta}) \tag{7-2c}$$

这里，由 　　　　$\sigma_2^2(\hat{\theta}) = E_2(\hat{\theta}^2) - \left[E_2(\hat{\theta}) \right]^2$

$$E_2(\hat{\theta}^2) = \left[E_2(\hat{\theta}) \right]^2 + \sigma_2^2(\hat{\theta})$$

再对第一阶样本加以平均 E_1，并注意到

$$E_1 E_2(\hat{\theta}) = \theta$$

所以

$$\sigma^2(\hat{\theta}) = E_1[E_2(\hat{\theta})]^2 + E_1[\sigma_2^2(\hat{\theta})] - \theta^2 \qquad (7\text{-}2d)$$

$$= \sigma_1^2[E_2(\hat{\theta})] + E_1[\sigma_2^2(\hat{\theta})] \qquad (7\text{-}2e)$$

二阶抽样平均数 $\bar{\bar{y}}$ 的方差，应用(7-2e)式，则

$$\sigma^2(\bar{\bar{y}}) = \sigma_1^2[E_2(\bar{\bar{y}})] + E_1[\sigma_2^2(\bar{\bar{y}})]$$

$$= \sigma_1^2\left(\frac{1}{n}\sum_{i=1}^{n}\bar{Y}_i\right) + E_1\left[\sigma_2^2\left(\frac{1}{n}\sum_{i=1}^{n}\bar{y}_i\right)\right]$$

$$= \frac{1-f_1}{n} \cdot \frac{\sum\limits_{i=1}^{N}(\bar{Y}_i - \bar{\bar{Y}})^2}{N} + E_1\left[\frac{1}{n^2}\sum_{i=1}^{n}\frac{1-f_2}{m} \cdot \frac{\sum\limits_{i=1}^{M}(y_{ij} - \bar{Y}_i)^2}{M}\right]$$

$$= \frac{1-f_1}{n}\sigma_1^2 + \frac{1-f_2}{nm}E_1\left(\frac{1}{n}\sum_{i=1}^{n}\sigma_{2i}^2\right)$$

$$= \frac{1-f_1}{n}\sigma_1^2 + \frac{1-f_2}{nm}\sigma_2^2 \qquad (7\text{-}2f)$$

式中：$f_1 = \dfrac{n}{N}$，$f_2 = \dfrac{m}{M}$。

当用样本方差 S_1^2 与 S_2^2 分别代替 σ_1^2 与 σ_2^2 时，总体方差 $\sigma^2\bar{\bar{y}}$ 的无偏估计值为(7-2)式

$$S^2(\bar{\bar{y}}) = \frac{1-f_1}{n}S_1^2 + \frac{f_1(1-f_2)}{nm}S_2^2$$

可以证明：

由　$S_1^2 = \dfrac{1}{n-1}\sum\limits_{i=1}^{n}(\bar{y}_i - \bar{\bar{y}})^2$

$$(n-1)E_2(S_1^2) = E_2\left[\sum_{i=1}^{n}\bar{y}_i^2 - n\bar{\bar{y}}^2\right]$$

$$= \sum_{i=1}^{n}E_2(\bar{y}_i^2) - nE_2(\bar{\bar{y}}^2)$$

$$= \sum_{i=1}^{n}\{[E_2(\bar{y}_i)]^2 + \sigma_2^2(\bar{y}_i) - n[E_2(\bar{\bar{y}})]^2 + \sigma_2^2(\bar{\bar{y}})\}$$

$$= \sum_{i=1}^{n}\bar{Y}_i^2 + \sum_{i=1}^{n}\frac{1-f_2}{m}\sigma_{2i}^2 - n\left(\frac{1}{n}\sum_{i=1}^{n}\bar{Y}_i\right)^2 - \frac{1-f_2}{nm}\sigma_{2i}^2$$

$$= \sum_{i=1}^{n}(\bar{Y}_i - \bar{Y}_n)^2 + \frac{(n-1)(1-f_2)}{nm}\sum_{i=1}^{n}\sigma_{2i}^2$$

所以　　$$E_2(S_1^2) = \frac{1}{n-1}\sum_{i=1}^{n}(\bar{Y}_i - \bar{Y}_n)^2 + \frac{1-f_2}{m}\sigma_2^2 \qquad (7\text{-}2g)$$

又由

$$E(S_1^2) = E_1 [E_2(S_1^2)]$$

$$= E_1 \left[\frac{1}{n-1} \sum_{i=1}^{n} (\overline{Y}_i - \overline{Y}_n)^2 + \frac{(1-f_2)}{m} E_1 \left(\frac{1}{n} \sum_{i=1}^{n} \sigma_{2i}^2 \right) \right]$$

$$= \sigma_1^2 + \frac{1-f_2}{m} \sigma_2^2 \qquad (7\text{-}2\text{h})$$

式中 $\overline{Y}_n = \frac{1}{n} \sum_{i=1}^{n} \overline{Y}_i = E_2(\overline{\overline{y}}) \neq \overline{\overline{Y}}$

而

$$E(S_2^2) = E_1 [E_2(S_2^2)]$$

$$= E_1 \left\{ \frac{1}{n} \sum_{i=1}^{n} E_2 \left[\frac{1}{m-1} \sum_{i=1}^{m} (y_{ij} - \bar{y}_i)^2 \right] \right\}$$

$$= E_1 \left\{ \frac{1}{n} \sum_{i=1}^{n} \left[\frac{1}{M-1} \sum_{i=1}^{M} (y_{ij} - \overline{Y}_i)^2 \right] \right\}$$

$$= \frac{1}{N(M-1)} \sum_{i=1}^{N} \sum_{j=1}^{M} (y_{ij} - \overline{Y}_i)^2 = \sigma_2^2 \qquad (7\text{-}2\text{i})$$

所以(7-2)式的数学期望

$$E[S^2(\overline{\overline{y}})] = E \left(\frac{1-f_1}{n} S_1^2 \right) + E \left[\frac{f_1(1-f_2)}{nm} S_2^2 \right]$$

$$= \frac{1-f_1}{n} E(S_1^2) + \frac{f_1(1-f_2)}{nm} E(S_2^2)$$

$$= \frac{1-f_1}{n} \sigma_1^2 + \frac{(1-f_1)(1-f_2)}{nm} \sigma_2^2 + \frac{f_1(1-f_2)}{nm} \sigma_2^2$$

$$= \frac{1-f_1}{n} \sigma_1^2 + \frac{1-f_2}{nm} \sigma_2^2$$

$$= \sigma^2(\overline{\overline{y}}) \qquad (7\text{-}2\text{j})$$

得证 $S^2(\overline{\overline{y}})$ 是 $\sigma^2(\overline{\overline{y}})$ 的无偏估计值。

[注3]求证(7-4)式。

证明：由(7-2f)式

$$\sigma(\overline{\overline{y}}) = \frac{1-f_1}{n} \sigma_1^2 + \frac{1-f_2}{nm} \sigma_2^2$$

令 $nm = K$，$\sigma_n^2 = \sigma_1^2 - \frac{1}{M} \sigma_2^2$

则二阶抽样方差(7-2f)式可改写为：

$$\sigma^2(\overline{\overline{y}}) = \left(\frac{1}{n} - \frac{1}{N} \right) \sigma_n^2 + \left(\frac{1}{K} - \frac{1}{NM} \right) \sigma_2^2 \qquad (7\text{-}4\text{a})$$

若从抽样方差和调查费两方面进行考虑，并设第一阶样本单元的平均调查费用为 D_1，二阶样本单元的平均调查费用为 D_2，D 为二阶抽样的总费用，则

$$D = nD_1 + nmD_2 \qquad (7\text{-}4b)$$

由(7-4a)(7-4b)两式，构成拉格郎日条件极值函数：

$$Q = \lambda \left(D - nD_1 - KD_2 \right) + \left[\left(\frac{1}{n} - \frac{1}{N} \right)\sigma_n^2 + \left(\frac{1}{K} - \frac{1}{NM} \right)\sigma_2^2 \right] \qquad (7\text{-}4c)$$

对 Q 求关于 n 和 K 的偏导数和极值

$$\frac{\partial Q}{\partial n} = -\lambda D_1 - \frac{1}{n^2}\sigma_n^2 = 0$$

$$\frac{\partial Q}{\partial K} = -\lambda D_2 - \frac{1}{K^2}\sigma_2^2 = 0$$

即有 $\dfrac{\sigma_n^2}{n^2} = -\lambda D_1$，$\dfrac{1}{K^2}\sigma_2^2 = -\lambda D_2$

两式相比，并开方，得到：

$$\frac{K}{n} = m = \frac{\sigma_2}{\sigma_n}\sqrt{\frac{D_1}{D_2}} = \frac{\sigma_2}{\sqrt{\sigma_1^2 - \sigma_2^2/M}}\sqrt{\frac{D_1}{D_2}} \qquad (7\text{-}4d)$$

即(7-4)式得证。

[注4] 求证(7-6)式。

证明：将(7-4d)式结果代入(7-4a)式化简，就得到在给定调查费用条件下的最优一阶样本单元数：

$$n = \frac{D}{D_1 + \dfrac{\sigma_2}{\sigma_n}\sqrt{D_1 D_2}} = \frac{D}{D_1 + \dfrac{\sigma_2}{\sqrt{\sigma_1^2 - \sigma_2^2/M}}\sqrt{D_1 D_2}} \qquad (7\text{-}6a)$$

当给定抽样误差限，把(7-4d)式代入(7-4a)式并化简，可以得到一阶样本单元数：

$$n = \frac{t^2\left(\sigma_1^2 + \dfrac{1}{m}\sigma_2^2 - \dfrac{1}{M}\sigma_2^2 \right)}{\Delta^2(\bar{\bar{y}}) + \dfrac{1}{N}\sigma_1^2 t^2} \qquad (7\text{-}6b)$$

即(7-6)式得证。

第八章

回归抽样估计

第一节　回归抽样估计的概述

回归抽样估计是应用回归统计分析的原理进行抽样推断。在前面几章中，所研究的各种抽样方法，都是讨论一个变量的抽样估计问题。这一章我们将介绍两个变量之间有相关关系的抽样估计方法。在社会经济和生物科学中，各种调查因子之间往往存在着一定的相互关系，并呈现明显的某种规律性，利用它们之间的规律可由一个因子来确定另一个因子的数值。回归分析就是处理变量与变量之间关系的一种数学方法。

变量之间的关系可分为两类：即确定性的和不确定性的关系。

确定性的关系，如圆面积 $a = \pi r^2$，给出一个半径 r 就有一个完全确定的面积值与之对应。圆面积与半径这种关系称为确定性的关系，通常人们把确定性的关系称为函数关系。函数关系不属回归分析研究的范畴。

非确定性关系，在日常遇到的有很多，如居民的收入与消费、林木的胸径与树高、树高与年龄之间等。一般来说，胸径大，树就高；年龄大，树也高。但是胸径相同的树，树高也不会完全一样，就是说，给出一个胸径值不只有一个确定的树高与之对应。但给出一个胸径值时，有一个树高的分布与其对应，反之亦然。我们称这种关系为不确定性关系，又称相关关系。

回归的概念：如果有两个变量 x 和 y，其中有一个变量（设为 x）可以人为控制或便于测定，这样可以把它看作自变量。如果对这样的 x 的每一个可能值 x_i，都有 y 的一个分布与之对应，则称随机变量 y 对变量 x 存在着回归关系。比如，以 x 表示树木的胸径，y 表示树木的材积，我们以易测的胸径 x 作自变量来预估该树的材积，即使给出了胸径 x_0，预估的材积也会有微小的变动，并不能完全确定材积值，因为除了胸径之外，还有许多因素（如树高）会影响材积值随之变动。这就是说，胸径与材积之间不是数学上的函数关系，而是数理统计上的回归关系。

应该说明，在实际应用中，我们并不严格区分相关关系与回归关系的概念，只要记住把比较简单，易测的变量当作自变量 x 就可以了。

在实际工作中，应用最广泛，最基础的是线性回归估计，即描述 x 和 y 两个变量之间回归关系的直线方程 $\hat{Y} = A + Bx$。

1. 利用回归抽样估计主要解决的问题

(1)确定各调查因子之间是否存在着回归关系，若存在，找出它们之间最优的数学表达式。

(2)根据给定的一个或几个自变量数值，预测或控制因变量 y 的数值，并能确定其预测精度。并根据 y 的要求设法控制自变量 x 的取值范围。

(3)当有许多个因子共同影响因变量 y 时，可以通过逐步回归方法，找出哪些是起重要作用的因子，哪些是次要因子，以及这些因子之间又有什么关系。

本章只讨论(1)、(2)两个方面的内容。

2. 应用回归抽样估计的条件

在 $\hat{y} = a + bx$ 中，被估计的因子称为因变量或主要因子，x 称为自变量或辅助因子。

回归估计要求采用重复抽样，若为无限总体或总体单元数充分大，即使不重复抽样也可视为重复抽样。对所研究调查的总体应满足以下条件：

(1)自变量与因变量之间存在着直线相关关系。

(2)总体在自变量的各个给定数值上相对应的因变量 y 的分布为正态分布。

(3)这些正态分布的方差相等。

(4)当自变量 $x = x_i$ 时(x 为非随机变量)，与之相对应的因变量 y_i 之间是相互独立的。

以上四个条件简称为独立、线性、正态、等方差。

(5)辅助因子的总体平均数 $\bar{X}$ 也必须为已知，否则，对主要因子的总体平均数无法估计。

上述各条件，在实际调查中一般都能满足。例如，粮食产量与种植面积、消费与收入、实测小班森林蓄积量与航空相片判读蓄积量、经济林产量与株数之间等，均可用回归抽样估计方法对总体平均数或单元值进行估计。当对总体主要因子的分布不明确的情况下，可以试抽一定数量的样本单元，进行正态假设检验和方差齐性检验，然后决定是否可采用回归分析方法。有关正态和方差齐性的检验方法可参考高等院校教材《数理统计》有关章节。

第二节　一元线性回归方程的确定

1. 收集资料

为了分析两个变量 x 与 y 之间的关系，首先应从调查总体内随机抽取样本，样本单元的测定要同时记录 x 值与 y 值，即每个样本单元的数据要成对 $(x_i,\ y_i)$。注意切不可把 A 单元的 x 值与 B 单元的 y 值配对。

2. 绘散点图

收集到样本 n 对 $(x_1,\ y_1)$，$(x_2,\ y_2)$，…，$(x_n,\ y_n)$ 数值之后，把 $(x_i,$ $y_i)$ 各点，绘在方格纸上，以横坐标表示 x，纵坐标表示 y，得出的图称散点图（图 8-1）。从图中可以直观地观察两个变量之间关系是否密切，分析 y 与 x 之间呈现什么规律，如果这些散点分布趋势可用直线描述，则可以选择直线回归方程。若在图上发现有个别数据点明显远离直线，这时应仔细分析其原因，是否应从样本资料中剔除它。一种简单的方法是用三倍标准差检验法，即该点的 y_i 值与其条件平均数 $\hat{y}_i$ 之差大于 3σ，则认为该 y_i 值是异常数据，可剔除，否则应保留。

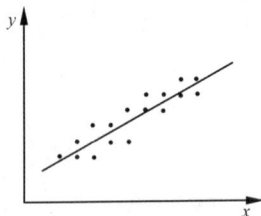

图 8-1　散点图

在许多科技领域中，回归方程的选择有时不单纯从散点图分布的趋势，还要从下面两个原则来判断：

（1）所确定的回归方程必须符合生物学或其他专业的一般规律。如前面列举的例子中，树木的材积与胸高断面积为直线回归关系，而树木的材积与胸高直径则为非直线回归关系，就应该寻找相应的曲线方程来描述。

（2）根据散点图所表现出来的趋势，假设一个数学模型，然后用样本数据，通过回归分析方法进行拟合，检验该模型是否适用。

3. 一元线性回归方程的求解

如果总体各单元的主要因子与辅助因子之间存在着一元线性回归关系，并且满足正态或近似正态分布，方差相等或近似相等条件，则可以用直线回归方程

$$\hat{Y} = A + Bx \tag{8-1}$$

对总体进行描述。

由于在实际工作中，不可能找出两个变量的所有可能的取值，所以 A，B 虽知是常数，而实际上是无法得到的。因此，在应用中只能通过样本得到

A，B 的估计值。

当从总体中随机的抽取 n 个样本单元 (x_i, y_i) $(i = 1, 2, \cdots, n)$，对总体进行回归估计时，则

$$y = a + bx \tag{8-2}$$

式中：x 称为自变量，为非随机变量；y 称因变量，为随机变量；a 与 b 分别是总体参数 A 与 B 的估计值。

假设所确定的经验回归方程 $\hat{y} = a + bx$ 是一条与各点最相配合的直线，那么 a，b 应使剩余平方和 Q 达到最小，即

$$Q = \sum (y_i - \hat{y}_i)^2 \text{ 最小}$$

$$Q = \sum (y_i - \hat{y}_i)^2 = \sum (y_i - a - bx_i)^2 \tag{8-3}$$

根据最小二乘法可以求解式(8-3)中 a 及 b，并使 Q 值达到最小。

通过求 Q 关于 a，b 的偏导数和极值，便可得到下列方程组：

$$\begin{cases} na + b \sum x_i = \sum y_i \\ a \sum x_i + b \sum x_i^2 = \sum x_i y_i \end{cases} \tag{8-4}$$

由式(8-4)容易得到 b，a 的关系式：

$$b = \frac{\sum (x_i - \bar{x})(y_i - \bar{y})}{\sum (x_i - \bar{x})^2} = \frac{\sum x_i y_i - \frac{1}{n}(\sum x_i)(\sum y_i)}{\sum x_i^2 - \frac{1}{n}(\sum x_i)^2} \tag{8-5}$$

$$a = \frac{1}{n} \sum y_i - \frac{b}{n} \sum x_i = \bar{y} - b\bar{x} \tag{8-6}$$

把样本数据代入(8-5)和(8-6)两式，便可求出 a 及 b，于是就得到经验回归方程

$$\hat{y} = a + bx \tag{8-7}$$

式中：a 称为经验回归方程的常数项，b 称回归系数。

经验回归方程确定后，若知道 x 值，代入方程，就可以预测其相应的 $\hat{y}$ 值。

4. 经验回归方程的检验

用最小二乘法求解 a、b 的过程中，只是应用了使 Q 值达到最小的原理，那么，我们可以看到，对于任何一组成对的数据 (x_i, y_i)，不论散点图分布如何，不管两个变量之间是否存在线性关系，都可以用此种方法拟合出一条直线回归方程使 Q 值达到最小。要回答在什么情况下所拟合的回归方程才有实际意义，符合两个变量之间的客观规律呢？这就必须对所求出的经

验回归方程进行数学检验。最常用的是相关系数检验法或方差分析(F 检验)法。

为了描述样本的 x 与 y 的线性相关紧密程度，可用下式计算其相关系数：

$$r = \frac{\sum (x_i - \bar{x})(y_i - \bar{y})}{\sqrt{\sum (x_i - \bar{x})^2 \cdot \sum (y_i - \bar{y})^2}} = \frac{S_{xy}}{S_x S_y} \qquad (8\text{-}8)$$

或
$$r = b\frac{S_x}{S_y} \qquad (8\text{-}9)$$

式中：S_{xy} 为样本协方差；S_x 为变量 x 的标准差；S_y 为变量 y 的标准差。

相关系数有如下性质：

若 $0 \leq r \leq 1$，当 $r > 0$ 时，称正相关，即 x 增大，y 也随之增大。当 $r < 0$ 时，称负相关，即 x 增大时，y 随之减小。$|r|$ 愈接近 1，说明 y 对 x 的线性相关愈紧密。当 $r = 1$ 时，样本点全落在回归直线上，对此称 y 与 x 为完全线性相关。

当样本相关系数计算出来后，根据显著水平 a 和自由度 $n-2$ 查相关系数表(附表 9)得到 $r_{a(n-2)}$。

若 $|r| > r_{a(n-2)}$ 值，则认为两者线性相关显著，所拟合经验回归方程可用。

若 $|r| < r_{a(n-2)}$ 值，则认为两者线性相关不显著或相关不紧密，所拟合经验回归方程不适用。

F 检验法。根据方差分析，线性回归的方差分析可用式(8-10)来检验 x 与 y 的相关性。

$$F = \frac{\sum (\hat{y}_i - \bar{y})^2/1}{\sum (y_i - \hat{y})^2/(n-2)}$$
$$= \frac{b^2 \sum (x_i - \bar{x})^2/1}{[\sum (y_i - \bar{y})^2 - b^2 \sum (x_i - \bar{x})^2]/(n-2)} \qquad (8\text{-}10)$$

归纳成方差分析见表 8-1。

表8-1　一元线性回归方差分析表

变差来源	离差平方和	自由度	均方	均方比	临界值
回归	$u = \sum (\hat{y}_i - \bar{y})^2 = b^2 \sum (x_i - \bar{x})^2$	1	$u/1$	$F = \dfrac{u/1}{Q/(n-2)}$	$F_{a(1,n-2)}$
剩余	$Q = \sum (y_i - \hat{y}_i)^2 = \sum (y_i - \bar{y})^2 - u$	2	$Q/n-2$		
总的	$Ly = \sum (y_i - \bar{y})^2$	$n-1$			

$F_{a(1,n-2)}$ 可查 F 分布表(附表 8)。

若 $F > F_{a(1,n-2)}$ 值，说明所拟合回归方程是显著的，回归方程适用。

若 $F < F_{a(1,n-2)}$ 值，则说明所拟合回归方程不适用。

以上两种检验方法，在应用时对同一个经验回归方程只要选择一种检验方法即可。这是因为相关系数检验与 F 检验两者实质相同。数学可以证明

$$F = \frac{(n-2)r^2}{(1-r^2)} \qquad (8\text{-}11)$$

可以看出，两种检验方法实际上是一回事，记住这个结论是有用的。

5. 回归剩余方差及剩余标准差

经验回归方程一经确定，还应研究它在预测中所产生的误差范围，衡量回归直线的误差标准尺度就是总体剩余标准差 σ_y。由于总体方差 σ_y^2 通常是无法知道，像其他抽样方法一样，可以用样本对它进行估计，根据数理统计原理，有

$$E\left(\frac{Q}{n-2}\right) = \sigma_y^2 \qquad (8\text{-}12)$$

令 $S_e^2 = \dfrac{Q}{n-2} = \dfrac{1}{n-2} \sum (y_i - \hat{y}_i)^2$

$$= \frac{1}{n-2}\left[\sum (y_i - \bar{y})^2 - b^2 \sum (x_i - \bar{x})^2 \right] = \frac{n-1}{n-2}(S_y^2 - b^2 S_x^2)$$

$$(8\text{-}13)$$

称 S_e^2 为回归剩余方差，其平方根 S_e，称为回归剩余标准差，它是估计回归直线精度的尺度。

例 8-1　某林场有林地面积 7 000hm²，共区划为 300 个小班，相片判读结果，小班平均蓄积量 $\bar{X} = 160\text{m}^3$，从总体中随机抽取了 10 个小班进行地面实测。判读与实测小班数据列入表 8-2，回归直线方程计算见表 8-3，要求用 95% 的可靠性，对总体全部小班平均实际蓄积量进行估计。

解： $S_x^2 = \dfrac{1}{n-1} \sum (x_i - \bar{x})^2 = \dfrac{1}{9} \times 70978.5 = 7886.5$

$S_x = 88.806$

$S_y^2 = \dfrac{1}{n-1} \sum (y_i - \bar{y})^2 = \dfrac{1}{9} \times 33823.6 = 3758.18$

$S_y = 61.304$

(1) 计算回归方程系数 b 及 a

$$b = \frac{\sum (x_i - \bar{x})(y_i - \bar{y})}{\sum (x_i - \bar{x})^2} = \frac{41425}{70978.5} = 0.584$$

表 8-2　　小班判读与实测回归蓄积量计算（步骤 1）

小班号	判读蓄积 x_i	实测蓄积 y_i	x_i^2	y_i^2	x_iy_i
1	218	203	47 524	41 209	44 254
2	38	54	1 444	2 916	2 052
3	48	66	2 304	4 356	3 168
4	192	138	36 864	19 044	26 496
5	136	129	18 496	16 641	17 544
6	218	204	47 524	41 616	44 472
7	77	106	5 929	11 236	8 162
8	118	203	13 924	41 209	23 954
9	324	229	104 976	52 441	74 196
10	136	166	14 496	27 556	22 576
$\sum$	1 505	1 498	297 481	258 224	266 874

表 8-3　　回归直线方程计算（步骤 2）

$\sum x_i = 1505$	$\sum y_i = 1498$	$n = 10$
$\bar{x} = 150.50$	$\bar{y} = 149.80$	
$\sum x_i^2 = 297481$	$\sum y_i^2 = 258224$	$\sum x_iy_i = 266874$
$\dfrac{1}{n}(\sum x_i)^2 = 226502.5$	$\dfrac{1}{n}(\sum y_i)^2 = 224400.4$	$\dfrac{1}{n}(\sum x_i)(\sum y_i) = 225449$
$\sum(x_i - \bar{x})^2 = 70978.5$	$\sum(y_i - \bar{y})^2 = 33823.6$	$\sum(x_i - \bar{x})(y_i - \bar{y}) = 41425$

$$a = \bar{y} - b\bar{x} = 149.80 - 0.584 \times 150.50 = 61.908$$

（2）所求经验回归方程为

$$\hat{y} = 61.908 + 0.584x$$

（3）Y 对 x 的相关系数

$$r = b\frac{S_x}{S_y} = 0.584 \times \frac{88.806}{61.304} = 0.846$$

查相关系数表，临界值 $r_{0.05(10\text{-}2)} = 0.632$

因为 $r = 0.846 > r_{0.05(10\text{-}2)} = 0.632$

结论：y 对 x 相关显著，判读经验回归方程适用。

（4）剩余回归标准差估计

$$S_e^2 = \frac{1}{n-2}\left[\sum(y_i - \bar{y})^2 - b^2\sum(x_i - \bar{x})^2\right]$$

$$= \frac{1}{10-2}\left[33823.6 - 0.584^2 \times 70978.5\right]$$

$$= 1201.99$$

$$S_e = \sqrt{1201.99} = 34.670 \text{ m}^3 / \text{小班}$$

第三节　回归抽样预测

回归分析的主要目的之一是预测。如例 8-1 中，既可以用确定的经验回归方程预测总体全部 300 个小班的实测平均蓄积量，也可以预测其中某个小班的实测蓄积量。下面分别介绍回归预测的方法。

1. 总体平均数的估计

将已知的辅助变量总体平均数 $\overline{X}$ 代入经验回归方程即可预测总体主要因子 $\overline{Y}$ 值。$\overline{Y}$ 的无偏线性估计值为

（1）$\overline{Y}$ 的估计值

$$\overline{y}_r = a + b\,\overline{X} \tag{8-14}$$

或
$$\overline{y}_r = \overline{y} + b(\overline{X} - \bar{x}) \tag{8-15}$$

式中：$\overline{y}_r$ 为主要因子总体回归平均数。

（2）估计值的方差

$$S^2(\overline{y}_r) = S_e^2 \cdot \left[\frac{1}{n} + \frac{(\overline{X} - \bar{x})^2}{\sum (x_i - \bar{x})^2} \right] \tag{8-16}$$

回归标准误

$$S(\overline{y}_r) = \sqrt{S^2(\overline{y}_r)} \tag{8-17}$$

（3）总体平均数的估计误差限

$$\Delta(\overline{y}_r) = t_{\alpha(n-2)} S(\overline{y}_r) \tag{8-18}$$

现用例 8-1 来说明对总体的估计方法。

（1）总体小班平均蓄积量回归估计值

$$\overline{y}_r = a + b\,\overline{X} \qquad (已知 \overline{X} = 160)$$

$$\overline{y}_r = 61.908 + 0.584 \times 160 = 155.35 \text{m}^3 / \text{小班}$$

（2）估计值的方差

$$S^2(\overline{y}_r) = 1201.99 \times \left[\frac{1}{10} + \frac{(160 - 150.5)^2}{70978.5} \right] = 121.661$$

标准误 $S(\overline{y}_r) = \sqrt{S^2(\overline{y}_r)} = \sqrt{121.661} = 11.03 \text{m}^3 / \text{小班}$

（3）估计误差限

$$\Delta(\overline{y}_r) = t_{0.05(10-2)} S(\overline{y}_r)$$

$$= 2.306 \times 11.03 = 25.44 \text{m}^3 / \text{小班}$$

$$E = \frac{\Delta(\bar{y}_r)}{\bar{y}_r} = \frac{25.44}{155.348} = 0.164$$

（4）估计精度

$$p_c = 1 - E = 1 - 0.164 = 83.6\%$$

（5）总体蓄积量估计值

$$\hat{y} = N\bar{y}_r = 300 \times 155.348 = 46\ 604\text{m}^3$$

结论：该林场共有林地面积 7 000hm^2，经采用回归抽样估计，平均每个小班蓄积量为 155.35m^3，总体蓄积量估计值为 46 604m^3，估计精度为 83.6%，作出估计的可靠性为 95%。

2. 总体个别单元的预测

用回归方程不仅能预测总体平均数，而且还能对总体个别单元主要因子 y 进行估计。比如，在例 8-1 的森林调查中，通过回归方法可以把森林资源落实到每个小班。当然，除非相关系数非常大，否则小班蓄积量估计精度难以满足规定要求。像前面例子中，要想使小班估计精度达到一定要求，还必须从提高航空相片的判读性能或采用多元回归等方面去解决。

（1）个别单元的预测值。利用经验回归方程 $\hat{y} = a + bx$，给定某个单元自变量 $x = x_0$，即可得到该单元的估计值：

$$\hat{y}_{ro} = a + bx_0 \tag{8-19}$$

（2）预测值的方差 $S^2(\hat{y}_{ro})$

$$S^2(\hat{y}_{ro}) = S_e^2 \cdot \left[1 + \frac{1}{n} + \frac{(x_0 - \bar{x})^2}{\sum(x_i - \bar{x})^2} \right] \tag{8-20}$$

（3）预测误差限

$$\Delta = t_{\alpha(n-2)} S(\hat{y}_{ro}) \tag{8-21}$$

从式（8-21）可以看出，估计值 $\hat{y}_{ro}$ 的误差限大小与样本 n 与 $|x_0 - \bar{x}|$ 的大小有关，n 越大，x_0 越接近 $\bar{x}$，估计精度就越高。

同时也告诉我们，用回归方程来预测 y 值时，x 的取值不能随意外延，若 x 取值超出拟合回归方程所用 x 的变化范围，将影响所估计的精度。

仍用例 8-1 资料，假设某个小班判读蓄积量为 $x_0 = 140$m^3，问该小班实测蓄积量及估计精度是多少？

（1）该小班实测蓄积估计值为

$$\hat{y}_{ro} = 61.908 + 0.584 \times 140 = 143.67\text{m}^3$$

（2）该小班蓄积量估计值的方差。用（8-20）式

$$S^2(\hat{y}_{ro}) = 1201.99 \times \left[1 + \frac{1}{10} + \frac{(140 - 150.5)^2}{70978.5} \right]$$

$$= 1201.99 \times 1.1015$$
$$= 1326.140$$

所以，标准误 $S(\hat{y}_{ro}) = \sqrt{1326.140} = 36.41\mathrm{m}^3$

(3)回归估计误差限

$$\Delta = t_{\alpha(n-2)}S(\hat{y}_{ro})$$
$$= 2.306 \times 36.41 = 83.96\mathrm{m}^3$$

$$E = \frac{83.96}{143.67} = 0.584$$

(4)该小班蓄积量估计精度

$$p_c = 1 - E = 1 - 0.584 = 41.6\%$$

(5)总体蓄积量的估计。总体蓄积量的回归估计值，可把每个单元(小班)估计值累加起来求得

$$\hat{y} = (\hat{y}_{r1} + \hat{y}_{r2} + \cdots + \hat{y}_{rN}) = \sum_{i=1}^{N} \hat{y}_{ri} \tag{8-22}$$

如果总体各单元(小班)大小相等(面积相同)，则可求总体小班平均蓄积量及平均估计误差：

$$\bar{y} = \frac{1}{N} \sum_{i=1}^{N} \hat{y}_{ri} \tag{8-23}$$

$$\overline{\Delta} = \frac{1}{N} \sqrt{\sum_{i=1}^{N} \Delta^2(\hat{y}_{ri})} \tag{8-24}$$

但在实际工作中，由于单元大小(面积)不相等，按面积加权计算的平均蓄积量并不等于(8-23)式的算术平均数，平均误差也同样。为了计算方便起见，仍可用(8-18)式计算误差限，作为总体误差限的近似估计。

第四节　回归估计效率分析

由前面所列回归方差分析表 8-1 可以看到，总体方差可分解为两部分，即

$$\sum (y_i - \bar{y})^2 = \sum (y_i - \hat{y}_i)^2 + \sum (\hat{y}_i - \bar{y})^2$$
$$L_y = Q + u$$
$$Q = L_y - u$$

由定义,总体相关系数

$$\rho^2 = \frac{u}{L_y} = \frac{\sum (\hat{y}_i - \bar{y})^2}{\sum (y_i - \bar{y})^2}$$

$$u = \rho^2 \sum (y_i - \bar{y})^2$$

$$Q = L_y - \rho^2 L_y = L_y(1 - \rho^2)$$

两边乘 $\frac{1}{N}$，则有：
$$\sigma_e^2 = \sigma_y^2(1 - \rho^2) \tag{8-25}$$

因此总体回归平均数的方差为

$$\sigma^2(\bar{y}_r) = \frac{\sigma_e^2}{n} = \frac{\sigma_y^2}{n}(1 - \rho^2) \tag{8-26}$$

而简单随机抽样的总体平均数估计值方差为

$$\sigma_{\bar{y}}^2 = \frac{\sigma_y^2}{n} \tag{8-27}$$

比较（8-26）与（8-27）两式，在重复抽样下，抽样比相同时，由于 $(1 - \rho^2) \leqslant 1$，所以 $\sigma^2(\bar{y}_r) \leqslant \sigma_{\bar{y}}^2$，相关系数 ρ 值愈大，回归抽样精度愈高。只有当 $\rho = 0$ 时，回归抽样估计效率才与简单随机抽样相同。这是因为回归抽样估计有效地利用了辅助变量 x 的信息，使抽样估计精度得到提高，并且所选择的 x 因子与 y 相关性愈紧密，回归抽样估计愈有效。

上述分析只考虑了抽样比相同的条件，而没有考虑到回归抽样还需取得每个样本单元的数值的费用。从经济角度看，抽样比相同，则回归抽样不如简单随机。所以，在设计回归抽样时，要同时兼顾提高估计精度和降低经济费用。在一般情况，只有当回归抽样的总费用低于简单随机抽样的费用，而又可以获得同样精度时，回归抽样估计方法才有被采用的价值。

第五节　回归抽样样本单元数确定

由（8-26）式可以得到

$$\Delta^2(\bar{y}_r) = \frac{t^2}{n}\sigma_y^2(1 - \rho^2) \tag{8-28}$$

则
$$n = t^2\sigma_y^2(1 - \rho^2)/\Delta^2(\bar{y}_r) \tag{8-29}$$

或
$$n = \frac{t^2 C_y^2}{E^2}(1 - \rho^2) \tag{8-30}$$

例8-2　设总体主要因子 y 的变动系数 $C_y = 0.60$，y 与 x 的相关系数 $\rho = 0.80$，现要求估计精度不低于 90%，可靠性为 95%，问应抽取多少样本单元？

解：如果用简单随机抽样，估计总体主要因子特征数，所需抽样的样本 n 为：

$$n = \left(\frac{1.96 \times 0.60}{0.10} \right)^2 = 139$$

如果采用回归抽样方法，则样本单元数为：

$$n = \left(\frac{1.96 \times 0.60}{0.10} \right)^2 (1 - 0.80^2) = 50$$

说明回归抽样估计比简单随机抽样所需样本单元数少。

第六节　分层回归抽样估计

在第五章中，我们分析过分层抽样的效率一般高于简单随机抽样。如果把分层抽样的优点和回归估计结合起来，会更有利于提高总体的估计效率。

先将总体按分层抽样的原则，划分成层，在每层内进行独立地回归抽样估计，或将各层联合拟合回归方程，用以估计总体的方法称为分层回归的抽样估计。

分层回归抽样估计有两种形式：分别回归抽样估计和联合回归抽样估计。

1. 分别回归抽样估计

设总体有 N 个单元，分成 L 个层，第 h 层含有 N_h 个单元，样本容量为 n_h，样本观测值为 y_{hi} 和辅助变量为 x_{hi}（$h = 1, 2, \cdots, L$；$i = 1, 2, \cdots, n_h$），并且各层的辅助变量的平均数 $\overline{X}_h$ 是已知的。

（1）各层平均数的回归估计值

$$\bar{y}_{rh} = a_h + b_h \overline{X}_h \qquad (8\text{-}31)$$

式中：a_h，b_h 分别为第 h 层的回归常数和回归系数，即 $a_h = \bar{y}_h - b_h \bar{x}_h$。

（2）总体分层回归估计的平均数

$$\bar{y}_{rs} = \sum_{h=1}^{L} w_h \bar{y}_{rh} \qquad (8\text{-}32)$$

式中：$w_h = \dfrac{N_h}{N}$。

（8-32）式与分层抽样总体平均数估计式意义相同，不同之处只是用层回归平均数代替了层的算术平均数。

（3）总体平均数估计值的方差

$$S^2(\bar{y}_{rs}) = \sum_{h=1}^{L} w_h^2 \frac{S_{eh}^2}{n_h} \left(1 - \frac{n_h}{N_h} \right) \qquad (8\text{-}33)$$

式中：S_{eh}^2 为第 h 层回归剩余方差，即

$$S_{eh}^2 = \frac{1}{n_h - 2}\left[\sum_{i=1}^{n_h}(y_{hi} - \bar{y}_h)^2 - b_h^2\sum_{i=1}^{n_h}(x_{hi} - \bar{x}_h)^2\right] \tag{8-34}$$

（4）分层回归误差限

$$\Delta(\bar{y}_{rs}) = t_{\alpha(n-2L)}S(\bar{y}_{rs}) \tag{8-35}$$

t 值查 t 分布表，自由度为 $n - 2L$。

例 8-3 1975 年北京林学院曾在贵州省某县用分层回归估计法，调查经济林木株数。鉴于经济林油桐，在当地多为农桐混作，不易估计面积，油桐籽又不宜食用，可通过产量调查估计全县油桐株数。

根据油桐产区分布，将全县 3632 个生产队，划分为产区和非产区两层。然后从每层抽取样本生产队，抽中的队实测其株数和上年的油桐籽产量。调查结果见表 8-4。

表 8-4　油桐分层抽样调查统计表

层代号	层总体单元 N_h	层样本 n_h	层权重 w_h	$1 - f_h$	X_h（斤）
1 产区	2069	54	0.57	0.974	3687.7
2 非产区	1563	45	0.43	0.971	1110.4
Σ	3632	99	1.00		

解：（1）各层（产区）平均数估计。平均每队株数估计方程为：

产区
$$\bar{y}_{y1} = 44.521 + 0.306\,\bar{X}_1$$
$$= 244.521 + 0.306 \times 3687.7$$
$$= 1373 \text{ 株/队}$$

非产区
$$\bar{y}_{y2} = 60.898 + 0.365\,\bar{X}_2$$
$$= 60.898 + 0.365 \times 1110.4$$
$$= 466.2 \text{ 株/队}$$

（2）全县 3632 个队平均株数为

$$\bar{y}_{ys} = \sum_{h=1}^{2} w_h\bar{y}_{rh}$$
$$= 0.57 \times 1373.0 + 0.43 \times 466.2$$
$$= 983 \text{ 株 / 队}$$

（3）全县油桐总株数为

$$\hat{y} = N\bar{y}_{rs} = 3632 \times 983 = 3\,570\,256 \text{ 株}$$

（4）总体分层回归估计值方差计算

表 8-5 分层回归估计总体估计值方差计算表

层代号	w_h	$1-f_h$	S_{eh}^2	w_h^2	n_h	$w_h^2 S_{eh}^2 (1-f_h)/n_h$
1	0.57	0.974	1 531 422.67	0.3249	54	8 974.49
2	0.43	0.971	35 785.37	0.1849	45	142.77
$\sum$	1.00				99	9 117.26

$$S^2(\bar{y}_{rs}) = \sum_{h=1}^{L} w_h S_{eh}^2 (1-f_h)/n_h = 8\ 974.49 + 142.77 = 9\ 117.26$$

（5）总体分层回归标准误

$$S(\bar{y}_{rs}) = \sqrt{9117.26} = 95.5 \text{ 株/队}$$

（6）总体误差限

$$\Delta(\bar{y}_{rs}) = t_{\alpha(n-2L)} S(\bar{y}_{rs})$$
$$= 1.98 \times 95.5 = 189 \text{ 株/队}$$

（7）总体估计精度

$$p_c = 1 - \frac{189}{983} = 80.8\%$$

（8）总体油桐株数估计区间为

$$(3\ 570\ 256 - 686\ 448) \sim (3\ 570\ 256 + 686\ 448)，即$$
$$2\ 883\ 808 \sim 4\ 256\ 704 \text{ 株}$$

这种分别按层回归的估计方法，适合于各层的 n_h 都较大，且各层的回归系数 b_h 差别又较大的情况。

2. 分层联合回归抽样估计

当分层回归估计，各层的回归系数 b_h 很接近，各层的样本单元数 n_h 又较小，或者 x 与 y 之间是非线性关系时，采用分层联合回归估计会优于分别分层回归估计。

（1）总体平均数的估计值

$$\bar{y}_{rc} = \bar{y}_{st} + b_c(\overline{X} - \bar{x}_{st}) \tag{8-36}$$

式中：$\bar{y}_{st} = \sum\limits_{h=1}^{n} w_h \bar{y}_h$；

$\bar{x}_{st} = \sum\limits_{h=1}^{n} w_h \bar{x}_h$；

$\overline{X}$ 为总体辅助变量的平均数；

$$b_c = \frac{\sum\limits_{h=1}^{L} w_h^2 S_{xyh}(1-f_h)/n_h}{\sum\limits_{h=1}^{L} w_h^2 S_{xh}^2(1-f_h)/n_h} \tag{8-37}$$

这里，$S_{xyh} = \dfrac{1}{n_h - 1} \sum\limits_{i=1}^{n_h} (\bar{x}_{hi} - \bar{x}_h)(y_{hi} - \bar{y}_h)$

$$S_{xh}^2 = \frac{1}{n_h - 1} \sum\limits_{i=1}^{n_h} (x_{hi} - \bar{x}_h)^2$$

若是按比例分层的，则(8-37)式可化为

$$b_c = \frac{\sum\limits_{h=1}^{L} w_h^2 S_{xyh}/n_h}{\sum\limits_{h=1}^{L} w_h^2 S_{xh}^2/n_h} \tag{8-38}$$

(2) 总体估计值($\bar{y}_{rc}$) 的方差

$$S(\bar{y}_{rc})^2 = \sum\limits_{h=1}^{n} \frac{w_h^2(1-f_h)}{n_h(n_h-1)} \sum\limits_{i=1}^{n_h} \left[(y_{hi} - \bar{y}_h) - b_c(x_{hi} - \bar{x}_h) \right]^2$$

$$= \sum\limits_{h=1}^{n} \frac{w_h^2(1-f_h)}{n_h}(S_{yh}^2 - 2b_c S_{xyh} + b_c^2 S_{xh}^2) \tag{8-39}$$

(3) 估计误差限

$$\Delta(\bar{y}_{st}) = t_{\alpha(n-L-1)} \cdot S(\bar{y}_{rc}) \tag{8-40}$$

t 值根据自由度 $n-L-1$ 查 t 分布表。

(4) 估计精度

$$p_c = 1 - \frac{\Delta(\bar{y}_{rc})}{\bar{y}_{rc}} \times 100\% \tag{8-41}$$

第九章

比估计

第一节 概 述

比估计抽样也是普遍采用的一种抽样估计方法，在社会经济生活和自然科学中，有许多现象之间存在着较密切的相关关系，例如，居民的消费水平与经济收入情况；农作物的产量与种植面积之间；立木的材积与胸高断面积之间等。像回归估计一样，比估计也是利用一个辅助变量对所调查的目的变量的特征值进行抽样估计的一种方法。

在比估计中，通常把所要调查的数量特征值称调查指标（主要因子），把相关因子的特征值称为辅助变量（辅助因子），为了提高比估计抽样效率，需要认真选择辅助变量，如果辅助变量选择的合适，比估计的抽样效率要比简单随机抽样高得多。辅助变量的选择一般要求是：辅助变量与主要因子之间存在着紧密的相关；辅助变量 x 的总体相关信息，如总体平均数、总体总量等在抽样调查之前必须是已知的。如调查居民每户平均消费水平，事先应掌握这些居民户的收入；调查农作物产量，事先知道农作物种植总面积。这些辅助变量的总体信息，一般不难从有关的统计资料中得到或者调查前能以低成本而且快速的获得。

下面举一简单例子，来说明比估计抽样估计方法及有关问题。

假设某林场共有 N 个林分（小班），总面积为 6 000 hm^2，现从中随机抽取 5 个小班，对抽中各小班测定其面积（x_i）和立木蓄积量（y_i）如下：

小班面积 x_i (hm^2)	4.5	3.2	6.5	7.0	2.8	$\sum = 24.0$
小班蓄积 y_i (m^3)	675	544	910	1 085	210	$\sum = 3\ 424$

显然，每公顷平均蓄积量为 $\hat{R} = \sum y_i / \sum x_i = \dfrac{3\ 424}{24} = 142.7 \text{m}^3/\text{hm}^2$。

总体蓄积量估计值为 $\hat{y} = X\hat{R} = 6\ 000 \times 142.7 = 856\ 200\text{m}^3$。

每公顷平均蓄积量还可以用下式计算

$$\bar{R} = \frac{1}{n} \sum \frac{y_i}{x_i}$$

即

$$\bar{R} = \frac{1}{5}\left(\frac{675}{4.5} + \frac{544}{3.2} + \frac{910}{6.5} + \frac{1085}{7.0} + \frac{210}{2.8}\right)$$

$$= 138\text{m}^3/\text{hm}^2$$

总体蓄积量 $\hat{y} = X\bar{R} = 6\ 000 \times 138 = 828\ 000\text{m}^3$。

两种估计方法结果不同，我们把前种方法称作平均数比估计，而后一种称作比值平均数估计。

实际上，两种比估计方法，对总体平均数的估计和总体总量的估计，都以比值 R（单位面积产量）的估计为基础的。这里定义的比值与第六章中所讨论的比例（百分数）一词含意区别是：若 A 是 B 的一部分，则 A/B 是 A 占 B 的比例（Proportion），若 A 不是 B 的一部分，则 A/B 称 A 与 B 的比值（Ratio）。

下面我们讨论一下，上面两种估计单位面积产量的方法哪种更合理呢？通常情况下，如果上面调查结果不是样本观测值，第一种方法计算结果 $\hat{R} = 142.7\text{m}^3$ 是正确的。而第二种计算方法所得结果 $\hat{R} = 138.0\text{m}^3$ 是不完全正确的。因为比值平均数估计法没有考虑各小班面积 x_i 不同的权重。而另一种方法则考虑到面积权重这个因素。

具体到本例 5 个小班是随机抽样的样本观测结果，采用样本的 $\hat{R}$ 与 $\bar{R}$ 值来估总体单位面积产量 R 时，前面两种结果的优劣就难以判定。

在比估计抽样中，用样本特征值估计总体指标，一般是有偏的，这是不利的一方面，但若正确地选择辅助变量，能有效地降低抽样误差，这又是有利的方面。权衡二者利弊关系，可以说，一般情况下，抽样误差的降低是能够弥补估计偏差所致的损失。

除此之外，比估计还有下列优点：其一，是此种方法简便易行。在我们所调查的指标（变量）中，通常不难找到与之有密切相关关系的辅助变量，如前面谈到的居民总户数、农作物种植的总面积等。在抽样调查中，同时观察样本单元的目的变量（y_i）和相应的辅助变量值（x_i），从而对总体调查目的变量作出抽样估计。其二，应用广泛。比估计抽样不仅能有效地解决总体平均数的抽样估计问题，同时还时常被人们用来估计总体总量或比值大小（前例中的比值表示每公顷蓄积量），尤其是对比值的估计，较其他抽样方法具有更好的估计结果。

比估计也存在着明显的缺点，首先是样本的 $\hat{R}$(或 $\bar{R}$)的分布比较复杂，难以描述，只有在大样本(一般 $n>30$)下，才能得到近似正态分布；其次，比估计的估计值对总体指标常常是有偏的，样本单元数越少这种偏差越大，因而只有采用较大样本的条件下，才能获得满意的估计效果。

平均数比估计法较比值平均数估计法应用更普遍，并且估计效果也好于后者，因此本章将主要介绍平均数比估计法。

第二节　平均数比估计法

(1)总体比值 R 的估计值。设总体含 N 个单元，各总体单元的辅助变量与目的变量的标志值为 $(x_1,\ y_1)$，$(x_2,\ y_2)$，$\cdots$，$(x_N,\ y_N)$。从总体中随机抽取一个样本 n，各样本单元的观察值为 $(x_1,\ y_1)$，$(x_2,\ y_2)$，$\cdots$，$(x_n,\ y_n)$，$(i=1,\ 2,\ \cdots,\ n)$ 并且，

$$\overline{X} = \frac{1}{N}\sum_{i=1}^{N} x_i,\ \overline{Y} = \frac{1}{N}\sum_{i=1}^{N} y_i$$

我们把总体平均数之比值定义为：

$$R = \frac{\overline{Y}}{\overline{X}} = \frac{\sum_{i=1}^{N} y_i}{\sum_{i=1}^{N} x_i} = \frac{\frac{1}{N}\sum_{i=1}^{N} y_i}{\frac{1}{N}\sum_{i=1}^{N} x_i} \tag{9-1}$$

相应于样本的平均数比值为：

$$\hat{R} = \frac{\bar{y}}{\bar{x}} = \frac{\sum_{i=1}^{n} y_i}{\sum_{i=1}^{n} x_i} = \frac{\frac{1}{n}\sum_{i=1}^{N} y_i}{\frac{1}{n}\sum_{i=1}^{N} x_i} \tag{9-2}$$

在一般情况下，样本比值 $\hat{R}$ 是总体 R 的有偏估计，但是它是 R 的一致估计。在重复抽样下，当样本 n 逐渐增大时，$\hat{R}$ 以 R 为极限；在不重复抽样下，当 n 趋近于 N，$\hat{R}$ 也趋近于 R。因此，在 n 充分大时，$\hat{R}$ 近似地为 R 的无偏估计值。关于 $\hat{R}$ 是 R 的一致估计量，其数量表达式为：

$$\lim_{n\to\infty} P(\mid \hat{R} - R\mid <\varepsilon) = 1$$

(2)总体平均数估计。由(9-1)式得到

$$\overline{Y} = R\,\overline{X}$$

把(9-2)式中$\hat{R}$代替上式中R，并用$\bar{y}_R$表示$\bar{Y}$的估计值，则

$$\bar{y}_R = \bar{X}\hat{R} = \bar{X}\frac{\bar{y}}{\bar{x}} \tag{9-3}$$

$\bar{y}_R$称为总体平均数的比估计值，这个估计值是有偏的，可以证明，当样本n充分大时，估计值$\bar{y}_R$是总体平均数$\bar{Y}$的近似无偏估计量。

下面给出上述结论的证明：

因为　　　$(\bar{y}_R - \bar{Y}) = \hat{R}\bar{X} - R\bar{X} = (\hat{R} - R)\bar{X}$

$$= \left(\frac{\bar{Y}}{\bar{x}} - R\right)\bar{X} = \left(\frac{\bar{y} - R\bar{x}}{\bar{x}}\right)\bar{X}$$

当n充分大时，就有$\bar{x} \approx \bar{X}$将之代入上式，得到

$$(\bar{y}_R - \bar{Y}) \approx (\bar{y} - R\bar{x})$$

对样本为n的所有样本，其数学期望为

$$E(\bar{y}_R - \bar{Y}) \approx E(\bar{y} - R\bar{x})$$

$$= E(\bar{y}) - RE(\bar{x}) = \bar{Y} - R\bar{X} = 0$$

这就得到了$\bar{y}_R$是$\bar{Y}$的近似无偏估计。

(3)估计值的方差

$$S^2(\bar{y}_R) = \frac{1}{n}(S_y^2 + \hat{R}^2 S_x^2 - 2\hat{R}S_{xy})(1 - f) \tag{9-4}$$

式中：$S_y^2 = \dfrac{1}{n-1}\sum (y_i - \bar{y})^2$

$S_x^2 = \dfrac{1}{n-1}\sum (x_i - \bar{x})^2$

$S_{xy} = \dfrac{1}{n-1}\sum (x_i - \bar{x})(y_i - \bar{y}) = S_x S_y \cdot R$

为计算方便起见，(9-4)式可写为

$$S^2(\bar{y}_R) = \frac{1}{n(n-1)}(\sum y_i^2 + \hat{R}^2 \sum x_i^2 - 2\hat{R}\sum x_i y_i)(1 - f) \tag{9-5}$$

标准误

$$S(\bar{y}_R) = \sqrt{S^2(\bar{y}_R)} \tag{9-6}$$

(4)估计误差限

$$\Delta = t_{\alpha(n-1)} \cdot S(\bar{y}_R), \quad E = \frac{\Delta}{\bar{y}_R} \times 100\% \tag{9-7}$$

(5)估计精度

$$P_c = 1 - E$$

例9-1　在面积为200 hm^{2}的林地中，随机抽取10个0.08 hm^{2}的样地测

其蓄积量，同时在样地中心用角规测定林分每公顷断面积，测定结果如表9-1，已知总体平均每公顷断面积 $\overline{X} = 14.1\text{m}^2/\text{hm}^2$。试以95%的可靠性，用比估计方法对总体进行估计。

表9-1 比估计蓄积量计算表

样地号	蓄积 y_i ($\text{m}^3/0.08\text{hm}^2$)	断面积 x_i (m^2/hm^2)	y_i^2	x_i^2	$x_i y_i$	$R_i = y_i/x_i$	R_i^2
1	4.45	10.4	19.8025	103.16	46.280	0.4279	0.1831
2	6.91	8.9	47.7481	73.96	59.426	0.7764	0.6028
3	5.46	13.1	29.8116	171.61	71.526	0.4168	0.1737
4	7.51	13.1	56.4001	171.61	98.381	0.5733	0.2387
5	5.79	12.9	33.5241	24.51	74.691	0.4488	0.2014
6	6.86	12.6	47.0596	158.76	86.436	0.5444	0.2964
7	7.18	15.2	51.5524	231.04	109.136	0.4724	0.2232
8	9.52	14.0	90.6304	196.00	133.280	0.6800	0.4624
9	6.29	12.7	39.5641	161.29	79.883	0.4953	0.2453
10	8.92	14.3	79.5641	204.49	127.556	0.6238	0.3891
$\sum$	68.89	127.2	495.6593	1648.58	888.668	5.4590	3.016

注：为了简单说明计算方法，这里举了一个小样本例子。应该特别指出，这种方法要求大样本。

解： 总体单元数 $N = A/a = 200/0.08 = 2\,500$ 个

抽样比 $f = n/N = 10/2500 = 0.4\%$

（1）总体平均数的估计值

$$\bar{y}_R = \hat{R}\,\overline{X} = \overline{X} \cdot \frac{\sum_{i=1}^{n} y_i}{\sum_{i=1}^{n} x_i}$$

$$= 14.1 \times \frac{68.89}{127.2} = 14.1 \times 0.5416 = 7.636\text{m}^3/0.08\text{hm}^2$$

（2）估计值的方差

$$S^2(\bar{y}_R) = \frac{1}{n(n-1)}\left(\sum y_i^2 + \hat{R}^2 \sum x_i^2 - 2\hat{R}\sum x_i y_i\right)$$

$$S^2(\bar{y}_R) = \frac{1}{10 \times 9}[495.6593 + 0.5416^2 \times 1648.58 - 2 \times 0.5416 \times 888.668]$$

$$= 0.1848$$

标准误 $S(\bar{y}_R) = \sqrt{0.1848} = 0.430\text{m}^3/0.08\text{hm}^2$

（3）抽样误差限

$$\Delta = t_{a(n-1)}S(\bar{y}_R) = 2.262 \times 0.430 = 0.973 \ \text{m}^3/\text{hm}^2$$

$$E = \frac{\Delta(\bar{y}_R)}{\bar{y}_R} = \frac{0.973}{7.636} = 0.127 = 12.7\%$$

（4）估计精度

$$p_c = 1 - E = 1 - 0.127 = 87.3\%$$

（5）总体蓄积估计区间

$$N[\bar{y}_R \pm tS(\bar{y}_R)]$$

$$= 2500(7.636 \pm 0.973)$$

$$= 19090 \pm 2433 \text{m}^3$$

即总体蓄积量估计区间为 16657 ~ 21523m³。

第三节　比值平均数估计法

（1）总体比值 $\bar{R}$ 的估计。仍设总体含 N 个单元，每个单元的辅助变量与目的变量的标志值为(x_1, y_1)，(x_2, y_2)，…，(x_N, y_N)，第 i 单元的比值为

$$R_i = \frac{y_i}{x_i}$$

总体比值的平均数为

$$\bar{R} = \frac{1}{N}\sum_{i=1}^{N} R_i = \frac{1}{N}\sum_{i=1}^{N} \frac{y_i}{x_i} \tag{9-8}$$

当随机抽取 n 个样本单元时，则总体 $\bar{R}$ 的估计值 $\hat{\bar{R}}$ 为

$$\hat{\bar{R}} = \frac{1}{n}\sum_{i=1}^{n} R_i = \frac{1}{n}\sum_{i=1}^{n} \frac{y_i}{x_i} \tag{9-9}$$

估计值 $\hat{\bar{R}}$ 具有简单随机抽样平均数的全部性质，所以估值 $\hat{\bar{R}}$ 是总体 $\bar{R}$ 的无偏估计。

（2）估计值的方差。总体的方差

$$\sigma^2(\hat{\bar{R}}) = \frac{\sigma^2(R_i)}{n}\frac{N-n}{N-1} = \frac{N-n}{(N-1)n}\Big[\frac{1}{N}\sum_{i=1}^{N}(R_i - \bar{R})^2\Big]$$

$$\approx \frac{N-n}{Nn}\Big[\frac{1}{N}\sum_{i=1}^{N} R_i^2 - \bar{R}^2\Big] \tag{9-10}$$

相应于样本 n 的方差为

$$S^2(\hat{\bar{R}}) = \frac{1-f}{n(n-1)} \sum_{i=1}^{n} (R_i - \hat{\bar{R}})^2$$

$$= \frac{1-f}{n-1} \Big[\frac{1}{n} \sum_{i=1}^{n} R_i^2 - \hat{\bar{R}}^2 \Big]$$

(9-11)

对于大样本，$\hat{\bar{R}}$ 的分布遵从正态或近似正态分布。对于小样本，如果总体的 R_i 分布近似正态，在重复抽样条件下

$$\frac{\hat{\bar{R}} - \bar{R}}{S(\hat{\bar{R}})}$$

遵从小样本 t 分布，自由度 $df = n-1$。因此，在大样本条件下，可以用 $\hat{\bar{R}}$ 值作为 $\bar{R}$ 的估计值。估计误差限用式(9-12)

$$\Delta(\hat{\bar{R}}) = tS(\hat{\bar{R}})$$

(9-12)

式中 t 为标准正态分布双侧分位数。

对于小样本估计值 $\hat{\bar{R}}$ 的误差限为

$$\Delta(\hat{\bar{R}}) = t \cdot S(\hat{\bar{R}})$$

(9-13)

这里 t 值为小样本可靠性指标，自由度 $df = n-1$。

(3)总体平均数估计值。总体平均数的估计值为

$$\bar{y}_{\bar{R}} = \Big(\frac{1}{n} \sum \frac{y_i}{x_i} \Big) \bar{X} = \hat{\bar{R}} \, \bar{X}$$

(9-14)

(9-14)式中，如果 y_i 数值是产量，x_i 表示面积，则 $\bar{y}_{\bar{R}}$ 就是总体平均单位面积产量估计值。如果 yi 是林木材积，x_i 表示为该林木胸高断面积，这里的 $\hat{\bar{R}}$ 就是材积与断面积之比值，测树学中称形高。角规点抽样测定林分材积正是各单元(计数木)比值(形高)的平均值，所以角规测林分材积的抽样方法，就是比值平均数估计法，其估计误差就是比值平均数的标准误。不过角规抽样是无偏的，因为角规测树是不等概抽样，关于角规点抽样无偏性见《森林计测学》相关章节。

(4)总体平均数估计值方差。根据(9-14)式，由方差定理得到

$$S^2(\bar{y}_{\bar{R}}) = \bar{X}^2 \cdot S_{\bar{R}}^2$$

(9-15)

将(9-11)式代入式(9-15)，则

$$S^2(\bar{y}_{\bar{R}}) = \frac{\bar{X}^2}{n(n-1)} \sum_{i=1}^{n} (R_i - \hat{\bar{R}})^2 (1-f)$$

(9-16)

应该指出，只有当总体比值平均数 $\bar{R}$ 与总体的平均数之比值 R 相等时，$\bar{y}_{\bar{R}}$ 才是总体的无偏估计值。否则，这个估计值不仅有偏，而且也不是一致估

计。这时估计误差应该用均方误作为标准单位。不过，如果总体中 y 与 x 存在着紧密的直线回归关系，且回归直线过原点，当以 $\bar{y}_R$ 估计总体 $\bar{Y}$ 就是无偏估计。有关理论证明这里不再详细论述。

例9-2 用表9-1中资料，用比值平均数法对总体估计如下。

解：（1）总体比值 $\bar{R}$ 的估计值

$$\hat{R} = \frac{1}{n}\sum \frac{y_i}{x_i} = \frac{1}{10} \times 5.459 = 0.546$$

（2）总体平均数估计值

$$\bar{Y}_{\hat{R}} = \bar{X} \cdot \hat{R} = 14.1 \times 0.546 = 7.699\text{m}^3/0.08\text{hm}^3$$

（3）平均蓄积估计误差

$$S^2(\bar{Y}_{\hat{R}}) = \frac{\bar{X}^2}{n(n-1)}\sum_{i=n}^{n}(R_i - \hat{R})^2 = \frac{\bar{X}^2}{n(n-1)}[\sum_{i=n}^{n}R_i^2 - n\hat{R}^2]$$

$$= \frac{14.1^2}{10 \times 9} \times [3.016 - 10 \times 0.546^2]$$

$$= 2.209 \times (3.016 - 2.981)$$

$$= 2.209 \times 0.035$$

$$= 0.077$$

标准误 $S(\bar{y}_R) = \sqrt{0.077} = 0.277\ \text{m}^3/0.08\text{hm}^2$

（4）误差限

$$\Delta(\bar{y}_{\hat{R}}) = t_{a(n-1)}S(\bar{y}_{\hat{R}}) = 2.262 \times 0.277 = 0.627\text{m}^3/0.08\text{hm}^3$$

$$E = \frac{\Delta(\bar{y}_{\hat{R}})}{\bar{y}_R} \times 100\% = \frac{0.627}{7.699} \times 100\% = 0.081 = 8.1\%$$

（5）估计精度

$$p_c = 1 - E = 1 - 0.081 = 91.9\%$$

（6）总体总蓄积量

$$\hat{y} = N\bar{y}_{\hat{R}} = 2500 \times 7.699 = 19248\text{m}^3$$

总体蓄积估计区间 $N(\bar{y}_{\hat{R}} + \Delta) = 2500(7.699 \pm 0.627) = 19248 \pm 1568\ \text{m}^3$

与平均数比估计对照，同一样本，比值平均数法精度（91.9%）比平均数比估计法（87.3%）精度高4.6%，尽管如此，由于平均数比估计是近似无偏估计而前者是有偏、非一致估计，因此，在实际中常采用平均数比估计。但应注意，因此例属于小样本，产生偏差的可能性也会增大。

第四节 样本单元数的确定

根据平均数比估计的方差公式(9-4)，在给定抽样误差限△和概率保证指标 t 下，

$$\Delta^2(\bar{y}_R) = \frac{t^2}{n}(S_y^2 + \hat{R}^2 S_x^2 - 2\hat{R}S_{xy})$$

所以

$$n = \frac{t^2}{\Delta^2(\bar{y}_R)}(S_y^2 + \hat{R}^2 S_x^2 - 2\hat{R}S_{xy}) \tag{9-17}$$

如果计算的 n 占总休 N 比例较大时，则进一步用下式修正样本单元数

$$n' = \frac{n}{1 + \frac{n}{N}} \tag{9-18}$$

式中：S_x、S_y 及 S_{xy}，都可通过试抽样本或历史资料分析获得。应注意，平均数比估计法仅限于用大样本，预算的样本单元数最好不小于30。

第五节 比估计抽样的基本原理

1. 总体比值的方差

从总体中随机抽取样本 n，得到样本比值为

$$\hat{R} = \frac{\bar{y}}{\bar{x}} = \frac{\sum\limits_{i=1}^{n} y_i}{\sum\limits_{i=1}^{n} x_i}$$

在通常定义下，比值 $\hat{R}$ 是总体 R 的有偏估计值，只有在大样本条件下，$\hat{R}$ 才是 R 的近似无偏估计值。在比估计中，$\hat{R}$ 是关键因子，它的性质及方差直接影响总体平均数和总体总量的估计。

因为

$$(\hat{R} - R) = \frac{\bar{y}}{\bar{x}} - R = \frac{\bar{y} - R\bar{x}}{\bar{x}} \tag{9-19}$$

当 n 充分大时，则有 $\bar{x} \approx \bar{X}$，代入上式

$$(\hat{R} - R) \approx \frac{1}{\bar{X}}(\bar{y} - R\bar{x})$$

$$E(\hat{R} - R) = \frac{1}{\overline{X}} E(\bar{y} - R\bar{x}) = \frac{1}{\overline{X}} (\overline{Y} - R\overline{X}) = 0 \qquad (9\text{-}20)$$

这就证明 $\hat{R}$ 是 R 的近似无偏估计值。

在上述条件下，$\hat{R}$ 的方差为：

$$\sigma^2(\hat{R}) = E(\hat{R} - R)^2 = E(\frac{\bar{y} - R\bar{x}}{\bar{x}})^2$$

当 n 充分大时，$\bar{x} \approx \overline{X}$，则

$$\sigma^2(\hat{R}) = \frac{1}{\overline{X}^2} E(\bar{y} - R\bar{x})^2$$

$$= \frac{1-f}{n} \frac{1}{\overline{X}^2} \Big[\frac{1}{N} \sum_{i=1}^{N} (y_i - Rx_i)^2 \Big]^{[\text{注}1]} \qquad (9\text{-}21)$$

(9-21) 式可转化为计算式

$$\sigma^2(\hat{R}) = \frac{1-f}{n} \frac{1}{\overline{X}^2} (\sigma_y^2 + R^2 \sigma_x^2 - 2R\sigma_{xy})^{[\text{注}2]} \qquad (9\text{-}22)$$

当用样本 n 估计总体方差时，则为

$$S^2(\hat{R}) = \frac{1-f}{n} \frac{1}{\overline{X}^2} \Big[\frac{1}{n-1} \sum_{i=1}^{n} (y_i - \hat{R}x_i)^2 \Big] \qquad (9\text{-}23)$$

或

$$S^2(\hat{R}) = \frac{1-f}{n} \frac{1}{\overline{X}^2} (S_y^2 + \hat{R}^2 S_x^2 - 2\hat{R}S_{xy}) \qquad (9\text{-}24)$$

2. 总体平均数估计值的方差

由 (9-3) 式 $\bar{y}_R = \overline{X}\hat{R}$，其总体方差为

$$\sigma^2(\bar{y}_R) = \overline{X}^2 \sigma^2(\hat{R}) \qquad (9\text{-}25)$$

将 (9-22) 式代入 (9-25) 式有

$$\sigma^2(\bar{y}_R) = \frac{1-f}{n} (\sigma_y^2 + R^2 \sigma_x^2 - 2R\sigma_{xy}) \qquad (9\text{-}26)$$

如果用样本 n 的 S_y^2，S_x^2，S_{xy} 和分别代替 σ_y^2、σ_x^2、σ_{xy} 和 R，则有

$$S^2(\bar{y}_R) = \frac{1-f}{n} (S_y^2 + \hat{R}^2 S_x^2 - 2\hat{R}S_{xy}) \qquad (9\text{-}27)$$

这样就得到 (9-4) 式的证明。

3. 总体总量估计值的方差

因为 $\hat{y} = N\bar{y}_R$，方差为

$$\sigma^2(\hat{y}) = N^2 \sigma^2(\bar{y}_R) \qquad (9\text{-}28)$$

将 (9-26) 式代入式 (9-28)，则

$$\sigma^2(\hat{y}) = \frac{(1-f)N^2}{n}(\sigma_y^2 + R^2\sigma_x^2 - 2R\sigma_{xy}) \tag{9-29}$$

再将(9-27)式代入(9-29)式，则得到样本的相应方差

$$S^2(\hat{y}) = \frac{(1-f)N^2}{n}(S_y^2 + \hat{R}S_x^2 - 2\hat{R}S_{xy}) \tag{9-30}$$

下面分析一下上面三个抽样总体方差公式的共同特点：把(9-22)式、(9-26)式和(9-29)式加以对照，不难看出这三个总体方差式都含有共同的方差项，即

$$\frac{1-f}{n}(\sigma_y^2 + R^2\sigma_x^2 - 2R\sigma_{xy})$$

如果用 y 与 x 之间的相关系数来表示，因为
协方差 $\sigma_{xy} = \sigma_x\sigma_y\rho$，则上式为

$$\frac{1-f}{n}(\sigma_y^2 + R^2\sigma_x^2 - 2R\sigma_x\sigma_y\rho) \tag{9-31}$$

如果用总体变动系数来表示，设总体各变量的变动系数分别为：

$$C_y = \frac{\sigma_y}{\overline{Y}}, \ C_x = \frac{\sigma_x}{\overline{X}}, \ C_{xy} = \frac{\sigma_{xy}}{\overline{X}\ \overline{Y}}$$

又因为

$$\frac{1}{\overline{X}^2} = \frac{R^2}{\overline{Y}^2} = \frac{R^2}{R^2\ \overline{X}^2}$$

将上述结果代入(9-22)式，得到

$$\begin{aligned}\sigma^2(\hat{R}) &= \frac{1-f}{n\ \overline{X}^2}(\sigma_y^2 + R^2\sigma_x^2 - 2R\sigma_{xy}) \\ &= \frac{(1-f)R^2}{n}\left(\frac{\sigma_y^2}{\overline{Y}^2} + \frac{\sigma_x^2}{\overline{X}^2} - 2\frac{\sigma_{xy}}{\overline{X}\ \overline{Y}}\right) \\ &= \frac{(1-f)R^2}{n}(C_y^2 + C_x^2 - 2C_{xy}) \end{aligned} \tag{9-32}$$

将上式代入(9-25)式，得到

$$\sigma^2(\bar{y}_R) = \frac{(1-f)\overline{Y}^2}{n}(C_y^2 + C_x^2 - 2C_{xy}) \tag{9-33}$$

再将上式(9-33)代入(9-28)式，则得到

$$\begin{aligned}\sigma^2(\hat{y}) &= \frac{1-f}{n}N^2\ \overline{Y}^2(C_y^2 + C_x^2 - 2C_{xy}) \\ &= = \frac{1-f}{n}Y^2(C_y^2 + C_x^2 - 2C_{xy}) \end{aligned} \tag{9-34}$$

式中，总体总量 $Y = N\overline{Y}$。

总体抽样相对误差的平方为：

$$\frac{\sigma^2(\hat{R})}{R^2} = \frac{\sigma^2(\bar{y}_R)}{\bar{Y}^2} = \frac{\sigma^2(\hat{y})}{Y^2} = \frac{1-f}{n}(C_y^2 + C_x^2 - 2C_{xy}) \tag{9-35}$$

总体抽样相对误差限为

$$E = t \cdot \sqrt{\frac{1-f}{n}(C_y^2 + C_x^2 - 2C_{xy})} \tag{9-36}$$

在实际应用中，可用样本的各变量变动系数和协方差变动系数代替总体的各变动系数。

第六节　比估计抽样效率分析

1. 与简单随机抽样比较

平均数比估计的方差为

$$S^2(\bar{y}_R) = \frac{1-f}{n}(S_y^2 + \hat{R}^2 S_x^2 - 2\hat{R}S_x S_y\rho)$$

而简单随机抽样的方差为

$$S_{\bar{y}}^2 = \frac{1-f}{n}S_y^2$$

欲使比估计抽样有较高效率，必须有

$$S_{\bar{y}}^2 > S^2(\bar{y}_R)$$

即应有　　$S_y^2 > S_y^2 + \hat{R}^2 S_x^2 - 2\hat{R}\rho S_x S_y$

不等式移项得　$2\hat{R}\rho S_x S_y > \hat{R}^2 S_x^2$

所以

$$\rho > \frac{\hat{R}S_x}{2S_y} = \frac{S_x/\bar{x}}{2S_y/\bar{y}} = \frac{1}{2}\frac{C_x}{C_x} \tag{9-37}$$

（1）若 $\rho > \dfrac{C_x}{2C_y}$，比估计才优于简单随机抽样。这时的判断准则是 $\rho > \dfrac{1}{2}$ 时。

（2）若 $\rho = \dfrac{C_x}{2C_y}$，则比估计误差等于简单随机抽样误差。其判断标准是 $\rho = \dfrac{1}{2}$ 时。

（3）若 $\rho < \dfrac{C_x}{2C_y}$，则比估计误差大于简单随机抽样误差，其判断标准是

$\rho < \dfrac{1}{2}$ 时。

上述结论启示我们，若要想提高比估计的抽样精度，在设计方案时，要尽量找到与目的因子有密切正相关关系的辅助因子，相关系数越大越好。另一方面要使 $C_x < 2C_y$，才能达到降低误差提高估计效率的目的。

至于平均数比估计法与比值平均数估计法以及回归估计方法等三种方法之间应如何选择，可以根据以下原则：当 y 对 x 存在着线性回归关系，且回归线通过原点，如果 y 对 x 的条件方差相等，则采用回归估计的效率高；如 y 对 x 的条件方差与 x 成正比，则用平均数比估计法效率高；如 y 对 x 的条件方差与 x 值的平方成正比，则用比值平均数估计法效率高。在实际调查工作中，上述原则可用大样本资料绘制散点图来判断，如图 9 - 1 所示。

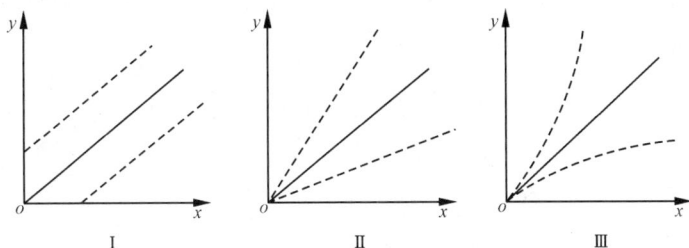

图9-1　回归估计(I)、平均数比估计(II)、比值平均数估计(III)三种方法选择

两条虚线之间应是各样本点的大致分布域，根据所有点的分布区域，形状可选择最适宜的估计方法。

2. 比估计抽样的偏差

前面曾指出，由于用样本比值 $\hat{R}$ 估计总体比值 R，在通常意义下，以样本的 $\hat{R}$ 估计 R 是有偏的，因而用 $\bar{y}_R$ 值估计总体 $\bar{Y}$ 时，会产生一定偏差，其偏差量随着样本 n 增大而减小。下面给出计算这个偏差的公式：

设从总体中随机抽取一个样本 n，目的变量观察值 y 的样本平均数为 $\bar{y}$，方差为 S_y^2。辅助变量值为 x，平均数为 $\bar{x}$，方差为 S_x^2。y 与 x 的样本相关系数为 ρ。那么，估计值 $\bar{y}_R$ 与总体平均数 $\bar{Y}$ 的偏差可用式(9-38)估计

$$B = \frac{\bar{y}}{n}\left(\frac{S_x^2}{\bar{x}^2} - \frac{\rho S_x S_y}{\bar{x} \cdot \bar{y}}\right) \tag{9-38}$$

偏差值 B 有一个常用的近似计算方法，就是直接取样本单元数 n 的倒数，即 $B = 1/n$。这种简便计算，当 n 较大时，其结果与(9-38)式很接近。以偏差 B 与简单随机抽样误差 $S_{\bar{y}} = S_y/\sqrt{n}$ 进行比较，若 B 值远小于 $S_{\bar{y}}$ 值，则可以略而不计；若偏差不太小，则要求从估计值 $\bar{Y}_R$ 中减去偏差 B 的量，从

而得到总体 $\bar{Y}$ 的近似无偏估计值。

如果总体中 y 对于 x 不存在通过原点的直线回归关系，则用 $\hat{R}$ 作为 R 的估计值时是有偏的，这里只把偏差的近似结果列出来，可以作为检验偏差大小的参考。

比值 $\hat{R}$ 绝对偏差为：

$$E(\hat{R}-R) \approx \frac{1-f}{\bar{X}^2(n-1)}(\hat{R}^2 S_x^2 - \rho S_x S_y) \tag{9-39}$$

式中所采用符号同前各式。

为了消除比值 $\hat{R}$ 的偏差，许多数学家提出了一系列校正比估计偏差的方法，下面介绍几种校正方法：

（1）哈特列—罗斯（Hartley-Ross，1954）法。这种方法给出总体比值 R 的无偏估计量为：

$$\hat{R}_{HT} = \bar{R} + \frac{n(N-1)}{(n-1)N\bar{X}}(\bar{y} - \bar{R}\bar{x}) \tag{9-40}$$

其中，$\bar{R}$ 是样本单元的比值（y_i/x_i）的平均数，即

$$\bar{R} = \frac{1}{n}\sum \frac{y_i}{x_i}$$

（2）刀切法（Jackknife method）。这种方法由昆纳乌利提出，德宾作了进一步改进，他们给定总体比值 R 的近似无偏估计量为：

$$\hat{R}_J = g\hat{R} - (g-1)\bar{R} \tag{9-41}$$

这里，将样本单元数 n 分为 g 组，每组包含 m 个单元，即 $n = gm$，并在 g 组中顺次去掉第 i 组，求出剩下的 $(g-1)$ 组的比值（$\sum y_i / \sum x_i$）的平均数为 $\bar{R}_-$。

（3）比尔（Beale，1962）法。这种方法给出总体 R 的近似无偏估计量为：

$$\hat{R}_B = \frac{\bar{y} + [(1-f)/n](S_{xy}/\bar{x})}{\bar{x} + [(1-f)/n](S_x^2/\bar{x})} \tag{9-42}$$

式中，各符号同前。

（4）廷（Tin，1965）法。这种方法也给出总体比值 R 的近似无偏估计量。估计式为，

$$\hat{R}_T = \hat{R}\left[1 - \frac{1-f}{n}\left(\frac{S_x^2}{\bar{x}^2} - \frac{S_{xy}}{\bar{x}\cdot\bar{y}}\right)\right]$$

$$= \hat{R}\left[1 - \left(\frac{1}{n} - \frac{1}{N}\right)(C_x^2 - C_{xy})\right] \tag{9-43}$$

式中，各符号同前。

第七节　分层比估计

用第五章所讲分层的原则，将总体分层，在各层内进行独立抽样，再用比估计方法对总体标志作出估计。在实际应用中，分层比估计有两种形式，一种是分层分别比估计；另一种是分层联合比估计。这样做的好处是利用分层抽样的优点和比估计简单易行的特点，提高总体抽样估计效率，可以证明，一般情况下，这种方法估计精度高于分层抽样。

（1）分层分别比估计。这种方法是先将总体划分为 L 层，在各层内用比估计法求出层的总量估计值，然后将它们相加求和就得到总体总量的估计值。

设第 h 层的样本观察值总量为 y_h，x_h。辅助变量的层总和为 X_h。第 h 层总量估计值（$\hat{y}_h$）为：

$$\hat{y}_h = N_h \overline{Y}_{Rh} = X_h \frac{\overline{y}_h}{\overline{x}_h} \tag{9-44}$$

总体分层比估计总量为，各层相加求和，即

$$\hat{y}_{Rs} = \sum_{h=1}^{L} \hat{y}_h = \sum_{h=1}^{L} \frac{\overline{y}_h}{\overline{x}_h} \cdot X_h \tag{9-45}$$

第 h 层总量估计值的方差，用（9-30）式估计，

$$S^2(\hat{y}_h) = \frac{(1-f_h)N_h^2}{n_h}(S_{yh}^2 + \hat{R}_h^2 S_{xh}^2 - 2\hat{R}_h \rho_h S_{xh} S_{yh})$$

总体总量的方差为各层方差之和：

$$S^2(\hat{y}_{Rs}) = \sum_{h=1}^{L} \frac{(1-f_h)N_h^2}{n_h}(S_{yh}^2 + \hat{R}_h^2 S_{xh}^2 - 2\hat{R}_h \rho_h S_{xh} S_{yh}) \tag{9-46}$$

（9-45）式的特点是需要知道各层总和 X_h。

（2）分层联合比估计。这种方法是先利用分层抽样，从样本资料中算出：

$$\hat{y}_{st} = \sum_{h=1}^{L} N_h \overline{y}_h, \ \hat{x}_{st} = \sum_{h=1}^{L} N_h \overline{x}_h$$

及

$$X = \sum_{h=1}^{L} X_h$$

总体总量估计值用式（9-47）

$$\hat{y}_{Rc} = \frac{\hat{y}_{st}}{\hat{x}_{st}} X = \frac{\overline{y}_{st}}{\overline{x}_{st}} X \tag{9-47}$$

其估计值方差为

$$S^2(\hat{y}_{Rc}) = \sum_{h=1}^{L} \frac{(1-f_h)N_h^2}{n_h}(S_{yh}^2 + \hat{R}S_{xh}^2 - 2\hat{R}S_{xh}S_{yh}\rho_h) \tag{9-48}$$

联合比估计法计算总体总量估计值$\hat{y}_{RC}$，不要求知道各层X_h，而只要求知道总体X即可。另外，只有当每层的样本大到足以使近似方差在每层都能应用时，（9-48）式才成立，否则层要合并，在实际应用中要注意这个限制。

例9-3   调查某地区牧民养牛头数，将该地区分为10层，从每层中抽取2个牧民户，总体和样本户的调查数据见表9-2，试用两种分层比估计抽样方法对总体进行估计。

表9-2   分层比估计计算表

层别 h	层户数 N_h	样本户数 n_h	养牛头数 y_h	方差 S_{yh}^2	样本户面积 x_h	方差 S_{xh}^2	层总面积 X_h	$\rho_h S_{yh} S_{xh}$	$\hat{R}_h = \dfrac{y_h}{x_h}$
1	5	2	11	0.5	8	2.0	18	1.0	1.3750
2	5	2	16	18.0	16	8.0	35	11.0	1.0000
3	5	2	16	0.0	27	0.5	60	0.0	0.5926
4	5	2	25	0.5	35	4.5	92	1.5	0.7143
5	5	2	32	8.0	45	0.5	109	-2.0	0.7111
6	5	2	40	18.0	54	8.0	137	12.0	0.7407
7	5	2	47	4.5	63	4.5	169	4.5	0.7460
8	5	2	44	8.0	75	0.5	186	-2.0	0.5867
9	5	2	47	40.5	84	2.0	203	9.0	0.5595
10	5	2	48	18.0	94	2.0	229	6.0	0.5106
$\sum$	50	20	326	116.0	501	32.5	1238	42.0	—

注：引自《应用抽样方法》

解：（1）用分层分别比估计。总体养牛头数，将表9-2中数据代入（9-45）式，得

$$\hat{y}_{Rs} = \frac{11}{8} \times 18 + \frac{16}{16} \times 35 + \cdots + \frac{48}{94} \times 229 = 805.73 \text{ 头}$$

估计误差，由（9-46）式得到，

$$S^2(\hat{y}_{Rs}) = 5^2 \times \left(\frac{1}{2} - \frac{1}{5}\right) \times \{[0.5 + (1.3750^2) \times 2 - 2 \times (1.3750) \times (1.0)] + \cdots + [18 + (0.5106)^2 \times 2 - 2 \times (0.5106) \times (6.0)]\}$$
$$= 557.455$$

所以标准误为

$$S(\hat{y}_{Rs}) = \sqrt{557.455} = 23.61 \text{ 头}$$

（2）用分层联合比估计。由表9-2数据计算分层抽样估计指标

$$\hat{y}_{st} = \sum_{h=1}^{L} N_h \bar{y}_h = 815$$

$$\hat{x}_{st} = \sum_{h=1}^{L} N_h \bar{x}_h = 1252.5$$

$$\hat{R} = \frac{815}{1252.5} = 0.651$$

总体养牛头数估计量为：

$$\hat{y}_{Rc} = \hat{R} \cdot X = 0.651 \times 1238 = 805.9 \text{ 头}$$

抽样总体估计值的方差用（9-48）式计算

$$S^2(\hat{y}Rc) = 5^2 \times \left(\frac{1}{2} - \frac{1}{5} \right) \times [116 + 0.651^2 \times 32.5 + 2 \times 0.651 \times 42]$$

$$= 563.17$$

所以标准误为：$S(\hat{y}_{Rc}) = \sqrt{563.17} = 23.73 \text{ 头}$

两种估计方法结果很近似，尽管后者估计误差稍大些，从理论上讲，分层联合比估计要比分层分别比估计产生偏差的风险小。

本章注释：

[注1] 证明（9-21）式。

证：因为　$\sigma^2(\hat{R}) = \dfrac{1}{\bar{X}^2} E(\bar{Y} - R\bar{x})^2$

设总体各单元有：$d_i = y_i - Rx_i (i = 1, 2 \cdots, N)$

则总体平均数　$\bar{D} = \dfrac{1}{N} \sum_{i=1}^{N} (y_i - Rx_i) = \bar{Y} - R\bar{X} = 0$

样本平均数　　$\bar{d} = \dfrac{1}{n} \sum_{i=1}^{n} (y_i - Rx_i) = \bar{y} - R\bar{x}$

根据方差定义，随机变量 $\bar{d}$ 的方差为

$$\sigma^2(\bar{d}) = E(\bar{d} - \bar{D})^2 = E(\bar{y} - R\bar{x})^2 \tag{9-21a}$$

又因为变量 d_i 的平均数方差等于

$$\sigma^2(\bar{d}) = \frac{\sigma^2(d_i)}{n} \frac{N-n}{N} = \frac{\sum_{i=1}^{N} (d_i - \bar{D})^2}{nN} \frac{N-n}{n}$$

$$= \frac{1-f}{nN} \sum_{i=1}^{N} d_i^2 = \frac{1-f}{nN} \sum_{i=1}^{N} (y_i - Rx_i)^2 \tag{9-21b}$$

由（9-21a）与（9-21b）两式的结果，得

$$E\,(\bar{y} - R\bar{x})^2 \;=\; \frac{1-f}{n}\Big[\frac{1}{N}\sum_{i=1}^{N}\,(y_i - Rx_i)^2\Big]$$

于是就得到(9-21)式的结果

$$\sigma^2\,(\hat{R}) \;=\; \frac{1-f}{n\,\overline{X}^2}\Big[\frac{1}{N}\sum_{i=1}^{N}\,(y_i - Rx_i)^2\Big]$$

证毕。

[注2] 证明(9-22)式

$$\sigma^2(\hat{R}) \;=\; \frac{1-f}{n\,\overline{X}^2}(\sigma_y^2 + R^2\sigma_x^2 - 2R\sigma_{xy})$$

证:如将 $y_i - Rx_i = (y_i - \overline{Y}) - R(x_i - \overline{X})$ 代入到(9-21)式,便有

$$\sigma^2(\hat{R}) \;=\; \frac{1-f}{n\,\overline{X}^2}\Big\{\frac{1}{N}\sum_{i=1}^{N}\,\big[(y_i - \overline{Y}) - R(x_i - \overline{X})\big]^2\Big\}$$

$$\sigma^2(\hat{R}) \;=\; \frac{1-f}{n\,\overline{X}^2}\Big[\frac{1}{N}\sum_{i=1}^{N}\,(y_i - \overline{Y})^2 + R^2\,\frac{1}{N}\sum_{i=1}^{N}\,(x_i - \overline{X})^2 - 2R\,\frac{1}{N}\sum_{i=1}^{N}\,(y_i - \overline{Y})(x_i - \overline{X})\Big]$$

$$\;=\; \frac{1-f}{n\,\overline{X}^2}(\sigma_y^2 + R^2\sigma_x^2 - 2R\sigma_{xy})$$

证毕。

第十章

成数抽样——各类土地资源的调查方法

第一节　面积调查方法的概述

1. 各类土地资源调查的意义

土地是人类赖以生存的基础，几乎各种自然资源调查成果无不涉及面积，这是毋庸置疑的。土地资源不仅是构成自然资源的主要部分，它的数量、分布、质量及开发利用程度，严重地制约着一个地区或一个国家的经济发展，尤其是农业、林业、牧业、渔业这样一些可再生资源的利用和开发。随着测绘科学与遥感技术的发展，查清、查准大地域的面积已经不成问题。但是要弄清各类土地面积的分布、利用状况以及变化情况却不那么容易，有时为达此目的，在时间和费用方面往往难以承受。例如，我们欲调查一个山区县总体范围内的土地资源，由于地形复杂，不同地类面积插花分布严重，为了提供农地、林地、牧地、荒山、河流等地类面积，如应用测绘的方法，费用将是巨大的。在 20 世纪 50 年代，我国的农业综合调查和森林资源调查工作正是采用测绘方法进行的。一般测绘占总工作量的 70% 左右。

此外，要想掌握总体内农、林、牧等产量情况，就必须掌握各种农作物的播种面积及各种森林类型的面积，因为总体总产量一般都是通过抽样调查的单位面积的平均产量推算出来的，所以说各类土地面积调查是资源调查和资源动态监测中首先要解决的问题之一。

2. 面积调查方法的分类

各类土地面积调查方法可分为两类：测绘法和抽样调查法。

（1）测绘法。应用各种测量仪器实地测量求面积或采用遥感技术成图求面积，统称为测绘法。这种方法是通过测量仪器或遥感设备直接或间接对客体的量测、成图与求积。一般这种方法精度高、成本也高，各类面积可以反映到图上，便于生产中应用。目前，测绘法在大面积的土地资源调查中应用较少，尤其是地面测量方法。至于航空和航天遥感技术，虽然它有速度快、成本低、面积准确、覆盖面积大等优点，但因受到技术设备等因素影响，应用尚不广泛。测绘方法基本上属于全面调查，本章不做详细介绍。

（2）抽样调查法。抽样调查法是利用测量学和遥感技术的成果如地形图、航空相片及卫星相片等结合地面抽样进行面积估计的方法。这种方法适合于总体面积较大，面积估计精度要求不十分高的情况下。优点有速度快、成本低、误差可以控制，像其他抽样方法一样能提供各地类面积估计精度和总体估计精度。其缺点主要是不能获得各地类面积的空间分布图，不便于生产经营措施的落实。

用抽样方法调查各类土地面积，其基本原理是采用成数（百分比、频率）抽样理论为基础，按照样本单元的不同形状和估计过程又可分为以下几种抽样调查方法。

①成数点抽样估计法

②用相片判读地面修正的成数法

③截距抽样估计法

④面积成数抽样法

成数点抽样和面积成数抽样法应用比较广泛。例如，我国农产量的调查中，各种农作物的种植面积和产量就是采用成数点抽样结合样地产量调查取得的。又例如，我国以省（自治区、直辖市）为总体的森林资源连续清查体系，森林覆盖率的估计，也是应用成数点抽样估计法调查的。

第二节   成数抽样估计的基本原理

1. 成数抽样的概念

总体中具有某种特点的单元数与总体单元数之比值，称为具有某种特点单元的总体成数。成数又称为频率或百分比。

设有限总体单元数为 N，其中具有某种特点的单元数为 M，则总体成数 P 为

$$P = \frac{M}{N} \tag{10-1}$$

例如：设总体共有林木 1 000 株，其中松树有 650 株，栎树为 350 株，则松树与栎树的总体成数分别为

松树成数 $P(松) = \dfrac{650}{1000} = 0.65$

栎树成数 $P(栎) = \dfrac{350}{1000} = 0.35$

从含有 N 个单元的总体中，随机抽取 n 个单元组成样本，其中具有某种特点的 m 个单元与样本单元数之比值称为样本成数。

$$p = \frac{m}{n} \tag{10-2}$$

用样本成数估计总体成数的抽样方法称为成数抽样。

2. 总体成数的抽样估计

像简单随机抽样，当用重复抽样方式从总体中随机地抽取 $n(n > 50)$ 个样本单元，样本单元的观测值为

$$y_i = \begin{cases} 1 - 抽到具有某种特点的样本单元 \\ 0 - 不具有某种特点的样本单元 \end{cases}$$

（1）样本平均数

$$\bar{y} = \frac{1}{n} \sum f_i y_i = \frac{m}{n} = p \tag{10-3}$$

式（10-3）表明，样本成数是简单随机抽样样本平均数的一个特例。同样可以证明，样本成数是总体成数的无偏估计值。

样本频数分布及特征数计算见表 10-1。

表 10-1　样本频数分布及特征数计算表

观测值 y_i	频数 f_i	$f_i y_i$	$f_i y_i^2$
1	m	m	m
0	$n - m$	0	0
$\sum$	n	m	m

（2）样本平均数的方差

$$\begin{aligned} S_{\bar{y}}^2 &= \frac{1}{n(n-1)} \sum f_i (y_i - \bar{y})^2 \\ &= \frac{1}{n(n-1)} \left[\sum f_i y_i^2 - \frac{1}{n} \left(\sum f_i y_i \right)^2 \right] \\ &= \frac{1}{n(n-1)} \left(m - \frac{m^2}{n} \right) \\ &= \frac{p - p^2}{n-1} = \frac{p(1-p)}{n-1} \end{aligned}$$

即

$$S_p^2 = \frac{p(1-p)}{n-1} \tag{10-4}$$

或

$$S_p^2 = \frac{m(n-m)}{n^2(n-1)} \tag{10-5}$$

抽样误差为

$$S_p = \sqrt{\frac{p(1-p)}{n-1}} \tag{10-6}$$

（3）总体成数估计误差限

$$\Delta_p = t \cdot S_p \tag{10-7}$$

不重复抽样，其误差限为

$$\Delta_p = t \cdot S_p \sqrt{1 - \frac{n}{N}} \tag{10-8}$$

或

$$\Delta_p = t \cdot \sqrt{\frac{m(n-m)}{n^2(n-1)} \left(1 - \frac{n}{N}\right)} \tag{10-9}$$

（4）成数抽样样本单元数确定。预算估计总体成数 P 时，所需样本单元数的计算方法，与简单随机抽样方法类似，将（10-7）式两端平方，以 n 代替 $n-1$，解出 n。

在重复抽样条件下

$$n = \frac{t^2(1-p)p}{\Delta_p^2} \tag{10-10}$$

当给出相对误差限（E_P）时，则

$$n = \frac{t^2(1-p)}{p \cdot E_p^2} \tag{10-11}$$

以上介绍的总体成数估计方法，是根据样本成数的概率分布为正态分布或近似正态分布推导出来的，所以要求样本 n 必须充分大。关于满足这一条件的最低限度样本 n，在 G·科克伦的《抽样技术》中提供了如下参考数据（表10-2）。

如果样本单元数不能满足表10-2中的规定，就应该用二项分布表（附表5）来确定其成数的置信区间，然后求出其估计区间。从表10-2中可以看到，当某类成数不足 0.05 时，就不宜用成数抽样估计了。

表 10-2   用正态近似式的最低样本单元数

p	0.5	0.4	0.3	0.2	0.1	0.05	<0.05
$np =$ 在较小一类中的观测数	15	20	24	40	60	70	80
$n =$ 样本单元数	30	50	80	200	600	1400	∞

例如，样本 $n = 250$，具某种特点的样本单元数 $m = 25$ 个，则样本成数 $p = 25/250 = 0.10$，由表 10-2 查得当总体成数为 0.10 时，样本单元数应在 600 以上才能用近似正态估计方法。这时，该例可查"二项分布参数 p 的置信区间表"来确定成数置信区间。本例总体成数估计区间为 $[0.07，0.14]$，可靠性为 95%。

若用近似正态分布进行估计，用 (10-7) 式

$$\Delta_p = t \sqrt{\frac{p(1-p)}{n-1}} = 1.96 \times \sqrt{\frac{(0.10)(0.90)}{249}} = 0.037$$

该类成数估计区间为 $[(0.10 - 0.037)，(0.10 + 0.037)]$ 即 $[0.063，0.137]$。可见用正态估计方法不够合理，会使估计误差范围缩小。这种影响，样本单元数愈少愈明显。

对于总体成数 $P < 0.10$ 的总体，其总体成数的估计方法，可用泊松 (Poisson) 分布估计 P，其结果比用正态分布估计总体成数更精确。

例如：用重复抽样方式抽取 $n = 200$，$m = 10$，试以 95% 的可靠性估计总体成数及其误差限。

解： $n = 200$，$m = 10$，$p = 0.05$，这是小成数的问题，根据经验，当 np 很小或 $n(1-p)$ 很小（$p < 0.1$）时，可用泊松分布来估计总体成数。

由附表 6"泊松分布参数 λ 的置信区间表"查得 λ 的置信区间为 $[4.80，18.39]$，故 $p = 95\%$ 的置信区间为 $[4.80/n，18.39/n] = [0.024，0.092] = [p_1，p_2]$

$$p - p_1 = 0.05 - 0.024 = 0.026，\quad p - p_2 = 0.05 - 0.092 = -0.042$$

绝对误差限 $\quad \Delta_p = \max\{0.026，0.042\} = 0.042$

若用近似正态分布 (10-7) 式估计，则 $\Delta p = 0.0303$，说明近似正态分布估计方法将误差估计小了。

用泊松分布估计总体成数的方法常称为小成数估计法。0.10 并不是小成数的绝对标准，辅以 $np < 5$ 作为参考值，即使总体成数大于 0.10，而 np 仍很小，则采用泊松分布估计总体成数仍较用近似正态分布的估计结果更恰当。

实际应用中，对于小成数（$p < 0.10$）的问题，尽管可以用"二项分布"或"泊松分布"估计总体成数的方法估计。但是这两种估计方法所得到的误差限都很大，即估计的结果精度很低，如上例估计总体成数为 0.05，其相对误差限 $E_p = 0.042/0.05 = 0.84$，由此可见，小成数的抽样估计问题，在理论上不成问题，只是实践上难以解决。

第三节　成数点抽样估计法

在用样本估计总体成数的抽样调查中，是以样点作为单元，从总体中随机地抽取样点，借以估计总体内各类面积成数的方法称为成数点法，又称样点法。

成数点抽样的工作步骤为：

1. 确定样本单元数

由样点法估计总体各地类面积成数，由于样本单元值只取 1 或 0，变动很大，一般所需样本 n 很大，不重复抽样可视为重复抽样，同时总体单元数 N 为无限大，故样本单元数的确定，用重复抽样公式。

例 10-1　设某总体内，最小地类面积成数约为 $p = 0.10$，欲采用样点法估计总体各类土地面积，要求估计精度为 80%，可靠性为 95%，问应抽取样点数是多少？

解：据(10-11)式

$$n = \frac{t^2(1-p)}{p \cdot E_p^2} = \frac{1.96^2 \times (1-0.10)}{0.10 \times 0.20^2} = 865$$

至少应抽取 865 样点。

应注意，确定样点数时，应以总体内要求估计的最小地类成数精度为标准，即保证最小地类成数估计精度达到规定精度，其他各地类或总体的抽样估计精度也一定会达到规定(80%)的要求。

2. 样点的布设与抽取

在有地形图没有遥感相片的情况下，可用地形图进行等距抽样，一般采用图上公里网交点为样点或根据计算的样点间距在总体面积内布设。

图上样点间距 $D(\text{cm})$

$$D = \frac{100}{m} \sqrt{\frac{A \times 10000}{n}} \qquad (10\text{-}12)$$

式中：n 为计算样点数；A 为总体面积(hm^2)；m 为所用地形图比例尺分母。

3. 样点类型的判别

总体内往往包含若干地类，原则上讲样点落在哪个地类，该样点就统计到哪类。由于点在理论上没有面积概念，实际中往往会出现样点落入某地类中小片空地上，如样点恰恰落在森林中的林中空地上，其处理方法通常是观察样点周围一定面积(林业上 2 hm^2，农用地 1 亩)所属地类为准。当样点调查完后，分别地类统计样点数。

如用航空相片抽取样点判读，必须将地形图上所布设的样点转绘到航空相片上，各样点判读应在相片的使用面积范围内，判读范围也不应小于预先规定的面积。有关样点转刺和判读的技术，参考有关专业书。

4. 成数点抽样估计方法

（1）各地类面积的估计。各地类样本成数乘总体面积，即得各地类面积估计值。

$$A_i = A \cdot \frac{m_i}{n} = A \cdot p_i \tag{10-13}$$

式中：A_i 为第 i 类面积的估计值；A 为总体面积，可由地形图求出；m_i 为落入第 i 类面积的样点数；p_i 为第 i 类面积的总体成数估计值。

并且，当总体地类划分为 L 个时，有

$$\sum_{i=1}^{L} A_i = A, \quad \sum_{i=1}^{L} m_i = n, \quad \sum_{i=1}^{L} p_i = 1.0$$

（2）成数估计值的误差限

$$\Delta(p_i) = t \cdot \sqrt{\frac{p_i(1-p_i)}{n-1}} \tag{10-14}$$

式中：$\Delta(p_i)$ 为第 i 个地类面积成数估计的绝对误差限。

（3）各地类面积的绝对误差限

$$\Delta(A_i) = A \cdot \Delta(p_i) = A \cdot t \cdot \sqrt{\frac{p_i(1-p_i)}{n-1}} \tag{10-15}$$

式中：$\Delta(Ai)$ 为第 i 个地类面积估计值的绝对误差限。

（4）各地类面积的相对误差限

$$E(A_i) = \frac{\Delta(A_i)}{A_i} \tag{10-16}$$

（5）估计精度

第 i 类面积的估计精度为 $p_{ci} = 1 - E(A_i)$ \qquad\qquad (10-17)

总体各地类面积抽样估计精度

$$p_c = 1 - \frac{\sum \Delta(A_i)}{A} \tag{10-18}$$

例 10-2 某林场总面积 20 万 hm^2，用成数点抽样调查，全场系统抽取 1000 个样点，观察结果见表 10-3，现要求以 95% 的可靠性，估计针叶林、阔叶林和农用地的面积及估计精度。

表10-3　各地类样点统计表

地类 i	针叶林	阔叶林	农地	Σ
样点 m_i	300	500	200	1 000

解：（1）各地类面积估计值

针叶林 $A_1 = A\dfrac{m_1}{n} = 20 \times \dfrac{300}{1\ 000} = 6.0$ 万 hm^2

阔叶林 $A_2 = A\dfrac{m_2}{n} = 20 \times \dfrac{500}{1000} = 10.0$ 万 hm^2

农　地 $A_3 = A\dfrac{m_3}{n} = 20 \times \dfrac{200}{1000} = 4.0$ 万 hm^2

（2）各地类估计误差及精度计算（表10-4）。

表10-4　成数抽样各地类面积精度计算表

地类	$p_i = \dfrac{m_i}{n}$	$S_{p_i}^2 = \dfrac{p_i(1-p_i)}{n-1}$	$\Delta(p_i) = t \cdot S_{pi}$	$\Delta(A_i)$ $= A \cdot \Delta(p_i)$	$E(A_i)$ $= \Delta(A_i)\ /\ A_i$	$p_{ci}\%$ $= 1 - E(A_i)$
针叶林	0.3000	0.00021	0.0284	5680	0.095	90.5
阔叶林	0.5000	0.00025	0.0310	6200	0.062	93.8
农地	0.2000	0.00016	0.0248	4960	0.124	87.6
Σ	1.0000	—	—	16 840	—	—

（3）各地类面积估计区间及精度

针叶林 $60\ 000 \pm 5\ 680\ hm^2$，精度90.5%。

阔叶林 $100\ 000 \pm 6\ 200\ hm^2$，精度93.8%。

农　地 $40\ 000 \pm 4\ 960\ hm^2$，精度87.6%。

（4）总体抽样估计精度

$$p_c = 1 - \frac{\sum \Delta(A_i)}{A} = 1 - \frac{16\ 840}{200\ 000} = 1 - 8.4\% = 91.6\%$$

第四节　用相片判读地面修正成数抽样

用遥感相片进行成数点抽样，是一种较为理想的方法。由于节省外业调查费用，可以抽取较多的样点。根据相片判读确定地类成数及面积，为修正样点判读错误可以通过地面样点检验，修改判读成数及面积。在具备适合的遥感相片的情况下，不仅能获得各地类面积，同时还可得到各地类分布的图面成果, 为合理地开发土地资源和生产布局提供科学依据。

1. 准备工作

(1)收集总体范围的最新遥感相片。如采用航空相片, 一般相片比例尺不低于 1:25 000 为宜。并根据地形图取得总体面积。当无总体面积数据时, 则需用求积仪或网点膜片求出面积。

(2)确定样本点数。样点的计算同(10-11)式, 不过由于相片判读容易带来错判误差, 但判读样点费用较低, 所以在预算样点数时可将估计误差限规定小些, 样点数多些, 以保证使各地类面积有较高的估计精度。

(3)在相片上布点。在地形图上布点后, 可将样点转刺到所需相片上。由于相片比例尺的变动和地形起伏所引起的影像位移会产生误差, 样点应布设在每张相片的"有效面积"之内。这项工作通常用已设计好的网点膜片布设。在无膜片时, 可用透明方格纸代替。关键是做到图上的点位与相片上点位要一致。

2. 样点判读

根据预先划分的地类及其各地类在相片上的影像特征, 制定地物判读因子对照表, 当判读人员对调查对象不熟悉时, 判读人员应持相片赴现地对照调绘方能避免判读错误。判读样点的面积需依据相片性能及调查精度要求确定, 一般不应小于规定的最小单元面积。

3. 判读样点统计及面积计算

如果判读无误, 则可进行地类面积估计。

例 10-3　设总体面积为 85 000 hm^2, 划分为 4 个地类, 由相片判读结果见表 10-5, 则各地类面积估计见表 10-5。

表 10-5　相片判读样点地类面积计算表

地　类	相片样点数 m_i	判读成数 p_i	地类面积 A_i
a	11 800	0.59	50 150
b	4 600	0.23	19 550
c	2 400	0.12	10 200
d	1 200	0.06	5100
Σ	20 000	1.00	85 000

4. 地面检查及修正

当判读样点不准确的情况, 就需要对判读结果进行验证, 纠正判读误差。一般采用的方法是从各地类判读样点中随机地抽取部分样点进行地面观察。地面检查的目的有两个:一是纠正相片比例尺产生的误差, 高处的成数

（面积）估计偏大，低处面积容易偏小；二是要纠正判错的样点。如人工幼林与灌木林，有林地与疏林地极易混淆，致使样点判读发生错误，导致地类面积不准。检查与修正的方法大致如下：

（1）确定地面检查的样点数。检查核实相片样点数，视外业调查工作量而定，一般可抽取总样点数的 1% ~ 5%，样点号可从总体样点中随机地或系统地抽取。

（2）抽取的检查样点，要现地观测其规定面积所属地类，把错判的样点记入实际地类中。

（3）相片判读成数的修正。

仍以例 10-3 为例说明地面检查的修正方法。共抽取地面检查样点 270个。判读样点检查结果见表 10-6。

表 10-6　判读样点检查结果

地类 i	相片样点成数 p_i	地面检查样点 n_i	地类检查样点 n_{ij}				地类检查样点成数 p_{ij}			
			a	b	c	d	a p_{ia}	b p_{ib}	c p_{ic}	d p_{id}
a	0.59	150	120	15	10	5	0.80	0.10	0.07	0.03
b	0.23	60	3	55	2	0	0.05	0.92	0.03	0.00
c	0.12	30	2	2	25	1	0.07	0.07	0.83	0.03
d	0.06	30	0	2	2	26	0.00	0.07	0.07	0.86
$\sum$	1.00	270								

经地面抽样检查，判读样点准确率地类 a 为 0.80，b 为 0.92，c 为 0.83，d 为 0.86。修正后的地类成数应按式（10-19）计算

$$p'_i = \sum_{i=1}^{L} p_i p_{ij} \qquad (10\text{-}19)$$

式中：p'_i 为第 i 个地类修正后成数；

　　　p_{ij} 为实际属于第 i 类的其他各类中的成数。

修正后各地类的成数分别为

$p'_a = 0.59 \times 0.80 + 0.23 \times 0.05 + 0.12 \times 0.07 + 0.06 \times 0.00 = 0.492$

$p'_b = 0.59 \times 0.10 + 0.23 \times 0.92 + 0.12 \times 0.07 + 0.06 \times 0.07 = 0.283$

同理，$p'_c = 0.152$

　　　$p'_d = 0.073$

修正后各地类成数之和应等于 1。

$$\sum_{i=1}^{n} p'_i = 0.492 + 0.283 + 0.152 + 0.073 = 1.0$$

修正后各地类面积估计值应为

$$A_i = A \cdot p'_i$$

故 a 类面积 $= 85\,000 \times 0.492 = 41\,820\ \text{hm}^2$

b 类面积 $= 85\,000 \times 0.283 = 24\,055\ \text{hm}^2$

c 类面积 $= 85\,000 \times 0.152 = 12\,920\ \text{hm}^2$

d 类面积 $= 85\,000 \times 0.073 = 6\,205\ \text{hm}^2$

修改后各地类成数的方差可按式(10-20)估计

$$S^2(p'_i) = \sum_{i=1}^{n} p_i^2 \frac{p_{ij}(1-p_{ij})}{n_i} + \frac{\sum_{i=1}^{n} p_i p_{ij}^2 - (\sum_{i=1}^{n} p_i p_{ij})^2}{N} \qquad (10\text{-}20)$$

现以 a 类为例，成数方差的计算见表 10-7。

表 10-7　修正后地类成数 a 方差计算表

地类	判读成数 P_i	检查样点 n_i	$p_i^2 \dfrac{p_{ia}(1-p_{ia})}{n_i}$	$p_i p_{ia}$	$p_i p_{ia}^2$
a	0.59	150	$0.59^2 \times \dfrac{0.80 \times 0.20}{150} = 0.000371$	0.59×0.80	0.377600
b	0.23	60	$0.23^2 \times \dfrac{0.05 \times 0.95}{60} = 0.000042$	0.23×0.05	0.000575
c	0.12	30	$0.12^2 \times \dfrac{0.07 \times 0.93}{30} = 0.000031$	0.12×0.07	0.000588
d	0.06	30	$0.06^2 \times \dfrac{0.00 \times 1.00}{30} = 0$	0.06×0.00	0.00000
Σ	1.00	270	0.000444	0.4919	0.378763

修正后 a 类的方差为

$$S^2(p'_a) = 0.000444 + \frac{0.378763 - 0.4919^2}{20\,000} = 0.000450$$

标准误 $S(p'_a) = \sqrt{0.000450} = 0.021$

a 类面积估计误差限为

$$\Delta(A_a) = A \cdot t \cdot S(p'_a)$$
$$= 85\,000 \times 1.96 \times 0.021 = 3\,498\text{hm}^2$$

a 类面积估计精度为

$$p_{ca} = 1 - \frac{3\,498}{41\,820} = 0.916 = 91.6\%$$

其余地类的误差、精度依此类推。

第五节 面积成数抽样

以面积为单元估计总体成数，其抽样效率较其他几种方法高。与用样地调查单位面积产量一样。在总体地类单纯且成大面积连片情况下，用面积相等的样地较合适，而当总体内地类复杂、变动较大、零星分布的情况下用较大面积样地调查各地类成数或产量较为有利。从抽样理论看，样地面积愈小，样本 n 愈大愈好，但样本 n 愈大会增加调查费用。样地面积增大会降低变动，减少途中行走时间，同时又会增加样地测设工作量。这个问题在抽样方案设计中应全面权衡。用面积作单元估计成数的方法有两种：一种是地类优势法，即样地内何种地类面积居多，该样地就划归哪类；另一种是分别测定样地内不同地类的面积，就是说样本单元的观测值不再是取值 1 或 0，而单元值是用连续变量表示属于某地类的面积值。这种方法称为面积成数抽样估计。当采用地类优势法估计地类成数时，其总体成数估计与样点法相同。

面积成数抽样法在我国许多省曾应用过，如河北省 1984 年开展的平原农区森林资源连续清查中，采用了面积不等的"任意多边形样地"，用 1∶25 000 地形图上道路、水渠等固定线性地物围成的闭合地块作样地，减少了样地面积测量工作，样地间距 4km × 3km，样地平均面积约 0.5km²。又如，湖北省 1984 年在平原湖区采用整群样抽样，每群 5 个样圆，样圆半径 30m，样圆间距 150m，群间距离 4km × 4km，记录样圆内 1/10 以上各地类面积值，取得了良好效果。

1. 样地面积相等的成数估计法

设总体面积为 A，样本单元数为 n，样地面积为 a，第 i 个样地内第 j 种地类面积观测值为 $y_{ij}(i=1, 2, \cdots, n, j=1, 2, \cdots, L)$

（1）总体成数的估计值

$$p_j = \frac{\sum\limits_{i=1}^{n} y_{ij}}{na} = \frac{\bar{y}_j}{a} \tag{10-21}$$

（2）第 j 种地类面积估计值

$$A_j = A \cdot p_j = \frac{A \cdot \bar{y}_j}{a} = N \cdot \bar{y}_j \tag{10-22}$$

（3）第 j 种地类面积估计误差限

$$\Delta(A_j) = N \cdot t \cdot \sqrt{\frac{\sum (y_{ij} - \bar{y}_j)^2}{n(n-1)}\left(1 - \frac{n}{N}\right)} \tag{10-23}$$

（4）第 j 种地类面积的估计精度

$$P_{ej} = 1 - \frac{\Delta(A_j)}{A_j} \qquad (10\text{-}24)$$

2. 样地面积不等的成数估计法

（1）总体成数的估计值

$$p_j = \frac{\sum\limits_{i=1}^{n} y_{ij}}{\sum\limits_{i=1}^{n} a_i} = \frac{\bar{y}_j}{\bar{a}} \qquad (10\text{-}25)$$

式中：$\bar{a}$ 为样地平均面积；$\bar{y}_j$ 为第 j 种地类面积平均值。

（2）各地类面积估计值

$$A_j = A \cdot p_j \qquad (10\text{-}26)$$

（3）各地类面积估计误差限

$$\Delta(A_j) = \frac{A \cdot t}{\bar{a}} \sqrt{\frac{\sum y_{ij}^2 + p_j^2 \sum a_i^2 - 2p_j \sum a_i y_{ij}}{n(n-1)}\left(1 - \frac{n}{N}\right)} \qquad (10\text{-}27)$$

（4）各地类面积的估计精度

$$P_{ej} = 1 - \frac{\Delta(A_j)}{A_j} \qquad (10\text{-}28)$$

（5）总体抽样估计精度

$$P_c = 1 - \frac{\sum\limits_{j=1}^{L} \Delta(A_j)}{A} \qquad (10\text{-}29)$$

3. 样本单元数的确定

用不重复抽样公式

$$n = \frac{Nt^2 p(1-p)}{N\Delta^2 + t^2 p(1-p)} \qquad (10\text{-}30)$$

式中：p 为总体内最小地类成数预估值。

第六节　截距抽样法

　　截距抽样测定面积起源于瑞典方阵式调查，近来被许多国家采用。罗茨曾把它引入森林资源调查。截距抽样是在用截距法测定图面面积的基础上发展起来的。即在总体内随机地抽取 n 条线段，观测每条线段上不同地类所占长度，用地类所占长度与线段全长之比，来估计该地类的成数，从而估计总体各地类面积。截距抽样与面积抽样相似。把成数抽样的样本取值由 1 或 0 转变为长度的连续变量，以缩小变动。测量方法简便、严格。适用于地类分布零散、插花的总体。但对于地势起伏大、通视条件不良的地区不宜采用。

这种方法也可分为等长线段和不等长线段两种。

1. 等长线段截距抽样

截距抽样是以样线为抽样单元，像样地一样，样线条数越多，样线越长估计效率越高。样线数的确定可用简单随机抽样样本单元数公式确定

$$n = \left(\frac{t \cdot C_j}{E} \right)^2$$

式中：C_j 为地类最大变动系数预估值。

例 10-4　设某总体中某地类最大变动系数为 0.50，要求面积估计精度为 90%，可靠性为 95%，问共需抽取多少条样线？

$$n = \left(\frac{1.96 \times 0.50}{0.10} \right)^2 = 97$$

至少应抽取 97 条样线。

样线间距和测设与系统抽样相同。

（1）总体各地类成数估计值

$$p_j = \frac{\sum_{i=1}^{n} D_{ij}}{nD} \tag{10-31}$$

式中：D 为样线长度；D_{ij} 为第 i 条样线上第 j 种地类所占长度。

（2）总体各地类面积估计值

$$A_j = A \cdot p_j \tag{10-32}$$

（3）各地类面积估计误差限

$$\Delta(A_j) = \frac{A}{D} t \sqrt{\frac{1}{n(n-1)} \sum (D_{ij} - \bar{D}_j)^2} \tag{10-33}$$

式中：$\bar{D}_j = \dfrac{1}{n} \displaystyle\sum_{i=1}^{n} D_{ij}$

2. 不等长线段截距抽样

设样线长度为 $D_i (i = 1, 2, \cdots, n)$

（1）总体各地类成数估计值

$$p_j = \frac{\sum_{i}^{n} D_{ij}}{\sum_{i}^{n} D_i} = \frac{\bar{D}_j}{\bar{D}} \tag{10-34}$$

(10-34)式表明，地类成数 P_j 值是采用平均数比估计的方法计算的。

(2)总体各地类面积估计值

$$A_j = A \cdot p_j = A \frac{\overline{D_j}}{\overline{D}} \qquad (10-35)$$

(3)总体各地类面积的估计误差限。根据第九章平均数比估计的方差公式可以得到各地类面积估计误差限

$$\Delta(A_j) = \frac{At}{D} \sqrt{\frac{1}{n(n-1)} \left(\sum D_{ij}^2 + p_j^2 \sum D_i^2 - 2p_j \sum D_i D_{ij} \right)} \qquad (10\text{-}36)$$

(4)总体抽样估计精度

$$P_c = 1 - \frac{\sum \Delta(A_j)}{A} \qquad (10\text{-}37)$$

第十一章

双重抽样

第一节 双重抽样方法介绍

双重抽样又称两相抽样，是一种效率较高的抽样方法。在设计和实施某些抽样方案时，一个变量的估计值常常利用另一个与其有相关关系的变量获得。当主要变量的费用高或难以获得时，另一个变量即相关变量更容易获得，或者费用较低，这种方法是最有利的。

比如，采用回归估计和比估计抽样，事先都要知道辅助因子的总量或平均数 $\bar{X}$。在分层抽样中，则必须知道各层的单元数或权重 W_h，也就是需要了解总体的一个或几个辅助因子的分布。然而，在许多场合下，这些与总体有关的信息是事先不知道的，或者不完全确知或者成本很高，而且从规定的估计精度和可靠性来考虑，即使有可能全部调查，也没这个必要。为此人们提出了双重或多重抽样的方法，以掌握有关总体信息、实施抽样调查。

双重抽样的基本做法是：对于一个大总体，先从总体中随机抽取一个较大样本，由此估计出有关总体的结构或辅助变量以及其他有关信息；然后再从第一重较大的样本中随机抽取一个较小的样本（第二重样本），利用这两重样本对总体所调查的主要因子进行抽样估计。

对于更大的总体，或较复杂的总体，或需要深入细致的调查项目，可以从第二重样本中再抽取第三重、第四重样本，这就形成多重抽样。在实际中，通常采用双重抽样。本章着重讨论双重抽样的方法和应用。

在自然资源和社会经济调查中，双重抽样主要应用于下列几方面：

（1）用于估计总体权重。采用分层抽样，必须确知各层的权重，而在实际工作中，往往不知道。如在农林资源清查中，按地类面积权重分层，而各地类面积常常不能事先确知，这时就可以用成数抽样法来估计各层面积及权重，然后用另一套样本去估计主要因子的平均数，即可对总体特征数做出估计。这种估计方法称双重分层抽样。

在双重抽样中，把观测辅助因子的大样本称为第一重样本，用 n' 代表，而把那个观测主要因子的较小样本称为第二重样本，用 n 代表。

（2）用于估计未知的总体辅助变量。在前面第八、九章介绍回归估计和比估计抽样估计方法中，都需要利用总体的辅助变量的总量或平均数$\overline{X}$。比如，根据航空相片的判读蓄积量和地面样地实测蓄积量做回归估计时，必须对相片上每个区划的总体单元进行判读，这项工作量很大，实际上也不必要。可以从相片上抽取一重样本，判读各单元蓄积量(x_i)，再从中抽取一个较小的二重样本，同时进行相片判读和地面实测其蓄积量。用二重样本成对观测值(判读值为 x_i，实测值为 y_i)建立线性回归经验方程。再依据一重样本的估计值$\overline{X}$，就可估计总体的蓄积量。这种估计方法称双重回归抽样。类似地有双重比估计抽样。

（3）用于经常性的调查。对某些社会经济统计指标，如居民的收入、居民基本生活费支出、某些商品价格等。统计部门需要经常调查。对这些指标，一方面不可能经常进行大规模抽样，因为这样做花费人力、时间和费用很大；另一方面这些调查总体，在一定时间内不稳定，在此种情况下，采用双重抽样较为合适。

（4）用于估计总体的分布。在各种调查中，通常调查者较关心总体的平均数和总量。但有时人们为分析问题需要，也希望了解这些指标的分布状况。比如，有时不仅要调查居民的平均收入，还要掌握各经济层次的居民收入的分布情况，这就需要采用双重抽样。

双重抽样的目的，主要是希望用一个比较理想的辅助因子，在不增加费用的条件下，提高估计精度。因此，选择辅助因子应慎重。应使由于增加一重样本所支出的费用，比为了达到同样估计精度而单纯增加二重样本单元数所增加的费用要少，采用双重抽样才是有利的。

为了达到上述目的，选择辅助因子时应注意两点：一是所选择辅助因子要容易测定，成本低；二是辅助因子与主要因子之间要存在紧密线性相关。

双重抽样的两重样本抽取方式有两种：即第一重样本与第二重样本独立的抽取。也可以非独立地抽取，就是第一重样本抽出后，再从第一重样本中抽取第二重样本，或者说第二重样本包含在第一重样本之中。实际工作中常采用后者，尽管内业统计分析麻烦些，但可以减少外业调查成本。

林业调查中，常用的有双重分层抽样、双重比估计、双重回归估计和双重点抽样。

第二节　双重分层抽样

一、双重分层抽样的概念

在第五章分层抽样中，总体平均数的估计公式为：

$$\bar{y}_{st} = \sum_{h=1}^{L} W_h \bar{y}_h$$

这种方法中，W_h 是已知的，而 $\bar{y}_h$ 是抽样估计值。如果上式中各层权重 W_h 不知道，采用成数点抽样可以得到各层权重的估计值。假定一重样本单元数为 n'，各层的一重样本单元数为 n'_h，样本的层权重 $w'_h = n'_h/n'$。然后从 n' 中随机抽取 n 个二重样本单元，各层二重样本单元数为 n_h。这里第一重样本目的在于估计各层的权重，第二重样本的目的是估计总体的某些指标，如平均数、总量等。

与分层抽样比较，如果没有适用的航空相片，就得不到各层面积的空间分布图。不独立的双重抽样用的比较普遍，下面介绍其估计方法。

二、估计方法

1. 双重分层抽样总体平均数估计值

$$\bar{y}_{dst} = \frac{1}{n'} \sum_{h=1}^{L} n'_h \bar{y}_h = \sum_{h=1}^{L} w'_h \bar{y}_h \tag{11-1}$$

式中：$\bar{y}_{dst}$ 为双重抽样样本平均数；

$$\bar{y}_h = \frac{1}{n_h} \sum_{h=1}^{n_h} y_{hi} \quad (i = 1, 2, \cdots, n_h)$$

$$w'_h = \frac{n'_h}{n'}$$

可以证明，这个 $\bar{y}_{dst}$ 是总体平均数 $\bar{Y}$ 的无偏估计值。

因为，对于第 h 层有 $E(\bar{y}_h) = \bar{Y}_h$，$E(w'_h) = W_h$，

那么

$$E(\bar{y}_{dst}) = E(\sum_{h=1}^{L} w'_h \bar{y}_h) = \sum_{h=1}^{L} W_h \bar{Y}_h = \bar{Y}$$

2. 估计值的方差

当 n' 与 n 不独立时，则估计值的方差近似公式为

$$S^2(\bar{y}_{dst}) = \sum_{h=1}^{L} w'^2_h S^2(\bar{y}_h) + \frac{1}{n'} \sum_{h=1}^{L} w'_h (\bar{y}_h - \bar{y}_{dst})^2 \tag{11-2}$$

或

$$S^2(\bar{y}_{dst}) = \sum_{h=1}^{L} w'^2_h S^2(\bar{y}_h) + \frac{1}{n'} \left[\sum_{h=1}^{L} w'_h \bar{y}_h^2 - (\bar{y}_{dst})^2 \right] \qquad (11\text{-}3)$$

式(11-2)和(11-3)可以理解为，右边第一项是分层抽样方差(二重样本平均数方差)，右边第二项误差是一重样本的方差。且假定 N 与 n' 都很大、n'/N 与 n_h/N_h 都很小，略而不计条件下得到的。

更详细的证明，可参阅北京林业大学贾乃光主编的《数理统计》(中国林业出版社，1993)。

例 11-1　1973 年湖南省会同县森林资源调查，利用双重分层抽样，总体面积为 61 395 hm²，第一重样本 $n'=653$，用做成数点，估计各层权重。第二重样本共抽取 $n=146$ 块面积为 0.08 hm² 的样地，用来估计林木蓄积量，现以 95% 的可靠性估计总体森林蓄积量及估计精度。原始调查资料及分层后各层统计量列于表 11-1。

解：总体单元数 $N=61\ 395 \div 0.08 = 767\ 438$

由于 n' 与 n 是独立抽取，其方差估计式为

$$S^2(\bar{y}_{dst}) = \sum_{h=1}^{L} w'^2_h S^2(\bar{y}_h) + \frac{1}{n'} \left[\sum_{h=1}^{L} w'_h (\bar{y}_h - \bar{y}_{dst}) \right]^2 - \frac{1}{n'} \sum_{h=1}^{L} w'_h S^2(\bar{y}_h)$$

$$(11\text{-}4)$$

或，$$S^2(\bar{y}_{dst}) = \sum_{h=1}^{L} w'^2_h S^2(\bar{y}_h) + \frac{1}{n'} \left[\sum_{h=1}^{L} w'^2_h \bar{y}_h - (\bar{y}_{dst})^2 \right] -$$
$$\frac{1}{n'} \sum_{h=1}^{L} w'_h S^2(\bar{y}_h)$$

表 11-1　总体特征数双重抽样计算表

层　号	n'_h	w'_h	n_h	$\bar{y}_h$	$w'_h \cdot \bar{y}_h$	$S^2(\bar{y}_h)$	$w'_h \cdot \bar{y}_h^2$	$w'^2_h \cdot S^2(\bar{y}_h)$	$w'_h \cdot S^2(\bar{y}_h)$
1(杉幼)	115	0.176	29	2.04	0.359	0.1316	0.7323	0.00407	0.02316
2(杉中)	152	0.233	35	5.03	1.172	0.2479	5.8951	0.01346	0.05776
3(杉成)	106	0.162	29	9.93	1.608	0.7152	15.9674	0.01877	0.11586
4(马中)	117	0.179	25	5.32	0.952	0.4334	5.0646	0.01388	0.07757
5(马成)	163	0.250	28	13.47	3.368	1.2122	45.3670	0.07576	0.30305
$\sum$	653	1.000	146		7.459		73.0264	0.12594	0.57740

(1)总体平均数估计值

$$\bar{y}_{dst} = \frac{1}{n'} \sum_{h=1}^{L} n'_h \bar{y}_h = \sum_{h=1}^{L} w'_h \bar{y}_h = 7.459 \text{ m}^3 / 0.08\text{hm}^2$$

(2)双重分层抽样估计值的方差

$$S^2(\bar{y}_{dst}) = \sum_{h=1}^{L} w_h'^2 S^2(\bar{y}_h) + \frac{1}{n'}\left[\sum_{h=1}^{L} w_h' \bar{y}_h^2 - (\bar{y}_{dst})^2\right] - \frac{1}{n'}\sum_{h=1}^{L} w_h' S^2(\bar{y}_h)$$

$$= 0.12594 + \frac{1}{653}\times(73.0264 - 7.459^2) - \frac{1}{653}\times 0.57740$$

$$= 0.12594 + 0.0266 - 0.0008842$$

$$= 0.1517$$

标准误 $S(\bar{y}_{dst}) = \sqrt{0.1517} = 0.389\text{m}^3/0.08\text{hm}^2$

(3)估计误差限

$$\Delta(\bar{y}_{dst}) = t_a S(\bar{y}_{dst}) = 1.96\times 0.389 = 0.763\text{m}^3/0.08\text{hm}^2$$

$$E(\bar{y}_{dst}) = \frac{0.763}{7.459} = 0.102 = 10.2\%$$

(4)估计精度

$$p_c = 1 - E = 1 - 0.102 = 89.8\%$$

(5)总体蓄积量的估计值

$$\hat{y} = N\bar{y}_{dst} = 767\,438\times 7.459 = 5\,724\,340\text{m}^3$$

因为 n' 很大，用不独立的双重分层抽样方差公式(11-3)式计算，相差甚小，其差值为

$$\frac{1}{n'}\sum w_h' S^2(\bar{y}_{dst}) = \frac{1}{653}\times 0.57740 = 0.0008842$$

所以在样本 n' 充分大的条件下，(11-3)与(11-4)式都可以用。

由于权重未知，用第一重样本估计各层总体 w_h'，所产生的误差项为

$$\frac{1}{n'}\left[\sum_{h=1}^{L} w_h' \bar{y}_h - (\bar{y}_{dst})^2\right] = \frac{1}{653}\times(73.0264 - 7.459^2) = 0.0266$$

仅占总方差的 17.5% 。

三、双重分层抽样的估计效率

由方差公式(11-3)看出，右端第一项是比例分层的抽样方差，第二项是由第一重样本估计各层权重的抽样方差，实质上它是各层总体方差的平均值，是层间方差的体现。同时可以看到，当 n' 值越大，估计精度越高。显然，若 $n' = N$，可理解为面积权重估计误差为 0，这时双重分层抽样与分层抽样误差相等。反之，若 n' 很小，当 $n' = n$ 时，则双重分层抽样估计精度将不及简单随机抽样高，因为前者比后者增加了权重误差项。如果没有层权重误差问题，据方差分析双重分层抽样在 $n' = n$ 的条件下，其估计精度与简单随机抽样相同。因而，在通常情况下，为提高估计效率，必须使样本在 $n < n' < N$ 范围之内。

四、样本单元数的确定

这里考虑的问题是：如果在规定的调查费用下，确定出能使抽样误差达到最小的第一、第二重样本单元数 n' 和 n。

设 D_1 为第一重样本单元的平均调查成本，D_2 为第二重样本单元的平均调查成本。在比例分层条件下，如欲使两重样本调查成本最小，则

$$n = \frac{t^2(V_2 + \sqrt{V_1 V_2 D_1/D_2})}{\Delta^2(\bar{y}_{dst})} \tag{11-5}$$

$$n' = n \cdot \sqrt{V_1 D_2/V_2 D_1} \tag{11-6}$$

式中：
$$V_2 = \sum_{h=1}^{L} W_h \sigma_h^2 \tag{11-7}$$

$$V_1 = \sum_{h=1}^{L} W_h (\bar{Y}_h - \bar{Y})^2 \tag{11-8}$$

如果给出相对误差限可用 $\Delta(\bar{y}_{dst}) = E \cdot \bar{y}_{dst}$ 代入（11-5）式中，（11-7）与（11-8）两式中，均可用以往资料或初步调查的样本 w_h，S_h^2，$\bar{y}_h$ 和 $\bar{y}$ 数据代替。求出 n 之后，可按比例分配到各层中，注意当 $n_h < 5$ 时，则应合并到相近似的层中去。

（11-5）和（11-6）两式的证明如下，供参考。

因为（11-2）式，可改写成

$$\sigma^2(\bar{y}_{dst}) = \frac{1}{n} \sum_{h=1}^{L} W_h \sigma_h^2 + \frac{1}{n'} \sum_{h=1}^{L} W_h (\bar{Y}_h - \bar{Y})^2 \tag{11-9}$$

因层已划定，因而各层内的总体方差 σ_h^2、权重 W_h 及层间方差 $\sum_{h=1}^{L} W_h (\bar{Y}_h - \bar{Y})^2$ 都已固定条件下，要使方差 $\sigma^2(\bar{y}_{dst})$ 充分的小，必须令 n' 及 n 充分大。那么必须使

$$t\sigma(\bar{y}_{dst}) \leqslant \Delta(\bar{y}_{dst})$$

亦即

$$\sigma^2(\bar{y}_{dst}) \leqslant \frac{1}{t^2} \Delta^2(\bar{y}_{dst}) \tag{11-10}$$

我们知道，减小 $\sigma^2(\bar{y}_{dst})$ 有两个途径，要么增大 n'，要么增加 n 的数量。处理这个问题应考虑 D_1 及 D_2，才能达到最优原则。当 n' 及 n 都确定的条件下，则总成本 D 为

$$D = n'D_1 + nD_2 \tag{11-11}$$

为讨论方便起见，把（11-7）及（11-8）两式代入（11-9）式，得

$$\sigma^2(\bar{y}_{dst}) = \frac{V_2}{n} + \frac{V_1}{n'} \tag{11-12}$$

为使(11-12)式在(11-11)式条件下有最小极值,应用求条件极值的拉格朗日乘数法。

令
$$\begin{aligned} Q &= \sigma^2(\bar{y}_{dst}) + \lambda(D - n'D_1 - nD_2) \\ &= (\frac{V_2}{n} + \frac{V_1}{n'}) + \lambda(D - n'D_1 - nD_2) \end{aligned}$$

对上式求偏导数和极值:

$$\frac{\partial Q}{\partial n'} = -\frac{V_1}{n'^2} - \lambda D_1 = 0$$

$$\frac{\partial Q}{\partial n} = -\frac{V_2}{n^2} - \lambda D_2 = 0$$

由上面两式,消去 λ,可得

$$\frac{V_2}{n^2 D_2} = \frac{V_1}{n'^2 D_1} \tag{11-13}$$

由(11-13)式可得(11-6)式

$$n' = n\sqrt{\frac{V_1 D_2}{V_2 D_1}}$$

将(11-6)结果代入(11-12)式,并化简后得

$$\sigma^2(\bar{y}_{dst}) = \frac{V_1 + \sqrt{V_1 V_2 D_1 / D_2}}{n} \tag{11-14}$$

在 $\bar{y}_{dst}$ 服从正态分布,并以 $\bar{Y}$ 为数学期望,估计值的绝对误差限为

$$\Delta^2(\bar{y}_{dst}) = t^2 \sigma^2(\bar{y}_{dst}) \tag{11-15}$$

将(11-14)式代入(11-15)式中,即得(11-16)式

$$n = \frac{t^2(V_1 + \sqrt{V_1 V_2 D_1 / D_2})}{\Delta^2(\bar{y}_{dst})} \tag{11-16}$$

将 n 值代入(11-13)式,便得 n' 值

$$n' = n\sqrt{\frac{V_1 D_2}{V_2 D_1}}$$

双重抽样样本单元数的确定公式证明方法,适合于其他双重抽样方法的第一、第二重样本的证明过程。弄清这种方法的证明及公式形式是有益的。

例 11-2   拟用双重分层抽样对总体平均数进行估计。据历史资料分析,层内方差 $\sum w_h S_h^2 = 16.4782$,层间方差 $\sum w_h(\bar{y}_h - \bar{y}_{dst})^2 = \sum w_h \bar{y}_h^2 - \bar{y}_{dst}^2 =$

17.4136，总体平均数预估值 $\bar{y}_{dst} = 7.457$，第一、二重样本单元调查成本之比为 $D_1/D_2 = 1/5$，规定估计精度为 90%，可靠性为 95%，求第一、第二重样本单元数。

解： $t = 1.96$，$\Delta(\bar{y}_{dst}) = 0.10 \times 7.457 = 0.7457$，$V_1 = 17.4136$，$V_2 = 16.4782$

$$D_1/D_2 = 1/5$$

利用公式(11-5)式和(11-6)式，

$$n = \frac{1.96^2 \times \left(16.4782 + \sqrt{16.4782 \times 17.4136 \times \dfrac{1}{5}}\right)}{0.7457^2} = 167$$

$$n' = 167 \times \sqrt{\frac{17.4136 \times 5}{16.4782 \times 1}} = 384$$

第三节 双重回归抽样

1. 估计方法

在回归估计部分中，介绍了总体平均数的回归估计方法。估计值为

$$\bar{y}_r = a + b\,\overline{X}$$

或

$$\bar{y}_r = \bar{y} + b(\overline{X} - \bar{x})$$

式中：$\overline{X} = \dfrac{1}{N}\sum_{i=1}^{N} x_i$；$\overline{X}$ 为已知值。

在回归估计中，$\overline{X}$ 未知的情况下，就需要从总体中抽取一个大样本 n' 来估计辅助变量的总体平均值 $\overline{X}$，再从总体中抽取一个较小样本 n，对 n 个单元调查指标 y_i 和辅助变量 $x_i(i=1, 2, \cdots, n)$ 这就构成了双重回归抽样。其抽样模式如下：

第一重样本 n'　　　　　第二重样本 n

$$\begin{Bmatrix} x_1 \\ x_2 \\ \vdots \\ x_{n'} \end{Bmatrix} \Rightarrow \bar{x}' \approx \overline{X} \qquad \begin{Bmatrix} x_1 & y_1 \\ x_2 & y_2 \\ \vdots & \vdots \\ x_n & y_n \end{Bmatrix} \Rightarrow y = a + bx,\ \bar{x},\ \bar{y},\ S_x^2,\ S_y^2$$

n' 大，成本低，易测。n 小，成本高，测定困难。

（1）总体平均数的估计值

$$\bar{y}_{dr} = a + b\bar{x}' \tag{11-17}$$

或

$$\bar{y}_{dr} = \bar{y} + b(\bar{x}' - \bar{x}) \tag{11-18}$$

式中：$\bar{y}_{dr}$ 为总体双重回归平均数估计值。如果总体各单元主要因子与辅助因子之间存在着线性回归关系，则 $\bar{y}_{dr}$ 是总体 $\bar{Y}_{dr}$ 的无偏估计值。

（2）双重回归估计值的方差。如果总体各单元在辅助因子 x 上的分布为正态，第二重样本是从第一重样本中抽取，并且 $1/n$ 与 $1/n'$ 相对于 1 而言可忽略不计时，则总体方差近似等于

$$\sigma^2(\bar{y}_{dr}) \approx \frac{\sigma_y^2(1-\rho^2)}{n} + \frac{\rho^2 \sigma_x^2}{n'} - \frac{\sigma_x^2}{N} \tag{11-19}$$

在实际应用中，总体 N 相当大，并用样本指标代替总体指标，故（11-19）式改变为

$$S^2(\bar{y}_{dr}) \approx S_e^2 \left[\frac{1}{n} + \frac{(\bar{x}' - \bar{x})^2}{\sum\limits_{i=1}^{n} (x_i - \bar{x})^2} \right] + \frac{S_y^2 - S_e^2}{n'} \tag{11-20}$$

式中：$S_e^2 = \dfrac{1}{n-2} \sum\limits_{i=1}^{n} (y_i - \hat{y}_i)^2$

$\rho^2 \sigma_x^2 = S_y^2 - S_e^2$

由于

$$S_e^2 = S_y^2(1 - \rho^2)$$

所以

$$S^2(\bar{y}_{dr}) = S_y^2(1-\rho^2) \left[\frac{1}{n} + \frac{(\bar{x}' - \bar{x})^2}{\sum\limits_{i=1}^{n} (x_i - \bar{x})^2} \right] + \frac{S_y^2 - S_e^2}{n'} \tag{11-21}$$

例 11-3　某县共有村庄 2 500 个，为调查小麦产量，随机抽取 100 个村调查小麦种植面积，平均每村种小麦 20.5 亩。从 100 个村中随机抽取了 27 个村，对小麦产量进行了调查，结果见表 11-2，试用 95% 的可靠性估计该县村平均产量并指出其估计精度。

回归估计数据计算

$\sum x_i = 519.9$　　　　$\sum y_i = 210.55$　　　　$n = 27$

$\sum x_i^2 = 14\ 416.27$　　　$\sum y_i^2 = 2\ 018.02$　　　$\sum x_i y_i = 5\ 085.30$

$\bar{x} = 21.92$　$\bar{y} = 7.80$　$n' = 100$　$\bar{x}' = 20.5$

表 11-2 小麦种植面积与产量调查表

村 No.	面积 x_i(亩)	产量 $y_i(t)$	村 No.	面积 x_i(亩)	产量 $y_i(t)$	村 No.	面积 x_i(亩)	产量 $y_i(t)$
1	16.0	1.93	10	21.5	9.71	19	21.5	8.92
2	26.7	7.91	11	16.0	5.46	20	25.5	15.89
3	6.0	3.76	12	11.5	6.13	21	28.0	7.81
4	22.0	6.76	13	41.0	14.91	22	33.0	9.19
5	18.0	4.37	14	18.2	0.89	23	24.5	3.84
6	30.7	16.03	15	17.1	0.57	24	23.2	7.54
7	31.8	10.15	16	18.4	7.14	25	20.5	10.40
8	17.6	6.15	17	32.0	8.87	26	18.5	8.45
9	19.0	11.86	18	18.7	5.38	27	15.5	4.70
						$\sum\limits^{27}$	591.9	210.55

求解回归方程：$y = a + bx$

$$b = \frac{\sum x_i y_i - n\bar{x}\bar{y}}{\sum (x_i - \bar{x})^2} = \frac{469.58}{1\,440.50} = 0.326$$

$$a = \bar{y} - b\bar{x} = 7.80 - 0.326 \times 21.92 = 0.654$$

回归经验方程式为

$$\hat{y} = 0.654 + 0.326x \quad (r = 0.638)$$

（1）全县村平均小麦产量估计

$$\bar{y}_{dr} = a + b\bar{x}' = 0.654 + 0.326 \times 20.5 = 7.33 t/村$$

（2）全县小麦总产量估计值

$$\hat{y} = N\bar{y}_{dr} = 2500 \times 7.33 = 18325 t$$

（3）总体平均数估计值的方差。先计算回归剩余方差：

$$S_e^2 = \frac{1}{n-2}\left[\sum_{i=1}^{n} y_i^2 - n\bar{y}^2 - b^2\left(\sum_{i=1}^{n} y_i^2 - n\bar{x}^2 \right) \right]$$

$$= \frac{1}{25}\left[2018.02 - 27 \times 7.80^2 - 0.326^2 \times (14416.27 - 27 \times 21.92^2) \right]$$

$$= 8.920$$

$$S_y^2 = \frac{1}{n-1}\sum_{i=1}^{n} (y_i - \bar{y})^2 = 14.465$$

$$\sum_{i=1}^{n} (x_i - \bar{x})^2 = 1440.50$$

将上面各计算结果代入方差公式（11-20）

$$S^2(\bar{y}_{dr}) = S_e^2 \left(\frac{1}{n} + \frac{(\bar{X}' - \bar{X})^2}{\sum\limits_{i=1}^{n} (x_i - \bar{x})^2} \right) + \frac{S_y^2 - S_e^2}{n'}$$

$$= 8.920 \times \left(\frac{1}{27} + \frac{(20.5 - 21.92)^2}{1440.50} + \frac{14.465 - 8.920}{100} \right)$$

$$= 0.3981$$

标准误 $S(\bar{Y}_{dr}) = \sqrt{0.3981} = 0.631 t/$村

（4）估计误差限

$$\Delta(\bar{Y}_{dr}) = t_{\alpha(n-2)} S(\bar{Y}_{dr}) = 2.06 \times 0.631 = 1.30 t/村$$

$$E = \frac{\Delta(\bar{y}_{dr})}{\bar{y}_{dr}} = \frac{1.30}{7.33} = 0.177$$

（5）估计精度

$$p_c = 1 - E = 1 - 0.177 = 82.3\%$$

结论：该县共有 2 500 个村庄，经采用双重回归抽样调查，该县小麦总产量估计为 18 325t，估计精度为 82.3%，做出上述估计的可靠性为 95%。

2. 双重回归估计效率分析

第一，从（11-19）式看到，如果第一重样本等于总体单元数，即 $n' = N$，则双重回归抽样估计效率与一般回归抽样的效果相同；若 $n' = n$，那么，双重回归抽样的估计效果与简单随机抽样的相同。据前面分析，通常回归抽样估计精度高于简单随机抽样，因而 n' 越大，则估计效果就越好。

第二，相关系数 ρ 对抽样误差影响也较大，显然，若 y 与 x 之间相关性紧密，即有 $|\rho|$ 越大，抽样方差越小。有效地利用辅助变量，对提高抽样效率是很有帮助的。

第三，一般情况下，双重回归抽样的估计精度低于一般回归抽样，这是因为用第一重样本估计的 $\bar{x}'$ 代替了总体 $\bar{X}$，增加了抽样方差 $\frac{1}{n'}\rho^2 S_x^2$。显然随 n' 增加这项方差减小。

图 11-1 表明了在调查费用既定条件下，双重回归抽样估计效率取决于相关系数 ρ 的大小和两重样本调查成本（D_1/D_2）两者关系。图中绘出了三条曲线（按对数图纸描绘）。曲线 I 是当双重抽样与单一抽样具有相同精度时的关系，

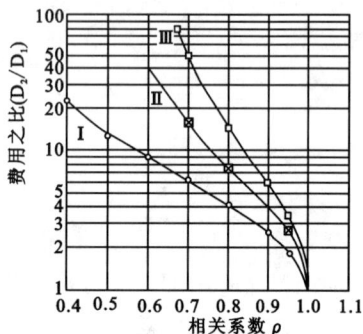

图 11-1 D_2/D_1 与 ρ 的相关曲线图

即 $\sigma^2(\bar{y}_{dr}) = \sigma_{\bar{y}}^2$；曲线 II 是当双重抽样使精度提高 25% 的情况，即 $\sigma^2(\bar{y}_{dr}) = 0.8\sigma_{\bar{y}}^2$；曲线 III 是当双重抽样使精度提高 50% 的情况，即 $\sigma^2(\bar{y}_{dr}) = \dfrac{2}{3}\sigma_{\bar{y}}^2$。

例如，在总成本既定条件下，$\rho = 0.8$ 时，若 $D_2/D_1 = 4$，则双重回归估计与简单随机抽样估计精度相同。

若 $D_2/D_1 < 4$，则双重回归抽样估计精度不如简单随机抽样高。

若 $D_2/D_1 > 4$，则双重回归抽样估计精度高于简单随机抽样。

当 $D_2/D_1 = 7.5$ 时，双重回归抽样比简单随机抽样估计精度高 25%；

当 $D_2/D_1 = 13$ 时，双重回归抽样比简单随机抽样估计精度高 50%。

3. 样本单元数的确定

当总体单元数充分大，因而 σ_y^2/N 可略而不计时，由 (11-19) 式可得

$$\sigma^2(\bar{y}_{dr}) \approx \frac{\sigma_y^2(1-\rho^2)}{n} + \frac{\rho^2\sigma_x^2}{n'}$$

如仍考虑一重样本单元成本 D_1 和二重样本单元所需成本 D_2，则欲使两重样本调查的总成本最小，可按式 (11-22) 和 (11-23) 估计样本单元数

$$n = \frac{t^2(V_2 + \sqrt{V_1 V_2 D_1/D_2})}{\Delta^2(\bar{y}_{dr})} \tag{11-22}$$

$$n' = n\sqrt{\frac{V_1 D_2}{V_2 D_1}} \tag{11-23}$$

式中：$V_1 = \rho^2\sigma_y^2 = S_y^2 - S_e^2$

$V_2 = \sigma_y^2(1-\rho^2) = S_y^2(1-\rho^2)$

在给定调查总费用条件下，第一重、第二重样本单元数分别为

$$n' = \frac{D}{D_1 + \sqrt{\dfrac{(1-\rho^2)D_1 D_2}{\rho^2}}} \tag{11-24}$$

$$n = n'\sqrt{\frac{(1-\rho^2)D_1}{\rho^2 D_2}} \tag{11-25}$$

第四节　双重比估计

1. 抽样及估计方法

双重比估计抽样，其基本原理和抽样方法与双重回归抽样相同。在第九章中介绍比估计方法时，曾指出，在通常条件下，平均数比估计法较比值平

均数估计法效率高。所以本节主要分析有关平均数比估计双重抽样问题。

双重比估计抽样的主要目的是：在第一重样本中，估计总体辅助因子指标，而第二重样本是为估计总体主要因子的指标。仍设 n' 为第一重样本单元数，辅助变量总体平均值为 $\bar{x}'$；二重样本单元数为 n，所调查主要因子为 y，与其相应辅助因子为 x，其平均数分别为 $\bar{y}$ 与 $\bar{x}$。

那么，总体平均数的估计值及方差为：

（1）双重比估计总体平均数估计值

$$\bar{y}_{dm} = \frac{\bar{y}}{\bar{x}} \cdot \bar{x}' = \hat{R}\bar{x}' \tag{11-26}$$

同比估计一样，$\hat{R}$ 是总体 R 的有偏估计值，但是一致估计，故这时用 $\bar{y}_{dm}$ 估计总体 $\bar{Y}$ 也是有偏的，如果 n 充分大（$\geqslant 30$），则偏差可忽略不计。

（2）估计值的方差。在两重样本 n' 与 n 相互独立抽取的条件下，其方差可用式（11-27）估计

$$S^2(\bar{y}_{dm}) \doteq \frac{S_y^2 - 2\hat{R}S_{yx} + R^2 S_x^2}{n} + \frac{\hat{R}^2 S_x^2}{n'} \tag{11-27}$$

在两重样本不独立条件下

$$S^2(\bar{y}_{dm}) \doteq \frac{S_y^2 - 2\hat{R}S_{yx} + \hat{R}^2 S_x^2}{n} + \frac{2\hat{R}S_{yx} - \hat{R}^2 S_x^2}{n'} \tag{11-28}$$

为了便于计算，（11-28）式可化简为

$$S^2(\bar{y}_{dm}) \doteq \frac{\sum_{i=1}^{n}(y_i - \bar{y})^2}{n'(n-1)} + \frac{\sum_{i=1}^{n}(y_i - \hat{R}x_i)^2}{n(n-1)}\left(\frac{n'-n}{n'}\right) \tag{11-29}$$

或

$$S^2(\bar{y}_{dm}) \doteq \frac{S_y^2}{n'} + \frac{\sum_{i=1}^{n}y_i^2 - 2\hat{R}\sum_{i=1}^{n}x_i y_i + \hat{R}^2 \sum_{i=1}^{n}x_i^2}{n(n-1)}\left(1 - \frac{n}{n'}\right) \tag{11-30}$$

（3）估计误差限。如果 n 充分大，$(\bar{y}_{dm})$ 的分布近似正态，则 $(\bar{y}_{dm})$ 的估计误差限为

$$\Delta(\bar{y}_{dm}) = t \cdot S(\bar{y}_{dm}) \tag{11-31}$$

例11-4 仍以例11-3资料，试用双重比估计抽样法估计总体村平均产量及估计精度。

解：在表11-2中已有

$$\sum_{i=1}^{n} x_i = 591.90 \qquad \sum_{i=1}^{n} y_i = 210.55$$

$$\sum_{i=1}^{n} x_i^2 = 14416.27 \qquad \sum_{i=1}^{n} y_i^2 = 2018.02$$

$$\sum_{i=1}^{n} x_i y_i = 5085.30$$

并且

$$\hat{R} = \frac{\sum y_i}{\sum x_i} = \frac{210.55}{591.90} = 0.356$$

$$\bar{x}' = 20.5$$

将这些数据代入(11-26)及(11-30)式可得

(1)全县村平均小麦产量

$$\bar{y}_{dm} = \hat{R}\bar{x}' = 0.356 \times 20.5 = 7.298 t/村$$

(2)平均产量的方差

$$S^2(\bar{y}_{dm}) = \frac{2018.02 - 2 \times 0.356 \times 5085.30 + 0.356^2 \times 14416.27}{27 \times 26}$$

$$\times \left(\frac{100 - 27}{100} \right) + \frac{14.465}{100} = 0.378$$

抽样误差 $S(\bar{y}_{dm}) = \sqrt{0.378} = 0.615 t/村$

(3)估计误差限

$$\Delta(\bar{y}_{dm}) = t_{0.05(27-1)} \cdot S(\bar{y}_{dm}) = 2.056 \times 0.615 = 1.264 t/村$$

(4)估计精度

$$p_c = 1 - \frac{\Delta(\bar{y}_{dm})}{\bar{y}_{dm}} = 1 - \frac{1.264}{7.298} = 82.7\%$$

(5)全县小麦总产量估计值

$$\bar{y} = 2500 \times 7.298 = 18245 t$$

估计结果与双重回归估计结果非常接近。这是因为两种抽样方法都采用面积做辅助因子,产量与面积之间存在着较紧密的线性相关关系,所以这两种方法才取得近似的估计结果。

2. 估计效率分析

(1)由式(11-26)所得到的估计值及(11-27)与(11-28)式计算的方差都是总体 $\bar{Y}$ 和 σ^2 的有偏估计值,但随着样本单元数增大,这些偏差会减小,故它们是近似无偏估计值。从方差公式可以看出,在 n' 较大时,能有效地降低抽样误差,且 n' 越大,双重比估计的精度越高。

(2)当一重样本增大到与总体 N 相等、即 $n' = N$ 时,双重比估计的精度与一般比估计是相同的。实际上,总是 $n' < N$,所以双重比估计的精度会低

于一般比估计。当 $n' = n$ 时，双重比估计的精度就会低于简单随机抽样，原因很明显，双重比估计增加了第一重样本关于 $\bar{x}'$ 的误差。当然在一般情况下，会有 $n < n'$，且小得多。

（3）当采用第一重样本 n' 和第二重样本 n 独立抽取时，用双重比估计估计总体，显然（11-27）式方差小于不独立抽样的（11-28）式方差。故可收到较好估计效果。

3. 样本单元数的确定

仍设 D_1 与 D_2 分别为第一重样本单元和第二重样本单元的调查成本。双重比估计样本单元数仍可用双重分层抽样方法推出下列公式，在两重样本独立抽取的条件下

$$n = \frac{t^2 (V_2 + \sqrt{V_1 V_2 D_1 / D_2})}{\Delta^2 (\bar{y}_{dm})} \tag{11-32}$$

$$n' = n \sqrt{\frac{V_1 D_2}{V_2 D_1}} \tag{11-33}$$

式中：$V_1 = \hat{R}^2 S_x^2$

$V_2 = S_y^2 - 2 \hat{R} S_{xy} + \hat{R}^2 S_x^2$

当两重样本不独立抽取条件下，则

$$V_1 = 2 \hat{R} S_{xy} - \hat{R}^2 S_x^2$$

t 为标准正态分布的双侧分位数，$\Delta (\bar{y}_{dm})$ 为给定的绝对误差限。S_x^2，S_y^2，$\hat{R}$，S_{xy} 均为通过以往资料和试抽样资料获得。

双重比估计方法，当比值 $\hat{R}$ 采用比值平均数时，则结论同第九章比值平均数估计法相同，即在相同样本单元数条件下，估计效率不如平均数双重比估计效率高，一般不常用，所以有关该种方法的一些问题不再介绍。

第五节　双重点抽样

这是一种专门用于森林资源调查的抽样方法，是角规调查方法的扩展。在用角规测树的水平点抽样中，就是利用角规测定林分平均每公顷断面积（$\bar{G}$）和林分蓄积量的方法。其总体平均蓄积量估计值为

$$\bar{y} = \bar{G} (\overline{Hf}) = \bar{G} \hat{R} \tag{11-34}$$

式中：$\bar{y}$ 为林分平均每公顷蓄积量；$\hat{R}$ 为林分平均形高估计值。

$$\hat{R} = (Hf) = V / G (\mathrm{m}^3 / \mathrm{m}^2)$$

双重点抽样其实质可视为双重比估计。当用角规点抽样估计林分蓄积量时，通常是用第一重样点 n'，利用既定角规常数 F，在各样本(点)上进行观测，取得 n' 个样点的断面积平均值 $\bar{G}$；平均形高 $\hat{R}$ 值，则是通过第二重样点 n，在各样点上对角规计数木进行控制检尺或只随机抽取一部分角规计数木实施控制检尺，取得 $\hat{R}$ 值。从《测树学》知道：同一树种，在同一地区林木间的形高 R_j(R_j = 第 j 株立木材积 V_j/该株立木胸高断面积 g_i)变化较小，可以用一个较小样本(点或木)即可获得 $\hat{R}$ 的满意估计值。而 G 值通常变动较大，需样本点多，但其调查成本低、速度快。这种用两套样本分别估计总体(林分) $\bar{G}$ 与 $\hat{R}$ 的角规抽样法称双重点抽样。

1. 双重点抽样的估计方法

(1)总体平均每公顷蓄积量的估计值。由点抽样原理知道

$$G_i = FZ_i \tag{11-35}$$

即第 i 个样点的断面积 G_i 等于角规常数 F 乘上该点角规绕测计数林木株数 Z_i。

由第一重样本点得到 $\bar{G}$ 值，即

$$\bar{G} = \frac{1}{n'}\sum_{i=1}^{n'}G_i = \frac{1}{n'}\sum_{i=1}^{n'}FZ_i = \frac{F}{n'}\sum_{i=1}^{n'}Z_i \tag{11-36}$$

由第二重样本点估计林分平均形高

$$\hat{R} = \frac{\displaystyle\sum_{i=1}^{n}\sum_{j=1}^{k}Z_{ij}R_{ij}}{\displaystyle\sum_{i=1}^{n}\sum_{j=1}^{k}Z_{ij}} \tag{11-37}$$

式中：分子项是第二重样点形高合计；分母项是第二重样点计数木株合计；k 为径阶个数($j = 1, 2, \cdots, k$)。

总体平均每公顷蓄积量估计值为

$$\bar{y}_{dp} = \frac{F}{n'}\sum_{i=1}^{n'}Z_i \cdot \frac{\displaystyle\sum_{i=1}^{n}\sum_{j=1}^{k}Z_{ij}R_{ij}}{\displaystyle\sum_{i=11}^{n}\sum_{j}^{k}Z_{ij}} = \bar{G}\hat{R} \tag{11-38}$$

应该指出，双重点抽样总体 R 的估计值 $\hat{R}$ 是无偏的，尽管(11-37)式采用的是比估计形式，但是因为角规点抽样是不等概抽样(PPS)，即角规抽取样木的概率是按林木断面积大小成比例的概率抽样，即林木 g_j(或 D_j^2)大的抽中的概率大，林木 g_j 小的抽中的概率小。

（2）估计值的方差。在两重样本不独立抽取条件下，双重点抽样估计值的方差与双重比估计中式（11-29）相同。

$$S^2(\bar{y}_{dp}) = \frac{\sum\limits_{i=1}^{n}(y_i - \bar{y})^2}{n'(n-1)} + \frac{\sum\limits_{i=1}^{n}(y_i - \hat{R}x_i)^2}{n(n-1)}\left(\frac{n'-1}{n'}\right) \qquad (11\text{-}39)$$

式中：y_i 为第 i 个二重样点每公顷蓄积量，即 $y_i = F\sum\limits_{j=1}^{k} Z_{ij}R_{ij}$，$x_i$ 为第 i 个二重样点每公顷断面积，即 $x_i = G_i = FZ_i$。

同样，$S^2(\bar{y}_{dp})$ 也可视为总体方差 $\sigma^2(\bar{y})$ 的无偏近似估计值。

例 11-5　用 $F=1$ 的角规，对马尾松人工林小班做双重点抽样调查，其结果见表 11-3。

表 11-3　双重点抽样蓄积量及误差计算表

样点号	第一重样点 G/hm^2	第二重样本						
		每公顷蓄积 $y_i(\text{m}^3)$	$y_i - \bar{y}$	$(y_i - \bar{y})^2$	每公顷断面积 $x_i(\text{m}^2)$	$\hat{R} \cdot x_i$	$y_i - \hat{R} \cdot x_i$	$(y_i - \hat{R} \cdot x_i)^2$
1	10.5							
2	6.0	20.6078	-22.887	523.815	6.0	20.388	0.2198	0.0483
3	20.0							
4	16.0	46.1580	2.663	7.091	16.0	54.368	-8.2100	67.4041
5	8.0							
6	12.0	42.4990	-0.996	0.992	12.0	70.776	1.7230	2.9687
7	21.0							
8	16.0	57.3760	13.881	192.682	16.0	54.368	3.0080	9.0481
9	22.0							
10	14.0	50.8344	7.339	53.861	14.0	47.572	3.2624	10.6432
11	14.0							
Σ	159.5	217.4752		778.441	64.0			90.1124

解： 由表 11-3 计算

$$\bar{x}' = \bar{G} = 159.5/11 = 14.5 \text{ m}^2/\text{hm}^2$$

$$\bar{y} = 217.4752/5 = 43.495 \text{m}^3/\text{hm}^2$$

$$\hat{R} = 217.4752/64 = 3.398 \text{ m}^3/\text{m}^2$$

（1）总体双重点抽样平均每公顷蓄积

$$\bar{y}_{dp} = \hat{R}\bar{X}' = 3.398 \times 14.5 = 49.3 \text{m}^3/\text{hm}^2$$

（2）估计值的方差

$$S^2(\bar{y}_{dp}) = \frac{\sum\limits_{i=1}^{n}(y_i - \bar{y})^2}{n'(n-1)} + \frac{\sum\limits_{i=1}^{n}(y_i - \hat{R}x_i)^2}{n(n-1)}\left(\frac{n'-n}{n'}\right)$$

$$= \frac{778.441}{11 \times (5-1)} + \frac{90.1124}{5(5-1)}\left(\frac{11-5}{11}\right)$$

$$= 20.1494$$

标准误 $S(\bar{y}_{dp}) = \sqrt{20.1494} = 4.49\,\mathrm{m}^3/\mathrm{hm}^2$

（3）估计误差限

$$\Delta(\bar{y}_{dp}) = t_{0.05(5-1)} \times S(\bar{y}_{dp})$$

$$= 2.78 \times 4.49$$

$$= 12.4822\ \mathrm{m}^3/\mathrm{hm}^2$$

$$E = \Delta(\bar{y}_{dp})/\bar{y}_{dp} = 12.4822/49.3 = 25.3\%$$

（4）估计精度

$$p_c = 1 - E = 1 - 25.3\% = 74.7\%$$

当两重样本（样点与样木）独立抽样情况下，即第二重样点不包含在第一重样点之内，或者第二重样本（林木）不是角规点而是在林分中随机抽取样本，就是说，为了估计林分形高 $\hat{R}$ 既可以用随机样木，也可以用角规抽取，但不一定在一个样点上对计数木全部检尺，比如，只检尺全部计数木的 1/5 或 1/10，用来估计林分平均形高 $\hat{R}$ 值。在此情况下，（11-38）式的方差可以用两个独立变量乘积的方差公式来计算，即

$$S^2(\bar{y}_{dp}) = \bar{G}^2 S_{\hat{R}}^2 + \hat{R}^2 S_{\bar{G}}^2 \tag{11-40}$$

式中：
$$S_{\bar{G}}^2 = \frac{F^2}{n'(n'-1)}\sum_{i=1}^{n'}(Z_i - \bar{Z})^2 \tag{11-41}$$

$$S_{\hat{R}}^2 = \frac{1}{Z(Z-1)}\sum_{j=1}^{Z}(R_j - \bar{R})^2 \tag{11-42}$$

（11-42）式中 Z 为全部角规控制检尺株数或样木株数。R_j 是每株样木的形高（v_j/g_j）。可见该式是比值平均数的方差。它表明了角规点抽样的原理是一种典型比值平均数估计。

若用相对误差表示（11-40）式，可化为

$$E(\bar{y}_{dp}) = \sqrt{E_{\bar{G}}^2 + E_{\hat{R}}^2} \tag{11-43}$$

值得强调的是：双重点抽样，不论两重样本独立与否，都可以采用相互独立的两个变量乘积的方差传播公式去近似估计。这是由角规抽样的特性所致，Pally，Horwitz（1961）和 Rustagi（1987 年）都指出，样点 R 值与样点计数

木株数分布极不相关。加之形高 R_i 变动系数一般在 10% ~ 20%，协方差可以略而不计。尤其当样本单元数很大时，用(11-43)与(11-39)式会得到非常近似结果。实验表明，双重点抽样误差主要来自 $S_{\bar{c}}^2$ 项。

2. 样本单元数的确定

按双重比估计抽样确定样本单元数公式计算

$$n = \frac{t^2(V_2 + \sqrt{V_1 V_2 D_1/D_2})}{\Delta^2(\bar{y}_{dp})} \tag{11-44}$$

$$n' = n\sqrt{\frac{V_1 D_2}{V_2 D_1}} \tag{11-45}$$

式中：$V_1 = 2\hat{R}S_{xy} - \hat{R}^2 S_x^2$

$V_2 = S_y^2 - 2\hat{R}S_{xy} + \hat{R}^2 S_x^2$

D_1 与 D_2 分别为调查一个一重样本单元及二重样本单元的平均成本。

实际工作中，总体方差、协方差未知，只能用相应的试抽样样本或以往资料粗略估计。

3. 双重点抽样的工作步骤

资料准备工作与简单随机抽样，点抽样相同。现将主要工作步骤简述如下。

(1)正确选择角规常数 F。实践证明 F 值的大小是点抽样的关键，F 值太小($F=0.5$，1.0)容易漏测而产生负偏差。一般选择 $F=4$ 比较合适。这方面的问题可参考《森林计测学》中角规章节。

(2)样点数的确定和布设。最好是采用第一重样点与第二重样点不独立的抽样方式，以便节省成本、提高工效。样点设置可以用系统布点，避免人为主观点选点带来的偏差。

(3)样点观测。在同一总体中应使用相同的角规 F 值，或者在同一重样本用相同 F 值。第一重样点上只绕测统计相割相切的林木株数，在第二重样点上除统计计数木株数外，还应对每株计数木进行检尺，当判断困难时，就要实测测点与林木之间距离和该树胸径，进行计算，判断取舍。当在同一总体中角规 F 值不同时，应分别记录不同 F 值的观测结果，内业分析统计中用联合估计法，估计总体平均数和方差。不能将不同角规常数(F)的调查结果(虽然都是每公顷的值)，用一般算术平均数的方法去估计总体平均数及其方差。

第十二章

不等概抽样

前面在两阶抽样和整群抽样的一些章节中曾经涉及到不等概抽样(PPS)的做法和概念,并未做详细的介绍,本章将较深入地讨论有关不等概抽样的理论和估计方法。学好这一章内容有助于对上述两章相关内容的深入理解。

第一节 等概抽样与不等概抽样的概念

1. 等概抽样

前面我们所讨论的抽样问题,多是等概抽样的问题,有关等概抽样的概念,在第三章中已经说明。等概抽样即按频率抽样之意(Sampling with probability proportional to frequency),简称 PPF 抽样。例如,总体 N 个单元按研究标志进行分组整理后,可以得到频数分布数列为

组标志值: y_1, y_2, y_3, $\cdots$, y_k

频　　数: f_1, f_2, f_3, $\cdots$, f_k

其中,$\sum f_i = N$,则在等概抽样条件下,总体 N 个单元中的每个单元被抽中的概率为 $1/N$。因此,抽中 y_i 概率为 f_i/N。所以等概抽样即按频数抽样。更确切地说,抽样概率是与频数成比例的抽样。一般常用的随机抽样,系统抽样等属等概抽样之列。

2. 不等概抽样

在抽样调查中,人们为了进行等概抽样,经常把总体人为地划分为等大小的总体单元。然而,在大多数情况下,现有的一些单元更便于样本的抽取。如果我们以县、乡、村;工厂、医院为单元进行抽样,就会发现,在村之间的标志值(户、人口、面积)是不完全相等的,有时相差甚大。为了确保样本对总体各较大成分有足够的代表性,在分层抽样中采用了比例分配样本法。然而,抽样设计中也可通过改变抽取这些单元或层的概率的不等概抽样达到上述目的。

不等概抽样就是总体中各单元被抽中概率不完全相等的抽样。更确切地说,就是总体中每个单元被抽中的概率与单元大小成比例的抽样。简称 PPS

抽样(Sampling with probability proportional to size)。

1943 年，韩森(Hamsen)与霍尔维兹(Hurwitz)提出了不等概抽样的理论和方法。事实说明，不等概抽样在组织样本和对资料进行分析及对总体参数的估计，都比等概抽样复杂。但是在一定条件下，采用不等概抽样方法要比等概抽样得到较高的估计效率。就是说，在保证同等的估计精度与可靠性条件下，多采用不等概抽样估计方法。

下面我们举一个简单例子说明不等概抽样的特点。

例 12-1 现有三个村子，各村养猪头数和户数实际情况如表12-1，现抽取两个村子调查养猪头数，再推算总体养猪头数。

表 12-1 各村养猪头数和户数实际情况

单元村 i	养猪数 y_i	户数 x_i	概率 $p_i = x_i / \sum_i^N x_i$
1	50	10	0.10
2	80	20	0.20
3	300	70	0.70
$\sum$	430	100	1.00

解：(1) 按等概抽样方法，总体养猪头数 $\hat{Y} = N \dfrac{1}{n} \sum_{i=1}^{n} y_i$

于是可能全部结果为：

$$\hat{Y}_1 = \frac{3}{2}(50 + 80) = 195 \text{ 头}$$

$$\hat{Y}_2 = \frac{3}{2}(50 + 300) = 525 \text{ 头}$$

$$\hat{Y}_3 = \frac{3}{2}(80 + 300) = 570 \text{ 头}$$

(2)按不等概抽样方法有，$\hat{Y} = \dfrac{1}{n} \sum_i^n \dfrac{y_i}{p_i}$

$$\hat{Y}_1 = \frac{1}{2}\left(\frac{50}{0.10} + \frac{80}{0.20}\right) = 450 \text{ 头}$$

$$\hat{Y}_2 = \frac{1}{2}\left(\frac{50}{0.10} + \frac{300}{0.70}\right) = 464 \text{ 头}$$

$$\hat{Y}_3 = \frac{1}{2}\left(\frac{80}{0.20} + \frac{300}{0.70}\right) = 414 \text{ 头}$$

从上面例子可以总结得出以下几点：

第一，不等概抽样方法所测得的总体养猪头数更接近实际养猪数

$Y = 430$ 头，其抽样误差小于随机抽样。

第二，随机等概抽样，总体各单元抽中概率 $p_1 = p_2 = p_3 = 1/3 = 1/N$。而不等概抽样各单元中 p_i 为 $p_1 = 0.10$，$p_2 = 0.20$，$p_3 = 0.70$，例中，3 号单元被抽中概率为 1 号单元的 7 倍，就是说，单元越大，被抽中的概率较大。单元值大的样本单元在估计总体特征数中有较大的影响，能客观反映总体实际。

第三，随机等概抽样，要调查主要因子 y(头数)，无须调查相关辅助因子 x(户数)即可。而不等概抽样，在事前要确知总体辅助因子总量 $X = \sum_{}^{N} x_i$，这是此种方法的特点，也是麻烦，不便之处。按照不等概抽样的定义"与单元大小成比例的抽样"应该是与各 y_i 成比例，而实际本例采用的是与各 x_i 成比例，即用 $p_i = x_i / \sum_{}^{N} x_i$ 的抽样。这样做只要辅助因子选择的恰当、合理也能达到同样目的。

第四，随机抽样是用村平均养猪头数乘总体村数即：$\hat{Y} = N\bar{y}$ 来估计。不等概方法是用样本村内户平均养猪头数乘总体户数估计，即

$$\hat{Y} = \frac{1}{n} \sum_{}^{n} \frac{y_i}{x_i/X} = \frac{1}{n} \sum_{}^{n} \frac{y_i}{x_i} \cdot X = \hat{R}X 。$$

当估计量 $\hat{Y}$ 只是样本平均数的倍数，称该量是自行加权的，是无偏的估计量。即它的权重(户数不等)通过按比例抽样已得到体现。从计算形式上看，与比值平均数法相同，但后者是等概抽样的，是有偏估计。

随着不等概抽样理论的发展，不等概抽样方法还有另一种类型。

对于总体各单元主要因子标志值做出估计，并令总体各单元被抽中的概率与估计值成比例。这种不等概抽样叫做概率与估计值大小成比例的抽样，简称为 PPES 抽样(Sampling with probability proportional to an estimate of size)。

实质上，等概抽样与不等概抽样都是依概率进行的抽样，如果各个 y_i 均相等，$y_1 = y_2 = \cdots = y_N$，我们将看到，$P_1 = P_2 = P_3 = \cdots = P_N = 1/N$，则不等概抽样估计方法与简单随机抽样估计方法所得到的结果相同。因此，可以说等概抽样是不等概率抽样的一个特例。

第二节　不等概抽样样本组织方法

不等概抽样样本的抽取方法，以 PPS 为例，有两种抽取方法：一种是列表累计法；另一种是两项取舍法。

1. 列表累计法

采用列表法进行 PPS 抽样，首先要确知总体各单元主要因子标志值的大小，现以面积大小不同的小班（地块）做总体单元，说明样本的抽取过程。

例 12-2   设总体单元数 $N=12$，各单元值列于表 12-2 中，为进行 PPS 抽样，增设后面几栏。

表 12-2   用列表累计法进行 PPS 抽样表

小班号	面积 y_i	y_i 的累计	指定范围	抽中的随机数字	抽中小班号
1	25	25	1 ~ 25		
2	10	35	26 ~ 35		
3	30	65	36 ~ 65	052	3
4	28	93	66 ~ 93		
5	15	108	94 ~ 108		
6	30	138	109 ~ 138		
7	38	176	139 ~ 176	153	7
8	51	227	177 ~ 227	177	8
9	40	267	228 ~ 267		
10	12	279	268 ~ 279		
11	60	339	280 ~ 339	283	11
12	80	419	340 ~ 419	414	12
合计	419				5

假定 $n=5$，我们在随机数字表上从 1 ~ 419 之间，随机地抽取 5 个随机数字，设所抽中的为 153、52、414、283、177 五个随机数字，各随机数字落在哪个指定范围内，其所对应的小班就是被抽中的样本单元。上例为 7、3、12、11、8 小班组成不等概样本。

用这种方式抽样，总体各单元被抽中的概率显然与各小班的面积成比例。

不等概抽样，是采用重复抽样，所以当某个单元被重复抽中时，该单元值应重复参加计算。

2. 两项取舍法

当总体单元数 N 不是一个很大的数值时，采用上述抽取样本方法是方便的，但是当 N 是个大的数值（假如 $N=20\ 000$）时，累计 y_i 就很费时间了。对于这种情况拉希里（1951 年）提出两项取舍法，它的最大好处是可以免去累计过程。现仍以例 12-2 来说明抽取样本的方法。首先从 1 ~ $N(N=12)$ 中抽取一个随机数字，决定被抽中的小班号，并查出该小班面积值(y_0)，再从 1 至 y_{max}($y_{max}=80$)之间随机抽出一随机数字与 y_0 相比较，若小于 y_0 值，就认为该号小班被抽中，否则应置回，重新从 1～N 间抽取小班。例如，从 1～12 间，随机抽中第 6 号小班，其面积 $y_0=30$，接着从 1～80 间抽取的随机数字为 38，因 38＞30，这时 6 号小班未被抽中，应置回重抽。如果抽取的随机数字是 17 而不是 38，因为 17＜$y_0=30$，则这时 6 号小班认为被抽中，如此循环下去，直至抽够所需样本单元 $n=5$ 为止。

PPS 抽样，可以规定采用重复抽样方式，也可以用不重复抽样。采用重复抽样，是为了保证每次抽取样本时，抽取的概率始终和单元大小成比例，另一个优点就是：计算估计值的总体方差及其估计方差的公式简单。另一方面，如采用不重复抽样时，要欲使抽取的概率保持与单元大小成比例是很困难的，当 n 增大时迟早会成为不可能。上面例子中在 $n=12$ 这个极端的情况（实际上不会如此）下难以看出，如果采用不重复抽样，不论单元大小如何，每个单元都必定有被抽中的机会。不过，当 N 值不太大时，霍维茨与汤普森等提出了一些切实可行的不等概抽样方法。这里不再讨论。

上述组织不等概样本的工作较繁。在实际工作中，当进行不等概抽样时，可采用较简单的方法。例如，以某林区为总体，以面积大小不等的小班为总体单元，采取概率与小班面积成比例的不等概抽样方式组织样本，则可在地形图或航空相片上绘出网格，或用透明网点板，如网格足够密，则小班中所落网点数将与小班面积成比例。这样只需随机（等概）地抽取一定的网点，网点所在小班即为被抽中的样本单元。于是可以组成与小班面积成比例的不等概样本。

3. 单元大小的最优计量尺度

从上面所列举的不等概抽样样本的抽取方法中，如果认真分析，就会发现一个非常有趣的问题：对单元大小应该采取什么计量尺度？各单元被抽取的概率 $p_i=y_i/Y$，如果 y_i（养猪头数）都知道了，那么就不必再抽样调查了。

从抽样理论来讲，应该选择那种使方差达到最小值的尺度变量作为单元大小的最优尺度。下面估计值的方差可以说明这点。

$$\sigma^2(\bar{y}_p) = \frac{1}{N^2 n}\sum_{i=1}^{N}\frac{y_i^2}{p_i} - \frac{\bar{Y}^2}{n} \quad {}^{[注1]}$$

如果 p_i 与 y_i 成比例，即 $p_i=y_i/Y$，则上式方差等于零，说明抽样效率最高。如果 y_i 都是正数，这一组 p_i 是可以接受的一组概率，计量单元大小的最好尺度应是与总量成比例的各单元的 y_i 值。

上述结果不能在实际中直接应用，因为抽样前无法确知 y_i 值。单元大小的计量尺度也就是衡量单元大小的标志因子，对单元大小可以有多种指标（尺度），例如，对不同大小的工厂可以是产量、产值、工人数。用抽样方法估计农作物产量时，田块面积大小不同，每块产量也高低不一，这时对单元(田块)的大小计量尺度既可以用产量也可以用面积。由此来看，最优计量尺度的选择应该是与主要因子 y_i 有紧密相关关系的辅助因子。在实际工作中，抽取样本时，如果对单元大小有几个不同的计量尺度可供选择的情况下，常选定一个与主要因子有着紧密线性相关关系的辅助因子，并令总体中每个单元被抽中的概率与该单元辅助因子之标志值成比例。例如，设总体由 N 个面积不同的田块组成，每个田块作为一个总体单元，调查的主要因子为田块的粮食产量，而且已知田块产量与田块面积的关系为线性回归关系。这时则可用田块面积作辅助变量(即尺度因子)使每个田块被抽中的概率与各个田块的面积成比例。

　　若按辅助变量的 $p_i = x_i/X$ 进行抽样，抽样方差会怎样呢？在其他条件不变时，上述方差公式中，若 p_i 越大，则有抽样方差 $\sigma^2(\bar{y}_p)$ 愈小，调查精度愈高。假设 y_i 与 p_i 存在正比例关系，即 $y_i = kp_i$，即 y_i 与 x_i 存在着极密切的正相关关系，则总体平均数为：

$$\bar{Y} = \frac{1}{N}\sum_{i=1}^{N}y_i = \frac{1}{N}\sum_{i=1}^{N}kp_i = \frac{k}{N}$$

将上式代入前面方差公式，则有：

$$\begin{aligned}
\sigma^2(\bar{y}_p) &= \frac{1}{N^2 n}\sum_{i=1}^{N}\frac{y_i^2}{p_i} - \frac{1}{n}\bar{Y}^2 \\
&= \frac{1}{N^2 n}\sum_{i=1}^{N}\frac{k^2 p_i^2}{p_i} - \frac{1}{n}\left(\frac{k}{N}\right)^2 \\
&= \frac{1}{n}\left(\frac{k}{N}\right)^2 - \frac{1}{n}\left(\frac{k}{N}\right)^2 = 0
\end{aligned}$$

可见，同样能使方差达到最小，$\sigma^2(\bar{y}_p) = 0$。

第三节　不等概抽样的估计方法

设总体各单元所研究的标志值为

$$y_1, y_2, y_3, \cdots, y_N$$

相应概率　　　　　　　$p_1, p_2, p_3, \cdots, p_N$

这里 $p_i = y_i/Y$，即第 i 个总体单元被抽中的概率为 $P_i(i = 1, 2, \cdots, N)$ 并且有

$$\sum_{i=1}^{N} p_i = 1 \qquad \sum_{i=1}^{N} y_i = Y$$

现采用重复抽样，从总体 N 中依概率抽取 n 个样本单元，其样本各单元标志值为 y_1，y_2，$\cdots$，y_3，y_n。那么，重复不等概抽样的估计值及方差按下述步骤估计。

1. 样本平均数

$$\bar{y}_p = \frac{1}{Nn} \sum_{i=1}^{n} \frac{y_i}{p_i} \tag{12-1}$$

式中：$\bar{y}_p$ 是总体平均数 $\bar{Y}$ 的无偏估计值，是概率自行加权平均数。

证明：设 $\dfrac{y_i}{p_i}$ 为独立的随机变量，它是从总体 $\left(\dfrac{y_1}{p_1}, \dfrac{y_2}{p_2}, \cdots, \dfrac{y_N}{p_N}\right)$ 中随机抽取的，并且抽中 y_i/p_i 的概率为 p_i，按离散随机变量求数学期望，有

$$E(\bar{y}_p) = E\left(\frac{1}{Nn} \sum_{i=1}^{n} \frac{y_i}{p_i}\right) = \frac{1}{Nn} n E\left(\frac{y_i}{p_i}\right)$$

$$= \frac{1}{N} \sum_{i=1}^{N} \frac{y_i}{p_i} \cdot p_i = \frac{1}{N} \sum_{i=1}^{N} y_i = \bar{Y} \tag{12-2}$$

所以 $\bar{y}_p$ 是总体平均数 $\bar{Y}$ 的无偏估计值。

如果总体各单元被抽取的概率相等，即：$p_1 = p_2 = \cdots = p_N = 1 / N$，由 (12-1) 式不难看出，该式就是简单随机抽样平均数估计公式。

2. 样本平均数的方差

（1）平均数的总体方差

$$\sigma^2(\bar{y}_p) = \frac{1}{N^2 n} \sum_{i=1}^{N} \frac{y_i^2}{p_i} - \frac{\bar{Y}^2}{n} \tag{12-3}$$

（2）总体平均数方差 $\sigma^2(\bar{y}_p)$ 的无偏估计值

$$S^2(\bar{y}_p) = \frac{1}{N^2 n (n-1)} \sum_{i=1}^{n} \left(\frac{y_i}{p_i}\right)^2 - \frac{1}{n-1} \bar{y}_p^2 \quad {}^{[注2]} \tag{12-4}$$

式中：$S^2(\bar{y}_p)$ 为样本平均数的方差。

（3）标准误

$$S(\bar{y}_p) = \sqrt{\frac{1}{N^2 n (n-1)} \sum_{i=1}^{n} \left(\frac{y_i}{p_i}\right)^2 - \frac{1}{n-1} \bar{y}_p^2} \tag{12-5}$$

（12-5）式表明，如果总体各单元被抽取的概率相等的话，即均等于 1/N，则（12-5）式即为简单随机抽样的抽样误差公式。

3. 总体总量的估计值

设 $\hat{y}_{pps}$ 为总体总量 Y 的估计值，则

$$\hat{y}_{pps} = \frac{1}{n} \sum_{i=1}^{n} \frac{y_i}{p_i} \tag{12-6}$$

前面(12-2)式已证明 $\bar{y}_p$ 是 $\bar{Y}$ 的无偏估计值,容易证明 $\hat{y}_{pps}$ 是 Y 的无偏估计值,即

$$\hat{y}_{pps} = N\bar{y}_p = N \frac{1}{Nn} \sum_{i=1}^{n} \frac{y_i}{p_i} = \frac{1}{n} \sum_{i=1}^{n} \frac{y_i}{p_i}$$

4. 总体总量估计值的方差

(1)总体方差

$$\sigma^2(\hat{y}_{pps}) = \frac{1}{n} \Big(\sum^{N} \frac{y_i^2}{p_i} - Y^2 \Big) \tag{12-7}$$

或

$$\sigma^2(\hat{y}_{pps}) = \frac{1}{n} \sum_{i=1}^{N} \Big(\frac{y_i}{p_i} - Y \Big)^2 \cdot p_i \tag{12-8}$$

因为 $\hat{y}_{pps} = N\bar{y}_p$

所以 $\sigma^2(\hat{y}_{pps}) = N^2 \sigma^2(\bar{y}_p) \tag{12-9}$

将(12-3)式代入式(12-9),得

$$\sigma^2(\hat{y}_{pps}) = N^2 \Big(\frac{1}{N^2 n} \sum_{i=1}^{N} \frac{y_i^2}{p_i} - \frac{1}{n} \bar{Y}^2 \Big)$$

$$= \frac{1}{n} \Big(\sum_{i=1}^{N} \frac{y_i^2}{p_i} - N^2 \bar{Y}^2 \Big)$$

$$= \frac{1}{n} \Big(\sum_{i=1}^{N} \frac{y_i^2}{p_i} - Y^2 \Big)$$

将(12-8)式平方项展开,再利用 $\sum_{i=1}^{N} p_i = 1$ 的性质即可证明(12-8)与(12-7)式是相等的。

(2)当用样本估计时,总体方差 $\sigma^2(\hat{y}_{pps})$ 的无偏估计值为:

$$S^2(\hat{y}_{pps}) = \frac{1}{n(n-1)} \sum_{i=1}^{n} \Big(\frac{y_i}{p_i} - \hat{y}_{pps} \Big)^2 {}^{[注3]} \tag{12-10}$$

5. 估计误差限

不等概抽样其误差限的估计,在 n 充分大的条件下,则 $\bar{y}_p$ 的估计误差限为

$$\Delta(\bar{y}_p) = tS(\bar{y}_p) \tag{12-11}$$

$$E(\bar{y}_p) = \frac{\Delta(\bar{y}_p)}{\bar{y}_p} \tag{12-12}$$

第四节　不等概抽样方法的应用

根据前面各节所述，对不等概抽样估计方法及样本抽取方法，尽管作了较详细的介绍，但是在实际应用中，还必须通过选择最优尺度因子(辅助变量)来估算主要因子的抽样概率 p_i，辅助因子选择的原则与回归估计或比估计抽样法类似。即 x_i 与 y_i 之间有紧密线性相关关系，各 x_i 值已知或易测。

设总体各单元主要因子的标志值为 y_1，y_2，y_3，$\cdots$，y_N，其相应辅助因子的标志值为 x_1，x_2，x_3，$\cdots$，x_N，总体各单元被抽取的概率分别为 p_1，p_2，p_3，$\cdots$，p_N。

令
$$\sum_{i=1}^{N} x_i = X，\qquad \overline{X} = \frac{1}{N}\sum_{i=1}^{N} x_i$$

并且
$$\sum_{i=1}^{N} p_i = 1，\qquad p_i = \frac{x_i}{X}$$

在上述条件下，总体各单元被抽中的概率不是 $p_i = y_i/Y$ 而是 $p_i = x_i/X$。这样，不等概抽样的估计方法可采用下列较为简单的公式。

（1）总体平均数的估计值
$$\overline{y}_p = \overline{X} \cdot \hat{R} \tag{12-13}$$

容易证明，据(12-1)式有

$$\overline{y}_p = \frac{1}{Nn}\sum_{i=1}^{n} \frac{y_i}{p_i}$$

若以辅助因子做概率抽样，即 $p_i = \dfrac{x_i}{X}$ 代入上式，并令 $\hat{R} = \dfrac{1}{n}\sum_{i=1}^{n} \dfrac{y_i}{x_i}$，则

$$\overline{y}_p = \frac{X}{Nn}\sum_{i=1}^{n} \frac{y_i}{x_i} = \overline{X} \cdot \hat{R}$$

（2）估计值的方差
$$S^2(\overline{y}_p) = \overline{X}^2 \frac{1}{n(n-1)}(\sum_{i=1}^{n} R_i^2 - n\hat{R}^2) = \overline{X}^2 \cdot S^2(\hat{R}) \tag{12-14}$$

同理，将 $p_i = \dfrac{x_i}{X}$，$R_i = \dfrac{y_i}{x_i}$ 代入(12-4)式，化简便可得(12-14)式结果。

标准误
$$S(\overline{y}_p) = \sqrt{S^2(\overline{y}_p)} \tag{12-15}$$

（3）估计误差限
$$\Delta(\overline{y}_p) = t \cdot s(\overline{y}_p)，E = \Delta(\overline{y}_p)/\overline{y}_p \tag{12-16}$$

（4）总体总量估计值

$$\hat{y}_{pps} = X \cdot \hat{R} \tag{12-17}$$

将 $p_i = \dfrac{x_i}{X}$ 及 $\bar{R} = \dfrac{1}{n}\sum\limits_{i=1}^{n} R_i$ 代入（12-6）式便得式（12-17）。

显然，上述 PPS 抽样中，估计值及其方差的计算公式形式与第九章所讨论的比值平均数估计法的计算公式相同。PPS 抽样的估计方法可以参阅比值平均数估计法的计算过程。

应该强调指出，比值平均数估计法，在一般情况下估计值不仅有偏，而且是不一致的，所以在等概条件下用比值平均数估计法不恰当。在不等概条件下，虽然也采用比值平均数的估计方法（公式形式），它所得到的结果是无偏的，其平均数无需再加权。

例 12-3　某林场共有 3 247 个有林地小班，已知各小班面积之和为 99 687 hm²。为调查总体的蓄积量，采用 PPS 抽样，每个小班被抽中的概率为 $p_i = x_i/X$，共抽取 20 个小班组成样本，对于该 20 个小班的蓄积量进行调查后，得到表 12-3 中数据。试对该林场 3 247 个小班的平均蓄积量进行不等概估计，并以 95% 的可靠性指出其估计误差限和精度。

表 12-3　PPS 抽样样本调查资料

No.	蓄积量 y_i （m³）	面积 x_i （hm²）	$R_i = y_i/x_i$	No.	蓄积量 y_i （m³）	面积 x_i （hm²）	R_i
1	3549	59	60	11	3600	39	92
2	850	10	85	12	4641	45	103
3	935	11	85	13	1808	16	113
4	4590	54	85	14	909	9	101
5	1520	16	95	15	2848	32	89
6	780	13	60	16	774	6	129
7	6902	58	119	17	4648	55	85
8	1900	19	100	18	4640	32	145
9	3816	24	159	19	5488	49	112
10	4559	47	97	20	3486	42	83
				$\sum\limits^{20}$	62243	636	1997

解：$N = 3\,247$，$X = \sum\limits_{i=1}^{N} x_i = 99\,687 \text{ hm}^2$

$\bar{X} = 30.70 \text{ hm}^2$

$$\sum_{i=1}^{n} R_i = 1\,997, \quad \hat{R} = \frac{1}{n} \sum R_i = \frac{1\,997}{20} = 99.85 \text{ m}^3/\text{hm}^2$$

$$\sum_{i=1}^{n} R_i^2 = 211\,039$$

将以上总体资料与样本统计数据代入以上公式进行抽样估计

（1）林场小班平均蓄积量

$$\bar{y}_p = \bar{X} \cdot \hat{R} = 30.70 \times 99.85 = 3\,065.40 \text{ m}^3/小班$$

（2）小班平均蓄积量方差

$$S^2(\bar{y}_p) = \bar{X}^2 \frac{1}{n(n-1)} \sum (R_i - \hat{R})^2 = \frac{\bar{X}^2}{n(n-1)} \Big[\sum_{i=1}^{n} R_i^2 - \frac{1}{n} \big(\sum R_i \big)^2 \Big]$$

$$= 30.70^2 \times \frac{1}{20 \times 19} \big(211\,039 - \frac{1}{20} \times 1\,997^2 \big)$$

$$= 28\,866.36$$

标准误（抽样误差）

$$S(\bar{y}_p) = \sqrt{28\,866.36} = 169.90 \text{ m}^3/小班$$

（3）估计误差限

$$\Delta(\bar{y}_p) = t_{0.05} S(\bar{y}_p) = 2.093 \times 169.90 = 355.60 \text{m}^3/小班$$

$$E = \frac{\Delta(\bar{y}_p)}{\bar{y}_p} = \frac{355.60}{3\,065.40} = 11.6\%$$

（4）估计精度

$$p_c = 1 - E = 1 - 11.6\% = 88.4\%$$

（5）全林场总蓄积量估计值

$$\hat{y}_p = \hat{X\hat{R}} = 99\,687 \times 99.85 = 9\,953\,747 \text{ m}^3$$

第五节　不等概抽样样本单元数的确定

重复不等概抽样，样本 n 可按下列方法确定。

由（12-3）式可得：

$$\sigma^2(\bar{y}_p) = \frac{1}{n} \Big(\frac{1}{N^2} \sum_{i=1}^{N} \frac{y_i^2}{p_i} - \bar{Y}^2 \Big)$$

在一定概率保证下，抽样误差限为：

$$\Delta^2(\bar{y}_p) = t^2 \sigma^2(\bar{y}_p) = \frac{t^2}{n} \Big(\frac{1}{N^2} \sum_{i=1}^{N} \frac{y_i^2}{p_i} - \bar{Y}^2 \Big)$$

由上式得到

$$n = \frac{t^2}{\Delta^2(\bar{y}_p)} \left(\frac{1}{N^2} \sum_{i=1}^{N} \frac{y_i^2}{p_i} - \bar{Y}^2 \right)$$

由于样本方差 $S^2(\bar{y}_p)$ 是总体方差 $\sigma^2(\bar{y}_p)$ 的无偏估计值，即

$$\frac{1}{N^2(n-1)} \sum_{i=1}^{n} \left(\frac{y_i}{p_i} \right)^2 - \frac{n}{n-1} \bar{y}_p^2 \text{ 是 } \frac{1}{N^2} \sum_{i=1}^{N} \frac{y_i^2}{p_i} - \bar{Y}^2 \text{ 的无偏估计值。}$$

因而，可从总体试抽一个样本，根据该样本资料，以及规定的误差 $\Delta(\bar{y}_p)$ 和可靠性指标 t，计算应抽取的样本单元数 n_o。

$$n_0 \approx \frac{t^2}{\Delta^2(\bar{y}_p)} \left[\frac{1}{N^2(n-1)} \sum_{i=1}^{n} \left(\frac{y_i}{p_i} \right)^2 - \frac{n}{n-1} \bar{y}_p^2 \right] \tag{12-18}$$

如果有 $p_i = \dfrac{x_i}{X} = \dfrac{x_i}{N\bar{X}}$，$\dfrac{n}{n-1} \approx 1$，

那么(12-18)式可化简为下式

$$n_0 \approx \frac{t^2}{\Delta^2(\bar{y}_p)} \left[\frac{\bar{X}^2}{n-1} \sum_{i=1}^{n} \left(\frac{y_i}{x_i} \right)^2 - \bar{y}_p^2 \right] \tag{12-19}$$

式中：n 为试抽样本单元数。

另外，根据(12-16)式，也可以通过试抽样，预估样本单元数 n_0，即

$$\Delta^2(\bar{y}_p) = t^2 \bar{X}^2 \frac{1}{n(n-1)} \sum^{n} (R_i - \bar{R})^2$$

$$n_0 = \frac{t^2 \bar{X}^2 S_R^2}{\Delta^2(\bar{y}_p)} \tag{12-20}$$

式中：$S_R^2 = \dfrac{1}{n-1} \sum^{n} (R_i - \hat{R})^2$

若用相对误差限表示

$$n_0 = \left(\frac{t C_R}{E(\bar{y}_p)} \right)^2 \tag{12-21}$$

式中：$C_R = S_R / \hat{R}$ 为试抽样本比值 R_i 的变动系数。

例如，例12-3中，$C_R \approx 0.25$，若允许误差限 $E(\bar{y}_p) = 0.10$，则需样本单元数为

$$n_0 = \left(\frac{1.96 \times 0.25}{0.10} \right)^2 = 24$$

该总体，采用 PPS 抽样，至少应抽取 24 个小班组成样本，才有可能达到90%的估计精度。

为了简便起见，在实际应用时，可先对 y 与 x 之间的相关系数作粗略估计，采用回归抽样估计的样本预算公式，即

$$n = \left(\frac{tC_y}{E(\bar{y})} \right)^2 (1 - \rho^2) \qquad (12\text{-}22)$$

式中：C_y 为主要因子 y 的变动系数；ρ 为主要因子 y 与辅助因子 x 的相关系数。

用(12-22)式预算的样本单元数 n，一般都能满足预先规定的估计误差限和可靠性的要求，且不致过大。

第六节 3P 抽样

1. PPP 抽样方法简介

PPP 抽样全称为"抽样概率与预估数量大小成比例的抽样"。PPP 是 probability proportional to prediction 的三个首字母，故称 PPP 或 3P 抽样。它是 PPES 抽样方法的一种变型。

3P 抽样的概念是美国格鲁森堡(Grosenbaugh)于 1963 年提出来的，其组织样本的方法是由拉希里(Lahiri)于 1951 年研究无偏估计抽样方法时创立的。3P 抽样抽取样本的原则与不等概抽样一样，即单元预估值越大，被抽中的概率越大。现举例说明"抽样概率与预估值大小成比例"这一基本抽样概念。假定有一个由林木组成的总体，每株树都有一个树高预估值，且预估树高为 1，2，3，…，10(m)整数。我们从 1～10 整数中随机抽取随机数字 S_i，如果规定预估树高值 $\geq S_i$ 时，则该树就被抽中，作为样本单元。显然，预估树高为 1m 的树，被抽中的概率 0.1，预估树高为 3m 的树，被抽中的概率为 0.3(0.1 + 0.1 + 0.1)，这样，抽样概率是与树高预估值大小成比例的。

3P 抽样不像 PPS 抽样，其区别在于后者要求确知总体单元数 N 和辅助因子总量 $X = \sum\limits_{}^{N} x_i$。有时上述条件在实际调查中难以满足，3P 抽样事先不需编制总体各单元的辅助因子清单，只需准备一个为抽取样本所用的随机数字表，因此，有人称它为"后列表的 PPS 抽样"。这种方法最初应用于以销售木材为目的的伐区调查。根据美国材料，在伐区调查中，大多数的森林调查专家，只需抽取 100 株左右的样木，估计误差可达 1.5%～3%。到 20 世纪 60 年代末期，形成了一套比较完整的 3P 伐区抽样调查体系，概括起来它有三个特点：

(1)采用不等概的 3P 抽样组织样本，这样材积大或经济价值高的林木，被抽中的机会多，因而可以提高估计精度。

(2)测定样木株数少，利用先进的光学测树仪、直接对样木区分求积，不伐树，既能保护林木资源又能避免材积表的误差。

(3)把外业调查和专门的电子计算机系统结合起来，增强了计算统计分析能力，信息量增多。

概括起来这个新抽样体系就是：用3P方法抽取样本，直接测定样木材积和用电脑进行信息处理。在国外称为3P系统。

2.3P抽样样本的抽取方法

3P抽样中，"预估数量大小"，可以是主要因子(y_i)的预估值(x_i)，也可以是与y_i有紧密相关关系的其他辅助因子。当然，在有条件的情况下，直接预估y_i的值(x_i)，抽样效率会更高。

3P抽样样本抽取步骤如下：

以林业资源的伐区调查为例说明。

(1)确定辅助因子，并预估总体单元数N。以林木蓄积量为主要因子时，可采用目测材积、一元材积表材积、胸高直径、胸高断面积及树高为辅助因子x_i。

(2)预算期望的样本单元数(n_e)

$$n_e = \left(\frac{t_\alpha C_R}{E} \right)^2 \tag{12-23}$$

式中：n_e为期望抽取的3P样本单元数；C_R为试抽样样本比值的变动系数，一般取$10\% \sim 30\%$。

(3)总体辅助因子预估值

$$X = \sum_{i=1}^{N} x_i$$

必须明确，X值只是预估值，其实际值要等调查完成后才知道。

(4)计算n_e的方差。3P抽样样本单元是个变量，有关此问题在后面讨论。

$$S^2(n_e) = n_e - \frac{n_e^2}{N} = n_e \left(1 - \frac{n_e}{N} \right) \tag{12-24}$$

式中：N为预估的总体单元数。

(5)求3P抽样应抽取的样本单元数

$$n' = n_e + S(n_e)$$

(6)计算3P抽样随机数字的上限L

$$L = \frac{X}{n'} \tag{12-25}$$

L表明样本抽取的概率，即在累计$\sum x_i = L$范围内平均可抽中一个样本单元。

由 $1 \sim L$ 之间，抽取 N 个随机数字，一般是由电脑产生随机数字并依次打印成表，供外业调查使用。

（7）抽取 3P 样本，将总体单元预估值依次编号，并与 N 个随机数字一一对应，观察比较，凡预估值 $x_i \geqslant$ 相应随机数字时，则该单元被抽中，测定该样本单元的实测值（y_i）。

应注意，不等概样本 n' 是个变量，按上述方法，实际抽出的样本含量，并不一定完全等于 n' 值，这并不影响抽样估计结果。

3. 3P 抽样的估计方法

（1）总体总量的估计值

$$\hat{y}_{3p} = \frac{n'}{n}\left(L \cdot \sum_{i=1}^{n} \frac{y_i}{x_i} \right) = \frac{n'}{n}\left(\frac{X}{n'} \sum_{i=1}^{n} \frac{y_i}{x_i} \right) = X\bar{R} \tag{12-26}$$

式中：n 为实际抽取的样本单元数；$\hat{y}_{3p}$ 为 3P 抽样总体总量估计值。

（2）估计值 $\hat{y}_{3p}$ 的方差

$$S^2(\hat{y}_p) = \frac{1}{n(n-1)}\left[\sum_{i=1}^{n} \left(X \cdot \frac{y_i}{x_i} \right)^2 - \frac{1}{n}\left(\sum_{i=1}^{n} X \cdot \frac{y_i}{x_i} \right)^2 \right]$$

$$= \frac{X^2}{n(n-1)}\left[\sum_{i=1}^{n} R_i^2 - n\hat{R}^2 \right] = X^2 \cdot S(\hat{R}) \tag{12-27}$$

例 12-4 这是一个用 40 株山杨为总体作为 3P 抽样的例子。选择与林木材积有紧密相关关系的胸径平方（D^2）为 3P 抽样的辅助因子，即 $x_i = D_i^2$，每株树的 x_i 可以估计，也可以实测（本例为实测值）。表 12-4 为供 3P 抽取样本的表。

解：（1）计算辅助因子总体总量预估值

$$X = \sum_{i=1}^{40} x_i = 17\,044.23$$

（2）预算期望的样本单元数。若令 $t = 1$，$C_R = 0.25$，$E = 0.10$

$$n_e = \left(\frac{tC_R}{E} \right)^2 = \left(\frac{1 \times 0.25}{0.10} \right)^2 = 6$$

（3）n_e 的方差

$$S^2(n_e) = n_e\left(1 - \frac{n_e}{N} \right) = 6 \times \left(1 - \frac{6}{40} \right) = 5$$

$$S(n_e) = \sqrt{S^2(n_e)} = \sqrt{5} \doteq 2$$

（4）应抽取 3P 样本单元数

$$n' = n_e + S(n_e) = 6 + 2 = 8$$

（5）3P 抽样随机数字上限为

$$L = \frac{X}{n'} = \frac{17\ 044.23}{8} = 21\ 030.53$$

表 12-4   40 株山杨为总体的 3P 抽样过程

树号	$x_i = D_i^2$	随机数字	树号	$x_i = D_i^2$	随机数字
1	225.00	183 861	21	237.16	208 986
2	605.16	184 461	22	650.25	68 989
3	538.24	130 941	23	213.16	2 122
4	625.00	162 115	24	650.25	125 928
5	331.24	93 421	25	515.29	46 914
6	349.69	23 227	26	201.64	986
7	600.25	150 723	27	542.89	163 173
8	219.04	19 790	28	349.69	51 976
9	497.29	107 910	29	368.64	18 886
10	272.25	175 832	30	420.25	72 997
11	745.29	179 212	31	342.25	164 140
12	240.25	22 481	32	392.04	100 373
13	334.89	106 364	33	576.00	91 864
14	324.00	61 432	34	506.25	48 899
15	529.00	141 030	35	492.84	131 524
16	525.25	135 097	36	470.80	63 377
17	364.81	196 398	37	428.48	196 415
18	243.36	188 771	38	462.25	30 363
19	331.24	94 494	39	650.25	121 965
20	462.25	20 836	40	210.25	108 141
			$\sum\limits^{40}$	17044.23	

(6) 从 1 ~ 2 103 053 (将 L 扩大 100 倍) 中，抽取 40 个随机数字，依次列入表 12-4 中。将表中各林木胸径平方值 (将 D^2 扩大 100 倍) 与所对应的随机数字一一对比，发现 1 号中 $D^2 = 22\ 500 < 183\ 861$，这时 1 号木未抽中。6 号木 34 969 > 23 227，即 6 号木被抽中。依此类推，结果有 6、8、12、20、23、25、26、29、34、38 号木被抽中。

(7) 被抽中的 10 株 3P 样木，应分别实测其材积 (y_i)。其结果列于表 12-5 中。

表 12-5　3P 抽样估计值及方差计算表

样木号	$x_i = D_i^2$	材积 $y_i(\mathrm{m}^3)$	$R_i = y_i/x_i$	R_i^2
6	359.69	0.174	0.000498	2.48×10^{-7}
8	219.04	0.080	0.000365	1.33×10^{-7}
12	240.25	0.106	0.000441	1.94×10^{-7}
20	462.25	0.284	0.000614	3.77×10^{-7}
23	213.16	0.115	0.000540	2.92×10^{-7}
25	515.29	0.322	0.000625	3.91×10^{-7}
26	201.64	0.115	0.000570	3.25×10^{-7}
29	268.54	0.213	0.000591	3.49×10^{-7}
34	506.25	0.339	0.000670	4.49×10^{-7}
38	462.25	0.215	0.000465	2.16×10^{-7}
合计			0.005379	0.000002974

根据上述 3P 抽样的估计方法进行抽样估计：

（1）总体蓄积量估计值

$$\hat{y}_{3p} = X\hat{\bar{R}} = 17\,044.23 \times 0.000538 = 9.168\mathrm{m}^3$$

（2）总蓄积估计值的方差

$$\sum_{i=1}^{n} R_i^2 = 0.000002974$$

$$\hat{\bar{R}} = \frac{1}{n} \sum_{i=1}^{n} R_i = 0.000538 \qquad 代入下式$$

$$S^2(\hat{y}_{3p}) = \frac{X^2}{n(n-1)} \left(\sum_{i=1}^{n} R_i^2 - n\hat{\bar{R}}^2 \right)$$

$$= \frac{17\,044.23^2}{10 \times 9} (0.000002974 - 10 \times 0.000538^2)$$

$$= 0.2610$$

（3）标准误

$$S(\hat{y}_{3p}) = \sqrt{0.2610} = 0.511\mathrm{m}^3$$

（4）估计误差限

$$\Delta(\hat{y}_{3p}) = t_{\alpha(n-1)} \cdot S(\hat{y}_{3p}) = 2.262 \times 0.511 = 1.156\mathrm{m}^3$$

$$E = \frac{\Delta(\hat{y}_{3p})}{\hat{y}_{3p}} = \frac{1.156}{9.168} = 12.6\%$$

（5）总体估计精度

$$p_c = 1 - E = 1 - 12.6\% = 87.4\%$$

4. 关于3P抽样的样本单元数

前面已经谈到，在3P抽样中样本单元数是个随机变量。为了能更好地设计3P抽样方案，应该对样本单元数 n 的数学期望及其方差进行分析，以便帮助我们理解(12-24)式的来源及在实际中应注意的问题。

设 $L \geqslant x_{max}$，L 是预先规定的概率常数，它影响到抽样强度，它的确定原则将在后面讨论，x_{max} 是各辅助因子中的最大值。

第 i 个单元被抽中的概率为：

$$p_i = \frac{x_i}{L} \tag{12-28}$$

当采用不重复抽样方式，从总体 N 个单元中抽取 n 个样本单元。

第 i 个单元被抽中的概率为 $p_i > 0$，$(i = 1, 2, \cdots, N)$

设 t_i 为随机变量，如果第 i 个单元被抽中，$t_i = 1$，否则为0。

显然，关系式(12-29)成立

$$n = \sum_{i=1}^{N} t_i \tag{12-29}$$

又由于，对一个含量为1的样本(在一次试验)中，t_i 的分布与二项分布相同，相应概率为 p_i，因此有：

$$E(t_i) = p_i$$
$$E(t_i^2) = 1^2 \times p_i + 0^2 \times (1 - p_i) = p_i = E(t_i)$$

样本单元数 n 的数学期望

$$E(n) = \sum_{i=1}^{N} E(t_i) = \sum_{i=1}^{N} p_i = \sum_{i=1}^{N} \frac{x_i}{L} = \frac{X}{L} \tag{12-30}$$

式(12-30)表明，样本单元数的数学期望只能由 X 及常数 L 所决定。

样本单元数的方差为

$$\sigma_n^2 = \sigma^2 \left(\sum_{i=1}^{N} t_i \right) = \sum_{i=1}^{N} [E(t_i^2) - E^2(t_i)]$$
$$= \sum_{i=1}^{N} (p_i - p_i^2) = \sum_{i=1}^{N} \frac{x_i}{L} - \sum_{i=1}^{N} \left(\frac{x_i}{L} \right)^2 \tag{12-31}$$

因为 $n_e = \frac{X}{L}$，$L^2 = \frac{X^2}{n_e^2}$

而 $\sigma_x^2 = \frac{1}{N} \sum_{i=1}^{N} x_i^2 - \overline{X}^2$

$$\sum_{i=1}^{N} x_i^2 = N\sigma_x^2 + N\overline{X}^2$$

将上面结果代入(12-31)式并化简，则

$$\sigma_n^2 = n_e - \frac{n_e^2}{N} - \frac{n_e^2}{N} \cdot C_x^2$$

一般变动系数 $C_x = \dfrac{\sigma_x}{\overline{X}}$ 很小，故可略去最后一项，这时便可写作

$$\sigma_n^2 = n_e \left(1 - \frac{n_e}{N} \right) \tag{12-32}$$

（12-32）式可以看出，抽样强度愈大，则样本单元数变动愈小。但可以肯定，无论如何其方差 $\sigma_n^2 \geqslant n_e - n_e^2/N$，即使如此，$\sigma_n$ 一般仍较大。所以通常根据预定样本单元数 n' 设计 3P 抽样方案时，令 n_e 大于 n'，然后再根据 $n_e = X/L$ 来确定概率常数（$L = \overline{X}/n_e$），这样才能使 n_e 接近 n'。这里可以看出，3P 样本 n 的变动较大，是此种抽样方法的不足之处。

第七节　不等概整群抽样

不等概抽样在整群抽样或多阶抽样中，更能体现出其高效、无偏的优点。在第六章第四节曾分析过等概不等群的抽样估计方法，现介绍另一种不等群的不等概抽样估计方法。

1. 按与各群单元数成比例的不等概抽样

设总体分为 N 群，每群含有 M_i 个单元，从总体中抽取 n 个群为样本，第 i 群观察总量为 $y_i(i = 1, 2, 3, \cdots, n)$，并且，总体中第 i 群被抽中的概率 $p_i = M_i / \sum_{i=1}^{N} M_i$，$(i = 1, 2, 3, \cdots, N)$，那么，

（1）样本群平均数 $\bar{y}_{cl}$ 为

$$\bar{y}_{cl} = \frac{1}{n} \sum_{i=1}^{n} \frac{y_i}{M_i} = \frac{1}{n} \sum_{i=1}^{n} \bar{y}_i \tag{12-33}$$

（2）平均数的方差估计值为

$$S^2(\bar{y}_{cl}) = \frac{1}{n(n-1)} \sum_{i=1}^{n} (\bar{y}_i - \bar{y}_{cl})^2 \tag{12-34}$$

（12-34）式中，$\bar{y}_i$ 为第 i 群平均数。

例 12-5　仍以例 6-2 总体为例，某总体有 53 个乡（群），各乡所包含村庄数 M_i 不等。现从总体抽取样本 $n = 14$ 群，每个群被抽中的概率与群内含有的村数 M_i 成正比例，对抽中的乡调查其村数 M_i 及养牛数 y_i，结果见表 12-6。试估计总体每个村养牛头数及抽样误差。

解：（1）村平均养牛数

$$\bar{y}_{cl} = \frac{1}{n} \sum \bar{y}_i = \frac{1}{14} \times 163.99 = 11.71 \text{ 头／村}$$

（2）方差估计值

$$S^2(\bar{y}_{cl}) = \frac{1}{n(n-1)} \sum_{i=1}^{n} (\bar{y}_i - \bar{y}_{cl})^2 = \frac{1}{n(n-1)} \left(\sum_{i=1}^{n} \bar{y}_i^2 - n\bar{y}_{cl}^2 \right)$$

$$= \frac{1}{14 \times 13} (2041.31 - 14 \times 11.71^2)$$

$$= \frac{1}{14 \times 13} \times 121.57 = 0.667$$

表 12-6   样群调查表

样群（乡）i	村数 M_i	养牛头数 y_i	村平均养牛头数 $\bar{y}_i$
1	19	66	3.47
2	28	326	11.64
3	28	392	14.00
4	29	350	12.07
5	31	331	10.68
6	31	331	10.68
7	46	697	15.15
8	51	586	11.49
9	53	739	13.94
10	55	914	16.62
11	61	619	10.15
12	64	784	12.25
13	83	906	10.92
14	83	906	10.92
$\sum$	662	7947	163.98

（3）抽样误差（标准误）

$$S(\bar{y}_{cl}) = \sqrt{0.667} = 0.81 \text{ 头/村}$$

2. 按与群辅助变量成比例的不等概抽样

设总体划分为 N 群，每群含有 M_i 个单元，各群的标志值为 y_i，相应辅助变量为 x_i，现从总体中抽取 n 个样本群，各群被抽中的概率与其 x_i 大小成比例，即 $p_i = x_i/X$，对各样群进行调查 y_i 及 M_i。

设群内平均数为

$$\bar{y}_i = \frac{1}{M_i} \sum_{j=1}^{Mi} y_{ij}, \quad M_0 = \sum_{i=1}^{N} M_i, \quad X = \sum_{i=1}^{N} x_i$$

则有：

（1）总体平均数估计值

$$\bar{y}_{cl} = \frac{1}{n}\sum_{i=1}^{n}\left(\frac{M_i}{M_0}\cdot\frac{y_i}{M_i}\cdot\frac{1}{p_i}\right) = \frac{1}{nM_0}\sum_{i=1}^{n}\frac{y_i}{p_i}$$

$$= \frac{X}{nM_0}\left(\sum_{i=1}^{n}\frac{y_i}{x_i}\right)$$

$$= \bar{X}\cdot\frac{1}{n}\left(\frac{y_1}{x_1} + \frac{y_2}{x_2} + \cdots + \frac{y_n}{x_n}\right)$$

$$= \bar{X}\cdot\frac{1}{n}\sum_{i=1}^{n}R_i$$

$$= \bar{X}\cdot\hat{R} \tag{12-35}$$

（2）估计值 $\bar{y}_{cl}$ 的方差

$$S^2(\bar{y}_{cl}) = \bar{X}^2\cdot\frac{1}{n(n-1)}\sum_{i=1}^{n}(R_i - \hat{R})^2$$

$$= \bar{X}^2\cdot\frac{1}{n(n-1)}\left(\sum_{i=1}^{n}R_i^2 - n\hat{R}^2\right) = \bar{X}^2\cdot S^2(\hat{R}) \tag{12-36}$$

例 12-6 仍用前例总体，总体共有 53 群，每群含 M_i 村，总体共有 $M_0 = 2\,072$ 个村，第 i 群面积为 x_i，总体总面积 $X = 63\,407$，按与各群面积 x_i 成比例的概率抽样，从 N 中抽取 $n = 14$ 群，调查它们的养牛头数、村数，其调查结果见表 12-7，试估计总体每村平均养牛数及抽样误差。

解：（1）总体平均村养牛数。根据公式（12-35）

$$\bar{y}_{cl} = \bar{X}\cdot\hat{R}$$

$$= \frac{63\,407}{2\,072}\times\frac{1}{14}\times 6.190 = 30.6\times 0.442 = 13.53\ \text{头／村}$$

此例表明，总体平均村养牛数等于村平均面积 $\bar{X}$ 乘以平均单位面积养牛头数 $\bar{R}$。

（2）估计值的方差。根据公式（12-36）

$$S^2(\bar{y}_{cl}) = \bar{X}^2\cdot\frac{1}{n(n-1)}\sum_{i=1}^{n}(R_i - \hat{R})^2 = \bar{X}^2\cdot\frac{1}{n(n-1)}\left[\sum_{i=1}^{n}R_i^2 - \hat{R}^2\right]$$

$$= \left(\frac{63\,407}{2\,072}\right)^2\times\frac{1}{14\times 13}(2.853 - 14\times 0.442^2)$$

$$= 936.47\times 0.000647 = 0.605$$

（3）抽样误差（标准误）

$$S(\bar{y}_{cl}) = \sqrt{0.605} = 0.77\ \text{头／村}$$

表 12-7　样群调查表

样本群 i	村数 M_i	面积 x_i	养牛数 y_i	$R_i = y_i/x_i$
1	19	162	66	0.407
2	23	620	330	0.532
3	31	928	537	0.578
4	40	1059	489	0.462
5	54	1187	574	0.483
6	54	1187	574	0.483
7	39	1397	495	0.354
8	55	1579	914	0.579
9	46	1636	697	0.426
10	83	1890	906	0.479
11	74	2297	975	0.424
12	70	2346	516	0.220
13	60	2046	1124	0.381
14	60	2946	1124	0.382
$\sum$	708	21280	9321	6.190

以上对同一总体，用不等概整群抽样方法进行了两种形式的抽样估计，为说明等概整群抽样与不等概整群抽样的特点，现将二者做一比较。

第一，不等概整群抽样，效率高，估计公式简单，且是无偏估计，所需辅助变量通常容易获取，如县、乡、村或相应的面积、人口等，即使缺失时，一般也可用较低成本、快速取得所需辅助变量值。

第二，等概抽样操作简单，在缺少群内单元数、辅助变量情况下也能实施调查，但抽样效率低于不等概抽样。样本抽取及内业估计方法也较简单。下面将第六章与本章同一例子(总体)的估计结果列于表 12-8。

表 12-8　不等群抽样方法的比较

抽样方式	估计方法	平均数 $\bar{y}$	抽样误差 $S_{\bar{y}}$	误差 %	评　价
等概抽样	1 加权平均法	13.51	1.35	10.0	无偏
	2 简单平均数法	12.25	0.75	6.1	有偏
	3 比估计法	11.68	0.93	8.0	有偏
不等概抽样	1 与群单元数成比例	11.71	0.81	6.9	无偏
	2 与群辅助变量成比例	13.53	0.77	5.7	无偏

在同样条件下，不等概抽样误差小于等概抽样误差，其理论证明如下：

已知：随机等概抽样方差估计值为：

$$S_{\bar{y}}^2 = \frac{1}{n(n-1)} \sum_{i=1}^{n} (y_i - \bar{y})^2$$

$$= \frac{1}{n(n-1)} \sum_{i=1}^{n} y_i^2 - \frac{1}{n-1} \bar{y}^2 \qquad (12\text{-}37)$$

不等概抽样方差估计值为(12-4) 式

$$S_{\bar{y}_p}^2 = \frac{1}{N^2 n(n-1)} \sum_{i=1}^{n} \left(\frac{y_i}{p_i}\right)^2 - \frac{1}{n-1} \bar{y}_p^2$$

由(12-37) 式减去(12-4) 式得到式(12-38)

$$S_{\bar{y}}^2 - S_{\bar{y}_p}^2 = \frac{1}{n(n-1)} \sum_{i=1}^{n} y_i^2 - \frac{1}{n(n-1)N^2} \sum_{i=1}^{n} \frac{y_i^2}{p_i^2} \qquad (12\text{-}38)$$

若取概率 $p_i = \bar{p}$，

$$S_{\bar{y}}^2 - S_{\bar{y}_p}^2 = \frac{1}{n(n-1)} \sum_{i=1}^{n} y_i^2 - \frac{1}{n(n-1)N^2\bar{p}^2} \sum_{i=1}^{n} y_i^2$$

又因在样本中 $\bar{p} > \dfrac{1}{N}$，且 $N\bar{p} > 1$，

则有： $S_{\bar{y}}^2 > S_{\bar{y}_p}^2$，$\sum_{i=1}^{n} y_i^2 > \dfrac{1}{(N \cdot \bar{p})^2} \sum_{i=1}^{n} y_i^2$ $\qquad (12\text{-}39)$

证明不等概抽样方差小于等概抽样的方差。所以建议人们在制定抽样方案时，应尽量考虑采用不等概抽样调查方法。

第八节　不等概二阶抽样

在第七章中我们曾讨论过等概二阶抽样方法，同样在本章用对比的方法介绍不等概二阶抽样的一些原理与估计方法。

1. 按与一阶单元数成比例的不等概二阶抽样

设总体划分为 N 个一阶单元，每一阶单元内含有若干个二阶单元 M_i ($i = 1, 2, \cdots, N$)。现从总体 N 中抽取 n 个一阶样本单元。第 i 个一阶单元被抽中的概率 p_i 与相应的 M_i 个数成比例，即 $p_i = M_i/M_0$，现从被抽中的第 i 个一阶样本元的 M_i 中，随机抽取若干个二阶样本单元 m_i 进行调查。令二阶样本单元观测值为 y_{ij} ($i = 1, 2, \cdots, n; j = 1, 2, \cdots, m_i$)。

这里，很明显一阶样本单元是按不等概抽取的，抽取的概率 $p_i = M_i/M_0$，二阶样本单元 m_i 是随机等概抽取的。

（1）总体二阶单元平均数估计值

第 i 个一阶样本单元内二阶单元平均数为：

$$\bar{y}_i = \frac{1}{m_i} \sum_{j=1}^{m_i} y_{ij}$$

总体二阶单元平均数估计值为：

$$\bar{\bar{y}} = \frac{1}{n} \sum_{i=1}^{n} \bar{y}_i = \frac{1}{n} \sum_{i=1}^{n} \frac{1}{m_i} \sum_{j=1}^{m_i} y_{ij} \qquad (12\text{-}40)$$

（2）估计值 $\bar{\bar{y}}$ 的方差

$$S^2(\bar{\bar{y}}) = \frac{1}{n(n-1)} \sum_{i=1}^{n} (\bar{y}_i - \bar{\bar{y}})^2$$

$$= \frac{1}{n(n-1)} \left(\sum_{i=1}^{n} \bar{y}_i^2 - n \bar{\bar{y}}^2 \right) \qquad (12\text{-}41)$$

例 12-7 仍以前例为例，该总体划分成乡与村二阶，总体一阶单元 $N = 53$ 乡，每个乡含有 M_i 村，现从 N 中按各乡所含 M_i 大小成比例抽取 $n = 14$ 乡，再从抽中的各乡抽取 1/4 的村 m_i 作为二阶样本，调查 m_i 个村的养牛头数，其结果见表12-9，试估计总体每个村平均养牛头数及抽样误差。

表 12-9 二阶不等概抽样表

一阶样本乡 i	村数 M_i	二阶样本 m_i	养牛 $\sum_{j=1}^{m_i} y_{ij}$	平均 $\bar{y}_i$
1	13	3	30	10.00
2	15	3	58	19.33
3	19	5	14	2.80
4	28	7	73	10.43
5	39	10	162	16.20
6	41	11	88	8.00
7	46	12	102	8.50
8	46	12	102	8.50
9	48	12	203	16.92
10	51	13	134	10.31
11	59	14	195	13.93
12	74	19	272	14.32
13	83	20	242	12.10
14	83	20	242	12.10
$\sum^{14}$	645	161	1917	163.44

解： 由表12-9得：$n = 14$，$\sum\limits_{i=1}^{n} \bar{y}_i = 163.44$

$$\sum\limits_{i=1}^{n} \bar{y}_i^2 = 2145.7236$$

代入(12-40)式。

(1)总体二阶单元平均数估计

$$\bar{\bar{y}} = \frac{1}{n}\sum\limits_{i=1}^{n} \bar{y}_i = \frac{1}{14} \times 163.44 = 11.67 \text{ 头／村}$$

其中，$\bar{\bar{y}}$ 为总体平均每村养牛头数。

(2)估计值的方差

$$S^2(\bar{\bar{y}}) = \frac{1}{n(n-1)}\left(\sum\limits_{i=1}^{n} \bar{y}_i^2 - n\bar{\bar{y}}^2\right)$$

$$= \frac{1}{14 \times 13}(2145.7236 - 14 \times 11.67^2)$$

$$= 1.3059$$

(3)抽样误差

$$S(\bar{\bar{y}}) = \sqrt{1.3059} = 1.14 \text{ 头／村}$$

2. 按与辅助变量成比例的不等概二阶抽样

设总体有 N 个一阶单元，每个一阶单元内含若干个二阶单元 $M_i(i = 1, 2, \cdots, N)$。现从总体中抽取 n 个一阶样本单元，第 i 个一阶单元被抽中的概率与其相应辅助变量 x_i 与总体 X 成比例。再从抽中的各一阶样本单元所含 M_i 个二阶单元中，抽取 m_i 个二阶样本单元做调查，令其观测值为 $y_{ij}(i = 1, 2, \cdots, n, j = 1, 2, \cdots, m_i)$。

已知，一阶样本单元抽取概率 $p_i = \dfrac{x_i}{X}$，一阶单元内二阶样本平均数为，

$$\bar{y}_i = \frac{1}{m_i}\sum\limits_{j=1}^{m_i} y_{ij},$$

则：

(1)二阶样本平均数(总体二阶单元平均数估计值)

$$\bar{\bar{y}} = \frac{1}{n}\sum\limits_{i=1}^{n} \left(\frac{M_i}{M_0} \cdot \frac{\bar{y}_i}{p_i}\right)$$

$$= \frac{1}{nM_0}\sum\limits_{i=1}^{n} \left(\frac{M_i \bar{y}_i}{p_i}\right)$$

$$= \frac{X}{nM_0}\sum\limits_{i=1}^{n} \left(\frac{M_i \bar{y}_i}{x_i}\right) = \bar{X} \cdot \frac{1}{n}\sum\limits_{i=1}^{n} R_i$$

$$= \overline{X} \cdot \hat{R} \qquad (12\text{-}42)$$

（2）二阶样本平均数的方差

$$S^2(\bar{\bar{y}}) = \overline{X}^2 \frac{1}{n(n-1)} \Big[\sum_{i=1}^{n} \big(\frac{M_i \bar{y}_i}{x_i} \big)^2 - n\hat{\bar{R}}^2 \Big] = \overline{X}^2 \cdot S^2(\hat{\bar{R}}) \quad (12\text{-}43)$$

例 12-8   仍以前例总体为例，设从总体 53 个乡中按与各乡面积成比例地抽取 $n = 14$ 乡，又在抽中的乡中随机抽 1/4 的村数进行调查，所得数据见表 12-10。

表 12-10   二阶不等概抽样调查结果表

一阶样本 i	村数 M_i	面积 x_i	二阶样本 m_i	$\bar{y}_i$	$R_i = \dfrac{M_i \bar{y}_i}{x_i}$
1	19	162	5	2.80	0.328
2	23	620	5	16.40	0.608
3	31	928	8	25.80	0.862
4	40	1059	10	12.40	0.468
5	54	1187	13	8.690	0.395
6	54	1187	13	8.690	0.395
7	39	1397	10	11.40	0.318
8	55	1579	14	17.29	0.602
9	46	1636	12	16.92	0.476
10	83	1890	20	12.80	0.562
11	74	2297	19	14.32	0.461
12	70	2346	17	7.71	0.23
13	60	2946	15	13.87	0.282
14	60	2946	15	13.87	0.282
$\sum$	708	22180	176		6.269

解： 已知，总体 $N = 53$，$n = 14$，$\hat{R} = \dfrac{1}{n} \sum_{i=1}^{N} R_i = \dfrac{1}{14} \times 6.269 = 0.448$

$$\sum_{i=1}^{N} M_i = M_0 = 2\,072, \quad \sum_{i=1}^{N} x_i = X = 63\,047$$

第 i 个一阶样本（乡）抽取概率 $p_i = \dfrac{x_i}{X}$

（1）总体二阶单元平均数估计值

$$\bar{\bar{Y}} = \frac{X}{M_0} \frac{1}{n} \sum_{i=1}^{n} \Big(\frac{M_i \bar{y}_i}{x_i} \Big)$$

$$= \frac{63\,407}{2\,072} \times \frac{1}{14} \times 6.269 = 13.70 \text{ 头／村}$$

（2）估计值的方差

$$S^2(\bar{\bar{y}}) = \bar{X}^2 \frac{1}{n(n-1)} \left[\sum \left(\frac{M_i \bar{y}_i}{x_i} \right)^2 - n \hat{R}^2 \right]$$

$$= \left(\frac{63\ 407}{2\ 072} \right)^2 \times \frac{1}{14 \times 13} \left[3.1817 - 14 \times 0.448^2 \right]$$

$$= 1.914$$

（3）抽样误差

$$S(\bar{\bar{y}}) = \sqrt{1.914} = 1.383 \text{ 头/村}$$

现将不等概二阶抽样的两种抽样方法计算结果与第七章等概二阶抽样进行比较（表12-11）。对同一总体，不等概二阶抽样效率优于等概二阶抽样。

表12-11 等概与不等概二阶抽样结果比较表

抽样估计方法	样本乡数	样本村数	$\bar{\bar{y}}$	抽样误差 $S(\bar{\bar{y}})$	误差%	评价
1. 等概一阶加权	14	151	13.91	1.48	10.6	无偏
2. 等概一阶单元比例	14	151	12.46	1.14	9.1	有偏
3. 与一阶单元数成比例不等概	14	161	11.67	1.14	9.8	无偏
4. 与一阶辅助变量成比例不等概	14	176	13.70	1.40	10.1	无偏

上述两种二阶不等概抽样方法，可以看作是一阶不等概二阶等概的抽样模式。设想如果用不等概抽出一阶样本单元，仍按不等概方法（如与抽出的各 M_i 的面积、户数、人口），再抽取二阶样本单元，即构成一阶不等概和二阶也不等概的抽样估计方法，无疑这种完全的两阶不等概抽样，其抽样效率会高于前面介绍的两种一阶不等概二阶等概的抽样方法。

第九节 不等概三阶抽样的估计方法

当三阶抽样的总体为非均匀复合体（即各阶内含的次阶单元数不相等）时，抽取样本的方法有多种形式。通常采用不等概抽样比较合理。下面介绍三阶抽样中，第一阶和第二阶采用不等概抽样，第三阶采用随机等概抽样的一种三阶抽样估计方法。这种方法又称PPR抽样。

（1）总体三阶单元平均数的估计值

$$\bar{\bar{y}} = \frac{1}{n} \sum_{i=1}^{n} \frac{1}{m_i} \sum_{j=1}^{m_i} \frac{1}{g} \sum_{u=1}^{g_{ij}} y_{iju} \tag{12-44}$$

分别计算各阶内样本平均数

$$\bar{y}_{ij} = \frac{1}{g_{ij}} \sum_{u=1}^{g_{ij}} y_{iju}$$

$$\bar{\bar{y}}_i = \frac{1}{m_i} \sum_{j=1}^{m_j} \bar{y}_{ij} = \frac{1}{m_i} \sum_{j=1}^{m_j} \frac{1}{g_{ij}} \sum_{u=1}^{g_{ij}} y_{iju}$$

（2）估计值的方差

$$S^2\bar{\bar{y}} = \frac{1}{n(n-1)} \sum_{i=1}^{n} (\bar{\bar{y}}_i - \bar{\bar{\bar{y}}})^2 \qquad (12\text{-}45)$$

例 12-9 1973 年全国森林资源调查试点，在大兴安岭吉文林业局进行了试验，试验区一阶单元数 $N = 16$，二阶单元数共 87 个，三阶单元为 0.08 hm^2，共计 265 350 个。采用 PPR 抽样估计，其各阶样本单元结果见表 12-12。试 95% 的可靠性对总体进行估计。

表 12-12　PPR 抽样计算表

一阶样本单元号 i	二阶样本单元号 j	三阶样本单元数 g_{ij}	三阶样本单元值 $\sum y_{iju}$	三阶样本 $\bar{y}_{ij}$	$\sum \bar{y}_{ij}$	$\bar{\bar{y}}_i$	$\bar{\bar{y}}_i^2$
1	202	9	71.90	7.99	16.22	8.11	65.77
	204	6	49.40	8.23			
5	24	5	43.43	8.69	11.36	5.68	32.26
	37	4	10.70	2.67			
10	21	4	24.48	6.11	16.75	5.58	31.14
	52	6	36.05	6.01			
	67	5	23.13	4.63			
15	230	8	62.90	7.86	18.02	9.01	81.18
	231	6	60.93	10.16			
16	55	5	35.10	7.02	21.61	7.20	51.84
	56	8	63.57	7.95			
	58	6	39.84	6.64			
Σ	12	76	—	—	—	35.58	262.19

注：本例一阶抽样比 $f_1 = 0.30$，二阶抽样比 $f_2 = 0.40$，三阶抽样比 $f_3 = 0.004$。

解：（1）三阶样本平均数

$$\bar{\bar{\bar{y}}} = \frac{1}{n} \sum_{i=1}^{n} \bar{\bar{y}}_i = \frac{1}{5} \times 35.58 = 7.12 \text{m}^3/0.08 \text{hm}^2$$

（2）估计值的方差

$$S^2\bar{\bar{y}} = \frac{1}{n(n-1)} \sum_{i=1}^{n} (\bar{\bar{y}}_i - \bar{\bar{\bar{y}}})^2 = \frac{1}{n(n-1)} \left(\sum_{i=1}^{n} \bar{\bar{y}}_i^2 - n\bar{\bar{\bar{y}}}^2 \right)$$

$$= \frac{1}{4 \times 5} \times \left(262.19 - \frac{1}{5} \times 35.58^2 \right)$$

$$= 0.4502$$

标准误 $S(\bar{\bar{y}}) = \sqrt{0.4502} = 0.671 \ \mathrm{m}^3 / 0.08 \mathrm{hm}^2$

（3）估计误差限

$$\Delta(\bar{\bar{y}}) = tS(\bar{\bar{y}}) = 1.96 \times 0.671 = 1.32 \mathrm{m}^3 / 0.08 \mathrm{hm}^2$$

$$E = \frac{\Delta(\bar{\bar{y}})}{\bar{y}} = \frac{1.32}{7.12} = 18.5\%$$

（4）抽样估计精度

$$p_c = 1 - E = 1 - 18.5\% = 81.5\%$$

（5）总体蓄积量估计值

$$\hat{y} = N\overline{MG}\,\bar{\bar{y}} = 265\,350 \times 7.12 = 1\,889\,292 \mathrm{m}^3$$

本次试验，缺乏详细的调查成本资料，若不考虑成本，与简单随机抽样做比较，这 76 个三阶样本单元（地），按随机抽样计算其变动 $S = 4.27$（变动系数为 $C = 0.60$），欲达到三阶抽样精度 81.5%，只需抽取 41 个 $0.08\mathrm{hm}^2$ 的随机样地即可。比三阶抽样减少 35 个样本单元数，但因三阶抽样样本单元相对集中，外业调查成本肯定会小于随机抽样的成本。因此，从两种方法的费用考虑，三阶抽样不失为一种可选方案。

本章注释：

［注1］　求证（12-3）式，即

$$\sigma^2(\bar{y}_p) = \frac{1}{N^2 n} \sum_{i=1}^{N} \frac{y_i^2}{p_i} - \frac{1}{n} \overline{Y}^2$$

证明：设 $\dfrac{y_i}{p_i}$ 为离散型随机变量（$i = 1, 2, \cdots, N$），根据离散型随机变量的数学期望与方差定义，有

$$E\left(\frac{y_i}{p_i}\right) = \sum_{i=1}^{N} \left(\frac{y_i}{p_i}\right) p_i = \sum_{i=1}^{N} y_i = Y = N\overline{Y}$$

$$\sigma^2\left(\frac{y_i}{p_i}\right) = \sum_{i=1}^{N} \left(\frac{y_i}{p_i} - Y\right)^2 p_i = \sum_{i=1}^{N} \left(\frac{y_i}{p_i} - N\overline{Y}\right)^2 p_i$$

由（12-1）式

$$\bar{y}_p = \frac{1}{Nn} \sum_{i=1}^{n} \frac{y_i}{p_i}$$

方差为

$$\sigma^2(\bar{y}_p) = \frac{1}{N^2 n^2} \sum_{i=1}^{n} \sigma^2 \left(\frac{y_i}{p_i} \right)$$

$$= \frac{1}{N^2 n} \sum_{i=1}^{N} \left(\frac{y_i}{p_i} - N\bar{Y} \right)^2 p_i$$

$$= \frac{1}{N^2 n} \sum_{i=1}^{N} \frac{y_i^2}{p_i} - \frac{1}{n} \bar{Y}^2$$

证毕。

[注2]　求证(12-4)式，即

$$S^2(\bar{y})_p = \ = \frac{1}{N^2 n(n-1)} \sum_{i=1}^{n} \left(\frac{y_i}{p_i} \right)^2 - \frac{1}{n-1} \bar{y}_p^2$$

$$= \frac{1}{N^2 n} \left[\frac{1}{n-1} \sum_{i=1}^{n} \left(\frac{y_i}{p_i} - N\bar{y}_p \right)^2 \right]$$

是总体方差(12-3)式的无偏估计式。

证明：注意到，n 个样本单元的平均数恰等于其总体总量估计值，即

$$\frac{1}{n} \sum_{i=1}^{n} \frac{y_i}{p_i} = N\bar{y}_p$$

若能证明 $E\left[\frac{1}{n-1} \sum_{i=1}^{n} \left(\frac{y_i}{p_i} - N\bar{y}_p \right)^2 \right] = \sum_{i=1}^{N} \left(\frac{y_i}{p_i} - N\bar{Y} \right)^2 p_i$

则(12-4)式 $E[S^2(\bar{y}_p)] = \sigma^2(\bar{y}_p)$

根据常用代数恒等式,则

$$\sum_{i=1}^{n} \left(\frac{y_i}{p_i} - N\bar{y}_p \right)^2 = \sum_{i=1}^{n} \left(\frac{y_i}{p_i} - N\bar{Y} \right)^2 - n(N\bar{y}_p - N\bar{Y})^2$$

$$E\sum_{i=1}^{n} \left(\frac{y_i}{p_i} - N\bar{y}_p \right)^2 = \sum_{i=1}^{n} E\left(\frac{y_i}{p_i} - N\bar{Y} \right)^2 - nE(N\bar{y}_p - N\bar{Y})^2$$

$$= n\sigma^2 \left(\frac{y_i}{p_i} \right) - n \frac{1}{n} \sigma^2 \left(\frac{y_i}{p_i} \right)$$

$$= (n-1) \sum_{i=1}^{N} \left(\frac{y_i}{p_i} - N\bar{Y} \right)^2 p_i$$

所以 $E\left(\frac{1}{n-1} \sum_{i=1}^{n} \frac{y_i}{p_i} - N\bar{y}_p \right)^2 = \sum_{i=1}^{N} \left(\frac{y_i}{p_i} - N\bar{Y} \right)^2 p_i$

将上式代入(12-4)式，便得到(12-4)式是总体方差(12-3)式的无偏估计式。

[注3]　求证(12-10)式，即

$$S^2(\hat{y}_{pps}) = \frac{1}{n(n-1)} \sum_{i=1}^{n} \left(\frac{y_i}{p_i} - \hat{y}_{pps} \right)^2$$

是总量估计值方差(12-8)式的无偏估计式。

证明：

$$ES^2(\hat{y}_{pps}) = \frac{1}{n} E\left[\frac{1}{n-1} \left(\frac{y_i}{p_i} - N\bar{y}_p \right)^2 \right]$$

$$= \frac{1}{n} \sum_{i=1}^{N} \left(\frac{y_i}{p_i} - N\bar{Y} \right)^2 p_i$$

$$= \frac{1}{n} \sum_{i=1}^{N} \left(\frac{y_i}{p_i} - Y \right)^2 p_i$$

$$= \sigma^2(\hat{y}_{pps})$$

证毕。

第十三章

时间序列抽样调查案例

森林资源连续清查(以下简称,森林连续清查)是我国森林调查体系的一个重要的组成部分,也是我国林业调查规划设计院的一项主要工作。森林连续清查是一个典型的时间序列抽样调查的应用实例,本章将通过森林连续清查案例的介绍,展示时间序列抽样调查的应用。

第一节 概 述

1. 森林连续清查的基本概念

"清查"一词,不论在英语(inventory)还是德语(inventur)中都与商业上的"盘点"的含义相同。"连续"则是一个时间概念,强调清查是定期和不断进行的。因此,森林连续清查从广义上讲就是每隔一定时间对森林资源进行清查,以便了解森林资源现状(现有量)和间隔期内的变化(主要指数量的增减和质量的变化),为制定林业发展规划和开展林业经营利用活动提供必要的信息。

森林连续清查的方法可以有多种,但目前我国以及其他一些国家的连续清查大多采用以固定样地为基础的连续抽样方法。这种方式的森林连续清查(Continuous forest inventory,简称CFI)有它自身的定义:它是一种"重复地测定与周围林分有相同经营措施的样地或样木,对森林进行直接分析比较的森林调查方法"。本章所要讨论的主要是这种连续清查。

我们知道,森林抽样调查的样本单元是样地,这种样地如果只测定一次不再复测,则称为临时样地(temporary plot),如果在第一次调查中随机或系统地把其中一部分或全部"固定"下来,在以后的连续调查中重复地测定,这种定期复测且位置和大小保持不变的样地就称为固定样地(permanent plot)。固定样地不仅可以直接提供有关林分以及单株树木生长和消亡(消耗和死亡)方面的信息,而且,由于它本身是一种有多次测定值的样本单元,因此可以把两期以至于多期的抽样调查结果联合起来对森林资源的现状,尤其是对森林资源的变化作出更为有效的抽样估计。

森林连续清查的主要目的是摸清较大地域森林资源的现状和动态，它和一般森林清查的不同点不仅在于它强调清查的连续性，即强调它对资源变化的估计，而且它的调查对象主要是较大地域全局。尽管我们希望连续清查能提供尽可能多的信息，但是并不要求资源落实到小地段。因此，连续清查的调查内容一般不包括小班调查，也不进行森林区划，调查所提交的成果是以全局为主。正因为如此，森林连续清查的调查速度更快，效率更高。它所提供的数据能及时准确地反映出较大地域森林资源变化的全貌，不仅可以直接为林业事业服务，而且对于发展国民经济，保护国家的自然资源和人类的生活环境，维持生态平衡都起着十分重要的作用。

2. 国内外森林连续清查概况

"森林连续清查"这一术语的出现虽是不久以前的事，但这种工作的开展在林业上已有很久的历史。

我国江苏、浙江等主要毛竹产区的竹农，若干世代以来就有一种传统习惯，每当新竹长成（通常两年一次）对每株新竹一一计数并用特定牢固标记在竹竿上注明该竹所有者及发笋成竹年代，可以说这是一种间隔期两年的全林检尺式的连续清查。

我国于 1953～1961 年进行了第一次全国森林清查，这次清查实际上是基层单位的一次普遍森林经营管理调查，采用以角规为辅助工具的目测调查法。1973～1977 年进行了第二次全国森林清查，简称"四五清查"，这次调查基本上是以省为单位组织的，大部分地区采用了成数点估计地类面积，林分样地估计平均蓄积的双重抽样。在此之前的 30 年中，我国森林资源调查基本上是前苏联的一套体制。方法不统一，时间不定期，调查对象多局限于国有林、重点林区。由于调查方法、调查规程不规范，全国的森林资源信息难以公布于世。

从 1975 年起，我国在东北林区开始实施研究森林连续清查体系，1977～1978 年林业部决定在全国建立森林资源连续清查（又称国家森林资源清查）体系。至 1979 年在全国（不包括香港、澳门和台湾）就建成了以省（自治区、直辖市）为单位（总体）的森林资源连续清查体系。该体系用 40 多万个固定样地（点）覆盖全部国土。规定全国每隔 5 年复查一次，每年完成全国 1/5 的省份，由中央财政拨款。该体系的创建，极大提高了我国森林资源清查质量，促进了我国林业的发展，为国家定期公开发布森林资源信息提供了科学依据。

森林资源连续清查体系是一项浩大的系统工程，尽管这项工程在我国起步较晚，不论从规模、质量、管理水平衡量还是从科学性、规范性方面看，该项工程堪称世界林业调查史上的典范，曾获国家科技进步二等奖。联合国粮食与农业组织的林业调查专家们也称赞该项工程达到世界先进水平。

国外大面积的森林资源清查始于 19 世纪，是从北欧的挪威、芬兰等国开始的。但是，现代森林连续清查体系的雏形都是"检查法"，是法国的顾尔诺（Gurnaud A）1878 年提出的。检查法也是通过复测数据的对比和分析对林木生长作出估计。这种方法和现代 CFI 体系的主要区别在于检查法在现地直接按树种和径级对林木进行分组，不保留单株树木的记录，然后通过列表的方式计算消长量，因此，它所提供的信息不如后者详尽。另外，这种方法主要用于小面积异龄林分的连续清查。

20 世纪以来，随着经济的发展及人口的增长，人们对木材的需要量日益增加，为了保证本国资源不受破坏并得到必要的发展，必须把全国森林总采伐损耗量控制在低于生长量的水平，于是全国性森林连续清查日益受到重视。北欧三国相继于 20 世纪 20 年代进行了以全国为单位的"国家森林清查"。此后，美国（1930）、日本（1953）、民主德国（1953）、奥地利（1960）等国也先后开始了这一工作。这些国家的清查都采用了抽样方法，样本单元分别为方阵、样地或样点，间隔期为 1～10 年。

前苏联采用的方法是根据基层森林管理小班的调查数字定期进行全国资源汇总统计。1930～1950 年是每 10 年统计一次，1950 年后每 5 年左右统计一次，定期进行的森林管理调查也是连续清查的一种方式。如果调查中使用了航空照片，它的面积精度较高，但由于其小班调查多系用目测调查，加上基层单位调查年代参差不齐，蓄积量变化的调查精度很不可靠。

近年来，国内外都已开始应用 GPS、RS 和 GIS 等技术监测森林资源的动态变化。1977 年，我国在西藏进行的第一次全自治区森林清查就使用了地球资源卫星相片。随着科学技术的发展，尤其是电子计算机和遥感技术的应用和普及，森林连续清查将会得到更加迅速的发展。

第二节　森林连续清查的估计方法和效率分析

1. 估计方法

由第一节我们知道，森林连续清查要解决的主要问题有两个，即森林资源的现状和森林资源变化。森林资源现状通常用单位面积（或样地）上森林资源的平均数表示，其估计值是最近一次森林资源清查的样本平均数，资源变化（即净增量）一般用前后两期资源平均数之差表示，其估计值是两期样本平均数之差。这里我们主要讨论两期清查蓄积量的现状和变化估计问题。

由于连续清查每期的样本单元可能全部是固定样地，也可能全部是临时样地，也可能二者兼有之，这些不同形式的样本可以构成不同的估计方案。在两期清查的情况下，临时和固定样地的不同构成方式所形成的估计方案可能有以下五种：

(1)样地全部固定，前后两期的样地都为固定样地。

(2)前后两期都有固定和临时样地。

(3)前期设固定和临时样地，后期只复查固定样地。

(4)前期只设固定样地，后期除复查固定样地外，增设临时样地。

(5)前后期只有临时样地。

在每期更换一部分样本(临时样地)的抽样称为部分重复抽样(Sampling with partial replacement，简称 SPR)，最早是杰森(Jessen，R. J. 1942)提出的。1962 年，韦尔(Ware，K. D)和丘尼亚(Cunia，T)把这种抽样估计方法应用于两期森林连续清查中，1969 年丘尼亚等人又把这种方法延伸到三期和更多期的连续清查中。

这种抽样估计方法除了要求各套样本是独立抽取的以外，还要求总体方差已知，下面我们分别讨论这五个方案的估计值及其方差，并假定总体方差已知。

为便于叙述，这五种方案涉及到的样本单元数、样本平均数、标准差、相关系数以及总体平均数、标准差、相关系数的符号列于表 13-1。

表 13-1　森林连续清查前后期参数符号

	前　期					后　期				
	样本单元数	样本平均数	样本方差	总体平均数	总体方差	样本单元数	样本平均数	样本方差	总体平均数	总体方差
固定临时合计	n_p n_{At} n_A	$\bar{x}_p$ $\bar{x}_t$ $\bar{x}$	S_{xp}^2 S_{xt}^2 S_x^2	$\overline{X}$	σ_x^2	n_p n_{Bt} n_B	$\bar{y}_p$ $\bar{y}_{xt}$ $\bar{y}$	S_{yp}^2 S_{yt}^2 S_y^2	$\overline{Y}$	σ_y^2

注：σ_{xy} 为总体协方差，S_{xy} 为样本协方差，ρ 为总体相关系数，r 为样本相关系数。

第一方案($n_{At} = n_{Bt} = 0$，$n_p \neq 0$)

(1)资源现状。由于后期只有一套样本，其现状估计值 $\bar{y}_b$ 为

$$\bar{y}_b = \bar{y}_p \tag{13-1}$$

$\bar{y}_b$ 的方差 $\sigma^2(\bar{y}_b)$ 为

$$\sigma^2(\bar{y}_b) = \frac{\sigma_y^2}{n_p} \tag{13-2}$$

(2)资源变化。其估计值 $\bar{\Delta}$ 为

$$\overline{\Delta} = \bar{y}_b - \bar{x}_p \tag{13-3}$$

$\overline{\Delta}$ 的方差 $\sigma_{\overline{\Delta}}^2$ 可根据随机变量的方差定理得到

$$\sigma_{\overline{\Delta}}^2 = \frac{\sigma_x^2 + \sigma_y^2 - 2\rho\sigma_x\sigma_y}{n_p} \tag{13-4}$$

第二方案 ($n_{At} \neq 0$, $n_{Bt} \neq 0$, $n_p \neq 0$)

该方案共有四套样本(前期临时、固定与后期临时、固定),是两期清查最齐全的一种方案,其余各方案都是本方案的特例。例如,第一方案就是令本方案中的 $n_{At} = n_{Bt} = 0$ 得到的。

(1)资源现状。为了提高估计效率,应该把四套样本联合起来进行估计,可写成

$$\bar{y}_b = a(\bar{x}_t - \bar{x}_p) + c\bar{y}_p + (1-c)\bar{y}_t \tag{13-5}$$

式中:a, c 为待定系数。显然,$\bar{y}_b$ 是四套样本平均数的联合估计值,而且它是无偏的,即 $E(\bar{y}_b) = \overline{Y}$。实际上,为了保证现状估计值无偏只需要使前期各套样本的系数之和等于 0,并使后期各套样本的系数之和等于 1。例如 (13-5)式中,$\bar{x}_t$、$\bar{x}_p$ 的系数分别为 a、$-a$,其和为 0,而 $\bar{y}_t$、$\bar{y}_p$ 的系数分别为 $(1-c)$、c,其和为 1。

根据随机变量和与差的方差定理,注意到只有 $\bar{y}_p$、$\bar{x}_p$ 相关,$\bar{y}_p$ 的方差可写成

$$\sigma^2(\bar{y}_b) = a^2\sigma_x^2\left(\frac{1}{n_{At}} + \frac{1}{n_p}\right) + \sigma_y^2\left[\frac{c^2}{n_p} + \frac{(1-c)^2}{n_{Bt}}\right] - \frac{2ac\rho\sigma_x\sigma_y}{n_p} \tag{13-6}$$

为了求出一组使 $\sigma^2(\bar{y}_b)$ 最小的 a、c 值,只需要将(13-6)式分别对 a、c 值求偏导数并令其结果等于 0。于是我们可得到下列方程组,

$$\begin{cases} a\sigma_x^2\left(\dfrac{1}{n_{At}} + \dfrac{1}{n_p}\right) - \dfrac{c\rho\sigma_x\sigma_y}{n_p} = 0 \\[3mm] -\dfrac{a\rho\sigma_x\sigma_y}{n_p} + c\sigma_y^2\left(\dfrac{1}{n_{Bt}} + \dfrac{1}{n_p}\right) = \dfrac{\sigma_y^2}{n_{Bt}} \end{cases}$$

解此方程组得到

$$a = \frac{n_{At}n_p\dfrac{\sigma_y}{\sigma_x}\rho}{n_A n_B - n_{At}n_{Bt}\rho^2}$$

$$c = \frac{n_p n_A}{n_A n_B - n_{At}n_{Bt}\rho^2}$$

这时,(13-6)式可化简为:

$$\sigma^2(\bar{y}_b) = \frac{\sigma_y^2}{n_{Bt}}(1 - c) \tag{13-7}$$

（13-7）式只有在满足使 $\sigma^2(\bar{y}_b)$ 最小的条件下才能得到。

（2）资源变化。和资源现状类似，资源变化和联合无偏估计值为：

$$\bar{\Delta} = A\,\bar{Y}_p - B\,\bar{X}_p + (1 - A)\bar{Y}_t - (1 - B)\bar{X} \tag{13-8}$$

和现状不同的是，为了保证 $\bar{\Delta}$ 的无偏，即，使 $E(\bar{\Delta}) = \bar{Y} - \bar{X}$，不仅应使 $\bar{Y}_p$、$\bar{Y}_t$ 的系数之和等于 1，而且应使 $\bar{X}_t$、$\bar{X}_p$ 的系数之和等于 1，显然式（13-8）是满足此条件的。

$\bar{\Delta}$ 的方差及求 A、B 的方法与资源现状类似，我们只写出结果：

$$\sigma_{\bar{\Delta}}^2 = \frac{A^2\sigma_y^2 + B^2\sigma_x^2 - 2AB\rho\sigma_x\sigma_y}{n_p} + \frac{(1 - A)^2\sigma_y^2}{n_{Bt}} + \frac{(1 - B)^2\sigma_x^2}{n_{At}} \tag{13-9}$$

$$A = \frac{n_p(b_{xy}n_{Bt} + n_A)}{n_A n_B - n_{At}n_{Bt}\rho^2}, \quad b_{xy} = \rho\sigma_x/\sigma_y$$

$$B = \frac{n_p(b_{yx}n_{At} + n_B)}{n_A n_B - n_{At}n_{Bt}\rho^2}, \quad b_{yx} = \rho\sigma_y/\sigma_x$$

这时，（13-9）式可化简为

$$\sigma_{\bar{\Delta}}^2 = \frac{\sigma_y^2}{n_{Bt}}(1 - A) + \frac{\sigma_x^2}{n_{At}}(1 - B) \tag{13-10}$$

本方案所用的估计方法通常称为线性无偏最优估计或方差最小估计。其余各方案的估计方法与本方案完全相同，而且公式的推导更为简单，读者可自己完成，这里只写出结果。

第三方案（$n_{Bt} = 0$，$n_{At} \neq 0$，$n_p \neq 0$）

（1）资源现状

$$\bar{y}_b = \bar{y}_p + b(\bar{X}_t - \bar{X}_p) \tag{13-11}$$

$$\sigma^2(\bar{y}_b) = b^2\sigma_x^2\left(\frac{1}{n_{At}} + \frac{1}{n_p}\right) - 2b\,\rho\sigma_x\sigma_y/n_p + \frac{\sigma_y^2}{n_p} \tag{13-12}$$

$$b = \frac{n_{At}}{n_A}b_{yx}$$

（13-12）式同样可化简为，

$$\sigma^2(\bar{y}_b) = \sigma_y^2\left(\frac{\rho^2}{n_A} + \frac{(1 - \rho)^2}{n_p}\right) \tag{13-13}$$

或

$$\sigma^2(\bar{y}_b) = \frac{\sigma_y^2}{n_p}(1 - bb_{xy}) \tag{13-14}$$

（2）资源变化

$$\overline{\Delta} = \bar{y}_p + B\,\overline{X}_p - (1+B)\overline{X}_t \qquad (13\text{-}15)$$

$$\sigma_{\overline{\Delta}}^2 = \frac{\sigma_y^2 + B^2\sigma_x^2 + 2B\rho\sigma_x\sigma_y}{n_p} + \frac{(1+B)^2\sigma_x^2}{n_{At}} \qquad (13\text{-}16)$$

$$B = \frac{n_p}{n_A}b_{yx} - b_{yx} - \frac{n_p}{n_A}$$

（13-16）的简化公式为

$$\sigma_{\overline{\Delta}}^2 = \frac{\sigma_y^2}{n_p}(1 + Bb_{xy}) + \frac{\sigma_x^2}{n_{At}}(1 + B) \qquad (13\text{-}17)$$

第四方案（ $n_{At} = 0$ ， $n_p \neq 0$ ， $n_{Bt} \neq 0$ ）

（1）资源现状

$$\bar{y}_b = \bar{y} \qquad (13\text{-}18)$$

$$\sigma^2(\bar{y}_b) = \frac{\sigma_y^2}{n_B} \qquad (13\text{-}19)$$

（2）资源变化

$$\overline{\Delta} = B\bar{y}_b - \overline{X}_p + (1-B)\overline{Y}_t \qquad (13\text{-}20)$$

$$\sigma_{\overline{\Delta}}^2 = \frac{B^2\sigma_y^2 + \sigma_x^2 - 2B\rho\sigma_x\sigma_y}{n_p} + \frac{(1-B)^2\sigma_y^2}{n_{Bt}} \qquad (13\text{-}21)$$

$$B = \frac{n_p}{n_B}b_{xy} - \frac{n_p}{n_B} - b_{xy} \qquad (13\text{-}22)$$

或

$$\sigma_{\overline{\Delta}}^2 = \frac{\sigma_y^2}{n_{Bt}}(1 - B) + \frac{\sigma_x^2}{n_p}(1 - Bb_{yx})$$

第五方案（ $n_p = 0$ ， $n_{At} \neq 0$ ， $n_{Bt} \neq 0$ ）

（1）资源现状

$$\bar{y}_b = \bar{y}_t \qquad (13\text{-}23)$$

$$\sigma^2(\bar{y}_b) = \frac{\sigma_y^2}{n_{Bt}} \qquad (13\text{-}24)$$

（2）资源变化

$$\overline{\Delta} = \bar{y}_t - \bar{x}_t \qquad (13\text{-}25)$$

$$\sigma_{\overline{\Delta}}^2 = \frac{\sigma_y^2}{n_{Bt}} + \frac{\sigma_x^2}{n_{At}} \qquad (13\text{-}26)$$

上述五个方案的估计公式是以总体方差已知为前提条件的。事实上，在大面积资源清查中，总体方差是很难得到的，因此，通常都是用样本方差去代替总体方差，用样本的相关系数代替总体相关系数，例如：用 S_x ， S_y ， r

代替 σ_x，σ_y，ρ。如果每次调查只有一套样本，那么用这一套样本方差代替总方差，如第一方案中可用 S_{xp}、S_{yp} 代替 σ_x、σ_{yo} 由于样本方差是随机变量，估计方法中原有的一些性质，如最小方差等均不能成立，为减小偏差应尽量使用大样本。

最后，这里简单提一下连续清查中面积成数的现状和变化的估计问题。在大面积森林连续清查中，用来估计蓄积的样地往往同时也是用来估计成数的样点。用这些样点对各地类面积成数的现状和变化进行估计的方法与上述方法相同，不同点仅仅是作为成数样点，它的调查结果只有两个——1（属于目的地类）或 0（不属于目的地类）。这种取值方式所带来的结果只是样本平均数、方差以及相关系数计算公式形式不同。譬如，地类 h 的 $\bar{x}_p$、$\bar{x}_t$、$\bar{y}_p$、$\bar{y}_t$、S_x、S_y、r、S_{xy} 的计算公式如下：

$$\bar{x}_t = n_{At}^{(h)}/n_{At}\ , \qquad \bar{x}_p = n_{Ap}^{(h)}/n_p$$

$$\bar{y} = n_{Bt}^{(h)}/n_p\ , \qquad \bar{y}_t = n_{Bt}^{(h)}/n_{Bt}$$

$$S_x = \sqrt{\frac{n_A^{(h)}(n_A - n_A^{(h)})}{n_A(n_A - 1)}},\ S_y = \sqrt{\frac{n_B^{(h)}(n_B - n_B^{(h)})}{n_B(n_B - 1)}}$$

$$r = \frac{n_p n_{AB}^{(h)} - n_A^{(h)} n_B^{(h)}}{\sqrt{n_A^{(h)}(n_p - n_A^{(h)})n_B^{(h)}(n_p - n_B^{(h)})}}$$

$$S_{xy} = (n_p n_{AB}^{(h)} - n_A^{(h)} n_B^{(h)})/n_p(n_p - 1)$$

式中：$n_{Ap}^{(h)}$ 是前期固定样地中属于 h 地类的样地数；$n_{AB}^{(h)}$ 是初复查都属于 h 地类的样地数。余类同。

2. 方案的分析和比较

这一部分将对估计值的方差作一些分析，通过分析再对各方案作初步比较。

首先讨论资源现状的方差。

将第二方案的（13-7）式展开，变换后有

$$\sigma^2(\bar{y}_b) = \frac{\sigma_y^2}{n_B}\left(\frac{1 - f_1\rho^2}{1 - f_1 f_2\rho^2}\right) \tag{13-27}$$

式中：f_1、f_2 是临时样地比，$f_1 = \dfrac{n_{At}}{n_A}$，$f_2 = \dfrac{n_{Bt}}{n_B}$。

由（13-27）式可以看出：①该式中括号内的部分小于等于1，这意味着，当第二期的总样地数相等时，第二方案的效率要高于一、四、五方案，[$\sigma^2(\bar{y}_b) = \sigma_y^2/n_B$]而小于第三方案[$\sigma^2(\bar{y}_b) = \sigma_y^2/n_B(1 - f_1\rho^2)$]。②相关系数愈紧密，$\sigma^2(\bar{y}_b)$ 愈小，效率愈高。③当 f_2 不变时，f_1 的增大可提高估计效率；

反之，当 f_1 不变时，f_2 的增大却降低效率。④ 当 $f_1 = f_2 = f$ 时，（13-27）式变为

$$\sigma^2(\bar{y}_b) = \frac{\sigma_y^2}{n_B}\left(\frac{1 - f\rho^2}{1 - f^2\rho^2}\right)$$

这时括号中的部分如对 f 求导，可得到使 $\sigma^2(\bar{y}_b)$ 最小的 f 值：

$$f = \frac{1}{1 + \sqrt{1 + \rho^2}}$$

即最优的 f 值随 ρ 的增大而增大，其值介于 $0.5 \sim 1$ 之间。

其次，讨论资源变化。令 $\sigma_x = \sigma_y$，方案二的（13-10）式在 $f_1 = f_2 = f$ 时，可写成：

$$\sigma_\Delta^2 = \frac{\sigma_y^2}{n_B}2\left(\frac{1 - \rho}{1 - f\rho}\right) \tag{13-28}$$

式中：$0 \leqslant \dfrac{1 - \rho}{1 - f\rho} \leqslant 1$

与资源现状不同的是：当第二期总样地数不变时，方案一的效率最高（$\sigma_\Delta^2 = (\sigma_y^2/n_B)2(1 - \rho)$，$n_B = n_p$）。方案五的效率最低 $\sigma_\Delta^2 = 2(\sigma_y^2/n_B)$，方案二、三、四介于其间。另外，由（13-27）式可以看出相关系数愈紧密，f 值愈小，效率愈高。

值得注意的是相关系数和临时样地的比对资源变化的影响远比资源现状大。例如当 $\rho = 0.9$ 时，f 从 $0.5 \sim 0.1$，现状的效率只降低了 19.5%，而变化的效率却增加了 65.5%（见表 13-2）。另外，由于资源变化变动大，难以达到较高的精度，因此，在考虑方案时重点应放在资源变化上。

表 13-2 估计效率比较

资源现状 $(1-f\rho^2)/(1-f^2\rho^2)$					资源变化 $a(1-\rho)/(1-f\rho)$				
f ＼ ρ	0.5	0.7	0.9	0.99	f ＼ ρ	0.5	0.7	0.9	0.99
0.1	0.977	0.956	0.927	0.911	0.1	0.211	0.215	0.220	0.222
0.3	0.946	0.892	0.816	0.774	0.3	0.235	0.253	0.274	0.284
0.5	0.933	0.860	0.746	0.675	0.5	0.267	0.308	0.364	0.396
0.9	0.972	0.927	0.788	0.572	0.9	0.364	0.541	1.053	1.835

3. 固定样地的效率

增加临时样地和增加固定样地虽然都可以提高资源变化的估计精度，但二者提高的幅度大不一样，前者增加的很慢，后者则较快。为了达到相同的精度，一个固定样地相当于多少个临时样地呢？这个问题可用固定样地的效

率表示。

固定样地的效率

$$R_p = \frac{n_t C_t}{n_p C_p} \tag{13-29}$$

式中：C_t、C_p 分别为设立一个临时和固定样地的成本。假定我们不考虑成本，或令 $C_t / C_p = 1$（事实上，在大面积清查中，点间距较长，工作时间大多消耗在路途上，C_t、C_p 相差不大），于是 $R_p = n_t / n_p$。这时 R_p 指的是单从样地数量考虑，每一个固定样地相当于多少个临时样地。假定 $\sigma_x = \sigma_y$，根据林昌庚的研究，不同方案的固定样地效率可用式（13-30）和（13-31）算出：

对于方案二和五

$$R_p = (1 + K)^2 / 4K (1 - r)^{[注1]} \tag{13-30}$$

式中：$K = n_{At} / n_{Bt}$ 或 n_{Bt} / n_{At}

对于方案三和四

$$R_p = R (1 - f_p) / 2 (1 - R_{fp})^{[注2]} \tag{13-31}$$

式中：$R = \dfrac{1}{2}(1 - r + \dfrac{1 + r}{f_p})$

$f_p = \dfrac{n_p}{n_A}$（方案三）或 $\dfrac{n_p}{n_B}$（方案四），是固定样地比。（13-30）和（13-31）式的推导见本章附注。它们都是和方案一相比的结果。

由（13-30）式可以看出，对于第二、第五方案相关系数愈大，前后期临时样地数相差愈多，固定样地的效率愈高。

例如 $r = 0.8$，$n_{At} = n_{Bt}$，即 $K = 1$ 时，$R_p = 5$ 即第二、五方案中每块固定样地可相当于 5 块临时样地。如 $r = 0.99$，R_p 则增至 100。假如 $n_{At} = 10 n_{Bt}$，即 $K = 10$，则当 $r = 0.8$ 和 0.99 时，R_p 分别为 15.1 和 302.5。

由（13-31）式可以看出，对于第三、四方案，R_p 除了取决于 r 外，还取决于 f_p，r 愈大，f_p 愈小，固定样地的效率愈高。若 $f_p = 0.1$，当 $r = 0.8$ 和 0.99 时，每个固定样地（实际上是每期固定样地）可分别相当于 45.5 和 995.5 个临时样地。

从以上分析可以看出，固定样地的效率对于设计和选择清查方案十分有用。为了提高资源变化精度，单方面在前期或后期增加临时样地的作用是很小的，特别是在相关系数紧密的情况下，更是如此。

4. 多期连续清查的估计问题

三期或更多期连续清查的资源现状和变化的估计原理与两期清查完全相同，即在总体方差已知的条件下要求估计值线性无偏和方差最小，与两期清查不同的是，尽管估计值是对一期（现状）或两期（变化）作出的，但估计值的线性无偏式中所包含的样本平均数可以是各期的，而且一般来说，包含的样本愈多，估计效率愈高。这里不准备讨论多期清查各种方案的具体方法和公式（有关这方面的内容可参阅参考有关文献），只简单介绍一下多期清查进行估计的基本步骤：

首先，写出估计值的线性无偏形式，即把与估计值有关的样本平均数写成如（13-5）和（13-8）式那样的形式，为了保证估计值无偏，应使与估计值同期的各套样本的样本平均数系数之和为1，其余各期，每期的样本平均数系数之和为0。

其次，根据方差定理导出估计值的方差，如（13-6）、（13-9）式，推导时，注意样本之间是否相关。

第三，利用求极小值的方法对方差公式中的每项系数逐一求导，得到阶数与未知系数个数相同的方程组，最后求解。

第三节 样本单元的形状

从原理上说，森林抽样调查所采用的各种类型的样本单元都可以用于连续清查，但在大地域清查实践中，目前采用最广泛的有三种：

（1）方形样地。日本的全国连续清查和我国多数省的连续清查都是用方形样地，面积从 $600 \sim 1\,000\text{m}^2$。它的优点是周界明确，样地中树木重、漏的可能性较小；缺点是检尺树木多，每株树的编号（固定样地）在复查时不易辨认，样地的标志多（标桩、编号多）容易引起特殊对待，从而导致调查结果不能真实反映总体。为了克服这一缺点，可以研究用更隐蔽的方式来"固定"样地和样木。

（2）角规控制检尺。这种方法美国、加拿大等国应用较多。芬兰、奥地利的国家森林连续清查和我国广西森林连续清查也都采用此法。我国连续清查采用的断面积系数为1，欧洲多为4，美国多为2.3。这种方法的优点是控制检尺树少，工效高。根据广西壮族自治区试验资料，断面积系数1的角规控制检尺与 800 m^2 的方形样地相比，蓄积变动系数二者相近，但检尺株数方形样地平均要多10倍以上，由于检尺树木少，树木在复查时通过树木位置图容易寻找。另外，样点的标志少不易引起特殊对待。它的缺点是易于引起漏测，估计资源变化的效率较低。为了减少漏测，外业调查的角规观测半径可适当扩大（即用小一点的断面积系数），内业则根据角规控制检尺的记录，缩小观测半径（加大断面积系数）重新计数。

（3）方阵形整群样地。这是北欧三国和奥地利全国森林连续清查采用的样地。以瑞典为例，1953～1972 年采用方阵（tract）形式如图 13-1。瑞典在全国划分几个类型区，每区的方阵大小和间隔不同，原则上要求每工作组（内分伐线和检尺调查两小组）一天可以调查完一个方阵。调查线是用来确定地类面积成数，每地类面积所占调查线长度被调查线总长除即得该地类面积成数。方阵四周一般等距设 16 个（南部地区 28 个）同心样圆。在半径 6.64 m 的小样圆内每木检尺，并确定和标记出最近将采伐的树。在样地中选取部分样木用生长锥测生长量，并登记树种、胸径、伐根高直径、皮厚、树高、树冠点高、质量评定等，在同一中心其半径为 20 m 的较大范围记述林分特征（地位级、龄级、树种组成等）。沿调查线每隔 100 m 设两个相连的记数伐根的小样圆，每样圆半径 6.64 m，相距 20 m。全国每年系统调查 1000 个方阵，10 年共调查 1 万个，再循环。1953～1972 年循环了两次。

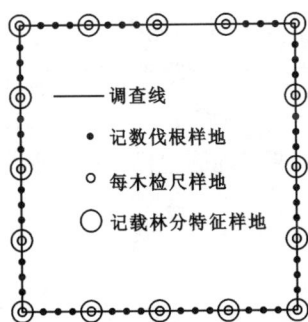

图 13-1　方阵形整群样地

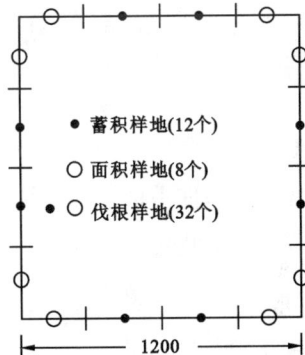

图 13-2　布设样地的方式

自 1973 年采用了与过去略有不同的方法，循环期由 10 年缩短为 5 年，仍然每年在全国调查一次。每方阵上调查的蓄积、面积和伐根样地数都比过去有所减少，而且布设方式也与过去有所不同（图 13-2）。样圆半径一般 10 m。

瑞典调查方法的发展过程（带状全面检尺→方阵上设较多样地→方阵上样地数进一步减少）说明，整群抽样在每群内设过多过密样地是不必要的。

芬兰、挪威、奥地利的方阵与瑞典大同小异。芬兰、奥地利的主要特点是在方阵上用样点角规控制检尺代替小样圆检尺。

方阵法主要优点是固定较容易，不易受特殊对待，并且可减少转移旅途时间，从而可提高外业效率，对地形不太复杂地区是一种较好的办法。但对地势特别陡峭的山区，按直线打几百个上千米见方的方阵有较大困难。

第四节 样地数量的计算

和其他森林抽样调查方法一样，在连续清查的抽样设计中也存在样地数的计算和方案的选择问题，不过，由于连续清查涉及到的估计值是两个，因此问题要复杂一些。

下面我们分两步阐述，第一步介绍资源现状和资源变化样地数计算的一般方法，第二步针对第一步中存在的问题讨论两种其他方法。

1. 资源现状和变化的最优样地数计算

（1）资源现状。计算资源现状的样地数要考虑 3 个问题：①初查的样地数；②初查样地中的固定样地；③复查（第二期）需布设的临时样地数。第一个问题比较容易解决。它可以直接根据既定精度和调查地区资源现状的变动系数由简单随机抽样公式计算得到。

假定初查的样地总数 n_A 已经算出，我们来讨论后两个问题。

设 C_t 为设置一个临时样地所需要的成本，C_p 为设置一块固定样地所需要的成本，则设置调查样地的总成本为 $C = C_t n_t + C_p n_p$，把此式和（13-7）式合在一起，用条件求极值的方法可以得到前期最优固定样地及后期最优临时样地数的计算公式：

$$\frac{n_p}{n_A} = \frac{1-\rho^2}{\rho^2} \left[\sqrt{\frac{C_t}{C_p}} - \sqrt{1-\rho^2} \right] \tag{13-32}$$

$$n_{Bt} = \frac{\sigma_y^2}{\sigma^2(\bar{y}_b)} - \frac{n_A}{\rho^2} \left[1 - \sqrt{\frac{C_t + (1-\rho^2)}{C_p}} \right] \tag{13-33}$$

式中：σ_y^2、ρ 可事先估计，$\sigma^2(\bar{y}_b)$ 可根据允许误差大概推算[因为绝对误差 $\Delta(\bar{y}_b) = t\sigma(\bar{y}_b)$]。

（2）资源变化。由上一节可知，估计资源变化最有效的方案是第一方案（样地全部固定）。因此，可直接通过第一方案计算固定样地数，即

$$n_p = \frac{t^2 C_{\bar{\Delta}}^2}{E_{\bar{\Delta}}^2} \tag{13-34}$$

式中：$C_{\bar{\Delta}}$ 为资源变化的变动系数；$E_{\bar{\Delta}}^2$ 为允许抽样误差。

实际上，按照这样的方式计算样地数存在着一些难以克服的问题。首先 $C_{\bar{\Delta}}$（或 $\bar{\Delta}$）很不稳定，事先难以估计，尤其 $\bar{\Delta} \to 0$ 时，则 $C_{\bar{\Delta}}$ 和 $E_{\bar{\Delta}} \to \infty$ ，从而使样地数过大，或使计算失去意义。其次，即使 $C_{\bar{\Delta}}$ 可以估计，也难以和资源现状的样地数统一协调。针对上述问题下面我们讨论两种其他方法。

2. 关于样地数计算的一些其他方法

(1)1966年罗茨(Loetch，F)等针对上述问题提出了一种解决办法。他们避开 $\bar{\Delta}$ 而建议蓄积量的变化用 $P = \bar{Y}/\bar{X}$ 表示，即 $\bar{\Delta} = \bar{Y} - \bar{X} = \bar{X}(P-1)$ 。显然，P 值与1距离越远，资源变化越显著。这样，在设计方案时，把对 $\bar{\Delta}$ 按精度要求换成给定的一个 P 值，并要求能以95%的可靠性判断 P 与1的差异显著。换言之，要求算出的样地数能保证调查结果按 P 作出判断，即调查得到的 Y/X 如果大于或等于(或小于等于)给定的 P 值，则能判断间隔期内资源增加(或减少)，如果 $|Y/X - 1| < |P - 1|$ ，则至少可判断资源变化不显著。这实际是要求样地数能保证对 $\bar{Y} - \bar{X}$ 或 $P - 1$ 作出差异显著性检验。

下面介绍他们提出的样地数计算公式。

对于方案一

假定 $S_{\bar{x}}\% = S_{\bar{y}}\%$ （ $S_{\bar{x}} = \dfrac{S_{\bar{x}}}{\bar{x}} \times 100$, $S_{\bar{y}} = \dfrac{S_{\bar{y}}}{\bar{y}} \times 100$ ）

则有，$S_{\bar{\Delta}}^2\% = (S_{\bar{x}}^2\% + P^2 S_{\bar{y}}^2\% - 2rP S_{\bar{x}}\% \cdot S_{\bar{y}}\%)/(P-1)^2$

即 $S_{\bar{\Delta}}^2\% = S_{\bar{\Delta}}^2\% \dfrac{(1+r^2-2rP)}{(P-1)^2}$ \hspace{2cm} (13-35)

又 $S_{\bar{\Delta}}\% = \dfrac{S_{\bar{\Delta}}}{\bar{\Delta}} \times 100 = \dfrac{100 S_{\bar{\Delta}}}{\bar{x}(P-1)} = \dfrac{100}{\dfrac{\bar{x}(P-1)}{S_{\bar{\Delta}}}} = \dfrac{100}{\dfrac{\bar{y}-\bar{x}}{S_{\bar{\Delta}}}}$

由于 $S_{\bar{\Delta}}$ 是 $\bar{Y} - \bar{X}$ 的标准差，所以根据统计假设检验可知，当 $(\bar{Y}-\bar{X})/S_{\bar{\Delta}}$ 大于等于给定的 t 值(一般按95%的可靠性取 t 值)，则 $\bar{Y}$ 与 $\bar{X}$ 的差异 P 与1的差异显著。如果令 $\dfrac{(\bar{Y}-\bar{X})}{S_{\bar{\Delta}}} = t$ ，则 $\dfrac{100}{S_{\bar{\Delta}}} = t$ ，于是(13-34)式可写成

$$S_{\bar{\Delta}}\% = \dfrac{100}{\sqrt{\dfrac{1+P(P-2r)}{(P-1)^2}}}$$ \hspace{2cm} (13-36)

这样，只要给定 P 值就可以算出使 P 与1有显著差异的 $S_{\bar{x}}\%$ （按95%的可靠性取 t 值），再根据 $n = (C_x\%/S_{\bar{x}}\%)^2$ 求出固定样地数($C_x\%$ 是蓄积量的变动系数)。

例如德国某地，预定 $P = 1.05$ (即小于5%的变化可看作无显著变化)，估计 $r = 0.6$, $C_{\bar{x}} = 45$ ，代入上式得 $S_{\bar{x}}\% = 3.3$, $n = 186$ 个(单向估计的 t 取 1.67)。

这里需要补充一点，P 值是人为给定的。显然，P 值愈接近1，它对资源变化的判断愈敏锐，需要的样地数也愈多。如果 P 值给的过大，往往作

出的都是变化不明显的结论，即判断不出增减。

对于方案二，若前后期临时样地数相等，则由式(13-37)计算 $S_{\bar{x}}\%$ ：

$$S_{\bar{x}}\% = \frac{60\,(P-1)}{R\,\sqrt{1+P^2}} \qquad (13\text{-}37)$$

式中：60 是 $100/t\,(t=1.67)$ 的近似值。此式是令(13-35)式的 $r=0$ 再加上修正项 R 而得到。R 值根据相关系数 r 和固定样地比 fp 由表13-3 查得：

表 13-3　修正项 R 值表

fp ＼ R ＼ r	1.5	0.6	0.7	0.8	0.9
0.25	0.89	0.85	0.80	0.71	0.55
0.50	0.82	0.76	0.68	0.58	0.43

注：本表引自文献[14]。

如上例，若取 $f_p=0.5$ ，则 $R=0.76$ ，因而可得 $S_{\bar{x}}=2.7\%$ ，$n=280$ 个，其中固定、临时样地各 140 个。

对于第二方案前后期样地数不等的情况和第三、第四方案，该方法的作者未进行讨论。

(2)1978 年林昌庚在进一步研究后提出用 $e_{\bar{\Delta}}=tS_{\bar{\Delta}}/\bar{x}$ 代替 $E_{\bar{x}}=tS_{\bar{\Delta}}/\bar{\Delta}$ 的办法。这种替换既可避免 $\bar{\Delta}\to0$ 带来的麻烦，又可把现状误差和变化误差联系起来计算样地数。

由 $e_{\bar{\Delta}}$、$E_{\bar{x}}$ 的定义及(13-4)式并假定 $\sigma_x=\sigma_y$ 可得到(13-38)式：

$$e_{\bar{\Delta}} = 1.19E_{\bar{x}}\,\sqrt{1-r} \qquad (13\text{-}38)$$

或

$$E_{\bar{x}} = \frac{e_{\bar{\Delta}}}{1.19\,\sqrt{1-r}}$$

很明显，(13-38)式把对资源现状的估计误差和对资源变化的增减判断结合起来了，二者可以相互转换。由(13-38)式及 $n=(tC_{\bar{x}}/E_{\bar{x}})^2$ 就可根据给定的 $e_{\bar{\Delta}}$ 计算所需的样地数，并可得到相应的 $E_{\bar{x}}$ 估计值。

例如，某省连续清查间隔期 5 年，对资源变化(蓄积或地类面积)精度要求取 $e_{\bar{\Delta}}=5\%$ ，估计 $r=0.8$ ，这意味着对资源现状的精度要求是取 $E_{\bar{x}}=0.05/1.19\,\sqrt{1-0.8}=9.4\%$ ，若估计变动系数 $C_{\bar{x}}=250\%$ ，则方案一所需固定样地数为：

$$n_p = \left(\frac{1.96\times250}{9.4}\right)^2 = 2\,700\ \text{个}$$

对于其他方案，可用在精度相同条件下（即估计值的方差相同）各方案与方案一的样地数之比 R 来换算。

对于方案二、五，如 $n_{At} = n_{Bt} = n_t$，则由（13-10）式和（13-4）式并假定 $\sigma_x = \sigma_y$ 得到

$$R = \frac{1}{1-(1-f_p)r} \quad (\text{方案五的} f_p = 0 \text{, } R = \frac{1}{1-r})\quad\quad (13\text{-}39)$$

如 $n_{At} \neq n_{Bt}$，令 $n_{At} = Kn_{Bt}$，则 $n_{At} = \dfrac{1+K}{2}n_t$（$n_t$ 是当 $n_{At} = n_{Bt} = n_t$ 时之值）此式推导见[注1]。

对于方案三、四，则由（13-17）式和（13-4）式并假定 $\sigma_x = \sigma_y$ 得到

$$R = \frac{1}{2}\left(1 - r + \frac{1+r}{f_p}\right)\quad\quad (13\text{-}40)$$

式中：f_p 对方案三是前期固定样地比，对方案四则是后期固定样地比。比值 R 对于方案三是前期样地总数与方案一固定样地数之比，对于方案四则是后期样地总数与方案一固定样地数之比。

例如前例，若按方案二，如前后期样地数相等，并设 $f_p = 0.5$，为达到与方案一同等的调查精度（即取 $e_{\hat{\Delta}} = 5\%$），则由（13-38）式，$R = 1.667$，将需样地数（每期）为 $R \times 2\,700 = 1.667 \times 2\,700 = 4\,500$ 个，固定、临时样地各 $2\,250$ 个。前后期临时样地数不等时，如取 $n_{At} = 10n_{Bt}$，则前期需临时样地 $n_{At} = 2\,250 \times (1+10) \div 2 = 12\,375$ 个，后期需 $n_{Bt} = 12\,375 \div 10 = 1\,238$ 个。若按方案三，则 $R = 1.9$，前期样地 $n_A = 2\,700 \times 1.9 = 5\,130$ 个，固定、临时样地各为 $2\,565$ 个。对于方案四则反过来，后期需 $5\,130$ 个。

由上例可看出，为达到同等精度，方案一所需样地数要大大小于其他方案，尤其是小于前后期临时样地数不等的方案五。因此，在设计方案时应尽可能提高固定样地比。

$e_{\hat{\Delta}}$ 是人为给定的，显然，$e_{\hat{\Delta}}$ 定的小一些，意味着对资源变化的调查精度要求就高一些，所需要的样地数自然就多一些。为了协调 $e_{\hat{\Delta}}$ 和 $E_{\bar{x}}$ 的精度由（13-38）式反算 $e_{\hat{\Delta}}$，并将此值作为选择 $e_{\hat{\Delta}}$ 的参考值。

第五节　样地的布设与调查

1. 抽样总体的确定

基层单位（林业局、林场）的连续清查总体与森林经理调查的总体往往是一致的。以全省、全国为调查对象时，由于面积大通常采用两种方法确定

总体。一种是以整个地区作为抽样总体，全面布设样地，这种方法可以对整个地区的地类和资源作出估计，但工作量较大。另一种方法以林业用地作为清查总体，这种划定方法调查工作量虽小，但只能查清林业用地上的地类和资源状况。这两种方法我国都有采用，应视条件而定。

2. 样地的布设

样地点间距的计算与一般等距抽样调查的计算方法相同。为了便于布设，点间距需化整为公里整数。

样点一般都是直接等距布设在地形图公里网交叉点上。如果样地同时由固定样地和临时样地所组成，那么在全部样地布设完毕之后再按临时（或固定）样地比例从已布设的样地中机械抽出一部分作为临时（或固定）样地（图 13-3）。样地布设完毕，应仔细检查是否有遗漏和是否有周期性，以避免产生有偏估计。

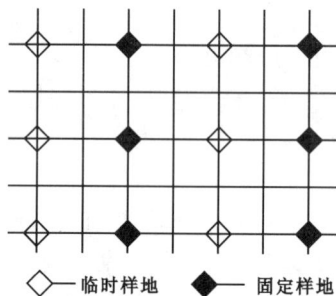

◇—临时样地　◆—固定样地

图 13-3　等距布点

每块样地都应选择一个引点。要选择距离样地近，便于寻找的永久性明显的地物标志（如山峰、山隘等）作为样地引点。引点一般在地形图上选取，必要时可把它转到航空照片上以便外业寻找。

样地的公里网坐标，调查时可根据样地点位的坐标用 GPS 定位仪现地确定点位，并记录在样地卡片上。

3. 样地的设置与调查

当初次设定固定样地时，最好能有一名熟悉当地情况的附近群众参加样地设置与调查，复查时，他们可以领路，很方便地直接找到样地。临时样地的调查同普通的抽样调查。

固定样地的量测和调查则要严格、细致得多。样地的中心点要埋设标桩。方形样地的四个角也要埋设标桩。为避免破坏，标桩可稍许露出地面。为便于找桩，可在桩旁挖一较大的规则形状地坑。方形样地的长度闭合差不得超过 1/200。

样地内起测径阶以上（5.0 cm）的每株树上都要编号。并在胸高处注上固定标记，以便复查时在同一位置上测径。每木检尺要用围尺，记载到小数点后一位，分树种逐株记载。经检尺的树木应在树木位置图上一一标明位置（或记载树木至中心点的方位和距离）。复查时的进界木、采伐木、枯损木都要专门记载。

样地所属地类、林种，要准确记载。前后期地类划分标准要一致，一个样地如跨越几个地类、林种，可依其中主要类别记载，也可按十分法记载每地类、林种所占十分数。

树种组成、龄级、立地条件、坡度级、可及度等都要在现地记载。

树高是否量测和量测多少，视所用材积表类型而定。为提高总体蓄积估计精度，防止材积表偏差，可在整个总体中随机选少量样木（每树种或树种组100株左右），用上部直径测树仪精确测出树干材积，用回归估计或3P抽样改正由材积表算得的蓄积。

其他内容如病腐、更新、土壤环境、生物种类等可根据要求确定是否调查和如何调查。

调查商品材蓄积现况及其变化，在欧美国家被放在比毛蓄积更重要的位置。

野外调查要有严格的检查制度以确保质量。在5年间隔期内，森林蓄积和面积的变化通常只有百分之几，野外量测工作如果不认真细致地进行，只要发生百分之几的总体偏差，就会完全掩盖和歪曲森林资源的真实变化。

第六节 内业计算分析

1. 样地材料的计算

初查的森林资源现况及其抽样误差计算，同一般一次性抽样调查。而复查计算比初查计算要复杂得多。

样地基础材料计算：

对临时样地只需用材积表计算分树种蓄积和样地总蓄积现况；对每块固定样地要计算以下内容：X 为前期蓄积；Y 为后期蓄积；$\triangle$ 为净增量（$\Delta = Y - X$）；I 为进界生长量；$V_{枯}$ 为间隔期内枯损木材积；$V_{伐}$ 为间隔期内采伐木材积；$V_{消}$ 为间隔期内消耗木总材积（$V_{消} = V_{枯} + V_{伐}$）；$T_{保}$ 为保留木生长量，又称粗生长量。即前期检尺的树到后期仍保存在样地中，这部分保留木在间隔期内的定期生长量，它是森林生长量的主要部分。

$$T_{保} = Y_{保} - X_{保} = \Delta + V_{消} - I$$

式中：$Y_{保}$ 与 $X_{保}$ 分别是后期和前期的保留木蓄积。

$$X = X_{保} + V_{消} = V_{保} + V_{枯} + V_{伐}$$
$$Y = Y_{保} + I$$
$$T_{总} = T_{保} + I$$

式中：$T_{总}$ 为总生长量。

上述蓄积量、生长量及消耗量的关系如图 13-4。

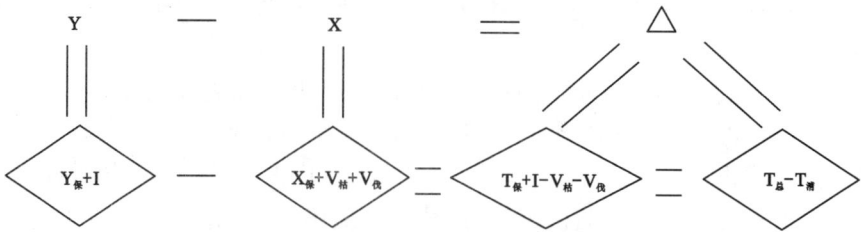

图 13-4　蓄积量、生长量及消耗量的关系

每块样地各项蓄积量、消长量之间的关系必须符合图 13-4。否则，计算必有错误。

样地蓄积量、消长量计算完成之后再以调查地区为单位逐项登记汇总，它们的总和也应符合上述关系。

2. 资源现状、变化估计值及其方差的计算

首先，按照实际实施的抽样方案计算各套样本的样本平均数、方差、协方差、相关系数。

然后，按照第二节所提供的估计值及其方差的计算公式，计算资源现状、变化的估计值及其方差。

最后，计算绝对误差、相对误差及抽样精度。对于资源变化还可进行单向估计。

注意，上述过程对于两项主要资源：蓄积量和面积都是适用的。

如果初查设置的固定样地复查时没有找到，可在原点重设新固定样地。那么这些没有找到和重设的固定样地实际是临时样地，但为了减少偏差，在精度计算时应把这些样地当作固定样地计算，或单独划为一层（未复位层）按第五方案计算资源现状和变化的估计值及其方差，最后与复位层的计算结果合并，并按分层抽样的估计方法计算精度。

3. 生长、消耗的计算

固定样地的 I、$T_保$、$T_总$、$V_枯$、$V_伐$、$V_消$ 均可像现状或变化那样，作为一个单独变量，用简单随机抽样公式计算估计值及其抽样误差。

把这些平均数的估计值分别被前期平均蓄积估计值 $\overline{X}$ 除，可得各生长率和消耗率的估计值，它们可以用平均数的比估计公式计算抽样误差。使用前期的 $\overline{X}$，除计算方便和统一对比基础外，也是为了便于进行生长、消耗的预估。

以上计算出的资源现状、变化、生长、消耗的平均数及其误差乘以扩展

系数 A/a（A 为总面积，a 是单位面积）就可得到总体的估计值。

顺便指出，森林连续清查和一般森林清查一样，在内业计算工作的最后阶段还需编制调查地区的资源统计表，主要是：①各类土地面积统计表；②优势林分面积、蓄积量统计表；③各组成树种蓄积量统计表。此外，还需编写森林资源调查说明书，对调查方法、调查地区的资源状况及其动态变化进行说明和分析。

本章注释：

［注1］　（13-30）式的证明。

对于方案二，可分三步证明：

（1）在资源变化估计值方差相等时，前后期临时样地数相等与不等的样地数关系式：

当 $n_{At} \neq n_{Bt}$ 和 $n_{At} = n_{Bt} = n$ 时，显然有

$$\frac{\sigma_x^2}{n_{At}} + \frac{\sigma_y^2}{n_{Bt}} = \frac{\sigma_x^2}{n_t} + \frac{\sigma_y^2}{n_t}$$

假设 $\sigma_x = \sigma_y$，并令 $n_{At} = Kn_{Bt}$

则上式可写成

$$n_{At} = \frac{1}{2}(1+K)n_t \tag{13-30a}$$

或
$$(n_{At} + n_{Bt})/2n_t = (1+K)^2/4K \tag{13-30b}$$

（2）方案二的样地数与方案一的固定样地数 n_1 之比 R，当 $\sigma_x = \sigma_y$ 时方案二的变化估计值方差

$$\sigma_{\tilde{\Delta}}^2 = \frac{\sigma_y^2}{n_2} \cdot \frac{2(1-\rho)}{1-(1-f_p)\rho} \tag{13-30c}$$

方案一的变化估计值方差

$$\sigma_{\tilde{\Delta}}^2 = \frac{\sigma_y^2}{n_1}2(1-\rho) \tag{13-30d}$$

当这两个方案的估计值方差相等时，由式（13-30c）和（13-30d）可得：

$$R = \frac{n_2}{n_1} = \frac{1}{1-(1-f_p)r} \tag{13-30e}$$

在式（13-30e）中我们用 r 代替了 ρ，下同。

（3）固定样地的效率 R_P。设方案二的固定样地数为 n_p，则固定样地的效率

$$R_p = \frac{n_2 - n_p}{n_1 - n_p} = \frac{n_2(1 - f_p)}{n_2\left(\dfrac{n_1}{n_2} - f_p\right)} = \frac{1 - f_p}{\dfrac{1}{R} - f_p} = \frac{1}{1 - r}$$

上式是 $n_{At} = n_{Bt} = n_t$ 时的情况，当 $n_{At} \neq n_{Bt}$ 且 $n_{At} = Kn_{Bt}$（或 $n_{At} = Kn_{At}$）时，由 (13-30b) 及以上式可得

$$R_p = \frac{(1 + K)^2}{4K(1 - r)}$$

证毕。

类似地，方案五也有上述结果。

［注 2］证明 (13-31) 式。

对于方案三。当 $\sigma_x = \sigma_y$ 时，它的变化估计值方差由 (13-17) 式可变化为

$$\sigma_{\hat\Delta}^2 = \frac{\sigma_y^2}{n_3} \times \frac{(1 - \rho)(1 + \rho + f_p - f_p\rho)}{f_p} \tag{13-31a}$$

式中：$n_3 = n_A$ 为前期样地总数。

当方案一与方案三的估计值方差相等时，由 (13-30b) 和 (13-31a) 可得

$$R = \frac{n_3}{n_1} = \frac{1}{2}\left(1 - r + \frac{1 + r}{f_p}\right)$$

则

$$R_p' = \frac{n_3 - n_p}{2(n_1 - n_p)} = \frac{n_3(1 - f_p)}{2 n_3\left(\dfrac{n_1}{n_3} - f_p\right)} = \frac{R(1 - f_p)}{2(1 - Rf_p)}$$

上式分母乘 2 是因为临时样地仅前期有，而固定样地两期都有。

证毕。

类似地，方案四也可得上面的结果。

附录一　常用数理统计用表

1. 正态分布的密度函数表

$$\varphi(u) = \frac{1}{\sqrt{2\pi}} e^{-\frac{u^2}{2}}$$

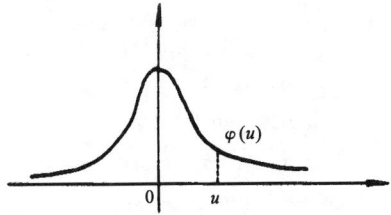

u	0.00	0.01	0.02	0.03	0.04	0.05	0.06	0.07	0.08	0.09	u
0.0	0.3989	0.3989	0.3989	0.3983	0.3986	0.3984	0.3982	0.3980	0.3977	0.3973	0.0
0.1	.3970	.3965	.3961	.3956	.3951	.3945	.3939	.3932	.3925	.3918	0.1
0.2	.3910	.3902	.3894	.3885	.3876	.3867	.3857	.3847	.3836	.3825	0.2
0.3	.3814	.3802	.3790	.3778	.3765	.3752	.3739	.3725	.3712	.3697	0.3
0.4	.3683	.3668	.3653	.3637	.3621	.3605	.3589	.3572	.3555	.3538	0.4
0.5	.3521	.3503	.3485	.3467	.3448	.3429	.3410	.3391	.3872	.3352	0.5
0.6	.3332	.3312	.3292	.3271	.3251	.3230	.3209	.3187	.3166	.3144	0.6
0.7	.3123	.3101	.3079	.3056	.3034	.3011	.2989	.2966	.2943	.2920	0.7
0.8	.2897	.2874	.2850	.2827	.2808	.2780	.2756	.2732	.2709	.2685	0.8
0.9	.2661	.2637	.2618	.2589	.2565	.2541	.2516	.2492	.2468	.2444	0.9
1.0	.2420	.2896	.2371	.2347	.2323	.2299	.2275	.2251	.2227	.2203	1.0
1.1	.2179	.2155	.2131	.2107	.2083	.2059	.2036	.2012	.1989	.1965	1.1
1.2	.1942	.1919	.1895	.1872	.1849	.1826	.1804	.1781	.1758	.1736	1.2
1.3	.1714	.1691	.1669	.1647	.1626	.1604	.1582	.1561	.1539	.1518	1.3
1.4	.1497	.1476	.1456	.1435	.1415	.1394	.1374	.1354	.1334	.1315	1.4
1.5	.1295	.1276	.1257	.1238	.1219	.1200	.1182	.1163	.1145	.1127	1.5
1.6	.1109	.1092	.1074	.1057	.1010	.1023	.1006	.09898	.09728	.09566	1.6
1.7	.09405	.09246	.09089	.08933	.08780	.08628	.08478	.08329	.08183	.08038	1.7
1.8	.07895	.07754	.07614	.07477	.07341	.07206	.07074	.06943	.06814	.06687	1.8
1.9	.06562	.06438	.06316	.06195	.06077	.05959	.05844	.05730	.05618	.05508	1.9
2.0	.05399	.05292	.05186	.05082	.04980	.04879	.04780	.04682	.04586	.04491	2.0
2.1	.04398	.04307	.04217	.04128	.04041	.03955	.03871	.03788	.03706	.03626	2.1
2.2	.03547	.03470	.03394	.03319	.03246	.03174	.03103	.03034	.02965	.02898	2.2
2.3	.02833	.02763	.02705	.02643	.02582	.02522	.02463	.02406	.02349	.02294	2.3
2.4	.02239	.02186	.02134	.02083	.02033	.01984	.01936	.01888	.01842	.01797	2.4

（续）

u	0.00	0.01	0.02	0.03	0.04	0.05	0.06	0.07	0.08	0.09	u
2.5	.01753	.01709	.01667	.01625	.01585	.01545	.01506	.01468	.01431	.01394	2.5
2.6	.01358	.01323	.01289	.01256	.01223	.01191	.01160	.01130	.01100	.01071	2.6
2.7	.01042	.01014	$.0^2 9871$	$.0^2 9606$	$.0^2 9347$	$.0^2 9094$	$.0^2 8846$	$.0^2 8605$	$.0^2 8370$	$.0^2 8140$	2.7
2.8	$.0^2 7915$	$.0^2 7697$	$.0^2 7483$	$.0^2 7274$	$.0^2 7071$	$.0^2 6373$	$.0^2 6679$	$.0^2 6491$	$.0^2 6307$	$.0^2 6127$	2.8
2.9	$.0^2 5953$	$.0^2 5782$	$.0^2 5616$	$.0^2 5464$	$.0^2 5296$	$.0^2 5143$	$.0^2 4993$	$.0^2 4847$	$.0^2 4705$	$.0^2 4567$	2.9
3.0	$.0^2 4432$	$.0^2 4301$	$.0^2 4173$	$.0^2 4049$	$.0^2 3928$	$.0^2 3810$	$.0^2 3695$	$.0^2 3584$	$.0^2 3475$	$.0^2 3370$	3.0
3.1	$.0^2 3267$	$.0^2 3167$	$.0^2 3070$	$.0^2 2975$	$.0^2 2884$	$.0^2 2794$	$.0^2 2707$	$.0^2 2633$	$.0^2 2541$	$.0^2 2461$	3.1
3.2	$.0^2 2384$	$.0^2 2309$	$.0^2 2236$	$.0^2 2165$	$.0^2 2096$	$.0^2 2029$	$.0^2 1964$	$.0^2 1901$	$.0^2 1840$	$.0^2 1780$	3.2
3.3	$.0^2 1723$	$.0^2 1667$	$.0^2 1612$	$.0^2 1560$	$.0^2 1508$	$.0^2 1459$	$.0^2 1411$	$.0^2 1364$	$.0^2 1319$	$.0^2 1275$	3.3
3.4	$.0^2 1232$	$.0^2 1191$	$.0^2 1151$	$.0^2 1112$	$.0^2 1075$	$.0^2 1038$	$.0^2 1003$	$.0^3 9689$	$.0^3 9358$	$.0^3 9037$	3.4
3.5	$.0^3 8727$	$.0^3 8426$	$.0^3 8135$	$.0^3 7853$	$.0^3 7581$	$.0^3 7317$	$.0^3 7061$	$.0^3 6814$	$.0^3 6575$	$.0^3 6343$	3.5
3.6	$.0^3 6119$	$.0^3 5902$	$.0^3 5693$	$.0^3 5490$	$.0^3 5294$	$.0^3 5105$	$.0^3 4921$	$.0^3 4744$	$.0^3 4573$	$.0^3 4408$	3.6
3.7	$.0^3 4248$	$.0^3 4093$	$.0^3 3944$	$.0^3 3800$	$.0^3 3661$	$.0^3 3526$	$.0^3 3396$	$.0^3 3271$	$.0^3 3149$	$.0^3 3032$	3.7
3.8	$.0^3 2919$	$.0^3 2810$	$.0^3 2705$	$.0^3 2604$	$.0^3 2506$	$.0^3 2411$	$.0^3 2320$	$.0^3 2232$	$.0^3 2147$	$.0^3 2065$	3.8
3.9	$.0^3 1987$	$.0^3 1910$	$.0^3 1837$	$.0^3 1766$	$.0^3 1698$	$.0^3 1633$	$.0^3 1569$	$.0^3 1508$	$.0^3 1449$	$.0^3 1893$	3.9
4.0	$.0^3 1338$	$.0^3 1286$	$.0^3 1235$	$.0^3 1186$	$.0^3 1140$	$.0^3 1094$	$.0^3 1051$	$.0^3 1009$	$.0^4 9687$	$.0^4 9299$	4.0
4.1	$.0^4 8926$	$.0^4 8567$	$.0^4 8222$	$.0^4 7890$	$.0^4 7570$	$.0^4 7263$	$.0^4 6967$	$.0^4 6688$	$.0^4 6410$	$.0^4 6147$	4.1
4.2	$.0^4 5894$	$.0^4 5652$	$.0^4 5418$	$.0^4 5194$	$.0^4 4979$	$.0^4 4772$	$.0^4 4573$	$.0^4 4382$	$.0^4 4199$	$.0^4 4023$	4.2
4.3	$.0^4 3854$	$.0^4 3691$	$.0^4 3535$	$.0^4 3386$	$.0^4 3242$	$.0^4 3104$	$.0^4 2972$	$.0^4 2845$	$.0^4 2723$	$.0^4 2606$	4.3
4.4	$.0^4 2494$	$.0^4 2387$	$.0^4 2284$	$.0^4 2185$	$.0^4 2090$	$.0^4 1999$	$.0^4 1912$	$.0^4 1829$	$.0^4 1749$	$.0^4 1672$	4.4
4.5	$.0^4 1598$	$.0^4 1528$	$.0^4 1461$	$.0^4 1396$	$.0^4 1334$	$.0^4 1275$	$.0^4 1218$	$.0^4 1164$	$.0^4 1112$	$.0^4 1062$	4.5
4.6	$.0^4 1014$	$.0^5 9684$	$.0^5 9248$	$.0^5 8830$	$.0^5 8430$	$.0^5 8047$	$.0^5 7681$	$.0^5 7381$	$.0^5 6996$	$.0^5 6676$	4.6
4.7	$.0^5 6370$	$.0^5 6077$	$.0^5 5797$	$.0^5 5530$	$.0^5 5274$	$.0^5 5030$	$.0^5 4796$	$.0^5 4573$	$.0^5 4360$	$.0^5 4156$	4.7
4.8	$.0^5 3961$	$.0^5 3775$	$.0^5 3598$	$.0^5 3428$	$.0^5 3267$	$.0^5 3112$	$.0^5 2965$	$.0^5 2824$	$.0^5 2690$	$.0^5 2561$	4.8
4.9	$.0^5 2439$	$.0^5 2322$	$.0^5 2211$	$.0^5 2105$	$.0^5 2003$	$.0^5 1907$	$.0^5 1814$	$.0^5 1727$	$.0^5 1643$	$.0^5 1563$	4.9

2. 正态分布表

$$\Phi(u) = \frac{1}{\sqrt{2\pi}} \int_{-\infty}^{u} e^{-\frac{x^2}{2}} dx \quad (u \leqslant 0)$$

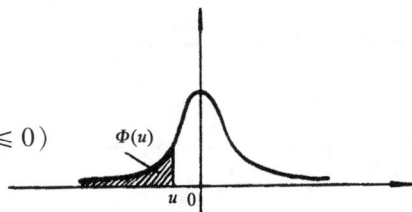

u	0.00	0.01	0.02	0.03	0.04	0.05	0.06	0.07	0.08	0.09	u
−0.0	0.5000	0.4960	0.4920	0.4880	0.4840	0.4801	0.4761	0.4721	0.4681	0.4641	−0.0
−0.1	.4602	.4562	.4522	.4483	.4443	.4404	.4364	.4325	.4286	.4247	−0.1
−0.2	.4207	.4168	.4129	.4090	.4052	.4013	.3974	.3936	.3897	.3859	−0.2
−0.3	.3821	.3783	.3745	.3707	.3669	.3632	.3594	.3557	.3520	.3483	−0.3
−0.4	.3446	.3409	.3372	.3336	.3800	.3264	.3228	.3192	.3156	.3121	−0.4
−0.5	.3085	.3050	.3015	.2981	.2946	.2912	.2877	.2843	.2810	.2776	−0.5
−0.6	.2743	.2709	.2676	.2643	.2611	.2578	.2546	.2514	.2483	.2451	−0.6
−0.7	.2420	.2389	.2358	.2327	.2297	.2266	.2236	.2206	.2177	.2148	−0.7
−0.8	.2119	.2090	.2061	.2033	.2005	.1977	.1949	.1922	.1894	.1867	−0.8
−0.9	.1841	.1814	.1788	.1762	.1736	.1711	.1685	.1660	.1635	.1611	−0.9
−1.0	.1587	.1562	.1539	.1515	.1492	.1469	.1446	.1423	.1401	.1379	−1.0
−1.1	.1357	.1335	.1314	.1292	.1271	.1251	.1230	.1210	.1190	.1170	−1.1
−1.2	.1151	.1131	.1112	.1093	.1075	.1056	.1038	.1020	.1003	.09853	−1.2
−1.3	.09680	.09510	.09342	.09176	.09012	.08851	.08691	.08534	.08379	.08226	−1.3
−1.4	.08076	.07927	.07780	.07686	.07493	.07358	.07215	.07078	.06944	.06811	−1.4
−1.5	.06681	.06552	.06426	.06301	.06178	.06057	.05938	.05821	.05705	.05592	−1.5
−1.6	.05480	.05370	.05262	.05155	.05050	.04947	.04846	.04746	.04648	.04551	−1.6
−1.7	.04457	.04363	.04272	.04182	.04093	.04006	.03920	.03836	.03754	.03673	−1.7
−1.8	.03593	.03515	.03438	.03362	.03288	.03216	.03144	.03074	.03005	.02938	−1.8
−1.9	.02872	.02807	.02743	.02680	.02619	.02559	.02500	.02442	.02385	.02330	−1.9
−2.0	.02275	.02222	.02169	.02118	.02068	.02018	.01970	.01923	.01876	.01831	−2.0
−2.1	.01786	.01743	.01700	.01659	.01618	.01578	.01539	.01500	.01463	.01426	−2.1
−2.2	.01390	.01355	.01321	.01287	.01255	.01222	.01191	.01160	.01130	.01101	−2.2
−2.3	.01072	.01044	.01017	$.0^29903$	$.0^29642$	$.0^29387$	$.0^29137$	$.0^28894$	$.0^28656$	$.0^28424$	−2.3
−2.4	$.0^28198$	$.0^27976$	$.0^27760$	$.0^27549$	$.0^27344$	$.0^27143$	$.0^26947$	$.0^26756$	$.0^26569$	$.0^26387$	−2.4

（续）

u	0.00	0.01	0.02	0.03	0.04	0.05	0.06	0.07	0.08	0.09	u
-2.5	$.0^2 6210$	$.0^2 6037$	$.0^2 5868$	$.0^2 5703$	$.0^2 5543$	$.0^2 5386$	$.0^2 5234$	$.0^2 5085$	$.0^2 4940$	$.0^2 4799$	-2.5
-2.6	$.0^2 4661$	$.0^2 4527$	$.0^2 4396$	$.0^2 4269$	$.0^2 4145$	$.0^2 4025$	$.0^2 3907$	$.0^2 3793$	$.0^2 3681$	$.0^2 3573$	-2.6
-2.7	$.0^2 3467$	$.0^2 3364$	$.0^2 3264$	$.0^2 3167$	$.0^2 3072$	$.0^2 2980$	$.0^2 2890$	$.0^2 2803$	$.0^2 2718$	$.0^2 2635$	-2.7
-2.8	$.0^2 2555$	$.0^2 2477$	$.0^2 2401$	$.0^2 2327$	$.0^2 2256$	$.0^2 2186$	$.0^2 2118$	$.0^2 2052$	$.0^2 1988$	$.0^2 1926$	-2.8
-2.9	$.0^2 1866$	$.0^2 1807$	$.0^2 1750$	$.0^2 1695$	$.0^2 1641$	$.0^2 1589$	$.0^2 1538$	$.0^2 1489$	$.0^2 1441$	$.0^2 1395$	-2.9
-3.0	$.0^2 1350$	$.0^2 1306$	$.0^2 1264$	$.0^2 1223$	$.0^2 1183$	$.0^2 1144$	$.0^2 1107$	$.0^2 1070$	$.0^2 1035$	$.0^2 1001$	-3.0
-3.1	$.0^3 9676$	$.0^3 9354$	$.0^3 9043$	$.0^3 8740$	$.0^3 8447$	$.0^3 8164$	$.0^3 7888$	$.0^3 7622$	$.0^3 7364$	$.0^3 7114$	-3.1
-3.2	$.0^3 6871$	$.0^3 6637$	$.0^3 6410$	$.0^3 6190$	$.0^3 5976$	$.0^3 5770$	$.0^3 5571$	$.0^3 5377$	$.0^3 5190$	$.0^3 5009$	-3.2
-3.3	$.0^3 4834$	$.0^3 4665$	$.0^3 4501$	$.0^3 4342$	$.0^3 4189$	$.0^3 4041$	$.0^3 3897$	$.0^3 3758$	$.0^3 3624$	$.0^3 3495$	-3.3
-3.4	$.0^3 3369$	$.0^3 3248$	$.0^3 3131$	$.0^3 3018$	$.0^3 2909$	$.0^3 2803$	$.0^3 2701$	$.0^3 2602$	$.0^3 2507$	$.0^3 2415$	-3.4
-3.5	$.0^3 2326$	$.0^3 2241$	$.0^3 2158$	$.0^3 2078$	$.0^3 2001$	$.0^3 1926$	$.0^3 1854$	$.0^3 1785$	$.0^3 1718$	$.0^3 1653$	-3.5
-3.6	$.0^3 1591$	$.0^3 1531$	$.0^3 1473$	$.0^3 1417$	$.0^3 1363$	$.0^3 1311$	$.0^3 1261$	$.0^3 1213$	$.0^3 1166$	$.0^3 1121$	-3.6
-3.7	$.0^3 1078$	$.0^3 1036$	$.0^4 9961$	$.0^4 9574$	$.0^4 9201$	$.0^4 8842$	$.0^4 8496$	$.0^4 8162$	$.0^4 7841$	$.0^4 7532$	-3.7
-3.8	$.0^4 7235$	$.0^4 6948$	$.0^4 6673$	$.0^4 6407$	$.0^4 6152$	$.0^4 5906$	$.0^4 5669$	$.0^4 5442$	$.0^4 5223$	$.0^4 5012$	-3.8
-3.9	$.0^4 4810$	$.0^4 4615$	$.0^4 4427$	$.0^4 4247$	$.0^4 4074$	$.0^4 3908$	$.0^4 3747$	$.0^4 3594$	$.0^4 3446$	$.0^4 3304$	-3.9
-4.0	$.0^4 3167$	$.0^4 3086$	$.0^4 2910$	$.0^4 2789$	$.0^4 2673$	$.0^4 2561$	$.0^4 2454$	$.0^4 2351$	$.0^4 2252$	$.0^4 2157$	-4.0
-4.1	$.0^4 2066$	$.0^4 1978$	$.0^4 1894$	$.0^4 1814$	$.0^4 1737$	$.0^4 1662$	$.0^4 1591$	$.0^4 1523$	$.0^4 1458$	$.0^4 1395$	-4.1
-4.2	$.0^4 1335$	$.0^4 1277$	$.0^4 1222$	$.0^4 1168$	$.0^4 1118$	$.0^4 1069$	$.0^4 1022$	$.0^5 9774$	$.0^5 9345$	$.0^5 8934$	-4.2
-4.3	$.0^5 8540$	$.0^5 8163$	$.0^5 7801$	$.0^5 7455$	$.0^5 7124$	$.0^5 6807$	$.0^5 6503$	$.0^5 6212$	$.0^5 5934$	$.0^5 5668$	-4.3
-4.4	$.0^5 5413$	$.0^5 5169$	$.0^5 4935$	$.0^5 4712$	$.0^5 4493$	$.0^5 4294$	$.0^5 4098$	$.0^5 3911$	$.0^5 3732$	$.0^5 3561$	-4.4
-4.5	$.0^5 3398$	$.0^5 3241$	$.0^5 3092$	$.0^5 2949$	$.0^5 2813$	$.0^5 2682$	$.0^5 2558$	$.0^5 2439$	$.0^5 2325$	$.0^5 2216$	-4.5
-4.6	$.0^5 2112$	$.0^5 2018$	$.0^5 1919$	$.0^5 1828$	$.0^5 1742$	$.0^5 1660$	$.0^5 1581$	$.0^5 1506$	$.0^5 1434$	$.0^5 1366$	-4.6
-4.7	$.0^5 1301$	$.0^5 1239$	$.0^5 1179$	$.0^5 1123$	$.0^5 1069$	$.0^5 1017$	$.0^6 9680$	$.0^6 9211$	$.0^6 8765$	$.0^6 8339$	-4.7
-4.8	$.0^6 7933$	$.0^6 7547$	$.0^6 7178$	$.0^6 6827$	$.0^6 6492$	$.0^6 6173$	$.0^6 5869$	$.0^6 5580$	$.0^6 5304$	$.0^6 5042$	-4.8
-4.9	$.0^6 4792$	$.0^6 4554$	$.0^6 4327$	$.0^6 4111$	$.0^6 3906$	$.0^6 3711$	$.0^6 3525$	$.0^6 3348$	$.0^6 3179$	$.0^6 3019$	-4.9

$$\Phi_0(u) = \frac{1}{\sqrt{2\pi}} \int_{-\infty}^{u} e^{-\frac{x^2}{2}} dx \quad (u \geqslant 0)$$

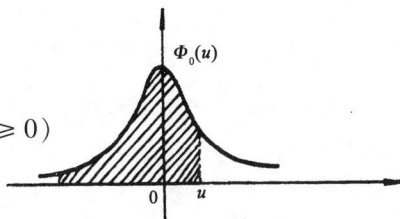

u	0.00	0.01	0.02	0.03	0.04	0.05	0.06	0.07	0.08	0.09	u
0.0	0.5000	0.5040	0.5080	0.5120	0.5160	0.5199	0.5239	0.5279	0.5319	05359	0.0
0.1	.5398	.5438	.5478	.5517	.5557	.5596	.5636	.5675	.5714	.5753	0.1
0.2	.5793	.5832	.5871	.5910	.5948	.5987	.6026	.6064	.6103	.6141	0.2
0.3	.6179	.6217	.6255	.6293	.6331	.6368	.6406	.6443	.6480	.6517	0.3
0.4	.6554	.6591	.6628	.6664	.6700	.6736	.6772	.6808	.6844	.6879	0.4
0.5	.6915	.6950	.6985	.7019	.7054	.7088	.7123	.7157	.7190	.7224	0.5
0.6	.7257	.7291	.7324	.7357	.7389	.7422	.7454	.7486	.7517	.7549	0.6
0.7	.7580	.7611	.7642	.7673	.7703	.7734	.7764	.7794	.7823	.7852	0.7
0.8	.7881	.7910	.7939	.7967	.7995	.8023	.8051	.8078	.8106	.8133	0.8
0.9	.8159	.8186	.8212	.8238	.8264	.8289	.8315	.8340	.8365	.8389	0.9
1.0	.8413	.8438	.8461	.8485	.8508	.8531	.8554	.8577	.8599	.8621	1.0
1.1	.8643	.8665	.8686	.8703	.8729	.8749	.8770	.8790	.8810	.8830	1.1
1.2	.8849	.8869	.8888	.8907	.8925	.8944	.8962	.8980	.8997	.90147	1.2
1.3	.90320	.90490	.90658	.90824	.90988	.91149	.91309	.91466	.91621	.91774	1.3
1.4	.91924	.92073	.92220	.92364	.92507	.92647	.92785	.92922	.93056	.93189	1.4
1.5	.93319	.93448	.93574	.93699	.93822	.93943	.94062	.94179	.94295	.94408	1.5
1.6	.94520	.94630	.94738	.94845	.94950	.95053	.95154	.95254	.95352	.95449	1.6
1.7	.95543	.95637	.95728	.95818	.95907	.95994	.96080	.96164	.96246	.96327	1.7
1.8	.96407	.96485	.96562	.96638	.96712	.96784	.96856	.96926	.96995	.97062	1.8
1.9	.97128	.97193	.97257	.97320	.97381	.97441	.97500	.97558	.97615	.97670	1.9
2.0	.97725	.97778	.97831	.97882	.97932	.97982	.98030	.98077	.98124	.98169	2.0
2.1	.98214	.98257	.98300	.98341	.93382	.98422	.98461	.98500	.98537	.98574	2.1
2.2	.98610	.98645	.98679	.98713	.98745	.98778	.98809	.98840	.98870	.98899	2.2
2.3	.98928	.98956	.98983	$.9^2 0097$	$.9^2 0358$	$.9^2 0613$	$.9^2 0863$	$.9^2 1106$	$.9^2 1344$	$.9^2 1576$	2.3
2.4	$.9^2 1802$	$.9^2 2024$	$.9^2 2240$	$.9^2 2451$	$.9^2 2656$	$.9^2 2857$	$.9^2 3053$	$.9^2 3244$	$.9^2 3431$	$.9^2 3613$	2.4

（续）

u	0.00	0.01	0.02	0.03	0.04	0.05	0.06	0.07	0.08	0.09	u
2.5	$.9^2 3790$	$.9^2 3963$	$.9^2 4132$	$.9^2 4297$	$.9^2 4457$	$.9^2 4614$	$.9^2 4766$	$.9^2 4915$	$.9^2 5060$	$.9^2 5201$	2.5
2.6	$.9^2 5339$	$.9^2 5473$	$.9^2 5604$	$.9^2 5731$	$.9^2 5855$	$.9^2 5975$	$.9^2 6093$	$.9^2 6207$	$.9^2 6319$	$.9^2 6427$	2.6
2.7	$.9^2 6533$	$.9^2 6636$	$.9^2 6736$	$.9^2 6833$	$.9^2 6928$	$.9^2 7020$	$.9^2 7110$	$.9^2 7197$	$.9^2 7282$	$.9^2 7365$	2.7
2.8	$.9^2 7445$	$.9^2 7523$	$.9^2 7599$	$.9^2 7673$	$.9^2 7744$	$.9^2 7814$	$.9^2 7882$	$.9^2 7948$	$.9^2 8012$	$.9^2 8074$	2.8
2.9	$.9^2 8134$	$.9^2 8193$	$.9^2 8250$	$.9^2 8305$	$.9^2 8359$	$.9^2 8411$	$.9^2 8462$	$.9^2 8511$	$.9^2 8559$	$.9^2 8605$	2.9
3.0	$.9^2 8650$	$.9^2 8694$	$.9^2 8736$	$.9^2 8777$	$.9^2 8817$	$.9^2 8856$	$.9^2 8893$	$.9^2 8930$	$.9^2 8965$	$.9^2 8999$	3.0
3.1	$.9^3 0324$	$.9^3 0646$	$.9^3 0957$	$.9^3 1260$	$.9^3 1553$	$.9^3 1836$	$.9^3 2112$	$.9^3 2378$	$.9^3 2636$	$.9^3 2886$	3.1
3.2	$.9^3 3129$	$.9^3 3363$	$.9^3 3590$	$.9^3 3810$	$.9^3 4024$	$.9^3 4230$	$.9^3 4429$	$.9^3 4623$	$.9^3 4810$	$.9^3 4991$	3.2
3.3	$.9^3 5166$	$.9^3 5335$	$.9^3 5499$	$.9^3 5658$	$.9^3 5811$	$.9^3 5959$	$.9^3 6103$	$.9^3 6242$	$.9^3 6376$	$.9^3 6505$	3.3
3.4	$.9^3 6631$	$.9^3 6752$	$.9^3 6869$	$.9^3 6982$	$.9^3 7091$	$.9^3 7197$	$.9^3 7299$	$.9^3 7398$	$.9^3 7493$	$.9^3 7585$	3.4
3.5	$.9^3 7674$	$.9^3 7759$	$.9^3 7842$	$.9^3 7922$	$.9^3 7999$	$.9^3 8074$	$.9^3 8146$	$.9^3 8215$	$.9^3 8282$	$.9^3 8347$	3.5
3.6	$.9^3 8409$	$.9^3 8469$	$.9^3 8527$	$.9^3 8583$	$.9^3 8637$	$.9^3 8689$	$.9^3 8739$	$.9^3 8787$	$.9^3 8834$	$.9^3 8879$	3.6
3.7	$.9^3 8922$	$.9^3 8964$	$.9^4 0039$	$.9^4 0426$	$.9^4 0799$	$.9^4 1158$	$.9^4 1504$	$.9^4 1838$	$.9^4 2159$	$.9^4 2468$	3.7
3.8	$.9^4 2765$	$.9^4 3052$	$.9^4 3327$	$.9^4 3593$	$.9^4 3848$	$.9^4 4094$	$.9^4 4331$	$.9^4 4558$	$.9^4 4777$	$.9^4 4988$	3.8
3.9	$.9^4 5190$	$.9^4 5385$	$.9^4 5573$	$.9^4 5753$	$.9^4 5926$	$.9^4 6092$	$.9^4 6253$	$.9^4 6406$	$.9^4 6554$	$.9^4 6696$	3.9
4.0	$.9^4 6833$	$.9^4 6964$	$.9^7 7090$	$.9^4 7211$	$.9^4 7327$	$.9^4 7439$	$.9^4 7546$	$.9^4 7649$	$.9^4 7748$	$.9^4 7843$	4.0
4.1	$.9^4 7934$	$.9^4 8022$	$.9^4 8106$	$.9^4 8186$	$.9^4 8263$	$.9^4 8338$	$.9^4 8409$	$.9^4 8477$	$.9^4 8542$	$.9^4 8605$	4.1
4.2	$.9^4 8665$	$.9^4 8723$	$.9^4 8778$	$.9^4 8832$	$.9^4 8882$	$.9^4 8931$	$.9^4 8978$	$.9^5 0226$	$.9^5 0655$	$.9^5 1066$	4.2
4.3	$.9^5 1460$	$.9^5 1837$	$.9^5 2199$	$.9^5 2545$	$.9^5 2876$	$.9^5 3193$	$.9^5 3497$	$.9^5 3788$	$.9^5 4066$	$.9^5 4332$	4.3
4.4	$.9^5 4587$	$.9^5 4831$	$.9^5 5065$	$.9^5 5288$	$.9^5 5502$	$.9^5 5706$	$.9^5 5902$	$.9^5 6089$	$.9^5 6268$	$.9^5 6439$	4.4
4.5	$.9^5 6602$	$.9^5 6759$	$.9^5 6908$	$.9^5 7051$	$.9^5 7187$	$.9^5 7318$	$.9^5 7442$	$.9^5 7561$	$.9^5 7675$	$.9^5 7784$	4.5
4.6	$.9^5 7888$	$.9^5 7987$	$.9^5 8081$	$.9^5 8172$	$.9^5 8258$	$.9^5 8340$	$.9^5 8419$	$.9^5 3494$	$.9^5 8566$	$.9^5 8634$	4.6
4.7	$.9^5 8699$	$.9^5 8761$	$.9^5 8821$	$.9^5 8877$	$.9^5 8931$	$.9^5 8983$	$.9^6 0320$	$.9^6 0789$	$.9^6 1235$	$.9^6 1661$	4.7
4.8	$.9^6 2067$	$.9^6 2453$	$.9^6 2822$	$.9^6 3173$	$.9^6 3508$	$.9^6 3827$	$.9^6 4131$	$.9^6 4420$	$.9^6 4696$	$.9^6 4958$	4.8
4.9	$.9^6 5208$	$.9^6 5446$	$.9^6 5673$	$.9^6 5889$	$.9^6 6094$	$.9^6 6289$	$.9^6 6475$	$.9^6 6652$	$.9^6 6821$	$.9^6 6981$	4.9

3. 正态分布的双侧分位数（u_α）表

$$\alpha = 1 - \frac{1}{\sqrt{2\pi}} \int_{-u_\alpha}^{u_\alpha} e^{-u^2/2} du$$

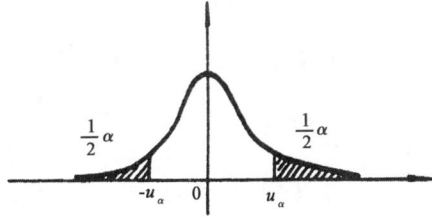

α	0.00	0.01	0.02	0.03	0.04	0.05	0.06	0.07	0.08	0.09	α
0.0	∞	2.575829	2.326348	2.170090	2.053749	1.959964	1.880794	1.811911	1.750686	1.695398	0.0
0.1	1.644854	1.598193	1.554774	1.514102	1.475791	1.439531	1.405072	1.372204	1.340755	1.310579	0.1
0.2	1.281552	1.253565	1.226528	1.200359	1.174987	1.150349	1.126391	1.103063	1.080319	1.058122	0.2
0.3	1.036433	1.015222	0.994458	0.974114	0.954165	0.934589	0.915365	0.896473	0.877896	1.859617	0.3
0.4	0.841621	0.823894	.806421	.789192	.772193	.755415	.738847	.722479	.706303	.690309	0.4
0.5	674490	.658838	.643345	.628006	.612813	.597760	.582841	.568051	.553385	.538836	0.5
0.6	.524401	.510073	.495850	.481727	.467699	.453762	.439913	.426148	.412463	.398855	0.6
0.7	.385320	.371856	.358459	.345125	.331853	.318639	.305481	.292375	.279319	.266311	0.7
0.8	.253347	.240426	.227545	.214702	.201893	.189118	.176374	.163658	.150969	.138304	0.8
0.9	.125661	.113039	.100434	.087845	.075270	.062707	.050154	.037608	.025069	.012533	0.9

α	0.001	0.0001	0.00001	0.000001	0.0000001	0.00000001	α
u_a	3.29053	3.89059	4.41717	4.89164	5.32672	5.73073	u_a

4. t 分布的双侧分位数 (t_α) 表

$$P(|t| > t) = \alpha$$

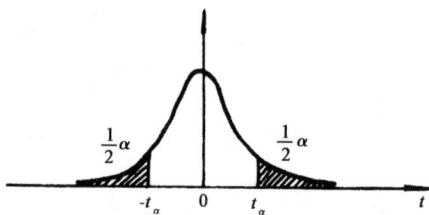

α f	0.9	0.8	0.7	0.6	0.5	0.4	0.3	0.2	0.1	0.05	0.02	0.01	0.001	α f
1	0.158	0.325	0.510	0.727	1.000	1.376	1.963	3.078	6.314	12.706	31.821	63.657	636.619	1
2	.142	.289	.445	.617	0.816	1.061	1.386	1.886	2.920	4.303	6.965	9.925	31.598	2
3	.137	.277	.424	.584	.765	0.978	1.250	1.638	2.353	3.182	4.541	5.841	12.924	3
4	.134	.271	.414	.569	.741	.941	1.190	1.533	2.132	2.776	3.747	4.604	8.610	4
5	.132	.267	.408	.559	.727	.920	1.156	1.476	2.015	2.571	3.365	4.032	6.859	5
6	.131	.265	.404	.553	.718	.906	1.134	1.440	1.943	2.447	3.143	3.707	5.959	6
7	.130	.263	.402	.549	.711	.896	1.119	1.415	1.895	2.365	2.998	3.499	5.405	7
8	.130	.262	.399	.546	.706	.889	1.108	1.397	1.860	2.306	2.896	3.355	5.041	8
9	.129	.261	.398	.543	.703	.883	1.100	1.383	1.833	2.262	2.821	3.250	4.781	9
10	.129	.260	.397	.542	.700	.879	1.093	1.372	1.812	2.228	2.764	3.169	4.587	10
11	.129	.260	.396	.540	.697	.876	1.088	1.363	1.796	2.201	2.718	3.106	4.437	11
12	.128	.259	.395	.539	.695	.873	1.083	1.356	1.782	2.179	2.681	3.055	4.318	12
13	.128	.259	.394	.538	.694	.870	1.079	1.350	1.771	2.160	2.650	3.012	4.221	13
14	.128	.258	.393	.537	.692	.868	1.076	1.345	1.761	2.145	2.624	2.977	4.140	14
15	.128	.258	.393	.536	.691	.866	1.074	1.341	1.753	2.131	2.602	2.947	4.073	15
16	.128	.258	.392	.535	.690	.865	1.071	1.337	1.746	2.120	2.583	2.921	4.015	16
17	.128	.257	.392	.534	.689	.863	1.069	1.333	1.740	2.110	2.567	2.898	3.965	17
18	.127	.257	.392	.534	.688	.862	1.067	1.330	1.734	2.101	2.552	2.878	3.922	18
19	.127	.257	.391	.533	.688	.861	1.066	1.328	1.729	2.093	2.539	2.861	3.883	19
20	.127	.257	.391	.533	.687	.860	1.064	1.325	1.725	2.086	2.528	2.845	3.850	20
21	.127	.257	.391	.532	.686	.859	1.063	1.323	1.721	2.080	2.518	2.831	3.819	21
22	.127	.256	.390	.532	.686	.858	1.061	1.321	1.717	2.074	2.508	2.819	3.792	22
23	.127	.256	.390	.532	.685	.858	1.060	1.319	1.714	2.069	2.500	2.807	3.767	23
24	.127	.256	.390	.531	.685	.857	1.059	1.318	1.711	2.064	2.492	2.797	3.745	24
25	.127	.256	.390	.531	.684	.856	1.058	1.316	1.708	2.060	2.485	2.787	3.725	25
26	.127	.256	.390	.531	.684	.856	1.058	1.315	1.706	2.056	2.479	2.779	3.707	26
27	.127	.256	.389	.531	.684	.855	1.057	1.314	1.703	2.052	2.473	2.771	3.690	27
28	.127	.256	.389	.530	.683	.855	1.056	1.313	1.701	2.048	2.467	2.763	3.674	28
29	.127	.256	.389	.530	.683	.854	1.055	1.311	1.699	2.045	2.462	2.756	3.659	29
30	.127	.256	.389	.530	.683	.854	1.055	1.310	1.697	2.042	2.457	2.750	3.646	30
40	.126	.255	.388	.529	.681	.851	1.050	1.303	1.684	2.021	2.423	2.704	3.551	40
60	.126	.254	.387	.527	.679	.848	1.046	1.296	1.671	2.000	2.390	2.660	3.460	60
120	.126	.254	.386	.526	.677	.845	1.041	1.289	1.658	1.980	2.358	2.617	3.373	120
∞	.126	.253	.385	.524	.674	.842	1.036	1.282	1.645	1.960	2.326	2.576	3.291	∞

5. 二项分布参数 p 的置信区间表

$1 - \alpha = 0.95$

k \ $n-k$	1	2	3	4	5	6	7	8	9	10	12	14	16	k
0	0.975	0.842	0.708	0.602	0.522	0.459	0.410	0.369	0.336	0.308	0.265	0.232	0.206	0
	0.000	0.000	0.000	0.000	0.000	0.000	0.000	0.000	0.000	0.000	0.000	0.000	0.000	
1	.987	.906	.806	.716	.641	.579	.527	.483	.445	.413	.360	.319	.287	1
	.013	.008	.006	.005	.004	.004	.003	.003	.003	.002	.002	.002	.001	
2	.992	.932	.853	.777	.710	.651	.600	.556	.518	.484	.428	.383	.347	2
	.094	.068	.053	.043	.037	.032	.028	.025	.023	.021	.018	.016	.014	
3	.994	.947	.882	.816	.755	.701	.652	.610	.572	.538	.481	.434	.396	3
	.194	.147	.118	.099	.085	.075	.067	.060	.055	.050	.043	.038	.034	
4	.995	.957	.901	.843	.788	.738	.692	.651	.614	.581	.524	.476	.437	4
	.284	.223	.184	.157	.137	.122	.109	.099	.091	.084	.073	.064	.057	
5	.996	.963	.915	.863	.813	.766	.723	.684	.649	.616	.560	.512	.471	5
	.359	.290	.245	.212	.187	.167	.151	.139	.128	.118	.103	.091	.082	
6	.996	.968	.925	.878	.833	.789	.749	.711	.677	.646	.590	.543	.502	6
	.421	.349	.299	.262	.234	.211	.192	.177	.163	.152	.133	.119	.107	
7	.997	.972	.933	.891	.849	.808	.770	.734	.701	.671	.616	.570	.529	7
	.473	.400	.348	.308	.277	.251	.230	.213	.198	.184	.163	.146	.132	
8	.997	.975	.940	.901	.861	.823	.787	.753	.722	.692	.639	.593	.553	8
	.517	.444	.390	.349	.316	.289	.266	.247	.230	.215	.191	.172	.156	
9	.997	.977	.945	.909	.872	.837	.802	.770	.740	.711	.660	.615	.575	9
	.555	.482	.428	.386	.351	.323	.299	.278	.260	.244	.218	.197	.180	
10	.998	.979	.950	.916	.882	.848	.816	.785	.756	.728	.678	.634	.595	10
	.587	.516	.462	.419	.384	.354	.329	.308	.289	.272	.244	.221	.202	
12	.998	.982	.957	.927	.897	.867	.837	.809	.782	.756	.709	.666	.628	12
	.640	.572	.519	.476	.440	.410	.384	.361	.340	.322	.291	.266	.245	
14	.998	.984	.962	.936	.909	.883	.854	.828	.803	.779	.734	.694	.657	14
	.681	.617	.566	.524	.488	.457	.430	.407	.385	.366	.334	.306	.283	
16	.999	.986	.966	.943	.918	.893	.868	.844	.820	.798	.755	.717	.681	16
	.713	.653	.604	.563	.529	.498	.471	.447	.425	.405	.372	.343	.319	
18	.999	.988	.970	.948	.925	.902	.879	.857	.835	.814	.773	.736	.702	18
	.740	.683	.637	.597	.564	.533	.506	.482	.460	.440	.406	.376	.351	
20	.999	.989	.972	.953	.932	.910	.889	.868	.847	.827	.789	.753	.720	20
	.762	.703	.664	.626	.593	.564	.537	.513	.492	.472	.437	.407	.381	
22	.999	.990	.975	.956	.937	.917	.897	.877	.858	.839	.803	.768	.737	22
	.781	.730	.688	.651	.619	.590	.565	.541	.519	.500	.465	.434	.408	
24	.999	.991	.976	.960	.942	.923	.904	.885	.867	.849	.814	.782	.751	24
	.797	.749	.708	.673	.642	.614	.589	.566	.545	.525	.490	.460	.433	
26	.999	.991	.978	.962	.945	.928	.910	.893	.875	.858	.825	.794	.764	26
	.810	.765	.726	.693	.663	.636	.611	.588	.567	.548	.513	.483	.456	
28	.999	.992	.980	.965	.949	.932	.916	.899	.882	.866	.834	.804	.776	28
	.822	.779	.743	.710	.681	.655	.631	.609	.588	.569	.535	.504	.478	
30	.999	.992	.981	.967	.952	.936	.920	.904	.889	.873	.843	.814	.786	30
	.833	.792	.757	.725	.697	.672	.649	.627	.607	.588	.554	.524	.498	
40	.999	.994	.985	.975	.963	.951	.938	.925	.912	.900	.875	.850	.827	40
	.871	.838	.809	.783	.759	.737	.717	.698	.679	.662	.631	.602	.578	
60	1.000	.996	.990	.983	.975	.966	.957	.948	.939	.929	.911	.893	.874	60
	0.912	.888	.867	.848	.830	.813	.797	.782	.767	.752	.727	.703	.681	
100	1.000	.998	.994	.989	.984	.979	.973	.967	.962	.955	.943	.931	.919	100
	0.946	.931	.917	.904	.892	.881	.870	.859	.849	.838	.820	.802	.786	
200	1.000	.999	.997	.995	.992	.989	.986	.983	.980	.977	.970	.964	.957	200
	0.973	.965	.957	.951	.944	.938	.939	.926	.920	.914	.903	.893	.883	
500	1.000	1.000	.999	.998	.997	.996	.995	.993	.992	.991	.988	.985	.982	500
	0.989	0.986	.983	.980	.977	.974	.972	.969	.967	.964	.960	.955	.950	

$1-\alpha=0.95$　　　　　　　　　　　　　　　　　　　　　　　　　　（续）

k ＼ $n-k$	18	20	22	24	26	28	30	40	60	100	200	500	$n-k$ ＼ k
0	0.185 0.000	0.168 0.000	0.154 0.000	0.142 0.000	0.132 0.000	0.123 0.000	0.116 0.000	0.088 0.000	0.060 0.000	0.036 0.000	0.018 0.000	0.007 0.000	0
1	.260 .001	.238 .001	.219 .001	.203 .001	.190 .001	.178 .001	.167 .001	.129 .001	.088 .000	.054 .000	.027 .000	.011 .000	1
2	.317 .012	.292 .011	.270 .010	.251 .009	.235 .009	.221 .008	.208 .008	.162 .006	.112 .004	.069 .002	.035 .001	.014 .000	2
3	.363 .030	.336 .028	.312 .025	.292 .024	.274 .022	.257 .020	.243 .019	.191 .015	.133 .010	.083 .006	.043 .003	.017 .001	3
4	.403 .052	.374 .047	.349 .044	.327 .040	.307 .038	.290 .035	.275 .033	.217 .025	.152 .017	.096 .011	.049 .005	.020 .002	4
5	.436 .075	.407 .068	.381 .063	.358 .058	.337 .055	.319 .051	.303 .048	.241 .037	.170 .025	.108 .016	.056 .008	.023 .003	5
6	.467 .098	.436 .090	.410 .083	.386 .077	.364 .072	.345 .068	.328 .064	.263 .049	.187 .034	.119 .021	.062 .011	.026 .004	6
7	.494 .121	.463 .111	.435 .103	.411 .096	.389 .090	.369 .084	.351 .080	.283 .062	.203 .043	.130 .027	.068 .014	.028 .005	7
8	.518 .143	.487 .132	.459 .123	.434 .115	.412 .107	.391 .101	.373 .096	.302 .075	.218 .052	.141 .033	.074 .017	.031 .007	8
9	.540 .165	.508 .153	.481 .142	.455 .133	.433 .125	.412 .118	.393 .111	.321 .088	.233 .061	.151 .038	.080 .020	.033 .008	9
10	.560 .186	.528 .173	.500 .161	.475 .151	.452 .142	.431 .134	.412 .127	.338 .100	.248 .071	.162 .045	.086 .023	.036 .009	10
12	.594 .227	.563 .211	.535 .197	.510 .186	.487 .175	.465 .166	.446 .157	.369 .125	.273 .089	.180 .057	.097 .030	.040 .012	12
14	.624 .264	.593 .247	.566 .232	.540 .218	.517 .206	.496 .196	.476 .186	.398 .150	.297 .107	.198 .069	.107 .036	.045 .015	14
16	.649 .298	.619 .280	.592 .263	.567 .249	.544 .236	.522 .224	.502 .214	.422 .173	.319 .126	.214 .081	.117 .043	.050 .018	16
18	.671 .329	.642 .310	.615 .293	.590 .277	.568 .264	.547 .251	.527 .240	.445 .196	.340 .143	.230 .093	.127 .050	.054 .021	18
20	.690 .358	.662 .338	.636 .320	.612 .304	.589 .289	.568 .276	.548 .264	.467 .217	.359 .160	.245 .105	.137 .057	.059 .024	20
22	.707 .385	.680 .364	.654 .346	.631 .329	.608 .314	.588 .300	.568 .287	.487 .237	.378 .177	.260 .117	.146 .063	.063 .027	22
24	.723 .410	.696 .388	.671 .369	.648 .352	.626 .337	.605 .322	.586 .309	.505 .257	.395 .193	.274 .128	.155 .070	.067 .030	24
26	.736 .432	.711 .411	.686 .392	.663 .374	.642 .358	.622 .343	.603 .330	.522 .276	.411 .208	.287 .140	.164 .077	.072 .033	26
28	.749 .453	.724 .432	.700 .412	.678 .395	.657 .378	.637 .363	.618 .349	.538 .294	.426 .223	.300 .153	.172 .083	.076 .036	28
30	.760 .473	.736 .452	.713 .432	.691 .414	.670 .397	.651 .382	.632 .368	.552 .311	.441 .237	.313 .162	.181 .090	.080 .039	30
40	.804 .555	.783 .533	.763 .513	.743 .495	.724 .478	.706 .462	.689 .448	.614 .386	.503 .303	.368 .213	.220 .122	.099 .053	40
60	.857 .660	.840 .641	.823 .622	.807 .605	.792 .589	.777 .574	.763 .559	.697 .497	.593 .407	.455 .300	.287 .181	.136 .083	60
100	.907 .770	.895 .755	.883 .740	.872 .726	.860 .713	.847 .700	.838 .687	.787 .632	.700 .545	.571 .429	.395 .280	.199 .138	100
200	.950 .873	.943 .863	.937 .854	.930 .845	.923 .836	.917 .828	.910 .819	.878 .780	.819 .713	.720 .605	.550 .450	.319 .253	200
500	.979 .946	.976 .941	.973 .937	.970 .933	.967 .928	.964 .924	.961 .920	.947 .901	.917 .864	.862 .801	.747 .681	.531 .469	500

$1-\alpha=0.99$　　　　　　　　　　　　　　　　　　　　　　　　（续）

$\dfrac{n-k}{k}$	1	2	3	4	5	6	7	8	9	10	12	14	16	$\dfrac{n-k}{k}$
0	0.995	0.929	0.829	0.734	0.653	0.586	0.531	0.484	0.445	0.411	0.357	0.315	0.282	0
	0.000	0.000	0.000	0.000	0.000	0.000	0.000	0.000	0.000	0.000	0.000	0.000	0.000	
1	.997	.959	.889	.815	.746	.685	.632	.585	.544	.509	.449	.402	.363	1
	.003	.002	.001	.001	.001	.001	.001	.001	.001	.000	.000	.000	.000	
2	.998	.971	.917	.856	.797	.742	.693	.648	.608	.573	.512	.463	.422	2
	.041	.029	.023	.019	.016	.014	.012	.011	.010	.009	.008	.007	.006	
3	.999	.977	.934	.882	.830	.781	.735	.693	.655	.621	.561	.510	.468	3
	.111	.083	.066	.055	.047	.042	.037	.033	.030	.028	.024	.021	.019	
4	.909	.981	.945	.900	.854	.809	.767	.728	.691	.658	.599	.549	.507	4
	.185	.144	.118	.100	.087	.077	.069	.062	.057	.053	.045	.040	.036	
5	.999	.984	.953	.913	.872	.831	.791	.755	.720	.688	.631	.582	.539	5
	.254	.203	.170	.146	.128	.114	.103	.094	.087	.080	.070	.062	.055	
6	.999	.986	.958	.923	.886	.848	.811	.777	.744	.714	.658	.610	.567	6
	.315	.258	.219	.191	.169	.152	.138	.127	.117	.109	.095	.085	.076	
7	.999	.988	.963	.931	.897	.862	.828	.795	.764	.735	.681	.634	.592	7
	.368	.307	.265	.233	.209	.189	.172	.159	.147	.137	.121	.108	.097	
8	.999	.989	.967	.938	.906	.873	.841	.811	.781	.753	.701	.655	.614	8
	.415	.352	.307	.272	.245	.223	.205	.189	.176	.165	.146	.131	.119	
9	.999	.990	.970	.943	.913	.883	.853	.824	.795	.768	.718	.674	.634	9
	.456	.392	.345	.309	.280	.256	.236	.219	.205	.192	.171	.154	.140	
10	1.000	.991	.972	.947	.920	.891	.863	.835	.808	.782	.734	.690	.651	10
	0.491	.427	.379	.342	.312	.286	.265	.247	.232	.218	.195	.176	.161	
12	1.000	.992	.976	.955	.930	.905	.879	.854	.829	.805	.760	.719	.682	12
	0.551	.488	.439	.401	.369	.342	.319	.299	.282	.266	.240	.218	.200	
14	1.000	.993	.979	.960	.938	.915	.892	.869	.846	.824	.782	.743	.707	14
	0.598	.537	.490	.451	.418	.390	.366	.345	.326	.310	.281	.257	.237	
16	1.000	.994	.981	.964	.945	.924	.903	.881	.860	.839	.800	.763	.728	16
	0.637	.578	.532	.493	.461	.433	.408	.386	.366	.349	.318	.293	.272	
18	1.000	.995	.983	.968	.950	.931	.911	.891	.872	.852	.815	.780	.747	18
	0.669	.613	.568	.530	.498	.469	.445	.422	.402	.384	.353	.326	.304	
20	1.000	.995	.985	.971	.954	.936	.918	.900	.881	.863	.828	.794	.763	20
	0.696	.642	.599	.562	.530	.502	.478	.455	.435	.417	.384	.357	.334	
22	1.000	.996	.986	.973	.958	.941	.924	.907	.890	.873	.839	.807	.777	22
	0.719	.668	.626	.590	.559	.531	.507	.484	.464	.445	.413	.385	.361	
24	1.000	.996	.987	.975	.961	.946	.930	.913	.897	.881	.849	.819	.789	24
	0.738	.690	.649	.615	.584	.557	.533	.511	.490	.471	.439	.410	.386	
26	1.000	.996	.988	.977	.963	.949	.934	.919	.903	.888	.858	.829	.800	26
	0.755	.709	.670	.637	.607	.580	.557	.535	.515	.496	.463	.434	.410	
28	1.000	.996	.989	.978	.966	.952	.938	.924	.909	.894	.866	.838	.811	28
	0.770	.726	.689	.656	.627	.602	.578	.557	.537	.518	.485	.457	.432	
30	1.000	.997	.989	.980	.968	.955	.942	.928	.914	.900	.873	.846	.820	30
	0.784	.741	.705	.674	.646	.621	.598	.577	.557	.539	.506	.478	.452	
40	1.000	.998	.992	.984	.975	.965	.955	.944	.933	.921	.899	.876	.854	40
	0.832	.797	.767	.740	.716	.694	.673	.654	.636	.619	.588	.560	.536	
60	1.000	.998	.995	.989	.983	.976	.969	.961	.953	.945	.928	.912	.895	60
	0.884	.859	.836	.816	.797	.780	.763	.748	.733	.719	.693	.668	.646	
100	1.000	.999	.997	.993	.990	.985	.981	.976	.971	.965	.955	.943	.932	100
	0.929	.912	.897	.884	.871	.858	.847	.836	.825	.815	.795	.777	.761	
200	1.000	.999	.998	.997	.995	.992	.990	.988	.985	.982	.976	.970	.964	200
	0.964	.955	.947	.939	.932	.925	.919	.913	.907	.901	.890	.878	.868	
500	1.000	1.000	.999	.999	.998	.997	.996	.995	.994	.993	.990	.988	.985	500
	0.985	.982	.978	.975	.972	.969	.967	.964	.961	.959	.953	.949	.944	

$1 - \alpha = 0.99$ （续）

k \ n−k	18	20	22	24	26	28	30	40	60	100	200	500	n−k \ k
0	0.255 0.000	0.233 0.000	0.214 0.000	0.198 0.000	0.184 0.000	0.172 0.000	0.162 0.000	0.124 0.000	0.085 0.000	0.052 0.000	0.026 0.000	0.011 0.000	0
1	.331 .000	.304 .000	.281 .000	.262 .000	.245 .000	.230 .000	.216 .000	.168 .000	.116 .000	.071 .000	.036 .000	.015 .000	1
2	.387 .005	.358 .005	.332 .004	.310 .004	.291 .004	.274 .004	.259 .003	.203 .002	.141 .002	.088 .001	.045 .001	.018 .000	2
3	.432 .017	.401 .015	.374 .014	.351 .013	.330 .012	.311 .011	.295 .011	.233 .008	.164 .005	.103 .003	.053 .002	.022 .001	3
4	.470 .032	.438 .029	.410 .027	.385 .025	.363 .023	.344 .022	.326 .020	.260 .016	.184 .011	.116 .007	.061 .003	.025 .001	4
5	.502 .050	.470 .046	.441 .042	.416 .039	.393 .037	.373 .034	.354 .032	.284 .025	.203 .017	.129 .010	.068 .005	.028 .002	5
6	.531 .069	.498 .064	.469 .059	.443 .054	.420 .051	.398 .048	.379 .045	.306 .035	.220 .024	.142 .015	.075 .008	.031 .003	6
7	.555 .089	.522 .082	.493 .076	.467 .070	.443 .066	.422 .062	.402 .058	.327 .045	.237 .031	.153 .019	.081 .010	.033 .004	7
8	.578 .109	.545 .100	.516 .093	.489 .087	.465 .081	.443 .076	.423 .072	.346 .056	.252 .039	.164 .024	.087 .012	.036 .005	8
9	.598 .128	.565 .119	.536 .110	.510 .103	.485 .097	.463 .091	.443 .086	.364 .067	.267 .047	.175 .029	.093 .015	.039 .006	9
10	.616 .148	.583 .137	.555 .127	.529 .119	.504 .112	.482 .106	.461 .100	.381 .079	.281 .055	.185 .035	.099 .018	.041 .007	10
12	.647 .185	.616 .172	.587 .161	.561 .151	.537 .142	.515 .134	.494 .127	.412 .101	.307 .072	.205 .045	.110 .024	.047 .010	12
14	.674 .220	.643 .206	.615 .193	.590 .181	.566 .171	.543 .162	.522 .154	.440 .124	.332 .088	.223 .057	.122 .030	.051 .012	14
16	.696 .253	.666 .237	.639 .223	.614 .211	.590 .200	.568 .189	.548 .180	.464 .146	.354 .105	.239 .068	.132 .036	.056 .015	16
18	.716 .284	.687 .267	.661 .252	.636 .238	.612 .226	.591 .215	.570 .205	.486 .167	.374 .122	.255 .079	.142 .042	.061 .018	18
20	.733 .313	.705 .295	.679 .279	.655 .264	.632 .251	.611 .239	.591 .229	.507 .187	.394 .137	.271 .090	.152 .048	.066 .020	20
22	.748 .339	.721 .321	.696 .304	.673 .289	.650 .274	.629 .263	.609 .251	.526 .207	.411 .153	.286 .101	.162 .054	.070 .023	22
24	.762 .364	.736 .345	.711 .327	.688 .312	.666 .298	.646 .285	.626 .273	.543 .226	.428 .168	.300 .112	.171 .061	.075 .026	24
26	.774 .388	.749 .368	.726 .350	.702 .334	.681 .319	.661 .306	.642 .293	.560 .244	.444 .183	.313 .122	.180 .067	.079 .029	26
28	.785 .409	.761 .389	.737 .371	.715 .354	.694 .339	.675 .325	.656 .312	.575 .262	.459 .198	.326 .133	.189 .073	.083 .031	28
30	.795 .430	.771 .409	.749 .391	.727 .374	.707 .358	.688 .344	.669 .331	.589 .278	.473 .212	.339 .143	.197 .079	.088 .034	30
40	.833 .514	.813 .493	.793 .474	.774 .457	.756 .440	.738 .425	.722 .411	.646 .354	.534 .276	.394 .193	.237 .110	.108 .048	40
60	.878 .625	.863 .606	.847 .589	.832 .572	.817 .556	.802 .541	.788 .527	.724 .466	.620 .380	.479 .278	.305 .167	.145 .076	60
100	.921 .745	.910 .729	.899 .714	.888 .700	.878 .687	.867 .674	.857 .661	.807 .606	.722 .521	.593 .407	.407 .265	.209 .129	100
200	.958 .858	.952 .848	.946 .838	.939 .829	.933 .820	.927 .811	.921 .803	.890 .763	.833 .695	.735 .593	.565 .435	.332 .243	200
500	.982 .939	.980 .934	.977 .930	.974 .925	.971 .921	.969 .917	.966 .912	.952 .892	.924 .855	.871 .791	.757 .668	.541 .459	500

6. 泊松(Poisson)分布参数 λ 的置信区间表

$1-\alpha$ c	0.99		0.98		0.95		0.90		$1-\alpha$ c
0	0.0000	5.30	0.0000	4.61	0.0000	3.69	0.0000	3.00	0
1	0.0050	7.43	0.0101	6.64	0.0253	5.57	0.0513	4.74	1
2	0.103	9.27	0.149	8.41	0.242	7.22	0.355	6.30	2
3	0.338	10.98	0.436	10.05	0.619	8.77	0.818	7.75	3
4	0.672	12.59	0.823	11.60	1.09	10.24	1.37	9.15	4
5	1.08	14.15	1.28	13.11	1.62	11.67	1.97	10.51	5
6	1.54	15.66	1.79	14.57	2.20	13.06	2.61	11.84	6
7	2.04	17.13	2.33	16.00	2.81	14.42	3.29	13.15	7
8	2.57	18.58	2.91	17.40	3.45	15.76	3.98	14.43	8
9	3.13	20.00	3.51	18.78	4.12	17.08	4.70	15.71	9
10	3.72	21.40	4.13	20.14	4.80	18.39	5.43	16.96	10
11	4.32	22.78	4.77	21.49	5.49	19.68	6.17	18.21	11
12	4.94	24.14	5.43	22.82	6.20	20.96	6.92	19.44	12
13	5.58	25.50	6.10	24.14	6.92	22.23	7.69	20.67	13
14	6.23	26.84	6.78	25.45	7.65	23.49	8.46	21.89	14
15	6.89	28.16	7.48	26.74	8.40	24.74	9.25	23.10	15
16	7.57	29.48	8.18	28.03	9.15	25.98	10.04	24.30	16
17	8.25	30.79	8.89	29.31	9.90	27.22	10.83	25.50	17
18	8.94	32.09	9.62	30.58	10.67	28.45	11.63	26.69	18
19	9.64	33.38	10.35	31.85	11.44	29.67	12.44	27.88	19
20	10.35	34.67	11.08	33.10	12.22	30.89	13.25	29.06	20
21	11.07	35.95	11.82	34.36	13.00	32.10	14.07	30.24	21
22	11.79	37.22	12.57	35.60	13.79	33.31	14.89	31.42	22
23	12.52	38.48	13.33	36.84	14.58	34.51	15.72	32.59	23
24	13.25	39.74	14.09	38.08	15.38	35.71	16.55	33.75	24
25	14.00	41.00	14.85	39.31	16.18	36.90	17.38	34.92	25
26	14.74	42.25	15.62	40.53	16.98	38.10	18.22	36.08	26
27	15.49	43.50	16.40	41.76	17.79	39.28	19.06	37.23	27
28	16.24	44.74	17.17	42.98	18.61	40.47	19.90	38.39	28
29	17.00	45.98	17.96	44.19	19.42	41.65	20.75	39.54	29
30	17.77	47.21	18.74	45.40	20.24	42.83	21.59	40.69	30
35	21.64	53.32	22.72	51.41	24.38	48.68	25.87	46.40	35
40	25.59	59.36	26.77	57.35	28.58	54.47	30.20	52.07	40
45	29.60	65.34	30.88	63.23	32.82	60.21	34.56	57.69	45
50	33.66	71.27	35.03	69.07	37.11	65.29	38.96	63.29	50

7. 随机数表

03	47	43	73	86	36	96	47	36	61	46	93	63	71	62	33	26	16	80	45	60	11	14	10	95
97	74	24	67	62	42	81	14	57	20	42	53	32	37	32	27	07	36	07	51	24	51	79	89	73
16	76	62	27	66	56	50	26	71	07	32	90	79	78	53	13	55	38	58	59	88	97	54	14	10
12	56	85	99	26	96	96	68	27	31	05	03	72	93	15	57	12	10	14	21	83	26	49	81	76
55	59	56	35	64	38	54	82	46	22	31	62	43	09	90	06	18	44	32	53	23	83	01	30	30
16	22	77	94	39	49	54	43	54	82	17	37	93	23	78	87	35	20	96	43	84	26	34	91	64
84	42	17	53	31	57	24	55	06	88	77	04	74	47	67	21	76	33	50	25	83	92	12	06	76
63	01	63	78	59	16	95	55	67	19	98	10	50	71	75	12	86	73	58	07	44	39	52	38	79
33	21	12	34	29	78	64	56	07	82	52	42	07	44	38	15	51	00	13	42	99	66	02	79	54
57	60	86	32	44	09	47	27	96	54	49	17	46	09	62	90	52	84	77	27	08	02	73	43	28
18	18	07	92	45	44	17	16	58	09	79	83	86	19	62	06	76	50	03	10	55	23	64	05	05
26	62	38	97	75	84	16	07	44	99	83	11	46	32	24	20	14	85	88	45	10	93	72	88	71
23	42	40	64	74	82	97	77	77	81	07	45	32	14	08	32	98	94	07	72	93	85	79	10	75
52	36	28	19	95	50	92	26	11	97	00	56	76	31	38	80	22	02	53	53	86	60	42	04	53
37	85	94	35	12	83	39	50	08	30	42	34	07	96	88	54	42	06	87	98	35	85	29	48	39
70	29	17	12	13	40	33	20	38	26	13	89	51	03	74	17	76	37	13	04	07	74	21	19	30
56	62	18	37	35	96	83	50	87	75	97	12	25	93	47	70	33	24	03	54	97	77	46	44	80
99	49	57	22	77	88	42	95	45	72	16	64	36	16	00	04	43	18	66	79	94	77	24	21	90
16	08	15	04	72	33	27	14	34	09	45	59	34	68	49	12	72	07	34	45	99	27	72	95	14
31	16	93	32	43	50	27	89	87	19	20	15	37	00	49	52	85	66	60	44	38	68	88	11	80
68	34	30	13	70	55	74	30	77	40	44	22	78	84	26	04	33	46	09	52	68	07	97	06	57
74	57	25	65	76	59	29	97	68	60	71	91	38	67	54	13	58	18	24	76	15	54	55	95	52
27	42	37	86	53	48	55	90	65	72	96	57	69	36	10	96	46	92	42	45	97	60	49	04	91
00	39	68	29	61	66	37	32	20	30	77	84	57	03	29	10	45	65	04	26	11	04	96	67	24
29	94	98	94	24	68	49	69	10	82	53	75	91	93	30	34	25	20	57	27	40	48	73	51	92
16	90	82	66	59	83	62	64	11	12	67	19	00	71	74	60	47	21	29	68	02	02	37	03	31
11	27	94	75	06	06	09	19	74	66	02	94	37	34	02	76	70	90	30	86	38	45	94	30	38
35	24	10	16	20	33	32	51	26	38	79	78	45	04	91	16	92	53	56	16	02	75	50	95	98
38	23	16	86	38	42	38	97	01	50	87	75	66	81	41	40	01	74	91	62	48	51	84	08	32
31	96	25	91	47	96	44	33	49	13	34	86	82	53	91	00	52	43	48	85	27	55	26	89	62
66	67	40	67	14	64	05	71	95	86	11	05	65	09	68	76	83	20	37	90	57	16	00	11	66
14	90	84	45	11	75	73	88	05	90	52	27	41	14	86	22	98	12	22	08	07	52	74	95	80
68	05	51	18	00	33	96	02	75	19	07	60	62	93	55	59	33	82	43	90	49	37	38	44	59
20	46	78	73	90	97	51	40	14	02	04	02	33	31	08	39	54	16	49	36	47	95	93	13	30
64	19	58	97	79	15	06	15	93	20	01	90	10	75	06	40	78	78	89	62	02	67	74	17	33
05	26	93	70	60	22	35	85	15	13	92	03	51	59	77	59	56	78	06	83	52	91	05	70	74
07	97	10	88	23	09	98	42	99	64	61	71	62	99	15	06	51	29	16	93	58	05	77	09	51
68	71	86	85	85	54	87	66	47	54	73	32	08	11	12	44	95	92	63	16	29	56	24	29	48
26	99	61	65	53	58	37	78	80	70	42	10	50	67	42	32	17	55	85	74	94	44	67	16	94
14	65	52	68	75	87	59	36	22	41	26	78	63	06	55	13	08	27	01	50	15	29	39	39	43
17	53	77	58	71	71	41	61	50	72	12	41	94	96	26	44	95	27	36	99	02	96	74	30	83
90	26	59	21	19	23	52	23	33	12	96	93	02	18	39	07	02	18	36	07	25	99	32	70	23
41	23	52	55	99	31	04	49	69	96	10	47	48	45	88	13	41	43	89	20	97	17	14	49	17
60	20	50	81	69	31	99	73	68	68	35	81	33	03	76	24	30	12	48	60	18	99	10	72	34
91	25	38	05	90	94	58	28	41	36	45	37	59	03	09	90	35	57	29	12	82	62	54	65	60
34	50	57	74	37	98	80	33	00	91	09	77	93	19	82	74	94	80	04	04	45	07	31	66	49
85	22	04	39	43	73	81	53	94	79	33	62	46	86	28	08	31	54	46	31	53	94	13	38	47
09	79	13	77	48	73	82	97	22	21	05	03	27	24	83	72	89	44	05	60	35	80	39	94	88
88	75	80	18	14	22	95	75	42	49	39	32	82	22	49	02	48	07	70	37	16	04	61	67	87
90	96	23	70	00	39	00	03	06	90	55	85	78	38	36	94	37	30	69	32	90	89	00	76	33

（续）

53	74	23	99	67	61	32	28	69	84	94	62	67	86	24	98	33	41	19	95	47	53	53	38	09
63	38	06	86	54	99	00	65	26	94	02	82	90	23	07	79	62	67	80	60	75	91	12	81	19
35	30	58	21	46	06	72	17	10	94	25	21	31	75	96	49	28	24	00	49	55	65	79	78	07
63	43	36	82	69	65	51	18	37	88	61	38	44	12	45	32	92	85	88	65	54	34	81	85	35
98	25	37	55	26	01	91	82	81	46	74	71	12	94	97	24	02	71	37	07	03	92	18	66	75
02	63	21	17	69	71	50	80	89	56	38	15	70	11	48	43	40	45	86	98	00	83	26	91	03
64	55	22	21	82	48	22	28	06	00	61	54	13	43	91	82	78	12	23	29	06	66	24	12	27
85	07	26	13	89	01	10	07	82	04	59	63	69	36	03	69	11	15	83	80	13	29	54	19	28
58	54	16	24	15	51	54	44	82	00	62	61	65	04	69	38	18	65	18	97	85	72	13	49	21
34	85	27	84	87	61	48	64	56	26	90	18	48	13	26	37	70	15	42	57	65	65	80	39	07
03	92	18	27	46	57	99	16	96	56	30	33	72	85	22	84	64	38	56	98	99	01	30	98	64
62	93	30	27	59	37	75	41	66	48	86	97	80	61	45	23	53	04	01	63	45	76	08	64	27
08	45	93	15	22	60	21	75	46	91	98	77	27	85	42	28	88	61	08	84	69	62	03	42	73
07	08	55	18	40	45	44	75	13	90	24	94	96	61	02	57	55	66	83	15	73	42	37	11	61
01	85	89	95	66	51	10	19	34	88	15	84	97	19	75	12	76	39	43	78	64	63	91	08	25
72	84	71	14	35	19	11	58	49	26	50	11	17	17	76	86	31	57	20	18	95	60	78	46	75
88	78	28	16	84	13	52	53	94	53	75	45	69	30	96	73	89	65	70	31	99	17	43	48	76
45	17	75	65	57	28	40	19	72	12	25	12	74	75	67	60	40	60	81	19	24	62	01	61	16
96	76	28	12	54	22	01	11	94	25	71	96	16	16	88	68	64	36	74	45	19	59	50	88	92
43	31	67	72	30	24	02	94	08	63	38	32	36	66	02	69	36	38	25	39	48	03	45	15	22
50	44	66	44	21	66	06	58	05	62	68	15	54	35	02	42	35	48	96	32	14	52	41	52	48
22	66	22	15	86	26	63	75	41	99	58	42	36	72	24	58	37	52	18	51	03	37	18	39	11
96	24	40	14	51	23	22	30	88	57	95	67	47	29	83	94	69	40	06	07	18	16	36	78	86
31	73	91	61	19	60	20	72	93	48	98	57	07	23	69	65	95	39	69	58	56	80	30	19	44
78	60	73	99	84	43	89	94	36	45	56	69	47	07	41	90	22	91	07	12	78	35	34	08	72
84	37	90	61	56	70	10	23	98	05	85	11	34	76	60	76	48	45	34	60	01	64	18	39	96
36	67	10	08	23	98	93	35	08	86	99	29	76	29	81	33	34	91	58	93	63	14	52	32	52
07	28	59	07	48	89	64	58	89	75	83	85	62	27	89	30	14	78	56	27	86	63	59	80	02
10	15	83	87	60	79	24	31	66	56	21	48	24	06	93	91	98	94	05	49	01	47	59	38	00
55	19	68	97	65	03	73	52	16	56	00	53	55	90	27	33	42	29	38	87	22	13	88	83	34
53	81	29	13	39	35	01	20	71	34	62	33	74	82	14	53	73	19	09	03	56	54	29	56	93
51	86	32	68	92	33	98	74	66	99	40	14	71	94	58	45	94	19	38	81	14	44	99	81	07
35	91	70	29	13	80	03	54	07	27	96	94	78	32	66	50	95	52	74	33	13	80	55	62	54
37	71	67	95	13	20	02	44	95	94	64	85	04	05	72	01	32	90	76	14	53	89	74	60	41
93	66	13	83	27	92	79	64	64	72	28	54	96	53	84	48	14	52	98	94	56	07	93	89	30
02	96	08	45	65	13	05	00	41	84	93	07	54	72	59	21	45	57	09	77	19	48	56	27	44
49	83	43	48	35	82	88	33	69	96	72	36	04	19	76	47	45	15	18	60	82	11	08	95	97
84	60	71	62	46	40	80	81	30	37	34	39	23	05	38	25	15	35	71	30	88	12	57	21	77
18	17	30	88	71	44	91	14	88	47	89	23	30	63	15	56	34	20	47	89	99	82	93	24	98
79	69	10	61	78	71	32	76	95	62	87	00	22	58	40	92	54	01	75	25	43	11	71	99	31
75	93	36	57	83	56	20	14	82	11	74	21	97	90	65	96	42	68	63	86	74	54	13	26	94
38	30	92	29	03	06	28	81	39	38	62	25	06	84	63	61	29	08	93	67	04	32	92	08	09
51	29	50	10	34	31	57	75	95	80	51	97	02	74	77	76	15	48	49	44	18	55	63	77	09
21	31	38	86	24	37	79	81	53	74	73	24	16	10	33	52	83	90	94	76	70	47	14	54	36
29	01	23	87	88	58	02	39	37	67	42	10	14	20	92	16	55	23	42	45	54	96	09	11	06
95	33	95	22	00	18	74	72	00	18	38	79	58	69	32	81	76	80	26	92	82	80	84	25	39
90	84	60	79	80	24	36	59	87	38	82	07	53	89	35	96	35	23	79	18	05	98	90	07	35
46	40	62	98	82	54	97	20	56	95	15	74	80	08	32	16	46	70	50	80	67	72	16	42	79
20	31	89	03	43	38	46	82	68	72	32	14	82	99	70	80	60	47	18	97	63	49	30	21	30
71	59	73	05	50	08	22	23	71	77	91	01	93	20	49	82	96	59	26	94	66	39	67	98	60

8. F 检验的临界值 F_α 表

$$P(F > F_\alpha) = \alpha$$

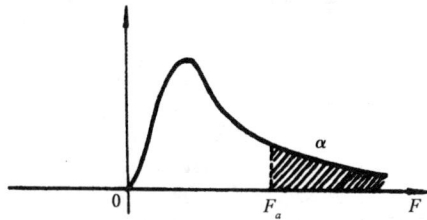

$\alpha = 0.10$

f_1 / f_2	1	2	3	4	5	6	7	8	9	10	15	20	30	50	100	200	500	∞	f_1 / f_2
1	39.9	49.5	53.6	55.8	57.2	58.2	58.9	59.4	59.9	60.2	61.2	61.7	62.3	62.7	63.0	63.2	63.3	63.3	1
2	8.53	9.00	9.16	9.24	9.29	9.33	9.35	9.37	9.38	9.39	9.42	9.44	9.46	9.47	9.48	9.49	9.49	9.49	2
3	5.54	5.46	5.39	5.34	5.31	5.28	5.27	5.25	5.24	5.23	5.20	5.18	5.17	5.15	5.14	5.14	5.14	5.13	3
4	4.54	4.32	4.19	4.11	4.05	4.01	3.98	3.95	3.94	3.92	3.87	3.84	3.82	3.80	3.78	3.77	3.76	3.76	4
5	4.06	3.78	3.62	3.52	3.45	3.40	3.37	3.34	3.32	3.30	3.24	3.21	3.17	3.15	3.13	3.12	3.11	3.10	5
6	3.78	3.46	3.29	3.18	3.11	3.05	3.01	2.98	2.96	2.94	2.87	2.84	2.80	2.77	2.75	2.73	2.73	2.72	6
7	3.59	3.26	3.07	2.96	2.88	2.83	2.78	2.75	2.72	2.70	2.63	2.59	2.56	2.52	2.50	2.48	2.48	2.47	7
8	3.46	3.11	2.92	2.81	2.73	2.67	2.62	2.59	2.56	2.54	2.46	2.42	2.38	2.35	2.32	2.31	2.30	2.29	8
9	3.36	3.01	2.81	2.69	2.61	2.55	2.51	2.47	2.44	2.42	2.34	2.30	2.25	2.22	2.19	2.17	2.17	2.16	9
10	3.28	2.92	2.73	2.61	2.52	2.46	2.41	2.38	2.35	2.32	2.24	2.20	2.16	2.12	2.09	2.07	2.06	2.06	10
11	3.23	2.86	2.66	2.54	2.45	2.39	2.34	2.30	2.27	2.25	2.17	2.12	2.08	2.04	2.00	1.99	1.98	1.97	11
12	3.18	2.81	2.61	2.48	2.39	2.33	2.28	2.24	2.21	2.19	2.10	2.06	2.01	1.97	1.94	1.92	1.91	1.90	12
13	3.14	2.76	2.56	2.43	2.35	2.28	2.23	2.20	2.16	2.14	2.05	2.01	1.96	1.92	1.88	1.86	1.85	1.85	13
14	3.10	2.73	2.52	2.39	2.31	2.24	2.19	2.15	2.12	2.10	2.01	1.96	1.91	1.87	1.83	1.82	1.80	1.80	14
15	3.07	2.70	2.49	2.36	2.27	2.21	2.16	2.12	2.09	2.06	1.97	1.92	1.87	1.83	1.79	1.77	1.76	1.76	15
16	3.05	2.67	2.46	2.33	2.24	2.18	2.13	2.09	2.06	2.03	1.94	1.89	1.84	1.79	1.76	1.74	1.73	1.72	16
17	3.03	2.64	2.44	2.31	2.22	2.15	2.10	2.06	2.03	2.00	1.91	1.86	1.81	1.76	1.73	1.71	1.69	1.69	17
18	3.01	2.62	2.42	2.29	2.20	2.13	2.08	2.04	2.00	1.98	1.89	1.84	1.78	1.74	1.70	1.68	1.67	1.66	18
19	2.99	2.61	2.40	2.27	2.18	2.11	2.06	2.02	1.98	1.96	1.86	1.81	1.76	1.71	1.67	1.65	1.64	1.63	19
20	2.97	2.59	2.38	2.25	2.16	2.09	2.04	2.00	1.96	1.94	1.84	1.79	1.74	1.69	1.65	1.63	1.62	1.61	20
22	2.95	2.56	2.35	2.22	2.13	2.06	2.01	1.97	1.93	1.90	1.81	1.76	1.70	1.65	1.61	1.59	1.58	1.57	22
24	2.93	2.54	2.33	2.19	2.10	2.04	1.98	1.94	1.91	1.88	1.78	1.73	1.67	1.62	1.58	1.56	1.54	1.53	24
26	2.91	2.52	2.31	2.17	2.08	2.01	1.96	1.92	1.88	1.86	1.76	1.71	1.65	1.59	1.55	1.53	1.51	1.50	26
28	2.89	2.50	2.29	2.16	2.06	2.00	1.94	1.90	1.87	1.84	1.74	1.69	1.63	1.57	1.53	1.50	1.49	1.48	28
30	2.88	2.49	2.28	2.14	2.05	1.98	1.93	1.88	1.85	1.82	1.72	1.67	1.61	1.55	1.51	1.48	1.47	1.46	30
40	2.84	2.44	2.23	2.09	2.00	1.93	1.87	1.83	1.79	1.76	1.66	1.61	1.54	1.48	1.43	1.41	1.39	1.38	40
50	2.81	2.41	2.20	2.06	1.97	1.90	1.84	1.80	1.76	1.73	1.63	1.57	1.50	1.44	1.39	1.36	1.34	1.33	50
60	2.79	2.39	2.18	2.04	1.95	1.87	1.82	1.77	1.74	1.71	1.60	1.54	1.48	1.41	1.36	1.33	1.31	1.29	60
80	2.77	2.37	2.15	2.02	1.92	1.85	1.79	1.75	1.71	1.68	1.57	1.51	1.44	1.38	1.32	1.28	1.26	1.24	80
100	2.76	2.36	2.14	2.00	1.91	1.83	1.78	1.73	1.70	1.66	1.56	1.49	1.42	1.35	1.29	1.26	1.23	1.21	100
200	2.73	2.33	2.11	1.97	1.88	1.80	1.75	1.70	1.66	1.63	1.52	1.46	1.38	1.31	1.24	1.20	1.17	1.14	200
500	2.72	2.31	2.10	1.96	1.86	1.79	1.73	1.68	1.64	1.61	1.50	1.44	1.36	1.28	1.21	1.16	1.12	1.09	500
∞	2.71	2.30	2.03	1.94	1.85	1.77	1.72	1.67	1.63	1.60	1.49	1.42	1.34	1.26	1.18	1.13	1.08	1.00	∞

$\alpha = 0.05$

（续）

f_2 \ f_1	1	2	3	4	5	6	7	8	9	10	12	14	16	18	20	f_1 \ f_2
1	161	200	216	225	230	234	237	239	241	242	244	246	246	247	248	1
2	18.5	19.0	19.2	19.2	19.3	19.3	19.4	19.4	19.4	19.4	19.4	19.4	19.4	19.4	19.4	2
3	10.1	9.55	9.28	9.12	9.01	8.94	8.89	8.85	8.81	8.79	8.74	8.71	8.69	8.67	8.66	3
4	7.71	6.94	6.59	6.39	6.26	6.16	6.09	6.04	6.00	5.96	5.91	5.87	5.84	5.82	5.80	4
5	6.61	5.79	5.41	5.19	5.05	4.95	4.88	4.82	4.77	4.74	4.68	4.64	4.60	4.58	4.56	5
6	5.99	5.14	4.76	4.53	4.39	4.28	4.21	4.15	4.10	4.06	4.00	3.96	3.92	3.90	3.87	6
7	5.59	4.74	4.35	4.12	3.97	3.87	3.79	3.73	3.68	3.64	3.57	3.53	3.49	3.47	3.44	7
8	5.32	4.46	4.07	3.84	3.69	3.58	3.50	3.44	3.39	3.35	3.28	3.24	3.20	3.17	3.15	8
9	5.12	4.26	3.86	3.63	3.48	3.37	3.29	3.23	3.18	3.14	3.07	3.03	2.99	2.96	2.94	9
10	4.96	4.10	3.71	3.48	3.33	3.22	3.14	3.07	3.02	2.98	2.91	2.86	2.83	2.80	2.77	10
11	4.84	3.98	3.59	3.36	3.20	3.09	3.01	2.95	2.90	2.85	2.79	2.74	2.70	2.67	2.65	11
12	4.75	3.89	3.49	3.26	3.11	3.00	2.91	2.85	2.80	2.75	2.69	2.64	2.60	2.57	2.54	12
13	4.67	3.81	3.41	3.18	3.03	2.92	2.83	2.77	2.71	2.67	2.60	2.55	2.51	2.48	2.46	13
14	4.60	3.74	3.34	3.11	2.96	2.85	2.76	2.70	2.65	2.60	2.53	2.48	2.44	2.41	2.39	14
15	4.54	3.68	3.29	3.06	2.90	2.79	2.71	2.64	2.59	2.54	2.48	2.42	2.38	2.35	2.33	15
16	4.49	3.63	3.24	3.01	2.85	2.74	2.66	2.59	2.54	2.49	2.42	2.37	2.33	2.30	2.28	16
17	4.45	3.59	3.20	2.96	2.81	2.70	2.61	2.55	2.49	2.45	2.38	2.33	2.29	2.26	2.23	17
18	4.41	3.55	3.16	2.93	2.77	2.66	2.58	2.51	2.46	2.41	2.34	2.29	2.25	2.22	2.19	18
19	4.38	3.52	3.13	2.90	2.74	2.63	2.54	2.48	2.42	2.38	2.31	2.26	2.21	2.18	2.16	19
20	4.35	3.49	3.10	2.87	2.71	2.60	2.51	2.45	2.39	2.35	2.28	2.22	2.18	2.15	2.12	20
21	4.32	3.47	3.07	2.84	2.68	2.57	2.49	2.42	2.37	2.32	2.25	2.20	2.16	2.12	2.10	21
22	4.30	3.44	3.05	2.82	2.66	2.55	2.46	2.40	2.34	2.30	2.23	2.17	2.13	2.10	2.07	22
23	4.28	3.42	3.03	2.80	2.64	2.53	2.44	2.37	2.32	2.27	2.20	2.15	2.11	2.07	2.05	23
24	4.26	3.40	3.01	2.78	2.62	2.51	2.42	2.36	2.30	2.25	2.18	2.13	2.09	2.05	2.03	24
25	4.24	3.39	2.99	2.76	2.60	2.49	2.40	2.34	2.28	2.24	2.16	2.11	2.07	2.04	2.01	25
26	4.23	3.37	2.98	2.74	2.59	2.47	2.39	2.32	2.27	2.22	2.15	2.09	2.05	2.02	1.99	26
27	4.21	3.35	2.96	2.73	2.57	2.46	2.37	2.31	2.25	2.20	2.13	2.08	2.04	2.00	1.97	27
28	4.20	3.34	2.95	2.71	2.56	2.45	2.36	2.29	2.24	2.19	2.12	2.06	2.02	1.99	1.96	28
29	4.18	3.33	2.93	2.70	2.55	2.43	2.35	2.28	2.22	2.18	2.10	2.05	2.01	1.97	1.94	29
30	4.17	3.32	2.92	2.69	2.53	2.42	2.33	2.27	2.21	2.16	2.09	2.04	1.99	1.96	1.93	30
32	4.15	3.29	2.90	2.67	2.51	2.40	2.31	2.24	2.19	2.14	2.07	2.01	1.97	1.94	1.91	32
34	4.13	3.28	2.88	2.65	2.49	2.38	2.29	2.23	2.17	2.12	2.05	1.99	1.95	1.92	1.89	34
36	4.11	3.26	2.87	2.63	2.48	2.36	2.28	2.21	2.15	2.11	2.03	1.98	1.93	1.90	1.87	36
38	4.10	3.24	2.85	2.62	2.46	2.35	2.26	2.19	2.14	2.09	2.02	1.96	1.92	1.88	1.85	38
40	4.08	3.23	2.84	2.61	2.45	2.34	2.25	2.18	2.12	2.08	2.00	1.95	1.90	1.87	1.84	40
42	4.07	3.22	2.83	2.59	2.44	2.32	2.24	2.17	2.11	2.06	1.99	1.93	1.89	1.86	1.83	42
44	4.06	3.21	2.82	2.58	2.43	2.31	2.23	2.16	2.10	2.05	1.98	1.92	1.88	1.84	1.81	44
46	4.05	3.20	2.81	2.57	2.42	2.30	2.22	2.15	2.09	2.04	1.97	1.91	1.87	1.83	1.80	46
48	4.04	3.19	2.80	2.57	2.41	2.29	2.21	2.14	2.08	2.03	1.96	1.90	1.86	1.82	1.79	48
50	4.03	3.18	2.79	2.56	2.40	2.29	2.20	2.13	2.07	2.03	1.95	1.89	1.85	1.81	1.78	50
60	4.00	3.15	2.76	2.53	2.37	2.25	2.17	2.10	2.04	1.99	1.92	1.86	1.82	1.78	1.75	60
80	3.96	3.11	2.72	2.49	2.33	2.21	2.13	2.06	2.00	1.95	1.88	1.82	1.77	1.73	1.70	80
100	3.94	3.09	2.70	2.46	2.31	2.19	2.10	2.03	1.97	1.93	1.85	1.79	1.75	1.71	1.68	100
125	3.92	3.07	2.68	2.44	2.29	2.17	2.08	2.01	1.96	1.91	1.83	1.77	1.72	1.69	1.65	125
150	3.90	3.06	2.66	2.43	2.27	2.16	2.07	2.00	1.94	1.89	1.82	1.76	1.71	1.67	1.64	150
200	3.89	3.04	2.65	2.42	2.26	2.14	2.06	1.98	1.93	1.88	1.80	1.74	1.69	1.66	1.62	200
300	3.87	3.03	2.63	2.40	2.24	2.13	2.04	1.97	1.91	1.86	1.78	1.72	1.68	1.64	1.61	300
500	3.86	3.01	2.62	2.39	2.23	2.12	2.03	1.96	1.90	1.85	1.77	1.71	1.66	1.62	1.59	500
1000	3.85	3.00	2.61	2.38	2.22	2.11	2.02	1.95	1.89	1.84	1.76	1.70	1.65	1.61	1.58	1000
∞	3.84	3.00	2.60	2.37	2.21	2.10	2.01	1.94	1.88	1.83	1.75	1.69	1.64	1.60	1.57	∞

$\alpha = 0.05$

(续)

f_2 \ f_1	22	24	26	28	30	35	40	45	50	60	80	100	200	500	∞	f_1 \ f_2
1	249	249	249	250	250	251	251	251	252	252	252	253	254	254	254	1
2	19.5	19.5	19.5	19.5	19.5	19.5	19.5	19.5	19.5	19.5	19.5	19.5	19.5	19.5	19.5	2
3	8.65	8.64	8.63	8.62	8.62	8.60	8.59	8.59	8.58	8.57	8.56	8.55	8.54	8.53	8.53	3
4	5.79	5.77	5.76	5.75	5.75	5.73	5.72	5.71	5.70	5.69	5.67	5.66	5.65	5.64	5.63	4
5	4.54	4.53	4.52	4.50	4.50	4.48	4.46	4.45	4.44	4.43	4.41	4.41	4.39	4.37	4.37	5
6	3.86	3.84	3.83	3.82	3.81	3.79	3.77	3.76	3.75	3.74	3.72	3.71	3.69	3.68	3.67	6
7	3.43	3.41	3.40	3.39	3.38	3.36	3.34	3.33	3.32	3.30	3.29	3.27	3.25	3.24	3.23	7
8	3.13	3.12	3.10	3.09	3.08	3.06	3.04	3.03	3.02	3.01	2.99	2.97	2.95	2.94	2.93	8
9	2.92	2.90	2.89	2.87	2.86	2.84	2.83	2.81	2.80	2.79	2.77	2.76	2.73	2.72	2.71	9
10	2.75	2.74	2.72	2.71	2.70	2.68	2.66	2.65	2.64	2.62	2.60	2.59	2.56	2.55	2.54	10
11	2.63	2.61	2.59	2.58	2.57	2.55	2.53	2.52	2.51	2.49	2.47	2.46	2.43	2.42	2.40	11
12	2.52	2.51	2.49	2.48	2.47	2.44	2.43	2.41	2.40	2.38	2.36	2.35	2.32	2.31	2.30	12
13	2.44	2.42	2.41	2.39	2.38	2.36	2.34	2.33	2.31	2.30	2.27	2.26	2.23	2.22	2.21	13
14	2.37	2.35	2.33	2.32	2.31	2.28	2.27	2.25	2.24	2.22	2.20	2.19	2.16	2.14	2.13	14
15	2.31	2.29	2.27	2.26	2.25	2.22	2.20	2.19	2.18	2.16	2.14	2.12	2.10	2.08	2.07	15
16	2.25	2.24	2.22	2.21	2.19	2.17	2.15	2.14	2.12	2.11	2.08	2.07	2.04	2.02	2.01	16
17	2.21	2.19	2.17	2.16	2.15	2.12	2.10	2.09	2.08	2.06	2.03	2.02	1.99	1.97	1.96	17
18	2.17	2.15	2.13	2.12	2.11	2.08	2.06	2.05	2.04	2.02	1.99	1.98	1.95	1.93	1.92	18
19	2.13	2.11	2.10	2.08	2.07	2.05	2.03	2.01	2.00	1.98	1.96	1.94	1.91	1.89	1.88	19
20	2.10	2.08	2.07	2.05	2.04	2.01	1.99	1.98	1.97	1.95	1.92	1.91	1.88	1.86	1.84	20
21	2.07	2.05	2.04	2.02	2.01	1.98	1.96	1.95	1.94	1.92	1.89	1.88	1.84	1.82	1.81	21
22	2.05	2.03	2.01	2.00	1.98	1.96	1.94	1.92	1.91	1.89	1.86	1.85	1.82	1.80	1.78	22
23	2.02	2.00	1.99	1.97	1.96	1.93	1.91	1.90	1.88	1.86	1.84	1.82	1.79	1.77	1.76	23
24	2.00	1.98	1.97	1.95	1.94	1.91	1.89	1.88	1.86	1.84	1.82	1.80	1.77	1.75	1.73	24
25	1.98	1.96	1.95	1.93	1.92	1.89	1.87	1.86	1.84	1.82	1.80	1.78	1.75	1.73	1.71	25
26	1.97	1.95	1.93	1.91	1.90	1.87	1.85	1.84	1.82	1.80	1.78	1.76	1.73	1.71	1.69	26
27	1.95	1.93	1.91	1.90	1.88	1.86	1.84	1.82	1.81	1.79	1.76	1.74	1.71	1.69	1.67	27
28	1.93	1.91	1.90	1.88	1.87	1.84	1.82	1.80	1.79	1.77	1.74	1.73	1.69	1.67	1.65	28
29	1.92	1.90	1.88	1.87	1.85	1.83	1.81	1.79	1.77	1.75	1.73	1.71	1.67	1.65	1.64	29
30	1.91	1.89	1.87	1.85	1.84	1.81	1.79	1.77	1.76	1.74	1.71	1.70	1.66	1.64	1.62	30
32	1.88	1.86	1.85	1.83	1.82	1.79	1.77	1.75	1.74	1.71	1.69	1.67	1.63	1.61	1.59	32
34	1.86	1.84	1.82	1.80	1.80	1.77	1.75	1.73	1.71	1.69	1.66	1.65	1.61	1.59	1.57	34
36	1.85	1.82	1.81	1.79	1.78	1.75	1.73	1.71	1.69	1.67	1.64	1.62	1.59	1.56	1.55	36
38	1.83	1.81	1.79	1.77	1.76	1.73	1.71	1.69	1.68	1.65	1.62	1.61	1.57	1.54	1.53	38
40	1.81	1.79	1.77	1.76	1.74	1.72	1.69	1.67	1.66	1.64	1.61	1.59	1.55	1.53	1.51	40
42	1.80	1.78	1.76	1.74	1.73	1.70	1.68	1.66	1.65	1.62	1.59	1.57	1.53	1.51	1.49	42
44	1.79	1.77	1.75	1.73	1.72	1.69	1.67	1.65	1.63	1.61	1.58	1.56	1.52	1.49	1.48	44
46	1.78	1.76	1.74	1.72	1.71	1.68	1.65	1.64	1.62	1.60	1.57	1.55	1.51	1.48	1.46	46
48	1.77	1.75	1.73	1.71	1.70	1.67	1.64	1.62	1.61	1.59	1.56	1.54	1.49	1.47	1.45	48
50	1.76	1.74	1.72	1.70	1.69	1.66	1.63	1.61	1.60	1.58	1.54	1.52	1.48	1.46	1.44	50
60	1.72	1.70	1.68	1.66	1.65	1.62	1.59	1.57	1.56	1.53	1.50	1.48	1.44	1.41	1.39	60
80	1.68	1.65	1.63	1.62	1.60	1.57	1.54	1.52	1.51	1.48	1.45	1.43	1.38	1.35	1.32	80
100	1.65	1.63	1.61	1.59	1.57	1.54	1.52	1.49	1.48	1.45	1.41	1.39	1.34	1.31	1.28	100
125	1.63	1.60	1.58	1.57	1.55	1.52	1.49	1.47	1.45	1.42	1.39	1.36	1.31	1.27	1.25	125
150	1.61	1.59	1.57	1.55	1.53	1.50	1.48	1.45	1.44	1.41	1.37	1.34	1.29	1.25	1.22	150
200	1.60	1.57	1.55	1.53	1.52	1.48	1.46	1.43	1.41	1.39	1.35	1.32	1.26	1.22	1.19	200
300	1.58	1.55	1.53	1.51	1.50	1.46	1.43	1.41	1.39	1.36	1.32	1.30	1.23	1.19	1.15	300
500	1.56	1.54	1.52	1.50	1.48	1.45	1.42	1.40	1.38	1.34	1.30	1.28	1.21	1.16	1.11	500
1000	1.55	1.53	1.51	1.49	1.47	1.44	1.41	1.38	1.36	1.33	1.29	1.26	1.19	1.13	1.08	1000
∞	1.54	1.52	1.50	1.48	1.46	1.42	1.39	1.37	1.35	1.32	1.27	1.24	1.17	1.11	1.00	∞

$\alpha = 0.01$

（续）

f_2 \ f_1	1	2	3	4	5	6	7	8	9	10	12	14	16	18	20	f_2
1	405	500	540	563	576	586	593	598	602	606	611	614	617	619	621	1
2	98.5	99.0	99.2	99.2	99.3	99.3	99.4	99.4	99.4	99.4	99.4	99.4	99.4	99.4	99.4	2
3	34.1	30.8	29.5	28.7	28.2	27.9	27.7	27.5	27.3	27.2	27.1	26.9	26.8	26.8	26.7	3
4	21.2	18.0	16.7	16.0	15.5	15.2	15.0	14.8	14.7	14.5	14.4	14.2	14.2	14.1	14.0	4
5	16.3	13.3	12.1	11.4	11.0	10.7	10.5	10.3	10.2	10.1	9.89	9.77	9.68	9.61	9.55	5
6	13.7	10.9	9.78	9.15	8.75	8.47	8.26	8.10	7.98	7.87	7.72	7.60	7.52	7.45	7.40	6
7	12.2	9.55	8.45	7.85	7.46	7.19	6.99	6.84	6.72	6.62	6.47	6.36	6.27	6.21	6.16	7
8	11.3	8.65	7.59	7.01	6.63	6.37	6.18	6.03	5.91	5.81	5.67	5.56	5.48	5.41	5.36	8
9	10.6	8.02	6.99	6.42	6.06	5.80	5.61	5.47	5.35	5.26	5.11	5.00	4.92	4.86	4.81	9
10	10.0	7.56	6.55	5.99	5.64	5.39	5.20	5.06	4.94	4.85	4.71	4.60	4.52	4.46	4.41	10
11	9.65	7.21	6.22	5.67	5.32	5.07	4.89	4.74	4.63	4.54	4.40	4.29	4.21	4.15	4.10	11
12	9.33	6.93	5.95	5.41	5.06	4.82	4.64	4.50	4.39	4.30	4.16	4.05	3.97	3.91	3.86	12
13	9.07	6.70	5.74	5.21	4.86	4.62	4.44	4.30	4.19	4.10	3.96	3.86	3.78	3.71	3.66	13
14	8.86	6.51	5.56	5.04	4.70	4.46	4.28	4.14	4.03	3.94	3.80	3.70	3.62	3.56	3.51	14
15	8.68	6.36	5.42	4.89	4.56	4.32	4.14	4.00	3.89	3.80	3.67	3.56	3.49	3.42	3.37	15
16	8.53	6.23	5.29	4.77	4.44	4.20	4.03	3.89	3.78	3.69	3.55	3.45	3.37	3.31	3.26	16
17	8.40	6.11	5.18	4.67	4.34	4.10	3.93	3.79	3.68	3.59	3.46	3.35	3.27	3.21	3.16	17
18	8.29	6.01	5.09	4.58	4.25	4.01	3.84	3.71	3.60	3.51	3.37	3.27	3.19	3.13	3.08	18
19	8.18	5.93	5.01	4.50	4.17	3.94	3.77	3.63	3.52	3.43	3.30	3.19	3.12	3.05	3.00	19
20	8.10	5.85	4.94	4.43	4.10	3.87	3.70	3.56	3.46	3.37	3.23	3.13	3.05	2.99	2.94	20
21	8.02	5.78	4.87	4.37	4.04	3.81	3.64	3.51	3.40	3.31	3.17	3.07	2.99	2.93	2.88	21
22	7.95	5.72	4.82	4.31	3.99	3.76	3.59	3.45	3.35	3.26	3.12	3.02	2.94	2.88	2.83	22
23	7.88	5.66	4.76	4.26	3.94	3.71	3.54	3.41	3.30	3.21	3.07	2.97	2.89	2.83	3.78	23
24	7.82	5.61	4.72	4.22	3.90	3.67	3.50	3.36	3.26	3.17	3.03	2.93	2.85	2.79	2.74	24
25	7.77	5.57	4.68	4.18	3.86	3.63	3.46	3.32	3.22	3.13	2.99	2.89	2.81	2.75	2.70	25
26	7.72	5.53	4.64	4.14	3.82	3.59	3.42	3.29	3.18	3.09	2.96	2.86	2.78	2.72	2.66	26
27	7.68	5.49	4.60	4.11	3.78	3.56	3.39	3.26	3.15	3.06	2.93	2.82	2.75	2.68	2.63	27
28	7.64	5.45	4.57	4.07	3.75	3.53	3.36	3.23	3.12	3.03	2.90	2.79	2.72	2.65	2.60	28
29	7.60	5.42	4.54	4.04	3.73	3.50	3.33	3.20	3.09	3.00	2.87	2.77	2.69	2.62	2.57	29
30	7.56	5.39	4.51	4.02	3.70	3.47	3.30	3.17	3.07	2.98	2.84	2.74	2.66	2.60	2.55	30
32	7.50	5.34	4.46	3.97	3.65	3.43	3.26	3.13	3.02	2.93	2.80	2.70	2.62	2.55	2.50	32
34	7.44	5.29	4.42	3.93	3.61	3.39	3.22	3.09	2.98	2.89	2.76	2.66	2.58	2.51	2.46	34
36	7.40	5.25	4.38	3.89	3.57	3.35	3.18	3.05	2.95	2.86	2.72	2.62	2.54	2.48	2.43	36
38	7.35	5.21	4.34	3.86	3.54	3.32	3.15	3.02	2.92	2.83	2.69	2.59	2.51	2.45	2.40	38
40	7.31	5.18	4.31	3.83	3.51	3.29	3.12	2.99	2.89	2.80	2.66	2.56	2.48	2.42	2.37	40
42	7.28	5.15	4.29	3.80	3.49	3.27	3.10	2.97	2.86	2.78	2.64	2.54	2.46	2.40	2.34	42
44	7.25	5.12	4.26	3.78	3.47	3.24	3.08	2.95	2.84	2.75	2.62	2.52	2.44	2.37	2.32	44
46	7.22	5.10	4.24	3.76	3.44	3.22	3.06	2.93	2.82	2.73	2.60	2.50	2.42	2.35	2.30	46
48	7.20	5.08	4.22	3.74	3.43	3.20	3.04	2.91	2.80	2.72	2.58	2.48	2.40	2.33	2.28	48
50	7.17	5.06	4.20	3.72	3.41	3.19	3.02	2.89	2.79	2.70	2.56	2.46	2.38	2.32	2.27	50
60	7.08	4.98	4.13	3.65	3.34	3.12	2.95	2.82	2.72	2.63	2.50	2.39	2.31	2.25	2.20	60
80	6.96	4.88	4.04	3.56	3.26	3.04	2.87	2.74	2.64	2.55	2.42	2.31	2.23	2.17	2.12	80
100	6.90	4.82	3.98	3.51	3.21	2.99	2.82	2.69	2.59	2.50	2.37	2.26	2.19	2.12	2.07	100
125	6.84	4.78	3.94	3.47	3.17	2.95	2.79	2.66	2.55	2.47	2.33	2.23	2.15	2.08	2.03	125
150	6.81	4.75	3.92	3.45	3.14	2.92	2.76	2.63	2.53	2.44	2.31	2.20	2.12	2.06	2.00	150
200	6.76	4.71	3.88	3.41	3.11	2.89	2.73	2.60	2.50	2.41	2.27	2.17	2.09	2.02	1.97	200
300	6.72	4.68	3.85	3.38	3.08	2.86	2.70	2.57	2.47	2.38	2.24	2.14	2.06	1.99	1.94	300
500	6.69	4.65	3.82	3.36	3.05	2.84	2.68	2.55	2.44	2.36	2.22	2.12	2.04	1.97	1.92	500
1000	6.66	4.63	3.80	3.34	3.04	2.82	2.66	2.53	2.43	2.34	2.20	2.10	2.02	1.95	1.90	1000
∞	6.63	4.61	3.78	3.32	3.02	2.80	2.64	2.51	2.41	2.32	2.18	2.08	2.00	1.93	1.88	∞

$\alpha = 0.01$ （续）

f_1 / f_2	22	24	26	28	30	35	40	45	50	60	80	100	200	500	∞	f_2
1	622	623	624	625	626	628	629	630	630	631	633	633	635	636	637	1
2	99.5	99.5	99.5	99.5	99.5	99.5	99.5	99.5	99.5	99.5	99.5	99.5	99.5	99.5	99.5	2
3	26.6	26.6	26.6	26.5	26.5	26.5	26.4	26.4	26.4	26.3	26.3	26.2	26.2	26.1	26.1	3
4	14.0	13.9	13.9	13.9	13.8	13.8	13.7	13.7	13.7	13.7	13.6	13.6	13.5	13.5	13.5	4
5	9.51	9.47	9.43	9.40	9.38	9.33	9.29	9.26	9.24	9.20	9.16	9.13	9.08	9.04	9.02	5
6	7.35	7.31	7.28	7.25	7.23	7.18	7.14	7.11	7.09	7.06	7.01	6.99	6.93	6.90	6.88	6
7	6.11	6.07	6.04	6.02	5.99	5.94	5.91	5.88	5.86	5.82	5.78	5.75	5.70	5.67	5.65	7
8	5.32	5.28	5.25	5.22	5.20	5.15	5.12	5.09	5.07	5.03	4.99	4.96	4.91	4.88	4.86	8
9	4.77	4.73	4.70	4.67	4.65	4.60	4.57	4.54	4.52	4.48	4.44	4.42	4.36	4.33	4.31	9
10	4.36	4.33	4.30	4.27	4.25	4.20	4.17	4.14	4.12	4.08	4.04	4.01	3.96	3.93	3.91	10
11	4.06	4.02	3.99	3.96	3.94	3.89	3.86	3.83	3.81	3.78	3.73	3.71	3.66	3.62	3.60	11
12	3.82	3.78	3.75	3.72	3.70	3.65	3.62	3.59	3.57	3.54	3.49	3.47	3.41	3.38	3.36	12
13	3.62	3.59	3.56	3.53	3.51	3.46	3.43	3.40	3.38	3.34	3.30	3.27	3.22	3.19	3.17	13
14	3.46	3.43	3.40	3.37	3.35	3.30	3.27	3.24	3.22	3.18	3.14	3.11	3.06	3.03	3.00	14
15	3.33	3.29	3.26	3.24	3.21	3.17	3.13	3.10	3.08	3.05	3.00	2.98	2.92	2.89	2.87	15
16	3.22	3.18	3.15	3.12	3.10	3.05	3.02	2.99	2.97	2.93	2.89	2.86	2.81	2.78	2.75	16
17	3.12	3.08	3.05	3.03	3.00	2.96	2.92	2.89	2.87	2.83	2.79	2.76	2.71	2.68	2.65	17
18	3.03	3.00	2.97	2.94	2.92	2.87	2.84	2.81	2.78	2.75	2.70	2.68	2.62	2.59	2.57	18
19	2.96	2.92	2.89	2.87	2.84	2.80	2.76	2.73	2.71	2.67	2.63	2.60	2.55	2.51	2.49	19
20	2.90	2.86	2.83	2.80	2.78	2.73	2.69	2.67	2.64	2.61	2.56	2.54	2.48	2.44	2.42	20
21	2.84	2.80	2.77	2.74	2.72	2.67	2.64	2.61	2.58	2.55	2.50	2.48	2.42	2.38	2.36	21
22	2.78	2.75	2.72	2.69	2.67	2.62	2.58	2.55	2.53	2.50	2.45	2.42	2.36	2.33	2.31	22
23	2.74	2.70	2.67	2.64	2.62	2.57	2.54	2.51	2.48	2.45	2.40	2.37	2.32	2.28	2.26	23
24	2.70	2.66	2.63	2.60	2.58	2.53	2.49	2.46	2.44	2.40	2.36	2.33	2.27	2.24	2.21	24
25	2.66	2.62	2.59	2.56	2.54	2.49	2.45	2.42	2.40	2.36	2.32	2.29	2.23	2.19	2.17	25
26	2.62	2.58	2.55	2.53	2.50	2.45	2.42	2.39	2.36	2.33	2.28	2.25	2.19	2.16	2.13	26
27	2.59	2.55	2.52	2.49	2.47	2.42	2.38	2.35	2.33	2.29	2.25	2.22	2.16	2.12	2.10	27
28	2.56	2.52	2.49	2.46	2.44	2.39	2.35	2.32	2.30	2.26	2.22	2.19	2.13	2.09	2.06	28
29	2.53	2.49	2.46	2.44	2.41	2.36	2.33	2.30	2.27	2.23	2.19	2.16	2.10	2.06	2.03	29
30	2.51	2.47	2.44	2.41	2.39	2.34	2.30	2.27	2.25	2.21	2.16	2.13	2.07	2.03	2.01	30
32	2.46	2.42	2.39	2.36	2.34	2.29	2.25	2.22	2.20	2.16	2.11	2.08	2.02	1.98	1.96	32
34	2.42	2.38	2.35	2.32	2.30	2.25	2.21	2.18	2.16	2.12	2.07	2.04	1.98	1.94	1.91	34
36	2.38	2.35	2.32	2.29	2.26	2.21	2.17	2.14	2.12	2.08	2.03	2.00	1.94	1.90	1.87	36
38	2.35	2.32	2.28	2.26	2.23	2.18	2.14	2.11	2.09	2.05	2.00	1.97	1.90	1.86	1.84	38
40	2.33	2.29	2.26	2.23	2.20	2.15	2.11	2.08	2.06	2.02	1.97	1.94	1.87	1.83	1.80	40
42	2.30	2.26	2.23	2.20	2.18	2.13	2.09	2.06	2.03	1.99	1.94	1.91	1.85	1.80	1.78	42
44	2.28	2.24	2.21	2.18	2.15	2.10	2.06	2.03	2.01	1.97	1.92	1.89	1.82	1.78	1.75	44
46	2.26	2.22	2.19	2.16	2.13	2.08	2.04	2.01	1.99	1.95	1.90	1.86	1.80	1.75	1.73	46
48	2.24	2.20	2.17	2.14	2.12	2.06	2.02	1.99	1.97	1.93	1.88	1.84	1.78	1.73	1.70	48
50	2.22	2.18	2.15	2.12	2.10	2.05	2.01	1.97	1.95	1.91	1.86	1.82	1.76	1.71	1.68	50
60	2.15	2.12	2.08	2.05	2.03	1.98	1.94	1.90	1.88	1.84	1.78	1.75	1.68	1.63	1.60	60
80	2.07	2.03	2.00	1.97	1.94	1.89	1.85	1.81	1.79	1.75	1.69	1.66	1.58	1.53	1.49	80
100	2.02	1.98	1.94	1.92	1.89	1.84	1.80	1.76	1.73	1.69	1.63	1.60	1.52	1.47	1.43	100
125	1.98	1.94	1.91	1.88	1.85	1.80	1.76	1.72	1.69	1.65	1.59	1.55	1.47	1.41	1.37	125
150	1.96	1.92	1.88	1.85	1.83	1.77	1.73	1.69	1.66	1.62	1.56	1.52	1.43	1.38	1.33	150
200	1.93	1.89	1.85	1.82	1.79	1.74	1.69	1.66	1.63	1.58	1.52	1.48	1.39	1.33	1.28	200
300	1.89	1.85	1.82	1.79	1.76	1.71	1.66	1.62	1.59	1.55	1.48	1.44	1.35	1.28	1.22	300
500	1.87	1.83	1.79	1.76	1.74	1.68	1.63	1.60	1.56	1.52	1.45	1.41	1.31	1.23	1.16	500
1000	1.85	1.81	1.77	1.74	1.72	1.66	1.61	1.57	1.54	1.50	1.43	1.38	1.28	1.19	1.11	1000
∞	1.83	1.79	1.76	1.72	1.70	1.64	1.59	1.55	1.52	1.47	1.40	1.36	1.25	1.15	1.00	∞

9. 检验相关系数 $\rho = 0$ 的临界值 (r_α) 表

$$P(|r| > r_\alpha) = \alpha$$

f \ α	0.10	0.05	0.02	0.01	0.001	α \ f
1	0.98769	0.99692	0.999507	0.999877	0.9999988	1
2	.90000	.95000	.98000	.99000	.99900	2
3	.8054	.8783	.93433	.95873	.99116	3
4	.7293	.8114	.8822	.91720	.97406	4
5	.6694	.7545	.8329	.8745	.95074	5
6	.6215	.7067	.7887	.8343	.92493	6
7	.5822	.6664	.7498	.7977	.8982	7
8	.5494	.6319	.7155	.7646	.8721	8
9	.5214	.6021	.6851	.7348	.8471	9
10	.4973	.5760	.6581	.7079	.8233	10
11	.4762	.5529	.6339	.6835	.8010	11
12	.4575	.5324	.6120	.6614	.7800	12
13	.4409	.5139	.5923	.6411	.7603	13
14	.4259	.4973	.5742	.6226	.7420	14
15	.4124	.4821	.5577	.6055	.7246	15
16	.4000	.4683	.5425	.5897	.7084	16
17	.3887	.4555	.5285	.5751	.6932	17
18	.3783	.4438	.5155	.5614	.6787	18
19	.3687	.4329	.5034	.5487	.6652	19
20	.3598	.4227	.4921	.5368	.6524	20
25	.3233	.3809	.4451	.4869	.5974	25
30	.2960	.3494	.4093	.4487	.5541	30
35	.2746	.3246	.3810	.4182	.5189	35
40	.2573	.3044	.3578	.3932	.4896	40
45	.2428	.2875	.3384	.3721	.4648	45
50	.2306	.2732	.3218	.3541	.4433	50
60	.2108	.2500	.2948	.3248	.4078	60
70	.1954	.2319	.2737	.3017	.3799	70
80	.1829	.2172	.2565	.2830	.3568	80
90	.1726	.2050	.2422	.2673	.3375	90
100	.1638	.1946	.2301	.2540	.3211	100

10. r 与 z 的换算表

$$z = \frac{1}{2}\ln\frac{1+r}{1-r}(\text{表内为 } r)$$

z	0.00	0.01	0.02	0.03	0.04	0.05	0.06	0.07	0.08	0.09	z
0.0	0.0000	0.0100	0.0200	0.0300	0.0400	0.0500	0.0599	0.0699	0.0798	0.0898	0.0
0.1	.0997	.1096	.1194	.1293	.1391	.1489	.1586	.1684	.1781	.1877	0.1
0.2	.1974	.2070	.2165	.2260	.2355	.2449	.2543	.2636	.2729	.2821	0.2
0.3	.2913	.3004	.3095	.3185	.3275	.3364	.3452	.3540	.3627	.3714	0.3
0.4	.3800	.3885	.3969	.4053	.4136	.4219	.4301	.4382	.4462	.4542	0.4
0.5	.4621	.4699	.4777	.4854	.4930	.5005	.5080	.5154	.5227	.5299	0.5
0.6	.5370	.5441	.5511	.5580	.5649	.5717	.5784	.5850	.5915	.5980	0.6
0.7	.6044	.6107	.6169	.6231	.6291	.6351	.6411	.6469	.6527	.6584	0.7
0.8	.6640	.6696	.6751	.6805	.6858	.6911	.6963	.7014	.7064	.7114	0.8
0.9	.7163	.7211	.7259	.7306	.7352	.7398	.7443	.7487	.7531	.7574	0.9
1.0	.7616	.7658	.7699	.7739	.7779	.7818	.7857	.7895	.7932	.7969	1.0
1.1	.8005	.8041	.8076	.8110	.8144	.8178	.8210	.8243	.8275	.8306	1.1
1.2	.8337	.8367	.8397	.8426	.8455	.8483	.8511	.8538	.8565	.8591	1.2
1.3	.8617	.8643	.8668	.8692	.8717	.8741	.8764	.8787	.8810	.8832	1.3
1.4	.8854	.8875	.8896	.8917	.8937	.8957	.8977	.8996	.9015	.9033	1.4
1.5	.9051	.9069	.9087	.9104	.9121	.9138	.9154	.9170	.9186	.9201	1.5
1.6	.9217	.9232	.9246	.9261	.9275	.9289	.9302	.9316	.9329	.9341	1.6
1.7	.9354	.9366	.9379	.9391	.9402	.9414	.9425	.9436	.9447	.9458	1.7
1.8	.94681	.94783	.94884	.94983	.95080	.95175	.95268	.95359	.95449	.95537	1.8
1.9	.95624	.95709	.95792	.95873	.95953	.96032	.96109	.96185	.96259	.96331	1.9
2.0	.96403	.96473	.96541	.96609	.96675	.96739	.96803	.96865	.96926	.96986	2.0
2.1	.97045	.97103	.97159	.97215	.97269	.97323	.97375	.97426	.97477	.97526	2.1
2.2	.97574	.97622	.97668	.97714	.97759	.97803	.97846	.97888	.97929	.97970	2.2
2.3	.98010	.98049	.98087	.98124	.98161	.98197	.98233	.98267	.98301	.98335	2.3
2.4	.98367	.98399	.98431	.98462	.98492	.98522	.98551	.98579	.98607	.98635	2.4
2.5	.98661	.98688	.98714	.98739	.98764	.98788	.98812	.98835	.98858	.98881	2.5
2.6	.98903	.98924	.98945	.98966	.98987	.99007	.99026	.99045	.99064	.99083	2.6
2.7	.99101	.99118	.99136	.99153	.99170	.99186	.99202	.99218	.99233	.99248	2.7
2.8	.99263	.99278	.99292	.99306	.99320	.99333	.99346	.99359	.99372	.99384	2.8
2.9	.99396	.99408	.99420	.99431	.99443	.99454	.99464	.99475	.99485	.99495	2.9

附录二 专业术语英汉对照表

为了方便读者查阅国外相关书籍,将抽样调查技术方面的主要专业术语的英文名称整理如下:

Accuracy	准确度
Absolute error	绝对误差
Advance estimate	预先估计值
Analysis of the data	数据的分析
Analysis of variance	方差分析
Artificial population	人为总体
Best linear unbiased estimator	最佳线性无偏估计量
Bias	偏差
Biased estimation	有偏估计
Binomial distribution	二项分布
Binomial table	二项分布表
Census	普查
Complete census	全面普查
Confidence probability	可靠性,置信概率
Change estimate	变化估计值
Characteristics	标志(标识、指标、特征)
Classical sampling theory	经典抽样理论
Classical statistics	经典统计学
Cluster	群,群体
Cluster of equal size	大小相等的群
Cluster of unequal size	大小不等的群
Cluster sampling	整群抽样
Cluster unit	群单元
Coefficient of variation	变异系数(离散系数,差异系数,变差系数)
Complete enumeration	全面调查
Confidence limit	置信限,估计区间
Confidence probability	置信概率,可靠性
Consistency	一致性
Consistent estimate	一致估计

Constraint	约束
Continuous forest inventory	森林连续清查,简称 CFI
Controlled selection	有控制的抽样
Correlation coefficient	相关系数
Cost function	费用函数
Covariance	协方差
Cross product	交叉乘积
Degree of confidence	置信度
Degree of freedom	自由度(缩写为 df 或 f)
Design effect	设计效果
Double sampling	双重抽样(两相抽样)
Double sampling with stratification	双重分类抽样
Double sampling with ratio estimates	双重比估计抽样
Double sampling with regression estimates	双重回归抽样
Double sampling with point estimates	双重点抽样
Element	个体(单元或元素)
Enumerator	调查员
Errors of measurement	计量误差(测量误差)
Error variance	误差方差
Estimate	估计值(估计量)
Estimated standard error	估计标准误
Estimated variance	估计方差
Estimates of population variances	总体方差估计值
Estimation	估计
Estimator	估计量
Finite population correction	有限总体校正系数
Frame	抽样框
Frequency distribution	频率分布
Heterogeneous population	差异较大的总体,不纯一的总体
Household survey	住户调查
Infinite population	无限总体
Initial sample	初始样本
Limit of error	误差界限
Linear estimator	线性估计量

Linear unbiased estimator	线性无偏估计量
List frame	名单抽样框
Lower limit	下限
Main survey	正式调查(相对于 pilot survey 试点调查);(双重抽样中的)主要调查
Margin of error	误差界限
Mathematical statistics	数理统计
Maximum likelihood	最大似然
Maximum likelihood estimate	最大似然估计值
Maximum likelihood estimator	最大似然估计量
Mean square error	均方误差
Multi – stage sampling	多阶抽样
Nonprobability sampling	非概率抽样
Nonresponse	不回答
Normal approximation	正态近似
Normal distribution	正态分布
Normality	正态性
Observation	观测值
One – sided confidence interval	单侧置信区间
Optimum sampling fraction	最优抽样比
Organization of the field work	现场调查工作的组织
Original measurement	初始计量值,原始测量值
Original sampling size	初始样本含量
Overall sampling fraction	总抽样比
Overhead cost	一般管理费用
Periodic samples	周期性样本
Periodic variation	周期性变异
Pilot survey	试点调查
Poisson distribution	泊松分布
Population	总体
Population mean	总体均值
Population parameter	总体参数
Population ratio	总体比率(比值)

Population total	总体总量
Population unit	总体单元
Population value	总体值
Positive correlation	正相关
Poststratification	先抽样后分层
Precision	精确度,精度
Pretest	预先试验
Primary unit	初级单元
Probability of selection	抽选概率
Probability sample	概率样本
Probability sampling	概率抽样
Proportion	比例(比重)
Proportion sampling	成数抽样
Quota sampling	定额抽样
Random number	随机数字
Random sampling	随机抽选
Random variable	随机变量
Randomized response	随机化回答
Ratio	比率
Ratio estimate	比率估计值
Ratio estimation sampling	比估计抽样
Regression estimation sampling	回归抽样估计
Regression theory	回归理论
Relative error	相对误差
Repeated sampling	重复抽样
Residual variance	剩余方差
Respondent	被调查者
Safety factor	安全因子
Sample	样本
Sample mean	样本平均数
Sample size	样本含量(样本容量,样本量,样本大小,样本规模)
Sample survey	抽样调查(样本调查)
Sample unit	样本单元

Sampled population	抽样总体
Sampling	抽样
Sampling fraction	抽样比
Sampling method	抽样方法
Sampling plan	抽样方案
Sampling with probability proportional to frequency, PPF	等概抽样, 简称 PPF 抽样, 按频率抽样
Sampling with probability proportional to prediction	PPP 抽样或 3P 抽样, 与单元预估值大小成比例抽样
Sampling with probability proportional to size	不等概抽样, 简称 PPS 抽样, 与单元大小成比例抽样
Sampling technique	抽样技术
Sampling theory	抽样理论
Sampling variance	抽样方差
Sampling with replacement	有放回抽样
Sampling without replacement	不放回抽样
Second sample	第二次抽样
Second – stage fraction	第二阶段抽样比
Second – stage unit	二阶单元
Self – weighting sample	自行加权的样本
Sensitive question	敏感性问题
Separate estimate	分别估计值
Simple random sampling	简单随机抽样
Size of population	总体含量(总体容量, 总体大小, 总体规模)
Small sample	小样本
Standard deviation	标准差(标准离差)
Standard error	标准误(标准误差)
Stratified sampling	分层抽样, 分类抽样, 类型抽样
Stratified random sampling	分层随机抽样
Student's t table	学生氏 t 表
Subsample	子样本
Subunit	子单元
Survey plan	调查方案

Systematic sampling	等距抽样
Tabulation	汇总
Target population	目标总体
Test of significance	显著性检验
Total	总量,总和,总计
Total variance	总方差
Tract sampling	截距抽样
Two – phase sampling	两相抽样
Two – sided confidence interval	双侧置信区间
Two – stage sampling	两阶抽样(两级抽样)
True value	真值
True variance	真实方差
Unbiased estimation	无偏估计
Unbiased estimate	无偏估计值
Unbiased estimator	无偏估计量
Upper limit	上限
Variability	变异程度
Variance	方差
Variance of the mean	平均数的方差
Weighed mean	加权平均数
Weighting factor	加权因子

参考文献

1. 宋新民. 抽样技术. 北京:中国林业出版社,1995.

2. Cochran W G. 抽样技术. 张尧庭,吴辉,译. 北京:中国统计出版社,1985.

3. 贾乃光. 数理统计(第2版). 北京:中国林业出版社,1993.

4. 李惠村. 欧美统计学派发展史. 北京:中国统计出版社,1984.

5. 樊鸿康. 抽样调查. 北京:高等教育出版社,2000.

6. 联合国统计局. 抽样调查理论基础. 谢嘉,郑德和,黄树颜,译. 上海:上海人民出版社,1984.

7. 联合国粮农组织. 森林资源清查手册. 北京:中国对外翻译公司,1970.

8. 符伍儒. 森调抽样设计. 云南林学院,1974.

9. 黄良文. 抽样调查原理. 北京:中央广播电视大学出版社,1984.

10. 高凤林. 质量管理的抽样检查方法. 北京:科学技术文献出版社,1979.

11. 龚鉴尧. 抽样调查. 北京:经济科学出版社,1985.

12. 黄良文,吴国培. 应用抽样方法. 北京:中国统计出版社,1991.

13. 梁小筠,祝大平. 抽样调查的方法和原理. 上海:华东师范大学出版社,1994.

14. F·罗茨,K·E·哈勒,F·佐勒. 森林资源清查. 林昌庚,沙涿,译. 北京:中国统计出版社,1985.

15. 林业部调查规划设计院. 森林调查手册. 北京:中国林业出版社,1984.

16. 马建维等. 森林调查学. 哈尔滨:东北林业大学出版社,1995.

17. 闵建署,游汉民. 市场研究基本方法. 香港:香港中文大学出版社,1979.

18. 董乃钧等. 森林调查中基本回归估测、比估计和双重抽样方法. 林业勘察设计,1972,No. 3.

19. 施锡诠. 抽样调查的理论与方法. 上海:上海财经大学出版社,1996.

20. 孙山泽. 抽样调查. 北京:北京大学出版社,2004.

21. 王国明等. 抽样原理及其应用. 北京:中国统计出版社,1996.

22. 肖明耀. 误差理论. 北京:中国计量出版社,1980.

23. 许宝禄. 抽样论. 北京:北京大学出版社,1982.

24. 杨清. 市场调查中的抽样技术. 北京:中国财政经济出版社,1999.

25. 杨义群. 抽样调查与抽样检查——理论方法与应用. 北京:学苑出版社,1993.

26. 张小蒂. 抽样调查技术与应用. 上海:上海科学技术文献出版社,1991.

27. 中国科学院数学研究所统计组. 抽样检验方法. 北京:科学出版社,1977.

28. 中国标准出版社. 统计方法应用国家标准汇编:抽样检验卷. 北京:中国标准出版社,1999.

29. 赵民德,谢邦昌. 探索真相:抽样理论和实务. 北京:中国统计出版社,2001.

30. 邹依仁, 张维铭. 统计抽样法. 上海:上海人民出版社,1983.

31. Hansen M H, Hurwitz W N, Madow W C. Sampling survey Methods and Theory. John Wiley and Sons, New York, 1953.

32. Leslie Kish(美). 抽样调查. 北京:中国统计出版社,1997.

33. K Brewer, M Hanif. Sampling with unequal probabilities. Lecture notes in statistics. Vol. 15, Spnnger Verlag Inc, 1983.